Der Debt-Equity-Swap
als Sanierungsinstrument
im Insolvenzplanverfahren

Europäische Hochschulschriften

European University Studies

Publications Universitaires Européennes

Reihe II **Rechtswissenschaft**

Series II Law

Série II Droit

Band/Volume **5925**

Carsten Christophery

Der Debt-Equity-Swap als Sanierungsinstrument im Insolvenzplanverfahren

Eine mit dem Recht des Vereinigten Königreichs Großbritannien und Nordirland vergleichende Untersuchung

PL ACADEMIC RESEARCH

Bibliografische Information der Deutschen Nationalbibliothek
Die Deutsche Nationalbibliothek verzeichnet diese Publikation in der Deutschen Nationalbibliografie; detaillierte bibliografische Daten sind im Internet über http://dnb.d-nb.de abrufbar.

Zugl.: Mainz, Univ., Diss., 2016

D 77
ISSN 0531-7312
ISBN 978-3-631-72330-2 (Print)
E-ISBN 978-3-631-72356-2 (E-PDF)
E-ISBN 978-3-631-72357-9 (EPUB)
E-ISBN 978-3-631-72358-6 (MOBI)
DOI 10.3726/b11153

PL Academic Research ist ein Imprint der Peter Lang GmbH.
Peter Lang – Frankfurt am Main · Bern · Bruxelles · New York · Oxford · Warszawa · Wien

Diese Publikation wurde begutachtet.

www.peterlang.com

Meinen Eltern

Vorwort

Die vorliegende Arbeit wurde im Wintersemester 2015/2016 von dem Fachbereich Rechts- und Wirtschaftswissenschaften der Johannes Gutenberg-Universität Mainz als Dissertation angenommen.

Ich bedanke mich sehr herzlich bei meinem Doktorvater Herrn Prof. Dr. Dirk A. Verse, durch dessen anschauliche wie anspruchsvolle Vorlesung mein Interesse am Gesellschaftsrecht geweckt wurde. Sein Themenvorschlag zur vorliegenden Arbeit sowie die stets überaus zügige und konstruktive Beantwortung aufkommender Fragen haben das Gelingen der Arbeit erheblich gefördert.

Herrn Prof. Dr. Urs Peter Gruber danke ich sehr herzlich für die zügige Erstellung des Zweitgutachtens.

Besonderer Dank gebührt Frau *Anna-Lena Hesse* für ihre kontinuierliche Motivation und Unterstützung sowie für die hilfreichen Sichtweisen durch die „nicht-juristische Brille".

Schlussendlich bedanke ich mich bei meinen Eltern. Ihnen gilt großer Dank nicht nur für die anregenden Diskussionen und das Korrekturlesen zum Ende dieser Arbeit, sondern auch und insbesondere für ihre stetige und wohlwollende Unterstützung während meiner gesamten Ausbildung. Ihnen widme ich diese Arbeit.

Inhaltsverzeichnis

Einleitung

Im Herbst des Jahres 2016 geht es der Wirtschaft in Deutschland gut. Die Wirtschafts- Finanz- und Währungskrise scheint, zumindest soweit sie Deutschland betraf, weitgehend überwunden zu sein. Die Arbeitslosigkeit erreicht immer weitere Tiefstände. Das kurbelt die Binnennachfrage an. Aber auch der Exportüberschuss der Bundesrepublik erreicht neue Rekordstände.

Diese volkswirtschaftlichen Erfolgsmeldungen spiegeln sich auch in der Insolvenzstatistik für Unternehmen wider. Im Jahr 2015 haben 23.123 Unternehmen (-4,0% zum Vorjahr) Insolvenz anmelden müssen – der niedrigste Wert seit dem Jahr 1996.[1] In diesen Zeiten anhaltender positiver Konjunkturentwicklung ist bereits am 1.3.2012 das *Gesetz zur weiteren Erleichterung der Sanierung von Unternehmen* (ESUG) in Kraft getreten.[2] Mit dem ESUG ist somit die erste von drei Stufen einer umfassenden Insolvenzrechtsreform, wie sie die Bundesministerin der Justiz in ihrer Rede zum 7. Insolvenzrechtstag in Berlin angekündigt hatte[3], abgeschlossen. Als die ersten Überlegungen zum ESUG angestellt und anfängliche Formulierungen in einen ersten Entwurf gegossen worden sind, hatte die Wirtschafts- Finanz- und Währungskrise die deutsche Wirtschaft noch fest im Griff. Die Zahl der Insolvenzanmeldungen im Krisenjahr 2009 schoss auf 32.687 (+11,6% zum Vorjahr).[4] Zum einen war die seinerzeit bestehende Rezession ein Grund dafür, dass das bestehende Insolvenzrecht einer Reform unterzogen werden sollte.[5] Darauf wies auch nochmals die damalige Bundesministerin der Justiz in ihrer Rede hin.

Doch die jeweilige konjunkturelle Lage stellt mehr ein punktuelles Ereignis dar. Die Konjunktur verändert sich in ihren Zyklen – wie eingangs erwähnt, befindet sich Deutschland fünf Jahre nach dem Höhepunkt der Krise wohl wieder im Aufschwung. Weniger das Gegensteuern zu solchen mittelfristigen Krisenumständen hatte das ESUG zum Ziel, als vielmehr weitergehende, grundlegendere Motive: der wohl ausschlaggebende Grund für die Reformanstrengungen war, dass die

1 Statistisches Bundesamt, Stand: Januar 2017; abrufbar unter https://www.destatis.de/DE/ZahlenFakten/Indikatoren/LangeReihen/Insolvenzen/lrins01.html?cms_gtp=152398_list%253D1&https=1.

2 Art. 10 des Gesetzes zur weiteren Erleichterung der Sanierung von Unternehmen, wonach ferner die übrigen Regelungen des ESUG am 1. Januar 2013 in Kraft getreten sind.

3 Rede vom 17. März 2010; abrufbar unter www.bmj.de/SharedDocs/Reden/DE/2010/20100317_7er_Deutscher_Insolvenzrechtstag.html.

4 Statistisches Bundesamt, Stand: August 2015; abrufbar unter https://www.destatis.de/DE/ZahlenFakten/Indikatoren/LangeReihen/Insolvenzen/lrins01.html?cms_gtp=152398_list%253D1&https=1.

5 Vgl. *Willemsen/Rechel*, BB 2010, 2059.

Insolvenzordnung unter dem Vorwurf litt, einer effektiven Sanierung von Unternehmen im Wege zu stehen.

Schon dem Diskussionsentwurf vom 1.9.2010 war als Ziel des ESUG zu entnehmen: *„Die Fortführung von sanierungsfähigen Unternehmen soll erleichtert* [...] *werden.“*[6] Dieses Ziel wurde auch konsequent in den darauffolgenden Schritten des Gesetzgebungsverfahrens, namentlich dem Regierungsentwurf vom 4.5.2011[7], dem Beschluss des Bundesrates vom 4.3.2011[8], der Beschlussempfehlung des Rechtsausschusses vom 26.10.2011[9] und schließlich der Gesetzesfassung vom 7.12.2011 nicht aus den Augen verloren – und dies nicht ohne Grund. Blickt man nochmals auf die statistischen Zahlen, wird deutlich, dass, ungeachtet der aktuell geringen Zahl der Insolvenzanmeldungen und dem positiven konjunkturellen Umfeld, die Sanierung unter Zuhilfenahme des Insolvenzverfahrens ein Schattendasein fristet. So ergab eine Umfrage unter 124 der 182 Insolvenzgerichte in Deutschland aus dem Jahre 2011, dass lediglich 1,54% aller eröffneten Insolvenzverfahren mit einem Insolvenzplan geführt wurden.[10] Dies ist zwar mehr als eine Verdoppelung im Vergleich zum Jahr 1999, als das Insolvenzplanverfahren in die Insolvenzordnung eingeführt wurde. Dennoch wird man im Vergleich zu den absoluten Zahlen immer noch den Schluss ziehen müssen, dass die Vorbehalte gegenüber einer Sanierung mittels Insolvenz- und Insolvenzplanverfahren weit überwiegen. Als Grund dafür sind die Intransparenz und die Inflexibilität des deutschen Insolvenzrechts anzuführen.[11] Diesen Umstand zu ändern, hat sich das ESUG zum Ziel gesetzt.

Die Ansprüche und Erwartungen an das Gesetz sind groß: es soll nach Aussage des Bundesministerium der Justiz *„einen Mentalitätswechsel für eine neue Insolvenzkultur“* herbeiführen[12]. Auch ist von einer neuen „Sanierungskultur“ die Rede.[13] Um diesen hohen Ansprüchen zu genügen, soll die Steigerung der Effizienz der Sanierung schwerpunktmäßig durch einen stärkeren Einfluss der Gläubiger, insbesondere auf die Auswahl des Insolvenzverwalters, durch die Vereinfachung des Zugangs zur Eigenverwaltung und durch den Ausbau und Straffung des Insolvenzplanverfahrens erfolgen.[14]

Insbesondere das zuletzt genannte Insolvenzplanverfahren wird vor dem Inkrafttreten des ESUG als unterschätzt bewertet: kam der Insolvenzplan nämlich einmal zur Anwendung, konnten mehr als die Hälfte der fortführungswürdigen

---

6 Diskussionsentwurf zum ESUG vom 1.9.2010, S. 17.
7 BT-Drucks. 17/5712.
8 BR-Drucks. 127/11.
9 BT-Drucks. 17/7511.
10 Insolvenzplan-Index der Kanzlei *Schultze & Braun* aus dem Jahr 2011 (http://www.schubra.de/de/presseservice/pressemitteilungen/sb_pm_insolvenzplannutzung_120920.php).
11 Vgl. *Hölzle*, KTS 2011, 291 (294 m.w.N.).
12 http://www.bmj.de/DE/Buerger/verbraucher/Insolvenzrecht/Stufe1/_doc/_doc.html.
13 Etwa *Paulus*, WM 2011, 2205.
14 Vgl. BT-Drucks. 17/7511, S. 1.

Unternehmen auch erhalten werden. Darüber hinaus konnte jeweils eine weitaus höhere Befriedigungsquote (teilweise bis über 30%) für ungesicherte Gläubiger erzielt werden.[15] Die mit dem Gesetzesvorhaben bezweckte Steigerung der Attraktivität des Insolvenzplanverfahrens ist deswegen ein nachvollziehbares Motiv einer Insolvenzrechtsreform.

Neben der Straffung des Insolvenzplanverfahrens soll mit dem ESUG nunmehr erstmals auch die Möglichkeit geschaffen werden, effektiv in die Rechte der Anteilseigner gegen ihren Willen einzugreifen. Insbesondere soll die Umwandlung von Schulden in Eigenkapital (sog. *debt-equity-swap*)[16] im Insolvenzplanverfahren ermöglicht werden. Dass der DES ein wichtiges Sanierungsinstrument ist, steht außer Frage.[17] Jedoch fehlten bis zum Inkrafttreten des ESUG für eine effiziente Durchführung eines DES die richtigen Rahmenbedingungen. So wurde weit im Vorfeld des ESUG kritisiert, dass nicht gegen den Willen der Anteilseigner in ihre Rechte eingegriffen werden konnte.[18] Ein DES war demnach nur mit der Zustimmung der Anteilseigner möglich. Konnte diese nicht erlangt werden, musste die Sanierung mittels DES ausscheiden. Nicht selten hatte dies zur Folge, dass die Sanierung auch insgesamt scheiterte. Somit verwundert es nicht, dass der DES in der praktischen Realität – trotz seiner durchaus theoretischen Sinnhaftigkeit als Sanierungsinstrument – nicht nur eine Nebenrolle spielte, sondern auch, dass die Skepsis gegenüber diesem Sanierungsinstrument groß war.[19]

A. Die Sanierung

Um ein besseres Verständnis dafür zu gewinnen, wie und zu welchem Zweck ein DES bei der vorliegenden Untersuchung betrachtet werden soll, nämlich als Sanierungsinstrument, soll einführend erläutert werden, was allgemein unter „Sanierung“ zu verstehen ist.

Eine Legaldefinition der „Sanierung“ sucht man vergebens. Die Sanierung ist vielmehr ein Sachverhalt tatsächlicher Art[20] und umfasst „alle Maßnahmen, die die finanzielle Gesundung [(lat. *sanare*)] eines notleidenden Unternehmens bezwecken, also Maßnahmen, die geeignet sind, ein Unternehmen vor dem Zusammenbruch zu bewahren und wieder ertragsfähig zu machen“[21]. Die Gesundung des Unternehmens

15 So *Günther*, ZInsO 2012, 2037 (2038).
16 Im nachfolgenden soll *Debt-Equity-Swap* als *DES* abgekürzt werden.
17 Vgl. etwa *Schelo*, DB 2010, 2209 (2210 m.w.N.); vgl. auch die Beispiele aus der Praxis bei *Wentzler*, FB 2009, 446 (448).
18 Etwa *Eidenmüller/Engert*, ZIP 2009, 541 (542f.); *Verse*, ZGR 2010, 299 (301); *Bork*, ZIP 2010, 397 (400); *Sassenrath*, ZIP 2003, 1517 (1518).
19 Vgl. *Buchalik/Haase*, ZInsO 2012, 1832.
20 *Undritz* in: Kölner Schrift, Kap. 29, Rn. 1.
21 *Häuser* in: Schimansky/Bunte/Lwowski, Bankrechts-Handbuch, § 85, Rn. 1 mit Verweis auf Bundesministerium der Finanzen (Hrsg.), Bericht der Studienkommission „Grundsatzfragen der Kreditwirtschaft“, 79, Tz. 872.

bedeutet gleichzeitig, seinen Fortbestand zu sichern.[22] Im Umkehrschluss ist die Sanierung also von der Zerschlagung und Liquidation des Unternehmens zu unterscheiden.[23]

Dabei wird die Sanierung teilweise differenziert betrachtet. Differenzierungen werden etwa nach der Sanierung des Unternehmens selbst und dessen Eigentümer, dem Unternehmensträger, angestellt.[24] Ferner wird dahingehend unterschieden, ob die Sanierung außerhalb des Insolvenzverfahrens (sog. „freie Sanierung") oder nach Eröffnung des Insolvenzverfahrens in dessen Rahmen durchgeführt wird.[25]

Unabhängig von einer Differenzierung ist aber stets die Frage zu beantworten, ob das betroffene Unternehmen überhaupt sanierungsfähig ist und demnach eine Berechtigung hat, am Markt bestehen zu bleiben.[26] Dies gilt umso mehr, wenn die Sanierung im Rahmen des Insolvenzverfahrens durchgeführt werden soll, da diese dann erst recht nicht zum Selbstzweck, sondern mit dem Zweck der Gläubigerbefriedigung (§ 1 InsO) verfolgt wird.[27]

Der Entscheidung, eine Sanierung durchzuführen, und somit das Unternehmen fortzuführen, muss stets eine genaue Prüfung vorausgehen. Dies gilt sowohl für die freie Sanierung, wobei es dann um die Vermeidung des Eintritts der Insolvenzgründe (§§ 16 ff. InsO) und folglich der Insolvenzanmeldung geht, als auch für die Sanierung im Rahmen des Insolvenzverfahrens, wobei sodann grundsätzlich die Beseitigung bestehender Insolvenzantragsgründe im Focus steht. In beiden Fällen sind Unsicherheiten zu verzeichnen, ob die Sanierung vor dem Hintergrund der bisherigen unternehmerischen Misserfolge gelingt.[28] Eine detaillierte Prüfung,[29] die zur Sanierungsfähigkeit des Unternehmens kommen muss, wird die Verunsicherungen abmildern. Letztlich müsste diese Vorprüfung einerseits die Sanierungsfähigkeit des Unternehmens attestieren, die dann angenommen werden kann, wenn durch die Sanierungsmaßnahmen nachhaltig ein Überschuss der Einnahmen über die Ausgaben erzielt werden kann.[30] Andererseits müsste auch die Sanierungswürdigkeit des Unternehmens gegeben sein, die aus Sicht eines sich an der Sanierung beteiligenden Investors dann vorliegen wird, „wenn der durch die Fortführung zu erzielende Erfolgswert über dem erwarteten Ergebnis der Liquidation liegt"[31]. Zur Beurteilung der Sanierungswürdigkeit eines Unternehmens spielen aber nicht nur

---

22 *Förschle/Heinz* in: Budde/Förschle/Winkeljohann, Sonderbilanzen, Kap. Q., Rn. 1.
23 *Groß*, Sanierung und Fortführungsgesellschaften, Kap. II, Rn. 3.
24 So etwa *Bork*, Sanierungsrecht in Deutschland und England, Rn. 1.28.
25 Vgl. *Undritz* in: Kölner Schrift, Kap. 29, Rn. 3.
26 Vgl. *Häuser* in: Schimansky/Bunte/Lwowski, Bankrechts-Handbuch, § 85, Rn. 4.
27 Vgl. *Flöther*, ZIP 2012, 1833 (1840); Vgl. *Undritz* in: Kölner Schrift, Kap. 29, Rn. 5.
28 *Groß*, Sanierung und Fortführungsgesellschaften, Kap. II, Rn. 4.
29 Detailliert zu Sanierungskonzepten, *Krystek/Klein*, DB 2010, 1769; *Undritz* in: Kölner Schrift, Kap. 29, Rn. 28ff.
30 So *Wellensiek/Schluck-Amend* in: MünchAnwHdb-GmbH, § 23, Rn. 27.
31 *Groß*, Sanierung und Fortführungsgesellschaften, Kap. II, Rn. 12; vgl. auch *Förschle/Heinz* in: Budde/Förschle/Winkeljohann, Sonderbilanzen, Kap. Q., Rn. 7.

die ökonomischen Fakten eine Rolle, sondern auch subjektiv-persönliche Umstände des konkreten Investors wie etwa die Rettung des „Lebenswerks" eines Familienunternehmers.[32] Letztlich wird die Entscheidung, ob eine Sanierung durchgeführt wird oder nicht, meist unter enormen Zeitdruck getroffen werden (müssen). Denn entweder muss die Grundlage für die erforderlichen Sanierungsmaßnahmen schnellstmöglich getroffen werden, bevor ein Insolvenzantrag zu stellen ist oder, wurde das Insolvenzverfahren bereits eröffnet, gilt es, das Unternehmen schnellstmöglich wieder werbend an den Markt zu bringen – hier gilt die Relation: je kürzer das Unternehmen unter Insolvenzverwaltung steht, desto wahrscheinlicher ist dessen erfolgreiche Sanierung und Fortführung.[33]

B. Grundzüge der Sanierung mittels eines DES

Aufbauend auf die einleitenden Ausführungen zur Sanierung im Allgemeinen soll nunmehr die Verknüpfung zum DES hergestellt werden. Es soll aufgezeigt werden, wie und in welchem Ausmaß die Sanierung durch einen DES im Grundsatz erreicht werden kann.

Durch einen DES tauschen, vereinfacht gesagt, die Gläubiger ihre Forderungen gegen die Gesellschaft ganz oder zum Teil in Gesellschaftsanteile der Schuldnerin.[34] Rechtstechnisch erfolgt die Umwandlung der Schulden in Eigenkapital mittels einer Kapitalerhöhung durch Sacheinlage. Nach dieser Transaktion sind demnach die Gläubiger Anteilsinhaber der Gesellschaft – sie treten als Gesellschafter in die Gesellschaft ein. Je nach Ausgestaltung des *swap* können sie jedoch auch gleichzeitig in der Gläubigerstellung verharren, nämlich dann, wenn nicht sämtliche ihrer Forderungen umgewandelt werden.

I. Die Buchsanierung

Soll ein DES zum Zweck der Sanierung durchgeführt werden, so wird regelmäßig vor der Kapitalerhöhung das Grund- bzw. Stammkapital zunächst herabgesetzt. Dieser sog. Kapitalschnitt dient dem Zweck, dass eine etwaige bestehende Unterbilanz oder Überschuldung beseitigt wird[35] und ist bei der Sanierung als nahezu unentbehrlich anzusehen.[36] Denn bei Bestehen einer Unterbilanz weist die Bilanz der Gesellschaft Passiva aus, die die Aktiva übersteigen und das Eigenkapital bereits

---

32 *Axhausen/Rieser* in: Müller/Winkeljohann, Beck'sches Handbuch der GmbH, § 15, Rn. 118.

33 Vgl. *Bitter*, ZGR 2010, 147 (150).

34 Vgl. *Brinkmann*, WM 2011, 97.

35 *Hass/Schreiber/Tschauner* in: Hommel/Knecht/Wohlenberg, Unternehmensrestrukturierung, S. 843; *Reger* in: Hommel/Knecht/Wohlenberg, Unternehmensrestrukturierung, S. 810; vgl. auch *K. Schmidt*, ZGR 1982, 519 (520 f.).

36 Vgl. schon *K. Schmidt*, ZGR 1982, 519 (520f.); vgl. auch *Undritz* in: Kölner Schrift, Kap. 29, Rn. 99f.

angegriffen bzw. schon vollständig aufgezehrt haben.[37] Die so angehäuften Verluste sind demnach den Anteilen der bereits bestehenden Gesellschafter zuzuordnen.[38] Durch die Herabsetzung des Eigenkapitals werden die angehäuften Verluste mit dem Eigenkapital verrechnet und somit der Wert des Eigenkapitals um die Verluste bereinigt.[39]

Der mit dem DES einhergehende „Kapitalschnitt" führt also zu einer Buchsanierung, die als eine der Grundlagen einer Unternehmenssanierung gilt. Die Beseitigung der Unterbilanz und der anschließenden Umwandlung der Forderungen haben das Ziel, eine solide Eigenkapitalposition der Gesellschaft wiederherzustellen.[40] Darüber hinaus wird durch die (zumindest teilweise) Umwandlung der bestehenden Forderungen die Fremdfinanzierungsrate der Gesellschaft herabgesetzt;[41] die Passivseite der Bilanz wird entlastet.[42] Durch die bloße Buchsanierung werden keine liquiden Mittel hinzugefügt. Jedoch werden durch den DES Passiva, die die Bilanz belasten, eliminiert und durch die dann frei werdenden Aktiva ist ein faktischer Mittelzufluss zu verzeichnen.[43]

II. Positive Effekte

Das Zusammenspiel dieser Bilanzsanierung stärkt das eigene Unternehmensrating, was zu günstigeren Zins- und Tilgungskonditionen für den Fall der Notwendigkeit einer weiteren Fremdfinanzierung führt.[44] Die Finanzierungskosten nehmen ab, was gleichzeitig die Ertragskraft des Unternehmens stärkt.[45]

Neben jenen Vorteilen kann der DES, im Vergleich zur „übertragenden Sanierung", auch positive Effekte für die operative Tätigkeit nach sich ziehen: da der Rechtsträger erhalten bleibt, betrifft dies auch die von diesem eingegangene Vertragsverhältnisse. Dies betrifft insbesondere lukrative Dauerschuldverhältnisse (Mietverträge, Rahmenlieferverträge oder Dienstleistungserträge), aber auch öffentlich-rechtliche Genehmigungen, Zertifizierungen oder Akkreditierungen.[46] Diese sind entweder streng an den Rechtsträger, dem sie erteilt bzw. mit dem sie

---

37 Etwa *Roth* in: Roth/Altmeppen, GmbHG, § 58, Rn. 5; *Altmeppen* in: Roth/Altmeppen, GmbHG, § 30, Rn. 9.

38 Vgl. *K. Schmidt*, GesellR, S. 898; *Wilhelm*, KapitalgesellR, Rn. 605.

39 Vgl. dazu das anschauliche Beispiel bei *Wilhelm*, KapitalgesellR, Rn. 606 und *Reger* in: Hommel/Knecht/Wohlenberg, Unternehmensrestrukturierung, S. 812.

40 Vgl. *Eidenmüller/Engert*, ZIP 2009, 541 (542).

41 *Wittig* in: FS Uhlenbruck, S. 685 (703).

42 *Redeker*, BB 2007, 673 (674).

43 *Redeker*, BB 2007, 673 (674); *Drygala*, SZW 2006, 245 (246).

44 Vgl. *Eidenmüller/Engert* ZIP 2009, 541 (542); *Budde*, ZInsO 2010, 2251 (2267).

45 *Hass/Schreiber/Tschauner* in: Hommel/Knecht/Wohlenberg, Unternehmensrestrukturierung, S. 847; *Schwenker/Fischer*, DStR 2010, 1117 (1120); siehe auch *Wentzler*, FB 2009, 446 (448f.).

46 Siehe *Bitter*, ZGR 2010, 147 (157ff.); *Gehrlein*, NZI 2012, 257 (260).

eingegangen sind, gebunden bzw. bedürfen zur Übertragung der Zustimmung des Gegenüber. An dieser Stelle zeigt sich der entscheidende Vorteil einer DES-Sanierung gegenüber der sog. „übertragenden Sanierung", bei der die Vermögensgegenstände auf einen neuen Rechtsträger übertragen werden (*asset deal*).[47] Bleibt die Zustimmung zur Übertragung der genannten Rechtsverhältnisse aus, wird die „übertragende Sanierung" regelmäßig keinen Erfolg versprechen.

III. Die Interessen der Beteiligten

Die Folgen eines DES sind im Einzelfall und von jedem einzelnen an der Transaktion Beteiligten abzuwägen. Betrachtet man dabei die Motive der verschiedenen Protagonisten, weichen diese voneinander ab:

die Anteilseigner stehen einer Sanierung im Grundsatz offen gegenüber, da der Wert ihrer Beteiligung an der zu sanierenden Gesellschaft doch erheblich gesunken ist. Für den besonderen Fall der Sanierung mittels DES werden diese jedoch zu beachten haben, dass durch die Kapitalmaßnahmen ihr Anteil sich nicht unerheblich zu verwässern droht; bei einer Kapitalherabsetzung auf Null scheiden die Anteilseigner gar aus der Gesellschaft aus und es droht der Totalverlust.[48] Sie können sich zwar an der Kapitalerhöhung beteiligen, doch dies würde bedeuten, dass die Gesellschafter (erneut) finanzielle Mittel einlegen müssten. Nicht selten haben sie, um die Krise nicht zu verstärken, bereits im Vorfeld über die ursprüngliche Einlage hinaus und neben den üblichen Finanzierungsmaßnahmen, etwa durch Gesellschafterdarlehen, einen finanziellen Sanierungsbeitrag geleistet.[49] Ob sie vor diesem Hintergrund erneut bereit sein werden, private Mittel zur Krisenbeseitigung zu investieren, erscheint fraglich.

Hingegen werden die gesicherten Gläubiger kein großes Interesse an der Beteiligung am DES haben. Ihr Interesse beschränkt sich darauf, die (noch) werthaltige Sicherheit schnellstmöglich zu verwerten, um dadurch eine möglichst hohe Befriedigungsquote zu erzielen.[50] Sie werden wahrscheinlich einer DES-Restrukturierung nicht ohne weiteres zustimmen.[51] Sollte jedoch die Sicherheit einmal nicht mehr werthaltig sein oder ist der gesicherte Gläubiger etwa ein großer Abnehmerkunde des Schuldnerunternehmens, könnte die Motivlage eine andere sein. Ein Interesse an der Fortführung des Unternehmens könnte dann gegenüber einer schnellen, gegebenenfalls nicht vollen Befriedigung überwiegen.[52]

Die ungesicherten Gläubiger verfolgen eine möglichst hohe Befriedigungsquote ihrer Forderung – sie werden einer Sanierung mittels eines DES, die die Chance

---

47 Dazu ausführlich *Morshäuser/Falkner*, NZG 2010, 881; zum Vergleich zwischen DES und „übertragender Sanierung" etwa *Rattunde*, GmbHR 2012, 455 (456).

48 Vgl. *Born*, BB 2009, 1730 (1731).

49 *Löbbe* in: FS Winter, S. 423 (434); *Wittig* in: FS Uhlenbruck, S. 685 (690).

50 *Bork*, ZIP 2010, 397 (404).

51 *Pape*, ZInsO 2011, 1033 (1040).

52 Ausführlich *Groß*, Sanierung und Fortführungsgesellschaften, Kap. III, Rn. 42ff.

der Fortführung der Unternehmen bereit hält, grundsätzlich aufgeschlossen gegenüberstehen.[53] Allerdings soll schon jetzt erwähnt werden, dass die Beteiligten auch obstruierend agieren, wenn sie dadurch subjektive Sondervorteile erzielen können.[54]

Man muss sich demnach vor Augen führen, dass einige Gläubiger durch die Umwandlung ihrer Forderungen eine wohlmöglich gesicherte, zumindest nicht gänzlich nachrangige Gläubigerposition aufgeben. Stattdessen treten sie in eine Position als Gesellschafter ein, die, wie § 199 InsO klarstellt,[55] in der Insolvenz stets nachrangig ist.[56] Das Risiko, mit der Forderung zumindest der Höhe nach aufgrund der nachrangigen Stellung als Gesellschafter auszufallen, erhöht sich demnach zunächst.

Aber die Durchführung eines DES bringt auch Chancen mit sich. Zum einen erhalten die Gläubiger durch den Eintritt in die Gesellschaft sämtliche Rechte als Anteilseigner. Sie können demnach als GmbH-Gesellschafter bei entsprechender Mehrheit gem. § 37 Abs. 1 GmbHG Weisungen durch Gesellschafterbeschluss an die Geschäftsführer erteilen, und somit Einfluss auf die Geschäftsführung der Gesellschaft nehmen. Obgleich die Verwaltungsrechte der Aktionäre nicht derart weitgehend sind wie für die GmbH-Gesellschafter,[57] haben die Gläubiger einer AG, nachdem ihre Forderungen in Eigenkapital umgewandelt worden sind, ebenfalls die Möglichkeit der Einflussnahme durch ihre Verwaltungs- und Anfechtungsrechte gem. §§ 118 Abs. 1, 131, 134, 245 Nr. 2, 249 AktG.[58] Die Gläubiger können nunmehr, nachdem sie die Stellung als Anteilseigner angenommen haben, an der Sanierung der Gesellschaft entscheidend mitwirken.[59] Oftmals ist es von großem Interesse der Gläubiger, selbst „das Ruder zu übernehmen“ und eine anstehende Sanierung bzw. ein anstehendes Insolvenzverfahren nach ihren Vorstellungen durchzuführen. Dieses Anliegen ist umso größer, wenn die Gläubiger das Vertrauen in das Management des restrukturierungsbedürftigen Unternehmens verloren haben und demnach einen nicht unerheblichen Einfluss auf das operative

53 Vgl. *Schäfer/Ott*, Ökonomische Analyse, S. 596.

54 Vgl. *Bork*, Sanierungsrecht in Deutschland und England, Rn. 2.3.

55 Vgl. *Kießner* in: Braun, InsO, § 199, Rn. 1.

56 Vgl. *Priester*, DB 2010, 1445; *Cahn/Simon/Theiselmann*, CF 2010, 238 (244).

57 Vgl. *Reiser/Veil*, Kapitalgesellschaftsrecht, § 27, Rn. 1.

58 Zumal wird hinsichtlich der effektiven Gestaltung der Einflussnahme und der Realisierung von Wertsteigerungen auf die jeweilige Gesellschaftsform abgestellt: so werde für kleinere Unternehmen in der Rechtsform der GmbH eine Beteiligung von 100% oder knapp darunter angestrebt, wohingegen bei einer publizistischen (börsennotierten) AG bereits eine Beteiligung von etwa 10% ausreiche, vgl. *Wittig* in: FS Uhlenbruck, S. 685 (700).

59 *Bay/Seeburg/Böhmer*, ZInsO 2011, 1927.

Geschäft des Unternehmens auszuüben beabsichtigen. Dies gilt insbesondere für die Einflussnahme auf den Fortgang der Restrukturierung.[60]

Neben den genannten Verwaltungsrechten spielen auch wirtschaftliche Gesichtspunkte eine Rolle bei der Durchführung eines DES. Durch den Erwerb von Unternehmensanteilen erwerben die (früheren) Gläubiger auch gleichzeitig die Chance auf Teilnahme an künftigen Gewinnen im Anschluss an eine erfolgreiche Sanierung.[61] Der Erwerb dieser Chance ist wirtschaftlich betrachtet in vielen Fällen sanierungsbedürftiger Gesellschafter die bessere Alternative zum Ausfall (*default*) ihrer Forderungen.

Aber nicht nur die Gläubiger können von der Umwandlung ihrer Forderungen für Eigenkapital profitieren. Durch die soeben beschriebene Entlastung der Passivseite der Bilanz wird das Unternehmen wieder auf tragfähige Beine gestellt. Geht die Schuldnerin mit einer neuen Eigenkapitalstruktur gestärkt aus der Sanierung hervor, wird ihr Unternehmen ggf. wieder wirtschaftlich am Markt agieren können. Durch diesen Positiveffekt können insbesondere Zulieferer und Kunden der Gesellschaft beruhigt und ungünstige Liefer- und Zahlungsbedingungen (z.B. Vorkasseleistung) abgewendet werden. Nicht zuletzt bleibt die operative Einheit der Gesellschaft erhalten, die (im Idealfall) mit einer gestärkten Ertragskraft und Bonität nach der Durchführung des DES auftritt.[62]

IV. Die aktuelle Relevanz für die Praxis

Der praktische Bedarf einer solchen Buchsanierung erscheint groß.[63] Neben den wirtschaftlichen Gründen, die eine Unternehmenssanierung mittels DES notwendig macht, sind noch zwei weitere relevante Umstände zu nennen.

Zum einen wurden in konjunkturellen Hochzeiten Unternehmen erworben, indem ihnen bilanziell der Kaufpreis aufgebürgt wurde.[64] Dadurch stieg der Verschuldungsgrad – mithin das Verhältnis von Fremd- zu Eigenkapital – der Unternehmen (*target*).[65] Diese Last spiegelt sich in der Bilanz wieder – eine Buchsanierung wird dann notwendig.[66]

Zum anderen ist ebenfalls die vordergründig Finanzinvestoren betreffende sog. „*loan to own*-Strategie" zu nennen, die eine Rolle im Hinblick auf den Sanierungsbedarf

60 *Redeker*, BB 2007, 673 (673); vgl. etwa auch die Motivation des Investors bei der Sanierung des Parkhausbetreibers *Apcoa*, dazu FINANCE, Dez 2013/Jan 2014, S. 16f; vgl. auch die Sanierung der Autowerkstattkette *A.T.U.*, dazu Handelsblatt vom 6.12.2013.

61 *Born*, BB 2009, 1730 (1731); vgl. auch *Braun* in: FS Fischer, S. 53 (63).

62 *Born*, BB 2009, 1730 (1731).

63 So allgemein *Krystek/Klein*, DB 2010, 1769.

64 Vgl. *von Wilcken*, Cross-Border Restructurings in Europe, S. 259.

65 Dazu *Eidenmüller*, ZIP 2007, 1729.

66 Dazu auch *Nevins*, [2010] WL 2848369, S. 1 (4); vgl. auch das aktuelle Beispiel der *A.T.U. GmbH & Co. KG* (dazu Handelsblatt vom 25.10.2013 oder Finance, Oktober/November 2013, S. 74f.).

spielen kann. Dabei erwerben in der Regel Finanzinvestoren notleidende Forderungen von Banken, um diese dann mittels eines DES in Eigenkapital umzuwandeln und das Unternehmen somit zu erwerben.[67] Prominente Beispiele aus der Praxis bestätigen die Aktualität.[68]

C. Der Bezug zu Großbritannien

Das Sanierungsinstrument, Forderungen in Eigenkapital umzuwandeln und somit die Bilanz zu sanieren, hat seine Wurzeln im US-amerikanischen Recht.[69] Aber schon seit langem haben US-amerikanische Sanierungs- und Restrukturierungsmethoden ihren Weg nach Europa und insbesondere nach Großbritannien[70] gefunden.[71] Als Hauptursache dafür wird zu nennen sein, dass die Handelsbeziehungen eine immer weitergehende Verbindung erfuhren. US-amerikanische Vertragsstandards erhielten somit Einzug. Diese Entwicklung machte auch vor Maßnahmen, die die Rettung eines in Schieflage geratenen Unternehmens fördern sollen, nicht Halt. Dies gilt nicht minder für den DES, der ein Standardinstrument der Sanierungspraxis in Großbritannien darstellt.[72]

> *„A debt to equity swap may be used where a company is over-geared and the value of a company is less than the value of the debt it is seeking to service. Frequently, in such scenarios existing shareholders will not be prepared to contribute any further investment, those financing the company will be unable to or apprehensive about providing further facilities or continuing to provide current facilities, and the ability to attract new investors and financiers may be limited.“*[73]

Während der DES in Großbritannien fest etabliert ist, fand er in der Vergangenheit in Deutschland faktisch nicht statt.[74] Seine effiziente Durchsetzung nach deutschem Recht soll erst durch das ESUG gewährleistet werden – die Gesetzesbegründung verweist dabei ausdrücklich auf die Rechtlage in Großbritannien.[75] Auch in der

---

67 Dazu *Spliedt*, GmbHR 2012, 462 (470); *Heckschen* in: Reul/Heckschen/Wienberg, Insolvenzrecht in der Gestaltungspraxis, Kap. N, Rn. 197.

68 So etwa die *IVG Immobilien AG* (Handelsblatt vom 10.5.2013; Finance, Oktober/ November 2013, S. 76f.).

69 *Piekenbrock*, NZI 2012, 905 (907); zum allgemeinen Vorbildcharakter des US *Bankruptcy Code* vgl. *Jaffé*, ZGR 2010, 248 (253 ff.).

70 Wenn im Folgenden auf das *„Recht von Großbritannien“* oder das *„Recht von England“* bzw. auf das *„englische Recht“* abgestellt wird, ist stets das Recht des *„Vereinigten Königreich Großbritannien und Nordirland“* gemeint.

71 Vgl. *Segal*, (2007) 20(4) Insol. Intel. 49.

72 *Bork*, Sanierungsrecht in Deutschland und England, Rn. 15.26.

73 *Cohen/Maclennan*, (2009) 3 CRI 91.

74 Drastische die Forderung von *Jaffé/Friedrich*, ZIP 2008, 1849 (1854), die die Einführung eines DES für unerlässlich halten, um im Wettbewerb der Rechtsordnung zu bestehen.

75 Vgl. BT-Drucks., 17/5712, S. 30.

deutschen Fachliteratur wird wiederholt auf die Flexibilität und Effektivität der englischen Sanierungsverfahren zur Durchführung eines DES verwiesen.[76]

> *„As a matter of English law, a debt to equity swap can be implemented either within or outside of a formal process.“*[77]

Dabei ist die grundsätzliche Ausgangslage dieses Sanierungsinstruments in beiden Jurisdiktionen ähnlich:

> *In general terms, by carrying out a debt-to-equity swap, the company's creditors participate in the company's capital increase by way of contributing their receivables against the company in return for the shares to be received.*[78] *Those claims to be contributed usually derive from loan and other financial agreements with banks and financial investors. However, depending on the company's business, also trade creditors could have considerable claims against the company.*[79]
> *Particularly in times of distress, the respective company has usually suffered tremendous (permanent) losses which are reflected in the company's balance sheets. In restructuring scenarios the conversion of debt into equity is very often accompanied by a previous reduction of the company's statutory capital to nil in order to erase the permanent loss from and restore reality in the company's balance sheets.*[80]

Schon allein aufgrund der ähnlichen Ausgangslage in Großbritannien und Deutschland lohnt sich eine rechtsvergleichende Analyse.

Aber insbesondere gibt ein weiterer Aspekt Anlass zu einer rechtsvergleichenden Betrachtung: und zwar das Phänomen, das zutreffend als „Insolvenzmigration“ bezeichnet wird.[81] Damit ist gemeint, dass Unternehmen aus Deutschland bewusst ihren *Center Of Main Interest* (Regulation EC/1346/2000, Art. 3; nachfolgend COMI) nach Großbritannien verlegt haben, um dort in den Genuss eines flexibleren Sanierungsumfelds zu kommen und um insbesondere einen DES nach dem englischen Recht durchzuführen.[82]

Stellvertretend für eine Reihe von Unternehmen, die den Weg nach England auf sich genommen haben, um dort restrukturiert zu werden, steht wohl die

---

76 Etwa *Jaffé* in: Kölner Schrift zur Insolvenzordnung, Kap. 23, Rn. 51; vgl. *Eidenmüller*, ZIP 2007, 1729 (1736); *Bay/Seeburg/Böhmer*, ZInsO 2011, 1927 (1932); *Piekenbrock*, NZI 2012, 905 (905ff.); *Maier*, NZI 2011, 305 (309).

77 *Cohen/Maclennan*, (2009) 3 CRI 91.

78 *Wilson*, [2009] (June) CRI 103.

79 Vgl. *Clowry*, (2010) 7(2) ECL 51ff.

80 Vgl. *Re Jupiter House Investments (Cambridge) Ltd.*, [1985] 1 WLR 975; *Kemp/Harris*, [1993] (Aug) PLC 19 (27); *Ferran*, Corporate Finance, S. 191; *Mallon/Pilkington/van der Zwaan*, England and Wales, 57 (60).

81 Vgl. *Gebler*, NZI 2010, 665 (666); *Bork*, ZIP 2010, 397 (398); *Westpfahl/Janjuah*, Beilage zu ZIP 3/2008, S. 1.

82 Vgl. *Westpfahl/Janjuah*, Beilage zu ZIP 3/2008, S. 2f.

schwäbische *Schefenacker AG.*[83] Im gleichen Atemzug sind aber auch die Fälle *Deutsche Nickel* oder *Hans Brochier* zu nennen. Sie alle teilen die Gemeinsamkeit, dass sie ihren COMI nach Großbritannien verlegt haben und ihren Geschäftsbetrieb in einer englischen Rechtsform – sei es nach einer Übernahme der Geschäftsanteile seitens einer neu gegründeten UK-Gesellschaft, sei es durch eine grenzüberschreitende Verschmelzung – dort fortgeführt haben.[84] Liegen diese Fälle nun schon einige Jahre zurück, hat es auch in jüngerer Vergangenheit Unternehmen gegeben, die eine Sanierung nach englischem Recht verfolgt haben. Zu nennen sind etwa *TeleColumbus*[85], *Rodenstock*[86] oder *PrimaCom*[87]. Im Unterschied zu den zuerst genannten Unternehmen, die ihren COMI nach England verlegt haben, um die Sanierung mittels eines *Company Voluntary Arrangement* (nachfolgend CVA) zu erreichen, ist dies bei den zuletzt genannten Sanierungsvorhaben unterblieben. Bei ihnen kam ein sog. *Scheme of Arrangement* (nachfolgend SoA) zum Einsatz, das einer Verlegung des COMI nicht bedarf.[88] Im Hinblick auf das SoA wird in Deutschland die Diskussion geführt, ob dieses – einmal wirksam nach englischem Recht zustanden gekommen – auch in Deutschland Wirkung entfaltet.[89] Die Entscheidung des BGH vom 15.2.2012[90] hat dies speziell für den Fall eines Versicherungsunternehmens zwar verneint, eine allgemeingültige Aussage dazu jedoch offen gelassen.[91]

Die genannten Fälle des *forum shopping*[92] weisen aber die Gemeinsamkeit auf, dass die Unternehmen der Ansicht waren, in Deutschland nicht die passenden rechtlichen Rahmenbedingungen vorzufinden, die eine effiziente Sanierung des Unternehmens gewährleisten.[93] Im Umkehrschluss könnte dies aber auch bedeuten, dass das englische Sanierungsrecht Mechanismen bereithält, die eine Sanierung besonders flexibel vorantreiben. Dieser Eindruck wird dadurch verstärkt, dass nicht nur deutsche Unternehmen sich das englische Sanierungsrecht zu Nutze machen, sondern auch Unternehmen aus anderen europäischen Ländern: etwa die *La Seda de Barcelona SA*[94] aus Spanien oder *Wind Hellas*[95] aus Griechenland. Die Fälle

---

83 Vgl. *Bork*, Sanierungsrecht in Deutschland und England, Rn. 1.7; vgl. *Westpfahl/Janjuah*, Beilage zu ZIP 3/2008, S. 1.

84 Vgl. *Andres/Grund*, NZI 2007, 137 (138).

85 High Court of Justice, [2010] EWHC 1944 (Ch).

86 High Court of Justice, [2011] EWHC 1104 (Ch).

87 High Court of Justice, [2012] EWHC 164 (Ch).

88 *Nevins*, [2010] WL 2848369, S. 1 (6).

89 Dazu ausführlich etwa *Thole*, ZGR 2013, 109 (113ff.).

90 BGH NJW 2012, 2113 – *Equitable Life.*

91 *Bork*, IILR 2012, 477 (488); *Schröder/Fischer*, BB 2012, 1561 (1563f.).

92 Vgl. zum Begriff des *forum shopping* siehe *Rumberg*, RIW 2010, 358 (359).

93 Vgl. *Hölzle*, KTS 2011, 291 (320); vgl. *Andres/Grund*, NZI 2007, 137 (138).

94 High Court of Justice, [2010] EWHC 1364 (Ch).

95 Dazu etwa *Pilkington, ua*, (2011) (March) PLC 27.

zeigen jedenfalls, dass das englische Sanierungsrechte eine gewisse Attraktivität ausstrahlt.[96] Dem *forum shopping* wird dadurch Vorschub geleistet.[97]

Das *forum shopping* soll durch die reformierte EU-Verordnung eingedämmt werden. Die Verordnung (EU) 2015/848 des Europäischen Parlaments und des Rates vom 20. Mai 2015 sieht in Art. 3(1) die Vermutung vor, dass eine Gesellschaft ihren COMI an dem Ort ihres Sitzes hat. Diese Vermutung gilt jedoch nicht, wenn der Sitz innerhalb von 3 Monaten vor Stellung des Antrags auf Eröffnung des Insolvenzverfahrens in einen anderen Mitgliedstaat verlegt worden ist. Ob dadurch die Attraktivität des *forum shopping* verringert wird, bleibt abzuwarten. Es wird sich zeigen, ob und wie sich die Sanierungspraxis nach der Geltung der Reform ab dem 26. Juni 2017 (vgl. Art. 92) auf die neuen Regelungen einstellt.

Man kann also den Eindruck gewinnen, dass in England flexible Maßnahmen bereitgestellt werden, die die Durchführung eines DES schnell und unkompliziert gewährleisten und somit die Unternehmenssanierung erleichtern. Die Attraktivität des englischen Sanierungsrechts spiegelt sich insbesondere in der Durchführung eines DES wider.[98] Gerade die Durchführung eines DES war vor dem ESUG im Rahmen des Insolvenzverfahrens nicht möglich, was kritisch vor dem Hintergrund des *forum shopping* und der „Insolvenzmigration" aufgefasst worden ist.[99] Teilweise wird gerade das Fehlen der Möglichkeit, in die gesellschaftsrechtlichen Rechte der Anteilseigentümer einzugreifen, als Hauptgrund für das *forum shopping* in Richtung England gesehen.[100] Jedoch soll dieser Umstand, dass deutsche Unternehmen nach England „auswandern", um dort restrukturiert zu werden, nicht zu groß ins Gewicht fallen. Solche Fälle halten sich in Grenzen, so dass wohl nicht von einer „Migrationswelle" gesprochen werden kann.[101] Insbesondere die erheblichen Kosten für die Verlegung des COMI werden eine Rolle für die Zurückhaltung gespielt haben, von der Sanierung unter englischem Recht mittels CVA Gebrauch zu machen.[102]

---

96 So auch *Rumberg*, RIW 2010, 358 (366).

97 Vgl. *Schröder/Fischer*, BB 2012, 1561 (1564); zu etwaigen Problemen, die damit verbunden sind, *Paulus*, DZWIR 2008, 6 (12f.); ein verstärktes *forum shopping* wurde auch in der englischen Fachliteratur festgestellt etwa von *Ereira*, (2010) (April) PLC 23 (25).

98 *Paulus*, DZWIR 2008, 6.

99 Vgl. etwa *Bork*, ZIP 2010, 397 (397f.); *Westpfahl/Janjuah*, Beilage zu ZIP 3/2008, S. 2f.

100 *Jaffé/Friedrich*, ZIP 2008, 1849 (1853); vgl. auch *Carli/Rieder/Mückl*, ZIP 2010, 1737 (1739).

101 Wohl auch zweifelnd *Bork*, ZIP 2010, 397 (398); vgl. auch *Hölzle*, KTS 2011, 291 (292f.); vgl. auch *Köhler-Ma*, IILR 2011, 22 (23), der die Reformen durch das ESUG mit der „*insolvency migration*" ins Verhältnis setzt.

102 *Eidenmüller*, ZIP 2010, 649 (650).

In der jüngsten Vergangenheit sind einige große Unternehmen gerade nicht den Weg nach England eingeschlagen, sondern haben die Sanierung mittels eines DES in Deutschland unternommen.[103] Ob der Grund dafür die Novellierung der InsO und die Ermöglichung eines DES im Insolvenzplanverfahren war, kann nur gemutmaßt werden. Jedoch werden vereinzelt Stimmen laut, wonach die Migration nach Großbritannien zum Zwecke der Sanierung durch das ESUG verhindert werden kann.[104] Andererseits gab es auch nach dem Inkrafttreten des ESUG insbesondere zwei öffentlich bekannt gewordene Restrukturierungsfälle, die bewusst nach englischem Recht durchgeführt wurden. Die finanzielle Restrukturierung der Werkstatt- und Fachmarktkette *A.T.U.*, wobei im Rahmen dieser Sanierung weder das CVA noch das SoA fruchtbar gemacht wurde, erfolgte mittels (geplantem) *administration*-Verfahren. An dessen Ende stand die Umwandlung von Schulden in Eigenkapital, die auf einvernehmlicher Basis mit den Beteiligten durchgeführt wurde. Über die Motive der Sanierung nach englischem Recht ist – soweit ersichtlich – nichts an die Öffentlichkeit getreten. Es ist jedoch auffällig, dass die Hauptgläubiger Finanzinvestoren aus dem anglo-amerikanischen Rechtsraum waren[105] und demnach anzunehmen ist, dass auf das den Hauptakteuren bekannte *administration*-Verfahren zurückgegriffen wurde. Die zweite öffentlichkeitswirksame Sanierung nach Inkrafttreten des ESUG, die nach englischem Recht durchgeführt wurde, ist die Restrukturierung des Parkhausbetreibers *Apcoa*. Hier ist auffällig, dass die Finanzierungsverträge qua Vereinbarung nachträglich bewusst englischem Recht unterstellt wurden, was von dem *High Court* bestätigt wurde und im Anschluss daran der begehrten Anwendung eines SoA nichts mehr im Wege stand.[106] Grund für die Anwendung des SoA war wohl vornehmlich die mangelnde Einstimmigkeit über die Refinanzierung der bestehenden Kreditverträge.[107] Am Ende der Restrukturierung hatten die Gläubiger ihre Forderungen in Eigenkapital umgewandelt.

Zusammenfassend kann also festgehalten werden, dass die Wissenschaft und die Praxis verstärkt auf das englische Recht geblickt haben und nach wie vor blicken, wenn es um die Unternehmenssanierung – insbesondere unter Verwendung eines DES – geht. Vor diesen Hintergrund ist eine rechtsvergleichende Betrachtung der Durchführung eines DES durchaus sinnvoll.

---

103 Etwa die *IVG Immobilien AG* (Handelsblatt vom 10. Mai 2013); die *Pfleiderer AG* (Handelsblatt vom 28. November 2012); oder die *Solarworld AG* (Handelsblatt vom 2. Mai 2013).

104 So wohl *Thole*, ZGR 2013, 109 (111); vgl. auch die Anmerkung von *Leithaus* im Handelsblatt vom 23. April 2013; Umfrage in der Zeitschrift Finance, Heft Oktober/November 2013, S. 75f.

105 Siehe Handelsblatt vom 25. Oktober 2013 und 6. Dezember 2013.

106 *Apcoa Parking (UK) Ltd & Ors*, IILR 2014, 516 (518ff.) (= [2014] EWHC 997 (Ch)).

107 Vgl. *Apcoa Parking (UK) Ltd & Ors*, IILR 2014, 516 (517).

D. Fragestellung und Gang der Untersuchung

Es wurde herausgestellt, dass der DES ein wichtiges Sanierungsinstrument darstellt. Seiner effektiven Anwendung standen in Deutschland bis zum Inkrafttreten des ESUG erhebliche Hindernisse im Wege, was scharfe Kritik in Wissenschaft und Praxis hervorrief. Stand der DES aufgrund dessen nicht zur Verfügung, wurde einerseits auf andere alternative Sanierungsmechanismen ausgewichen[108], etwa auf die übertragende Sanierung. Waren solche Alternativen jedoch aufgrund der aufgezeigten Umstände im Einzelfall nicht erfolgsversprechend, schweifte der Blick schnell nach England, wo das Sanierungs- und Insolvenzrecht für viel flexibler im Vergleich zu jenem in Deutschland gilt. Aus diesem Grund entschlossen sich einige Unternehmen, die Sanierung nach englischem Recht durchzuführen – dies gelang teilweise mit großem Erfolg. Regelmäßig spielte die Umsetzung eines DES dabei eine gewichtige Rolle. Neben der aufgezeigten fehlenden Möglichkeit einer effizienten Umsetzung eines DES nach deutschem Gesellschaftsrecht hat der Gesetzgeber auch die Vermeidung des *forum shopping* zum Anlass genommen, den DES im Rahmen des ESUG in das Insolvenzverfahren zu integrieren.

Vor diesem Hintergrund ergeben sich zwei Fragestellungen: zum einen gilt es zu untersuchen, wie die Durchführung eines DES durch das ESUG in das deutsche Insolvenzrecht integriert worden ist. Dabei soll insbesondere der Frage nachgegangen werden, ob dadurch eine effiziente Durchführung eines DES gewährleistet wird. Dazu gehören insbesondere Rechtsicherheit und Planbarkeit eines DES in der Sanierung.[109] Zum anderen ist rechtsvergleichend zu untersuchen, wie ein DES nach englischem Recht durchgeführt wird. Danach soll dargestellt und bewertet werden, wie sich die Umsetzung eines DES nach deutschem Recht nach den Neuerungen durch das ESUG zu derjenigen nach englischem Recht verhält.

Die Untersuchung dieser Fragestellungen wird wie folgt dargestellt: im ersten Teil werden die gesellschaftsrechtlichen Grundlagen eines DES nach dem englischen und deutschen Gesellschaftsrecht untersucht und erläutert. Die rechtstechnische Umsetzung soll vor dem Hintergrund eines Krisenszenarios erläutert werden. Ein abschließender Vergleich der jeweiligen rechtlichen Grundlagen soll Unterschiede und Gemeinsamkeiten aufdecken und Problemstellen einer Umsetzung aufzeigen.

Im zweiten Teil wird untersucht, wie der DES mittels besonderer gesetzlicher Sanierungsmechanismen in England und Deutschland fruchtbar gemacht werden kann. Die dazu zur Verfügung stehenden sanierungstypischen Instrumente und Verfahren werden einzeln dargestellt. Stärken und Schwächen der jeweiligen Verfahren werden herausgearbeitet. Dabei wird insbesondere für das deutsche Recht kritisch geprüft, wie der DES nach der Novellierung der Insolvenzordnung durch

---

108 Dazu etwa *Schwenker/Fischer*, DStR 2010, 1117 (1117ff.).

109 *Meyer-Löwy/Bruder*, GmbHR 2012, 432 (439); *Braun/Heinrich*, NZI 2011, 505 (506); vgl. auch *Westpfahl/Janjuah*, Beilage zu ZIP 3/2008, S. 3f.

das ESUG durchgeführt wird. In einem abschließenden Vergleich sollen die Vor- und Nachteile der jeweiligen Mechanismen gegenüberstellt werden, um letztlich die Frage zu beantworten, wie diese neuen Regelungen des ESUG zum debt-equity-swap im Vergleich zu jenen gesetzlichen Sanierungsmechanismen nach englischem Recht bestehen.[110]

110 Vgl. insbesondere *Lürken/Plank*, Cross-Border Restructuring, 255 (258).

Teil 1: Allgemein gesellschaftsrechtlicher Rahmen der Umwandlung von Schulden in Eigenkapital nach englischem und deutschem Recht

Bevor darauf eingegangen wird, wie die Umwandlung von Schulden in Eigenkapital durch besondere gesetzliche Sanierungsmechanismen erfolgen kann (dazu *Teil 2*), sind in diesem *Teil 1* als erster Schritt die gesellschaftsrechtlichen Grundlagen des DES in England und in Deutschland detailliert zu erörtern und in einen Vergleich zu bringen. Durch diesen ersten Vergleich soll gezeigt werden, an welchen Stellen es einerseits Unterschiede im Hinblick auf die bloße rechtliche Umsetzung eines DES gibt und insbesondere, ob und inwieweit bestehende Unterschiede als Vor- bzw. Nachteil in der jeweiligen Jurisdiktion auszumachen sind, die eine rechtssichere und planbare Umsetzung der Umwandlung von Schulden in Eigenkapital fördern bzw. behindern.

Da Gegenstand dieser Untersuchung der DES als Sanierungsinstrument ist, soll bereits diese erste Darstellung vor dem Hintergrund erfolgen, dass sich das betreffende Unternehmen in der Krise befindet; ein Insolvenzverfahren ist jedoch noch nicht beantragt bzw. eröffnet worden. Der Begriff der Krise ist vielfältig und wird betriebswirtschaftlich, strafrechtlich und insolvenzrechtlich unterschiedlich interpretiert.[111] Der Begriff der Krise soll hier betriebswirtschaftlich verstanden werden. Sie beschreibt das Stadium, in denen die Unternehmensleitung durch ihre unternehmerischen Entscheidungen nicht mehr in der Lage ist, den Unternehmenswert zu steigern bzw. auf einem Niveau zu halten; sie wird vielmehr zu „ungeplanten Anpassungsentscheidungen" gezwungen sein.[112] Die unterschiedlichen Stadien einer Krise[113] sollen hier keine weitere Rolle spielen. Als wichtiges Merkmal der Krise ist jedoch zu nennen, dass bei deren Fortgang die Existenz des Schuldners bedroht ist.[114] Die Krise eines Unternehmens kann soweit voranschreiten, dass sie mit dessen bilanziellen Überschuldung bzw. Zahlungsunfähigkeit einhergeht;[115] dies ist jedoch für die hier anzunehmende Grundlage nicht notwendig. Es ist vielmehr zu unterstellen, dass die Unternehmenskrise zeitlich früher eintritt und nicht erst

111 *Uhlenbruck*, BB 1985, 1277 (1278).

112 *Drukarczyk/Schöntag* in: Gottwald, Insolvenzrechts-Handbuch, § 2, Rn. 2.

113 Dazu *Axhausen/Rieser* in: Müller/Winkeljohann, Beck'sches Handbuch der GmbH, § 15, Rn. 2.

114 *Gras* in: Nerlich/Kreplin, Münch. Anwaltshdb. Sanierung und Insolvenz, § 2, Rn. 1; vgl. auch *Groß*, Sanierung und Fortführungsgesellschaften, Kap. I., Rn. 4.

115 *Kraus* in: Buth/Hermanns, Restrukturierung, Sanierung, Insolvenz, § 4, Rn. 10.

mit Überschuldung bzw. Zahlungsunfähigkeit.[116] Allein dieser Krisenbegriff soll im Folgenden maßgeblich sein.

A. Englisches Recht

In diesem ersten Kapital wird dargestellt, wie nach dem grundlegenden englischen Gesellschaftsrecht die Umwandlung von Schulden in Eigenkapital vollzogen wird.

I. Kapitalherabsetzung

Wird ein DES mit dem Zweck durchgeführt, die Bilanz des Unternehmens zu sanieren, wird die Eigenkapitalziffer gewöhnlich zunächst herabgesetzt. In einem solchen Restrukturierungszenario ist es regelmäßig der Fall, dass das Gesellschaftskapital nicht mehr von den Unternehmensaktiva gedeckt wird, da letztere erheblich an Wert verloren haben.[117] Eine Buchsanierung wird dann unumgänglich. Für einen solchen Fall sieht sec. 641 Companies Act 2006 (nachfolgend CA 2006) eine gesetzliche Möglichkeit vor, das Kapital herabzusetzen.

1. *Grundsätzliche Verfahren*

Das Gesetz sieht nach englischem Recht grundsätzlich zwei verschiedene Verfahren vor, das gezeichnete Kapital der Gesellschaft herabzusetzen. Gemäß sec. 641(1)(b) CA 2006 bedarf die Kapitalherabsetzung grundsätzlich eines Gesellschafterbeschlusses mit qualifizierter Mehrheit und einer gerichtlichen Bestätigung. Ein zweites, neueres Verfahren wurde in sec. 641(1)(a) CA 2006 eingefügt und bedarf ebenfalls eines Gesellschafterbeschlusses mit qualifizierter Mehrheit. Jedoch ist eine gerichtliche Bestätigung nicht notwendig. Stattdessen muss aber eine Solvenzbescheinigung (*solvency statement*) nach sec. 643 CA 2006 von dem Geschäftsführer (*director*) erteilte werden. In beiden Fälle bedarf es gem. sec. 649(1)(2) CA 2006 bzw. sec. 644 CA 2006 jedoch stets einer Eintragung der Kapitalherabsetzung im Unternehmensregister (*Register of Companies*).

a. Qualifizierter Gesellschafterbeschluss

Bevor die beiden unterschiedlichen Wege der Kapitalherabsetzung näher dargestellt werden, wird für beide Wege gleichermaßen ein Gesellschafterbeschluss mit qualifizierter Mehrheit gefordert, sec. 641(1)(a)(b) CA 2006. Es bedarf demnach stets eines Beschlusses mit einer Mehrheit von 75% aller Stimmen der Gesellschafter, sec. 283(1)(2) CA 2006.

---

116 Vgl. *Drukarczyk/Schöntag* in: Gottwald, Insolvenzrechts-Handbuch, § 2, Rn. 1 m.w.N.

117 Vgl. *Hannigan*, Company Law, Rn. 20–62.

Hat die Gesellschaft eine Anteilsstruktur, in der es verschiedene Anteilsklassen gibt (*class rights*), kommt dem Gericht eine Kompetenz zur Überprüfung zu, ob die Anteilseigner der jeweiligen Anteilsklassen im Sinne der ganzen Anteilsklasse abgestimmt haben und nicht ausschließlich zu ihrem eigenen Vorteil.[118] Kommt es zu dem Ergebnis, dass die Interessen der Anteilsklasse nicht hinreichend berücksichtigt worden sind, kann es den Beschluss für ungültig erklären.

Diese Prüfungskompetenz ist in der englischen Literatur auf Widerstand gestoßen: kritisiert wird einerseits, dass es grundsätzlich für das Gericht schwierig sei, die Interessenlage des stimmberechtigten Anteilseigners zu bestimmen. Zum anderen könne das Gericht nicht zu strenge Anforderungen anwenden, da es diese stets vor dem Hintergrund des in dem Unternehmensanteil verbrieften Eigentumsrechts abwägen müsste.[119]

b. Kapitalherabsetzung mittels Solvenzbescheinigung, sec. 641(1)(a) CA 2006

Die eine Alternative, die Kapitalherabsetzung durchzuführen, umfasst neben dem soeben angesprochenen Gesellschafterbeschluss gem. sec. 641(1)(a), 642 CA 2006 die Vorlage einer Solvenzbescheinigung seitens des Geschäftsführers. Diese Alternative steht jedoch nur nicht-börsennotierten Gesellschaften (*private companies*) zur Verfügung.

Gemäß sec. 643(1)(a) CA 2006 muss jeder Geschäftsführer bestätigen, dass keine Gründe ersichtlich sind, die Anhaltspunkte dafür liefern, dass die Gesellschaft zahlungsunfähig sein könnte („*as regards the company's situation at the date of the statement, that there is no ground on which the company could then be found to be unable to pay (or otherwise discharge) its debts*"). Die Solvenzbescheinigung muss innerhalb von 15 Tagen zusammen mit dem Gesellschafterbeschluss und dem Ausweis des Gesellschaftskapitals beim Unternehmensregister eingereicht werden.[120]

Soll das Kapital jedoch zu Restrukturierungszwecken herabgesetzt werden, bestehen zwei sich aufeinander beziehende Gründe, warum ein Geschäftsführer die Solvenzbescheinigung regelmäßig nicht abgeben wird. Erstens hat der Geschäftsführer gem. sec. 643(2) CA 2006, wenn er die Erklärung abgibt, die Verbindlichkeiten und Schulden der Gesellschaft zu berücksichtigen, die, für den Fall der Krise, nicht unerheblich sein werden. Sodann bedarf es regelmäßig stichhaltiger und überzeugender Argumente des Geschäftsführers, um eine Solvenzbescheinigung für eine Gesellschaft, die (hohe) Schulden in der Bilanz verbucht hat, zu erteilen. Und zweitens sieht sec. 643(4)(5) CA 2006 eine empfindliche persönliche Haftung des Geschäftsführers vor, der eine Solvenzbescheinigung ausstellt, ohne diese begründen zu können: es droht dann gar einen Haftstrafte von bis zu zwei Jahren, sec. 643(5) CA 2006. Zusätzlich können, obgleich diese nicht ausdrücklich

118 Vgl. *Re Holders Investment Trust Ltd.*, [1971] 1 WLR 583.
119 Vgl. *Ferran,* Corporate Finance, S. 195.
120 *Hannigan*, Company Law, Rn. 20–69.

im Companies Act 2006 normiert sind, zivilrechtliche Ansprüche wegen Verletzung der Geschäftsführerpflichten bestehen.[121]

Unabhängig davon untersagt sec. 641(2) CA 2006 eine Kapitalherabsetzung mittels Beibringung einer Solvenzbescheinigung, wenn im Ergebnis nur noch Anteilseigner mit ausschließlich rückzahlbaren Anteilen (*redeemable shares*) der Gesellschaft angehören. Sinn und Zweck dieser Vorschrift ist es, das seine Kapitalherabsetzung auf Null nicht durch den eher formellen Prozess der Erteilung einer Solvenzbescheinigung missbraucht wird, ohne dass ein Gericht diese Kapitalherabsetzung bestätigen würde.[122]

c. *Kapitalherabsetzung gem. sec. 641(1)(b) CA 2006*

Das zweite zur Verfügung stehende Verfahren, das in sec. 641(1)(b) CA 2006 geregelt ist, besteht aus dem Gesellschafterbeschluss mit qualifizierter Mehrheit und einer gerichtlichen Bestätigung der Kapitalherabsetzung.

1) Interessen der Gläubiger

Auf Antrag überprüft das Gericht die Kapitalherabsetzung. Dabei kommt dem Gericht ein Ermessensspielraum hinsichtlich der Überprüfung der Einhaltung der gläubigerschützenden Faktoren gem. sec. 646 CA 2006 zu.[123] Section 646 CA 2006 findet gem. sec. 645(2) CA 2006 auf eine Kapitalherabsetzung Anwendung, wenn entweder (a) Forderungen wegen nicht voll eingezahlter Anteile seitens der Gesellschaft nachgelassen werden oder (b) Gesellschaftskapital an den Gesellschafter zurückgezahlt wird. Daneben steht es gem. sec. 645(4) CA 2006 im Ermessen des Gerichts, die gläubigerschützenden Normen aus sec. 646 CA 2006 anzuwenden.

Für den Fall eines DES wird die Frage relevant, ob diese gläubigerschützenden Normen auch dann Anwendung finden, wenn der Kapitalherabsetzung eine Kapitalerhöhung nachfolgt. Ob die Kapitalherabsetzung einen Fall von sec. 645(2)(a) CA 2006 bzw. sec. 645(2)(b) CA 2006 hervorruft, ist nach den Umständen des Einzelfalls zu beurteilen und steht nicht im unmittelbaren Zusammenhang mit der Durchführung eines DES. Jedoch muss bei jedem DES, im Rahmen dessen zuvor das Kapital herabgesetzt wird, sec. 645(2) CA 2006 Berücksichtigung finden. Bestehen in der konkreten Situation etwa Zweifel darüber, ob die gesetzlichen gläubigerschützenden Bestimmungen Anwendung finden könnten, wendet die Praxis regelmäßig freiwillige gläubigerschützende Maßnahmen an, um das Gericht davon zu überzeugen, die gesetzlichen gläubigerschützenden Mechanismen nicht anzuwenden.[124] Demnach wird die betreffende Gesellschaft etwa gut beraten sein, hinreichende

---

121 Vgl. *Aveling Barford Ltd. v. Perion Ltd.*, (1989) 5 BCC 677 (681); vgl. auch *Davies*, Company Law, Rn. 13–5f.

122 Vgl. *Ferran*, Corporate Finance, S. 192.

123 Vgl. *British and American Trustee and Finance Corporation Ltd. v Cooper*, [1894] AC 399 (404); vgl. ebenfalls *Poole v National Bank of China Ltd.*, [1907] AC 229 (237).

124 *Ferran*, Corporate Finance, S. 193.

Garantien bzw. weitere Sicherheiten durch Dritte vorzuhalten, um dem Gläubigerschutz hinreichend nachzukommen. Da die Gesellschaft im Restrukturierungsstadium regelmäßig keine eigenen finanziellen Mittel bereitstellen kann, wird *in praxi* häufig eine Garantie durch eine Bank vergeben.[125]

Ferner wird man nach englischem Recht das gerichtliche Ermessen gem. sec. 645(4) CA 2006 über die Anwendbarkeit von sec. 646 CA 2006 zu beachten haben, obgleich das Gericht von diesem Ermessen nur selten Gebrauch macht.[126] Sollte das Gericht den Anwendungsbereich der sec. 646 CA 2006 für eröffnet erachten, wird dessen Voraussetzung für den Fall der Durchführung eines DES nicht erfüllt sein. Im Hinblick auf die relevante Voraussetzung der sec. 646(1)(b) CA 2006 sprechen gleich zwei Gründe dafür, dass gerade keine hinreichende Wahrscheinlichkeit (*real likelihood*) im Sinne dieser Norm dafür besteht, dass die Schuldnerin aufgrund der Kapitalherabsetzung ihre Verbindlichkeiten nicht mehr begleichen kann.

Zum einen besteht für die Gläubiger durch die wirtschaftlich angespannte Lage der Gesellschaft auch schon vor der Kapitalherabsetzung die Gefahr, mit ihrer Forderung – zumindest teilweise – auszufallen. Mit anderen Worten: es könnte der Fall eintreten, dass es an einer Kausalität zwischen Kapitalherabsetzung und Gläubigergefährdung fehlt, da diese schon vor der Kapitalherabsetzung immanent ist.[127]

Zum anderen, und dies ist als das gewichtigere Argument anzuführen, folgt bei der Durchführung eines DES der Kapitalherabsetzung unmittelbar eine Kapitalerhöhung. Demnach ist ebenfalls eine Kapitalherabsetzung auf Null auch bei *public companies* unproblematisch möglich, wenn durch die unmittelbar anschließende Kapitalerhöhung das Kapital sein Minimum wieder erreicht.[128] Denn etwaige Mindestvoraussetzungen der Kapitalausstattung sollen nicht verhindern, dass das Kapital auf Null herabgesetzt werden kann, wenn es anschließend wieder auf das Minimum erhöht wird.[129] Berücksichtigt man demnach die beiden Kapitalmaßnahmen in der Zusammenschau wird das anfangs bestehende Ausfallrisiko der Gläubiger zumindest nicht erhöht.[130] Vielmehr können die Gläubiger dadurch in den Genuss der Vorteile kommen, die ein DES mit sich bringt.[131] Diese Umstände werden regelmäßig das Gericht davon abhalten, die gläubigerschützenden Maßnahmen (sec. 646 CA 2006) gem. sec. 645(4) CA 2006 heranzuziehen.

---

125 Vgl. *Ferran,* Corporate Finance, S. 194.

126 Vgl. *Ferran,* Corporate Finance, S. 193 mit Verweis auf *Re Meux's Brewery Ltd., [1919] 1 Ch. 28* (33f.).

127 Vgl. *Re Halcrow Holdings Ltd.*, (2011) WL 5105184, Rn. 51.

128 *Re MB Group plc.*, (1989) 5 BCC 684 (689f.).

129 Vgl. *Re MB Group plc.*, (1989) 5 BCC 684 (689).

130 Vgl. *Re Halcrow Holdings Ltd.*, (2011) WL 5105184, Rn. 51.

131 Dazu oben Einleitung, B.

2) Interessen der Anteilseigner

Zwar hat der Schutz der Interessen der Anteilseigner keinen Einzug in den Companies Act 2006 gefunden. Dennoch wird aus der Rechtsprechung (*case law*) deutlich, dass die Gerichte die Interessen der Anteilseigner, namentlich deren rechtmäßige Behandlung, beachten.[132] Die Beurteilung des Gerichts erfolgt nach Maßgabe von *fairness*, *reasonableness* und *equity*.[133] Davon umfasst ist, dass bei der Abstimmung der Gesellschafter diese vollumfängliche Informationen erhalten haben.[134] Auch kann das Gericht überprüfen, ob einzelne Anteilsklassen bei der Abstimmung berücksichtigt worden sind.[135] Ferner berücksichtigt das Gericht regelmäßig, ob die Kapitalherabsetzung einen erkennbaren Zweck (*discernible purpose*) verfolgt.[136] Obgleich grundsätzlich die Überprüfung der Interessenwahrung der Anteilseigner keine spezielle Verbindung zur Durchführung eines DES hat, sollten gleichfalls die genannten Umstände stets Beachtung finden.

2. Zwischenergebnis

Der Companies Act 2006 stellt zwei unterschiedliche Verfahren zur Verfügung, um das Gesellschaftskapital herabzusetzen. Beide Verfahren haben die Voraussetzung, dass sie eines Gesellschafterbeschlusses mit qualifizierter Mehrheit bedürfen.

Der eine Weg unter Beibringung einer Solvenzbescheinigung seitens des Geschäftsführers scheint nicht zweckmäßig für die Kapitalherabsetzung einer Gesellschaft zu sein, die sich in der wirtschaftlichen Krise befindet. Aller Voraussicht nach wird die scharfe persönliche Haftung der Geschäftsführer diese davor abschrecken lassen, eine solche Solvenzbescheinigung auszustellen, um die gerichtliche Bestätigung damit obsolet werden zu lassen. Weiterhin untersagt sec. 641(2) CA 2006 die Kapitalherabsetzung auf Null unter Einholung einer Solvenzbescheinigung. Da die Kapitalherabsetzung auf Null jedoch gerade für den DES einige Relevanz zukommt, scheidet dieser Weg der Einholung der Solvenzbescheinigung auch schon deshalb aus.

Der zweiten Option liegt die gerichtliche Bestätigung zugrunde. Dabei überprüft das Gericht, ob gläubigerschützende Regelungen zur Anwendung kommen. Wenn diese zur Anwendung kommen, können sie nicht unerhebliche Verzögerungen der Kapitalmaßnahmen nach sich ziehen. Daraus folgt, dass der Gesellschaft regelmäßig daran gelegen sein wird, selbst gläubigerschützende Maßnahmen – wie etwa Bankgarantien – beizubringen, um dem Gericht zu verdeutlichen, dass dem Gläubigerschutz nachgekommen wird. Wird jedoch das Kapital zunächst

---

132 Vgl. *Ferran*, Corporate Finance, S. 194.

133 Vgl. *Scottish Insurance Corp Ltd. v Wilsons & Clyde Coal Co Ltd.*, [1949] AC 462 (474, 484).

134 *Re Ratners Group plc.*, (1988) 4 BCC 293.

135 Vgl. *Ferran*, Corporate Finance, S. 194 f.; *Hannigan*, Company Law, Rn. 20–80.

136 Vgl. *Re Halcrow Holdings Ltd.*, (2011) WL 5105184, Rn. 37, 51; vgl. auch *Re Thorn EMI plc.*, [1988] 4 BCC 698 (701).

herabgesetzt, um es anschließend wieder zu erhöhen, werden die gesetzlichen gläubigerschützenden Maßnahmen mangels Kausalität einer Schlechterstellung der Gläubiger wohl regelmäßig nicht anwendbar sein. Vielmehr werden die Gläubiger durch die anschließende Kapitalerhöhung nicht schlechter gestellt. Diese beiden Kapitalmaßnahmen sind also stets im Zusammenhang zu berücksichtigen. Letztlich bleibt es jedoch eine Frage der Umstände des Einzelfalls. Neben den Gläubigerinteressen berücksichtigt das Gericht auch die Interessen der bestehenden Anteilseigner, wobei sich dabei keine Besonderheiten bei der Durchführung der Kapitalmaßnahmen für einen DES ergeben.

II. Kapitalerhöhung

In einem zweiten Schritt muss das Gesellschaftskapital erhöht werden, das heißt, neue Unternehmensanteile werden ausgegeben und Forderungen der Gläubiger werden in die Gesellschaft eingebracht. Alternativ dazu können auch bestehende Unternehmensanteile im Gegenzug für die Einbringung der Forderungen an die Gläubiger ausgegeben werden.[137]

1. Grundsatz: Verbot der Zuteilung der Aktien

Grundsätzlich ist es den Geschäftsführern verboten, Unternehmensanteile zuzuteilen, sec. 549(1)(a) CA 2006.[138] Ausnahmen davon sind in sec. 549(1) CA 2006 geregelt, der auf die sec. 550 CA 2006 und sec. 551 CA 2006 verweist. Sie finden dann Anwendung, wenn eine *private company* mit einfacher Anteilsklasse (*single class of shares*) das Kapital erhöht, sec. 550 CA 2006 oder die Zuteilung der Unternehmensanteile von der Gesellschaft genehmigt worden ist, sec. 551 CA 2006.

2. Ausnahme vom Zuteilungsverbot gem. sec. 550 CA 2006

Gemäß sec. 549(1), 550 CA 2006 ist es dem Leitungsorgan einer *private company* mit nur einer Anteilsklasse (*single class of shares*) grundsätzlich gestattet, Unternehmensanteile zuzuteilen, wenn nichts anderes in der Gesellschaftssatzung geregelt ist.[139] Diese grundsätzliche Erlaubnis von Gesetzes wegen ist dem Gedanken geschuldet, dass in vielen *private companies* das Leitungsorgan und die Eigentümer personenidentisch sind und eine formale Genehmigung der Unternehmenseigentümer als unnötig kompliziert angesehen wird.[140]

---

137 *Chatterji/Hedges*, Loan workouts, S. 292.
138 Vgl. *Hannigan*, Company Law, Rn. 19–33.
139 Vgl. *Hannigan*, Company Law, Rn. 19–34; *Ferran*, Corporate Finance, S. 131.
140 Vgl. *Hannigan*, Company Law, Rn. 19–34.

3. Ausnahme vom Zuteilungsverbot gem. sec. 551 CA 2006

Die Zuteilung von Anteilen von *public companies* und solchen *private companies* mit mehr als einer Anteilsklasse bedarf der Genehmigung entweder durch die Gesellschafts-Satzung oder mittels eines Gesellschafterbeschluss, sec. 551(1) CA 2006.[141] Nach dem Companies Act 2006 kann die benötigte Genehmigung auf verschiedener Art und Weise erteilt werden. Gemäß sec. 551(2) CA 2006 kann diese genereller Natur sein oder für eine bestimmte Maßnahme beschränkt sein. Auch kann die Genehmigung unter eine Bedingung gestellt, aber auch bedingungslos erteilt werden. Inhaltlich muss jedoch jede Genehmigung bestimmte Angaben enthalten: gemäß sec. 551(3)(a) CA 2006 muss die maximale Anzahl der zuzuteilenden Unternehmensanteile angegeben werden. Ebenfalls muss das Datum angegeben werden, bis wann von der Genehmigung der Zuteilung Gebrauch gemacht werden darf; diese darf fünf Jahre nicht übersteigen, sec. 551(3)(b) CA 2006. Teilen die Geschäftsführer junge Anteile ohne die notwendige Genehmigung zu, machen sie sich strafbar (sec. 549(4)-(6) CA 2006); an der Wirksamkeit der Zuteilung ändert sich jedoch nichts.[142] Die Notwendigkeit, eine Genehmigung für die Zuteilung der Unternehmensanteile einzuholen, schützt die Unternehmenseigentümer davor, dass ihr Unternehmensanteil durch Anteilszuteilung seitens der Unternehmensleitung verwässert wird.[143]

Die Genehmigung kann in dem Gesellschaftsstatut enthalten sein. Anderenfalls muss sie durch Gesellschafterbeschluss erteilt werden, der einer einfachen Mehrheit gem. sec. 551(1)(8), 282 CA 2006 bedarf.

Vor dem Hintergrund einer effizienten Durchführung eines DES muss die Genehmigung jedenfalls den Wert der Forderungen, die eingebracht werden sollen, decken.[144] Wird eine solche hinreichende Genehmigung schon im Vorhinein, bevor der DES akut wird, erteilt, kann dadurch eine einfachere und schnellere Durchführung des DES gewährleistet werden. Anderenfalls, besteht also gar keine oder keine hinreichende Genehmigung, muss diese stets vor Durchführung des DES eingeholt werden.[145]

4. Die einzubringende Forderung – Sach- oder Bareinlage?

Beim DES werden Forderungen der Gläubiger als Gegenleistung für die an diese ausgegebenen Unternehmensanteile in die Gesellschaft eingelegt. Die Einlage in Form der Forderungen könnte demnach eine Sacheinlage darstellen, da ja gerade keinen baren Mittel in die Gesellschaft eingebracht werden.

141 *Kershaw*, Company Law, S. 654ff.
142 *Kershaw*, Company Law, S. 657.
143 *Ferran*, Corporate Finance, S. 125, 131, vgl. auch *Hannigan*, Company Law, Rn. 19–30.
144 Vgl. *Wilson*, [2009] (June) CRI 103.
145 Vgl. *Wilson*, [2009] (June) CRI 103.

Der Begriff der Bareinlage (*cash-consideration*) bestimmt sich nach sec. 583(3) CA 2006. Demnach sieht sec. 583(3)(c) CA 2006 vor, dass auch der Erlass einer Verbindlichkeit der Gesellschaft über eine bezifferte Summe („*a release of a liability of the company for a liquidated sum*") eine Bareinlage darstellt. Bringt nunmehr ein Gesellschaftsgläubiger eine Forderung in die Gesellschaft ein, um Anteile an dieser zu erhalten, stellt dieser Vorgang nach englischem Recht einen Erlass einer Verbindlichkeit in diesem Sinne dar.[146] Nach der Leitentscheidung in *Re Harmony and Montague Tin and Copper Mining Co, Spargo's Case* wird auch und insbesondere die Aufrechnung eines Gläubigers gegenüber der Gesellschaft als Bareinlage in diesem Sinn angesehen.[147]

Mithin kann festgehalten werden, dass, obgleich die eingebrachte Forderung keine Barmittel im wörtlichen Sinne darstellt, die Bareinlage (*cash consideration*) gem. sec. 583(3)(c) CA 2006 auch den Erlass einer Verbindlichkeit bzw. die Aufrechnung mit einer Forderung umfasst.

III. Das Bezugsrecht

Unabhängig davon, ob eine hinreichend weitgehende Genehmigung zur Zuteilung der Anteile besteht, muss ebenfalls sichergestellt werden, dass die neuen Gesellschaftsanteile auch frei an die am DES teilnehmenden Gläubiger übertragbar sind.[148] Die Gläubiger beabsichtigen nämlich regelmäßig, durch den DES einen hinreichenden Kapitalanteil an der Gesellschaft zu erlangen, um einerseits die Restrukturierung nach ihren Vorstellungen durch- und fortzuführen und um nach einer erfolgreichen Sanierung an dem wirtschaftlichen Erfolg der Gesellschaft bestmöglich beteiligt zu werden.[149]

Diesbezüglich könnte das den Alt-Anteilseignern zustehende Bezugsrecht (*pre-emption right*) ein Hindernis der freien Übertragbarkeit der Anteile darstellen. Das Bezugsrecht gibt den bestehenden Anteilseignern das Recht, neu ausgegebene Anteile im Verhältnis zu ihren bestehenden Anteilen (*pro rata*) vorrangig vor Außenstehenden zu beziehen.[150] Demnach untersagt sec. 561(1) CA 2006 jeder Gesellschaft, Anteile zuzuteilen, ohne dass zuvor ein Angebot auf Annahme der Zuteilung an die bestehenden Anteilseiger *pro rata* abgegeben wird.[151]

Aus der Erläuterung des Bezugsrechts und dem Wortlaut der einschlägigen Gesetzesnormen wird der Sinn und Zweck des Bezugsrechts deutlich: einerseits birgt die Zuteilung neuer Anteile das Risiko, dass der Anteil der existierenden Anteilseigner verwässert wird. Die Rechte der Anteilseigner würden beeinträchtigt werden, wenn ihnen nicht die Möglichkeit eingeräumt werden würde, vorrangig die jungen Anteile

---

146 Vgl. *Davies*, Company Law, Rn. 11–14; vgl. auch *Ferran*, Corporate Finance, S. 105.

147 *Re Harmony and Montague Tin and Copper Mining Co, Spargo's Case*, (1873) 8 Ch App 407 (412).

148 *Barham*, [2002] (Oct) PLC 21 (24); vgl. auch *Kemp/Harris*, [1993] (Aug) PLC 19 (26).

149 Vgl. *Clowry*, (2010) 7(2) ECL 51 (51f.).

150 Vgl. *Omar*, (2000) 11(8) ICCLR 279.

151 Vgl. *Xuereb*, (1988) 37(2) ICLQ 397 (408).

zu übernehmen.[152] Andererseits beinhaltet das Bezugsrecht auch eine wirtschaftliche Komponente, die darin besteht, dass die jungen Anteile regelmäßig mit einem Abschlag gegenüber dem Marktwert ausgegeben werden.[153] Somit ermöglicht das Bezugsrecht den bestehenden Anteilseignern, die neuen Anteile mit diesem Abschlag zu erwerben.

1. *Das Angebot auf vorrangigen Bezug*

Wie bereits erwähnt, besteht die Verpflichtung der Gesellschaft gem. sec. 561(1) CA 2006, den bestehenden Anteilseigner vorrangig den Bezug der neuen Anteile anzubieten. Der Angebotszeitraum darf nicht kürzer als 14 Tage sein, sec. 562(5) CA 2006. Ein Verstoß zieht eine Haftung der Gesellschaft und eine persönliche Haftung derjenigen Person nach sich, die die Zuteilung freigegeben hat, sec. 563(2) CA 2006.

2. *Ausnahmen*

Zu der grundsätzlichen Anwendung des Bezugsrechts werden Ausnahmen gemacht, so dass ein Angebot zu bevorzugten Zuteilung nicht gemacht werden muss. Einerseits sieht der Companies Act 2006 Ausnahmen in sec. 564–566 CA 2006 vor. Andererseits kann das Bezugsrecht ausgeschlossen werden.

a. Gesetzliche Ausnahmen

Die sec. 564–566 CA 2006 enthalten verschiedene Ausnahmen, bei deren Vorliegen das Bezugsrecht nicht zur Anwendung kommt. Demnach besteht das Bezugsrecht nicht bei der Zuteilung von Bonusaktien (*bonus shares*) gem. sec. 564 CA 2006, wenn die neuen Anteile gegen Sacheinlage (*non-cash consideration*) ausgegeben werden, sec. 565 CA 2006 oder wenn die neuen Anteile im Rahmen eines Mitarbeiterbeteiligungsprogramms (*employees' share schemes*) nach sec. 566 CA 2006 ausgegeben werden. Obgleich die hier vorgestellte zweite Ausnahme – Anteile gegen Sacheinlage – grundsätzlich eine beliebte Möglichkeit nach englischem Recht ist, das Bezugsrecht auszuschließen,[154] kommt sie für den DES nicht in Betracht. Denn, wie soeben erörtert, stellt die Einbringung einer Forderung gerade keine Sacheinlage, sondern eine Bareinlage dar.

b. Ausschluss des Bezugsrechts

Da die soeben diskutierte Ausnahmen grundsätzlich bei der Durchführung eines DES nicht greifen, bedarf es regelmäßig eines Ausschlusses des Bezugsrechts durch die Gesellschafter selbst. Das englische Recht bietet dazu unterschiedliche Möglichkeiten an.[155]

---

152 Vgl. *Hannigan*, Company Law, Rn. 19–36.
153 Vgl. *Hannigan*, Company Law, Rn. 19–36.
154 *Hannigan*, Company Law, Rn. 19–43.
155 Vgl. *Omar*, (2000) 11(8) ICCLR 279 (283).

In jedem Fall kann der Ausschluss des Bezugsrechts ein Hindernis für die Durchführung des DES bedeuten. Wie und in welchem Umfang der Ausschluss erfolgt, hängt damit zusammen, wie die Geschäftsführer (*directors*) zur Zuteilung neuer Aktien autorisiert worden sind: wenn sie einerseits generell zur Zuteilung neuer Anteile ermächtigt sind (*generally authorised*), sec. 551 CA 2006, kann ein Ausschluss des Bezugsrechts in den Gesellschaftsstatuten vorgesehen werden oder mittels eines Gesellschafterbeschlusses mit qualifizierter Mehrheit gem. sec. 570(1) CA 2006 erfolgen. Wurde andererseits die Genehmigung für die Zuteilung der neuen Anteile in genereller oder auf andere Art (*generally or otherwise*) erteilt, kann mittels eines qualifizierten Beschlusses der Gesellschafter das Bezugsrecht gem. sec. 571(1)(a) CA 2006 für eine näher spezifizierte Anteilszuteilung gemäß den Vorgaben dieser Genehmigung ausgeschlossen werden. Alternativ dazu kann der qualifizierte Beschluss der Anteilseigner gem. sec. 571(1)(b) CA 2006 Modifikationen für die Autorisierung der Zuteilung beinhalten, die dann vom Geschäftsführer zu berücksichtigen sind. Die letzten beiden Alternativen des Ausschlusses müssen gem. sec. 571(5)(6) CA 2006 ausdrücklich vom Geschäftsführer vorgeschlagen und schriftlich begründet werden.[156]

Der Gesellschaft und auch dem handelnden Geschäftsführer drohen zivilrechtliche und strafrechtliche Sanktionen, wenn sie gegen die Vorschriften über den Ausschluss des Bezugsrechts verstoßen, vgl. sec. 572 CA 2006. Auch wird in der englischen Literatur diskutiert, ob Anteilseigner, die nur eine Minderheitsbeteiligung halten, gegen den Geschäftsführer vorgehen können, wenn dieser zwar auf Grundlage des Beschlusses der Anteilseigner, letztlich aber nicht im Sinne der Gesellschaft (*bona fide*) handelt.[157] Unabhängig von den individuellen Haftungsfolgen macht letztlich ein Verstoß gegen diese Regelungen die Zuteilung der Anteile nicht unwirksam; Dritte dürfen demnach auf die gemachte Zuteilung grundsätzlich vertrauen.[158]

Zusammenfassend wird in der englischen Literatur der Ausschluss des Bezugsrechts im Hinblick auf die formellen Voraussetzungen als unproblematisch erachtet; aber die nicht unerhebliche Voraussetzung in Form des notwendigen qualifizierten Beschlusses – sei es für den Beschluss zum Bezugsrechtsausschluss selbst oder für die Änderung des Gesellschaftsstatuts – wird regelmäßig als eine hohe Hürde für die Umsetzung des Bezugsrechtsausschlusses gewertet.[159] Da ein Bezugsrechtsausschluss für die effiziente Durchführung eines DES regelmäßig unerlässlich ist, ist das Erfordernis einer Dreiviertelmehrheit zu beachten.

156 Vgl. *Xuereb*, (1988) 37(2) ICLQ 397 (408f.).
157 Vgl. *Xuereb*, (1988) 37(2) ICLQ 397 (409).
158 *Omar*, (2000) 11(8) ICCLR 279 (284).
159 Vgl. *Omar*, (2000) 11(8) ICCLR 279 (283).

IV. Die Gegenleistung der Gläubiger

Auch die Gläubiger müssen ihre Gegenleistung für die Ausgabe der neuen Anteile erbringen. Für den Fall der Durchführung eines DES erfolgt die „Bezahlung" der neuen Anteile durch die Einbringung der Forderung seitens der Gläubiger in der Form, dass diese durch einen Erlassvertrag mit der Gesellschaft erlassen werden.[160] Ein anderer Weg ist in der Aufrechnung mit den Forderungen der Gesellschaft für die neuen Anteile zu erblicken.[161]

Wie bereits oben erwähnt,[162] stellt eine solche Einbringung einer Forderung nach englischem Recht keine Sach-, sondern gem. sec. 583(3)(c) CA 2006 eine Bareinlage dar. Demnach bedarf es nach englischem Recht grundsätzlich auch keiner Bewertung der Forderung, wenn diese als Gegenleistung für die ausgegebenen Anteile in die Gesellschaft eingebracht wird.[163] Eine Ausnahme davon besteht nur dann, wenn sich die Transaktion als gekünstelt (*artificial*) oder betrügerisch (*sham*) herausstellt.[164] Über diese allgemeine Ansicht in der Rechtsprechung hinaus gibt es in England – soweit ersichtlich – keine weitergehende Diskussion darüber, ob die Einlage einer Forderung als Bareinlage mit der Richtlinie 2012/30/EU vom 25. Oktober 2012 (nachfolgend Zweite Kapitalrichtlinie) im Einklang steht.[165] Dass eine Bewertung der Forderung grundsätzlich nicht notwendig ist, wird als äußerst nützlich für eine effiziente Umsetzung eines DES angesehen.[166]

Unabhängig davon könnte jedoch problematisch sein, dass der Marktwert der Forderung unterhalb deren Nennwert liegt, wenn der Forderungswert krisenbedingt abgewertet werden musste. Wird die Forderung dennoch zu ihrem Nennwert eingebracht, könnte die Gegenleistung, die die Gesellschaft für die neuen Anteile erhält, geringer sein als der Ausgabebetrag der neuen Anteile, was letztlich zu einer Verletzung des Verbots der Unterpariemission gem. sec. 580(1) CA 2006 führen würde.[167] Gemäß sec. 580(2) CA 2006 könnte die Ausgabe von neuen Anteilen unter dem Ausgabewert empfindliche Sanktionen für den Emittenten bedeuten. Nur vereinzelt wird dieser Umstand in der Literatur und Rechtsprechung überhaupt thematisiert:

---

160 *Davies*, Company Law, Rn. 11–14; vgl. auch *Kubiangha/Bon*, (2005) 155 (7162) NLJ 181.

161 *Re Harmony and Montague Tin and Copper Mining Co, Spargo's Case*, (1873) 8 Ch App 407 (412).

162 Siehe oben Teil 1, A., II., 4.

163 Die Notwendigkeit der Bewertung einer Sacheinlage wird hingegen in sec. 593 CA 06 vorgeschrieben.

164 Vgl. *Re Harmony and Montague Tin and Copper Mining Co, Spargo's Case*, (1873) 8 Ch App 407 (412f.); vgl. auch *Ferran*, Corporate Finance, S. 103.

165 Dass eine Forderung als Bareinlage im Sinne der ursprünglichen Kapitalrichtlinie 77/91/EWG vom 13.12.1976 angesehen werden kann, ist zumindest nicht ausgeschlossen, vgl. *Tesauro*, ZIP 1992, 1033 (1044) in Sachen Rs C-83/81 – Meilicke ./. ADV-ORGA F.A. Meyer AG und ferner unten Teil 1, B., II., 2., c., 1), a), (3), (e).

166 Vgl. *Davies*, Company Law, Rn. 11–14.

167 Vgl. dazu *Morse*, Company Law, S. 141.

wenn eine Forderung zum Nennwert eingebracht wird, dieser jedoch über deren Marktwert liegt, weil sich die Schuldnerin in der Krise befindet und demnach ein Wertabschlag auf die Forderung vorgenommen werden musste, soll dennoch kein Verstoß gegen das Verbot der Unterpariemission bestehen.[168]

V. Zwischenergebnis

Hat eine Gesellschaft in nicht unerheblicher Höhe Schulden angesammelt, ist es aus Gründen der Bereinigung der Passivseite der Bilanz regelmäßig notwendig, eine Kapitalherabsetzung durchzuführen, bevor das Gesellschaftskapital unter Einbringung der Forderungen wieder erhöht wird. Dabei ist auch nach englischem Recht eine Kapitalherabsetzung auf Null grundsätzlich rechtlich möglich. Es müssen jedoch die einschlägigen gläubigerschützenden Normen Beachtung finden. Jede Kapitalherabsetzung bedarf eines Gesellschafterbeschlusses mit einer Mehrheit von mindestens 75% der Stimmen. Damit haben es die bestehenden Anteilseigner in der Hand, ob eine vorangehende Kapitalherabsetzung durchgeführt wird. Wird das Gesellschaftskapital nicht zuvor herabgesetzt, etwa weil die notwendige Mehrheit der Anteilseigner nicht zustande kommt, werden die Gläubiger in der Regel nicht dazu bereit sein, ihre Forderungen in Eigenkapital umzutauschen. Denn unter diesen Umständen werden sie als Neu-Anteilseigner an den angehäuften Schulden der Gesellschaft beteiligt. Diese vorausgehende Angleichung der Passivseite der Bilanz lässt den DES für die Gläubiger als äußerst unattraktiv erscheinen. Vor diesem Hintergrund kann also festgehalten werden, dass den bestehenden Anteilseignern durch das Erfordernis einer Dreiviertelmehrheit für den Beschluss eine erhebliche Einflussnahme zukommt, ob der DES durchgeführt wird.

Im Anschluss an die Herabsetzung muss das Kapital wieder erhöht werden. Dazu bedarf es eines Gesellschafterbeschlusses mit einfacher Mehrheit.

Grundsätzlich steht den Anteilseignern ein Bezugsrecht für die neu auszugebenden Anteile zu. Um die neuen Gesellschaftsanteile den Gläubigern zuzuteilen, muss das Bezugsrecht durch einen qualifizierten Beschluss der Alt-Anteilseigner ausgeschlossen werden. Ähnlich wie für den Beschluss über die Kapitalherabsetzung kommt den Anteilseignern auch an dieser Stelle eine erhebliche Einflussnahmemöglichkeit auf die Durchführung eines DES zu – es bedarf wiederum einer Mehrheit von mindestens 75% der Stimmen. Scheitert dieser Gesellschafterbeschluss und damit einhergehend der Ausschluss des Bezugsrechts, haben die Gläubiger kein Recht zum Bezug der neuen Anteile und der DES wird ebenso scheitern.

Die Einlage der Forderungen als Gegenleistung für die neuen Anteile ist keine Sacheinlage, sondern stellt eine Bareinlage (sec. 583(3)(c) CA 2006) dar. Mit der Qualifizierung der Einlage als Bareinlage geht nach englischem Recht einher, dass es einer Bewertung der Forderung grundsätzlich nicht bedarf. Dadurch wird das

---

168 *Davies*, Company Law, Rn. 11–14 mit Verweis auf die Entscheidung *Re Mercantile Trading Company v. Schroeder's Case*, (1870–71) LR 11 Eq. 131 (139ff.).

Verfahren zur Umsetzung eines DES gestärkt, da die Unsicherheiten, die mit der Bewertung einer Forderung im Zusammenhang stehen, an dieser Stelle obsolet werden. Liegen also die übrigen Voraussetzungen vor, bedeutet der Umstand, dass eine Bewertung der Forderung nicht zu erfolgen braucht, für die Gläubiger einen erheblichen Vorteil. Die Forderung kann also nach der einheitlichen Rechtsprechung und Literaturansicht in England zum Nennwert in die Gesellschaft eingebracht werden.[169] Dadurch kann aus Sicht der Gläubiger mit einiger Sicherheit festgestellt werden, welchen Anteilswert sie für die Einbringung ihrer Forderung erhalten. Dies gilt umso mehr, wenn sich die Gesellschaft bereits in der finanziellen Krise befindet – selbst dann kann der Forderungswert im Grundsatz mit seinem Nennwert angesetzt werden. Die Grenze, wann der Nennwert der Forderung nicht mehr herangezogen wird, besteht nach der einschlägigen Rechtsprechung dort, wenn die Einbringung der Forderung nur künstlich (*artificial*) oder auf betrügerische Art und Weise (*sham*) erfolgt. Jedoch sind weder der einschlägigen Literatur noch der Rechtsprechung eindeutige Voraussetzungen zu entnehmen, wann eine solche unrechtmäßige Einbringung der Forderung vorliegt.

B. Deutsches Recht

Auch die deutsche Sanierungspraxis kennt das Instrumentarium des Debt-Equity-Swap. Dabei soll an dieser Stelle zunächst, bevor auf die Besonderheiten des DES im Insolvenzplanverfahren eingegangen wird, die gesellschaftsrechtliche Grundlage der Umwandlung von Schulden in Eigenkapital einer Kapitalgesellschaft außerhalb der Insolvenz dargestellt werden. In diesem Zusammenhang ist ebenfalls zu erläutern, welche Schwierigkeiten und Unwägbarkeiten für die verschiedenen Parteien, die sich an einem DES beteiligen, bestehen können. Insgesamt erfolgt dies in Anlehnung an die bereits dargestellte Rechtslage in England.

I. (Vereinfachte) Kapitalherabsetzung, §§ 229 ff. AktG, §§ 58a ff. GmbHG

Neben der ordentlichen Kapitalherabsetzung, §§ 222 ff. AktG, § 58 GmbHG, sieht sowohl das AktG also auch das GmbHG die vereinfachte Kapitalherabsetzung gem. §§ 229 ff. AktG bzw. §§ 58a ff. GmbHG vor. Als Folge einer vereinfachten Kapitalherabsetzung dürfen keine Ausschüttungen von Gesellschaftsmitteln an die Gesellschafter erfolgen, § 230 AktG bzw. § 58b Abs. 1 GmbHG.[170] Es wird dadurch lediglich das nominelle Grund- bzw. Stammkapital an das noch vorhandene Vermögen der Gesellschaft angepasst – dabei handelt es sich um eine reine Buchsanierung.[171] In derartigen Sanierungsfällen bedarf es der Schutzmechanismen der Gläubiger, wie

169 Siehe *Davies*, Company Law, Rn. 11–14.
170 *Vetter* in: MüKo, GmbHG, § 58b, Rn. 7.
171 *Reger/Stenzel*, NZG 2009, 1210.

sie für die ordentliche Kapitalherabsetzung in § 225 AktG bzw. § 58 Abs. 1 GmbHG zwingend vorgeschrieben sind, nicht.[172]

Zunächst sollen überblicksartig die Voraussetzungen der vereinfachten Kapitalherabsetzung dargestellt werden.

1. *Zulässigkeit*

Für beide Gesellschaftsformen ist diese Art der Kapitalherabsetzung nur dann zulässig, wenn sie dazu dienen soll, „Wertminderungen auszugleichen oder sonstige Verluste zu decken".[173]

Ferner ist gem. § 229 Abs. 2 S. 1 AktG, § 58a Abs. 2 GmbHG notwendig, etwaig bestehende Kapital- und Gewinnrücklagen vorher aufzulösen, soweit diese 10% des nach der Herabsetzung noch verbleibenden Grund- bzw. Stammkapitals übersteigen.[174] Die vereinfachte Kapitalherabsetzung ist unzulässig, solange ein Gewinnvortrag vorhanden ist, § 229 Abs. 2 S. 2 AktG, § 58a Abs. 2 S. 2 GmbHG. Damit sollen die Regelungen der vereinfachten Kapitalherabsetzung nur dann Anwendung finden, wenn die bestehenden oder bevorstehenden Verluste nicht anderweitig ausgeglichen werden können.[175]

Vor dem hier maßgeblichen Hintergrund, dass sich die Gesellschaft in einer Krise befindet und einer Sanierung bedarf, ist demnach davon auszugehen, dass Verluste i.S.d. § 229 AktG, § 58a GmbHG angefallen sind und Rücklagen nicht (mehr) bestehen.[176]

2. *Beschlussfassung*

Die Herabsetzung der Kapitalziffer zieht eine Änderung des Gesellschaftsstatuts nach sich. Gemäß § 229 Abs. 3 AktG, § 58a Abs. 5 GmbHG finden die jeweiligen Vorschriften für die Beschlussfassung der ordentlichen Kapitalherabsetzung Anwendung. Demnach muss der Beschluss mit einer Mehrheit von drei Viertel des vertretenen Grundkapitals gefasst werden. Für die GmbH ist eine Dreiviertelmehrheit der abgegebenen Stimmen notwendig. Der Beschluss über die vereinfachte Herabsetzung ist zur Eintragung in das Handelsregister anzumelden; die Wirksamkeit tritt mit der Eintragung ein.[177]

---

172 *Nerlich/Rhode* in: Nerlich/Kreplin, Münch. Anwaltshdb. Sanierung und Insolvenz, § 4, Rn. 15.

173 Dazu *Oechsler* in: MüKo, AktG, § 229, Rn. 20.

174 Für die AG: *Oechsler* in: MüKo, AktG, § 229, Rn. 43ff.; für die GmbH: *Vetter* in: MüKo, GmbHG, § 58a, Rn. 37ff.

175 *Rühland* in: Ziemons/Jaeger, Beck'scher Online-Kommentar, GmbHG, § 58a, Rn. 15.

176 Vgl. zusammenfassend *Redeker*, BB 2007, 673 (674); *Meyer/Degener*, BB 2011, 846 (847).

177 Vgl. *Oechsler* in: MüKo, AktG, § 229, Rn. 8; *Schnorbus* in: Rowedder/Schmidt-Leithoff, GmbHG, § 58a, Rn. 10.

3. Besonderheiten des „Kapitalschnitts"

Besonderheiten gelten für die vereinfachte Kapitalherabsetzung jedoch bei der Durchführung eines sog. Kapitalschnitts, also dann, wenn im Anschluss an die vereinfachte Kapitalherabsetzung das Kapital wieder erhöht wird.

Diese Besonderheiten sind insbesondere bei der Sanierung eines Unternehmens von Bedeutung. Denn in diesem Fall wird nicht selten festgestellt, dass die Verluste i.S.d. § 229 AktG bzw. § 58a GmbHG derart hoch sind, dass das Grund- bzw. Stammkapital der Gesellschaft bilanziell angegriffen bzw. völlig aufgezehrt ist. Im zuletzt genannten Fall kann die Bereinigung des Eigenkapitals um die angehäuften Verluste nur durch eine Herabsetzung des Grund- bzw. Stammkapitals auf Null erfolgen. Gemäß § 229 Abs. 3 AktG i.V.m. § 228 AktG bzw. § 58a Abs. 4 GmbHG ist es möglich, das Grund- bzw. Stammkapital auch unter die Mindestkapitalgrenze von EUR 50.000,00 bei der AG bzw. EUR 25.000,00 bei der GmbH herabzusetzen, so dass nach allgemeiner Ansicht auch die Herabsetzung auf Null möglich ist.[178] Gemäß § 229 Abs. 3 i.V.m. § 228 AktG bzw. § 58a Abs. 4 GmbHG ist die Kapitalherabsetzung auf Null aber an weitere Voraussetzungen geknüpft.

Als wichtigste Voraussetzung gilt die gleichzeitige Beschlussfassung über eine Kapitalerhöhung, die den gesetzlichen Mindestkapitalbetrag wieder erreichen muss. Eine Erhöhung auf einen Betrag, der über den jeweiligen Mindestkapitalbetrag hinausgeht oder auf die Höhe des vorherigen Grund- bzw. Stammkapitals ist nicht erforderlich.[179] Es soll lediglich sichergestellt werden, dass das gesetzlich vorgegebene Haftkapital wieder aufgebracht wird.[180] Hinsichtlich der Beschlussfassung ist es ausreichend, aber auch notwendig, dass beide Beschlüsse in derselben Haupt- bzw. Gesellschafterversammlung gefasst werden, so dass durch die enge zeitliche Verbindung der Herabsetzung und Erhöhung des Kapitals dem Gläubigerschutz nachgekommen wird.[181]

Ferner kommt für die Erhöhung des jeweiligen gesetzlichen Mindestkapitals gem. §§ 229 Abs. 3 i.V.m. 228 AktG bzw. § 58a GmbHG nur eine Kapitalerhöhung gegen Barmittel in Betracht; Sacheinlagen dürfen bis zum Erreichen des gesetzlichen Mindestkapitals nicht festgesetzt werden. Durch die Notwendigkeit der Bareinlage soll der Gesellschaft ein Mindestmaß an liquiden Mitteln zufließen und Probleme bei der Bewertung der Sacheinlage sollen vermieden werden.[182]

---

178 In der einschlägigen Rspr. BGHZ 119, 305; BGH NZG 1999, 1158; vgl. auch *Reger/Stenzel*, NZG 2009, 1210 (1211); *Schnorbus* in: Rowedder/Schmidt-Leithoff, GmbHG, § 58a, Rn. 15.

179 *Oechsler* in: MüKo, AktG, § 228, Rn. 7; *Schnorbus*, in: Rowedder/Schmidt-Leithoff, GmbHG, § 58a, Rn. 15.

180 *Rühland* in: Ziemons/Jaeger, Beck'scher Online-Kommentar, GmbHG, § 58a, Rn. 40.

181 Vgl. *Vetter*, in: MüKo, GmbHG, § 58a, Rn. 95; *Oechsler* in: MüKo, AktG, § 228, Rn. 4.

182 *Kreplin* in: Nerlich/Kreplin, Münch. Anwaltshdb. Sanierung und Insolvenz, § 9, Rn. 15; *Koch* in: Hüffer, AktG, § 228, Rn. 3.

II. Kapitalerhöhung

Nachdem das Eigenkapital im erforderlichen Umfang herabgesetzt worden ist, muss es wieder erhöht werden.

1. Erfordernis der Bareinlage und DES

Wird das Grund- bzw. Stammkapital unterhalb des gesetzlichen Mindestkapitals herabgesetzt, so muss die Kapitalerhöhung bis zur gesetzlichen Mindestkapitalziffer zwingend als Bar-Kapitalerhöhung festgesetzt werden. Dies könnte für die Durchführung eines DES problematisch sein, da die Gläubiger ihre gegen die Gesellschaft zustehende Forderungen in die Gesellschaft im Rahmen der Kapitalerhöhung einzubringen beabsichtigen. Es ist jedoch allgemein anerkannt, dass, wenn das gesetzliche Mindestnennkapital durch die Einlage barer Mittel erreicht ist, eine darüber hinausgehende Erhöhung des Eigenkapitals mittels Sacheinlage erfolgen kann.[183] Diese gemischte Bar- und Sachkapitalerhöhung kann in demselben Beschluss festgesetzt werden.[184]

2. Voraussetzungen der Kapitalerhöhung

Die Kapitalerhöhung stellt stets eine Änderung der Satzung der Gesellschaft dar, über die die Anteilseigner entscheiden. Ferner bedarf es bei der Kapitalerhöhung per Sacheinlage grundsätzlich der Überprüfung des Gegenstandes, der in die Gesellschaft eingebracht werden soll.

a. Vorweg: Sacheinlagefähigkeit einer Forderung

Die über das gesetzliche Mindestnennkapital hinausgehende Kapitalerhöhung kann durch Sacheinlage erfolgen. Die Gläubiger der Gesellschaft bringen dazu ihre Forderungen als Sacheinlage in die Gesellschaft ein.

1) Grundsätzlich: Forderungen sind sacheinlagefähig

Es ist unbestritten, dass Forderungen, die gegen eine AG bzw. GmbH bestehen, grundsätzlich Gegenstand einer Sacheinlage sein können.[185]

Vor Inkrafttreten des MoMiG im Jahre 2008 war es für problematisch erachtet worden, ob Gesellschafterdarlehen sacheinlagefähig waren, da bei Vorliegen der Voraussetzungen der kapitalersetzenden (Gesellschafter-) Darlehen diese Forderungen während einer „Krise der Gesellschaft“ stets nachrangig waren,

---

183 *Ekkenga*, ZGR 2009, 581 (593); *Reger/Stenzel*, NZG 2009, 1210 (1211); *Waldner* in: Michalski, GmbHG, § 58a, Rn. 19.

184 *Oechsler* in: MüKo, AktG, § 228, Rn. 7; zur sog. gemischten Sacheinlage etwa *v. Dryander/Niggemann* in: Hölters, AktG, § 183, Rn. 11.

185 Etwa BGHZ 110, 47 (60); *Kestler/Striegel/Jesch*, NZI 2005, 417 (422); *Drygala*, SZW 2006, 245 (246).

§ 32a Abs. 1 GmbHG a.F.[186] Es wurde argumentiert, würde man bereits nachrangige Forderungen, die quasi wie Eigenkapital behandelt werden, als Sacheinlage zulassen, sei ein Einlageerfolg fraglich, da einer solchen Forderung kein Wert zukomme und eine Entlastung der Gesellschaft ausbliebe.[187] Durch die Änderungen des MoMiG werden nunmehr jedoch auch Gesellschafterdarlehen bis zur Eröffnung des Insolvenzverfahrens als Fremdkapital behandelt, das gem. § 39 Abs. 1 Nr. 5 InsO erst mit der Eröffnung des Insolvenzverfahrens nachrangig ist. Forderungen von Gesellschaftern sind also grundsätzlich ebenfalls sacheinlagefähig.[188] Welcher Wert den Forderungen noch zukommt und in welcher Höhe dafür Gesellschaftsanteile gewährt werde können, ist eine Frage der konkreten Forderungsbewertung.

2) Insbesondere: Forderungen mit (qualifiziertem) Rangrücktritt

Daran anknüpfend stellt sich ferner die Frage, ob auch Forderungen, die einem Rangrücktritt unterliegen, sacheinlagefähig sind. Ein Rangrücktritt stellt zivilrechtlich einen verfügenden Schuldänderungsvertrag gem. § 311 BGB dar, der jedoch den Bestand der Forderung unberührt lässt.[189] Die Forderung ist demnach immer noch als Verbindlichkeit in der Bilanz zu passivieren.[190]

Dabei wird zwischen dem einfachen und dem qualifiziertem Rangrücktritt unterschieden. Der einfache Rangrücktritt ist in der Regel lediglich in der Gründungsphase relevant, wenn vereinbart wird, dass die Rückzahlung eines Darlehens nur aus künftigen Gewinnen bzw. Liquiditätsüberschüssen zu bedienen ist.[191] Von größerem Interesse bei der Sanierung eines Unternehmens ist der qualifizierte Rangrücktritt. Ein solcher liegt dann vor, wenn vom Darlehensgeber erklärt wird, seine Forderung werde erst nach der Befriedigung sämtlicher Gesellschaftsgläubiger und zugleich mit den Einlagenrückgewähransprüchen der Gesellschafter berücksichtigt werden.[192]

---

186 *Thielemann* in: Knops/Bamberger/Maier-Reimer, Sanierungsfinanzierung, § 13, Rn. 93.

187 *Pentz* in: MüKo, AktG, § 27, Rn. 29; *Priester*, DB 2010, 1445 (1448).

188 Vgl. *Ekkenga*, ZGR 2009, 581 (591); *Undritz* in: Kölner Schrift, Kap. 29, Rn. 115; a.A. *Hölzle* in: Kübler, HRI, § 31, Rn. 61f.

189 *Nerlich/Rhode* in: Nerlich/Kreplin, Münch. Anwaltshdb. Sanierung und Insolvenz, § 4, Rn. 260.

190 *Nerlich/Rhode* in: Nerlich/Kreplin, Münch. Anwaltshdb. Sanierung und Insolvenz, § 4, Rn. 263.

191 Vgl. *Thielemann* in: Knops/Bamberger/Maier-Reimer, Sanierungsfinanzierung, § 13, Rn. 120.

192 Vgl. *Häuser* in: Knops/Bamberger/Maier-Reimer, Sanierungsfinanzierung, § 12, Rn. 37.

a) Streitig: sind Forderungen mit qualifiziertem Rangrücktritt sacheinlagefähig?

Ob eine Forderung, für die ein qualifizierter Rangrücktritt vereinbart worden ist, Gegenstand einer Sacheinlage sein kann, wird unterschiedlich bewertet.

(1) Stimmen gegen die Sacheinlagefähigkeit

Zum einen wird vertreten, dass eine Forderung, über die ein qualifizierter Rangrücktritt vereinbart worden sei, als Einlage einer Sachkapitalerhöhung ausscheide. Dem Gläubiger einer derart behafteten Forderung stehe ohnehin kein fälliger Rückzahlungsanspruch gegen die Gesellschaft zu,[193] so dass die Einbringung einer solchen Forderung keinen Einlageerfolg gegenüber der Gesellschaft darstelle.

(2) Stimmen für die Sacheinlagefähigkeit

Vertreter der gegensätzlichen Ansicht argumentieren, es komme allein auf die bilanzielle Betrachtung an. Werde eine Verbindlichkeit der Gesellschaft in deren Bilanz passiviert, so könne diese Forderung, unabhängig vom Bestehen eines schuldrechtlichen Rangrücktritts, auch zulässiger Gegenstand einer Sachkapitalerhöhung sein.[194]

b) Stellungnahme

Unterliegt eine Forderung einem qualifizierten Rangrücktritt, wird sie mit den Einlagenrückgewähransprüchen der Gesellschafter gleichgestellt. Die Forderung wird hinsichtlich des Rangverhältnisses wie Eigenkapital behandelt. Deshalb wird sie in einer Überschuldungsbilanz auch nicht mehr berücksichtigt.[195] Dies gilt jedoch nicht für die Handelsbilanz i.S.d. § 266 HGB. Dort wird die einem qualifiziertem Rangrücktritt unterliegende Forderung nach wie vor als Verbindlichkeit passiviert.[196] Um das Ziel zu erreichen, die Bilanz der Schuldnerin von den Verbindlichkeiten zu bereinigen, ist nicht danach zu differenzieren, ob die Forderung der Gläubiger einem qualifizierten Rangrücktritt unterliegt oder nicht. Vielmehr ist relevant, ob die Forderung bilanziell zu passivieren ist. Ist dies der Fall, ist die Forderung auch sacheinlagefähig. Denn nur so kann die mit dem DES bezweckte Buchsanierung erreicht werden. Ob der mit einer Rangrücktrittsabrede behafteten Forderung noch ein gewisser Wert zukommt – dieser könnte erheblich geringer sein als der Nennwert, da die Forderung nachrangig und zwar im gleichen Rang mit dem Eigenkapital zu befriedigen ist – ist für die grundsätzliche Frage der Sacheinlagefähigkeit einer

---

193 *Weitnauer*, ZIP 2007, 1932 (1935).

194 *Ekkenga*, ZGR 2009, 581 (592).

195 *Gras* in: Knops/Bamberger/Maier-Reimer, Sanierungsfinanzierung, § 5, Rn. 75.

196 Vgl. *Heckschen* in: Reul/Heckschen/Wienberg, Insolvenzrecht in der Gestaltungspraxis, Kap. N, Rn. 232.

Forderung irrelevant.[197] Ferner würde die erste Ansicht diejenigen Gläubiger von einem DES ausschließen, die bereits im Vorhinein einen Sanierungsbeitrag in Form einer qualifizierten Rangrücktrittserklärung geleistet haben.

Es bleibt festzuhalten, dass es für die Sacheinlagefähigkeit der Forderung darauf ankommt, ob diese in der Handelsbilanz der Gesellschaft als Verbindlichkeit zu passivieren ist.

b. Beschlussfassung

Der Gesellschafterbeschlusses über die Kapitalerhöhung muss gem. § 182 AktG bzw. §§ 55, 53 GmbHG, genauso wie für die Kapitalherabsetzung, mit Dreiviertelmehrheit des vertretenen Grundkapitals gefasst werden, §§ 133 Abs. 1 AktG, 1 82 Abs. 1 S. 1 AktG. Für die GmbH ist eine Dreiviertelmehrheit der abgegebenen Stimmen notwendig, § 53 Abs. 2 S. 1 GmbHG.

Hat ein Gläubiger mehrere Forderungen gegenüber der Gesellschaft, etwa weil er diverse (weitere) Forderungen erworben hat, bietet es sich an, diese im Wege der Novation durch eine einzige Forderung zu ersetzen, da danach die Bezeichnung der Forderung im Beschluss erleichtert wird.[198] Die notwendigen Festsetzungen können sich auch aus einer mit dem Erhöhungsbeschluss in einer Urkunde zusammengefassten Übernahmeerklärung ergeben. Ferner kann der Gegenstand der Sacheinlage an Stelle seiner Festsetzung im Kapitalerhöhungsbeschluss auch durch eine gleichzeitig beschlossene Satzungsänderung festgesetzt werden.[199] Eine weitergehende Festsetzung in der Satzung bzw. im Gesellschaftsvertrag ist nicht erforderlich.[200]

Werden die Festsetzungen nicht ordnungsgemäß vollzogen, wird insbesondere eine überbewertete Sacheinlage festgesetzt, ist der Beschluss der Hauptversammlung gem. § 255 Abs. 1 i.V.m. § 243 Abs. 1 AktG anfechtbar.[201] Die auf der Grundlage eines fehlerhaften Beschlusses abgeschlossenen Verträge über die Sacheinlage bleiben aber wirksam, § 183 Abs. 2 i.V.m. § 27 Abs. 3 S. 2 AktG. Ist eine Anfechtungsklage gegen den Beschluss anhängig, kann das Gericht gem. § 21 Abs. 1 i.V.m. § 381 S. 1 FamFG die Entscheidung über die Eintragung aussetzen.[202] Ansonsten lehnt das Registergericht die Eintragung eines fehlerhaften Beschlusses über die

---

197 Die Frage der Werthaltigkeit der Forderung spielt vielmehr im Rahmen der realen Leistungsbewirkung eine Rolle, ob also seitens der Gläubiger die entsprechende Gegenleistung für die neuen Anteile im Rahmen der Kapitalerhöhung erbracht wird, siehe dazu unten Teil 1, B., II., 2., c.

198 *Löbbe* in: FS Winter, S. 423 (438).

199 Dazu BGH NZG 2008, 146.

200 Vgl. BGH NZG 2008, 146; *Peifer* in: MüKo, AktG, § 183, Rn. 34; *Lieder* in: MüKo, GmbHG, § 56, Rn. 32; anders wohl *Himmelsbach/Achsnick*, NZI 2006, 561 (562); *Scheunemann/Hoffmann*, DB 2009, 983, die auch für den Fall einer Kapitalerhöhung gegen Sacheinlage eine Änderung des Gesellschaftsstatuts unter Umständen für erforderlich halten.

201 *Peifer* in: MüKo, AktG, § 183, Rn. 71; *Koch* in: Hüffer, AktG, § 183, Rn. 20.

202 *Peifer* in: MüKo, AktG, § 184, Rn. 27.

Sachkapitalerhöhung grundsätzlich ab.[203] Auch für den Fall des Gesellschafterbeschlusses in der GmbH, in dem die notwendigen Festsetzungen zur Sacheinlage fehlerhaft sind, hat der Registerrichter die Eintragung abzulehnen, wobei er zunächst per Zwischenverfügung zur Beseitigung der Mängel aufzufordern hat.[204]

c. *Prüfung der Sacheinlage*

Soll eine Sache anstelle von baren Mitteln in eine Gesellschaft eingebracht werden, stellte sich die Frage nach deren Wert. Diese Frage ist insbesondere vor dem Hintergrund des Prinzips der realen Kapitalaufbringung von Bedeutung, wonach der Gesellschaft ein Gegenwert in entsprechender Höhe zufließen muss, wie sie neue Anteile ausgibt.[205] Dabei soll nach richtiger herrschender Ansicht sowohl dem hinreichenden Schutz der Gläubiger[206] als auch dem Schutz der Anteilseigner vor der Verwässerung ihres Anteils Rechnung getragen werden.[207]

Für die Gläubiger der Gesellschaft besteht die Gefahr, dass aufgrund einer Überbewertung der Sacheinlage der Eindruck eines hinreichend solventen Unternehmens entsteht, obgleich die Sacheinlage den ihr zugesprochenen Wert tatsächlich nicht hat.[208] Das Grund- bzw. Stammkapital dient primär dem Gläubigerschutz und folglich haben die Gläubiger ein Interesse daran, dass dieser Haftungsfonds in der Höhe auch tatsächlich besteht, wie er aus der Bilanz der Gesellschaft hervorgeht.[209]

Im Hinblick auf den Schutz der Anteilseigner besteht die Gefahr der fehlenden Überprüfung der Sacheinlage darin, dass ihre Beteiligung verwässert werden könnte. Denn neben der Funktion als Haftungsfonds für die Gläubiger einer Kapitalgesellschaft spiegelt das Grund- und Stammkapital auch das Macht- und Stimmenverhältnis der Anteilseigner wider.[210] Die Anteilseigner haben ein erhebliches Interesse daran, dass der Wert der Sacheinlage, die durch den neuen Anteilseigner eingebracht wird, dem Wert der ausgegebenen Anteile entspricht. Wäre dies nicht der Fall und würde der Inferent Anteile zu einem Wert erhalten, der den Wert der eingebrachten Sache – also der Forderung – übersteigt, wären die bereits bestehenden Anteile verwässert. Den Anteilen an der Gesellschaft steht aufgrund des unzulänglichen Wertes der Sacheinlage nämlich nicht mehr der äquivalente Wert, den die Gesellschaft durch Einbringung der Forderung erlangt hat, gegenüber. Für

---

203 *Servatius* in: Spindler/Stilz, AktG, § 184, Rn. 34.

204 Vgl. *Zöllner/Fastrich* in: Baumbach/Hueck, GmbHG, § 56, Rn. 11; *Lieder* in: MüKo, GmbHG, § 56, Rn. 40; *Schnorbus* in: Rowedder/Schmidt-Leithoff, GmbHG, § 56, Rn. 20.

205 Etwa *Elser* in: Heidel, AktG, § 183, Rn. 1; vgl. auch *Drygala*, SZW 2006, 245 (247).

206 *Schnorbus* in: Rowedder/Schmidt-Leithoff, GmbHG, § 56, Rn. 1.

207 *Servatius* in: Spindler/Stilz, AktG, § 183, Rn. 40; *Bayer* in: FS Ulmer, S. 21 (33); auch *Habersack/Verse*, EuropGesR, § 6 Rn. 3.

208 Vgl. *Fastrich* in: Baumbach/Hueck, GmbHG, § 5, Rn. 15.

209 Vgl. *Peifer* in: MüKo, AktG, § 183, Rn. 2; *Wiese/Schneider* in: MünchAnwHdb-GmbH, § 5, Rn. 3.

210 *Peifer* in: MüKo, AktG, § 183, Rn. 3.

die GmbH-Gesellschaft besteht überdies die Gefahr der Nachhaftung bei offenbleibenden Einlageforderungen gem. § 24 GmbHG.[211]

1) Forderungsbewertung beim DES

Bei der Umsetzung eines DES sind gleich mehrere Aspekte in Zusammenhang mit der Bewertung der einzulegenden Forderung streitig. Dies betrifft einerseits die Frage, ob *a)* die Forderung zu ihrem Nennwert eingelegt werden kann oder ob ihr Zeitwert bzw. wirtschaftlicher Wert ermittelt werden muss. Im Anschluss daran stellt sich die Frage, *b)* wie und nach welcher Methode die Forderung zu bewerten ist. Der dritte streitige Umstand hängt mit jenem unter *b)* behandeltem Streit zusammen und betrifft die Frage, ob die Forderungsbewertung zu Liquidations- oder Fortführungswerten erfolgt.

a) Nennwert vs. wirtschaftlicher Wert

Für den Fall der Einbringung einer Forderung gegen die Gesellschaft ist höchst streitig, ob die Forderung zu ihrem Nennwert eingebracht werden kann oder ob sie, wie grundsätzlich bei der Sacheinlage notwendig, einer Bewertung unterzogen werden muss.

(1) Eine Ansicht: Einbringung zum Nennwert

Eine sich in der jüngeren Vergangenheit etablierte Mindermeinung ist der Ansicht, bei der Durchführung eines DES bedürfe es einer Forderungsbewertung nicht – die Einbringung der Forderung zu ihrem Nennwert sei stets möglich. Noch einhellig gehen sowohl diese als auch die herrschende Ansicht davon aus, dass es sich bei dem DES um einen reinen Passivtausch handele, durch den die Bilanz nicht erweitert werde. Die einen Nennwertansatz befürwortende Ansicht geht aber weiter davon aus, dass in der Situation der Durchführung eines DES das grundsätzliche Verständnis zur Bewertung einer Forderung, die gegen die Gesellschaft selbst besteht, nicht zutreffe.[212] Denn es sei auf die Perspektive der Gesellschaft als Schuldnerin der Forderung abzustellen.[213] Auf die Sichtweise des Gläubigers, der die Forderung gegebenenfalls im Wert nach unten berichtigen müsse, wenn diese durch die Schuldnerin nicht mehr voll befriedigt werden könne, komme es nicht an.[214] Hier unterscheide sich die Einbringung einer Forderung, die gegen die Gesellschaft gerichtet sei, von der Einbringung einer Forderung gegen einen Dritten. Während bei Einlegung einer Forderung gegen einen Dritten diese stets bewertet werden müsse, da dadurch festgestellt und gesichert werde, dass die Gesellschaft den entsprechenden Gegenwert für die auszugebenden Anteile erhalte, sei die Bewertung einer Forderung gegen

211 *Zöllner/Fastrich* in: Baumbach/Hueck, GmbHG, § 56, Rn. 3.
212 *Cahn/Simon/Theiselmann*, CF 2010, 238 (243).
213 So *Hoffmann*, BB 1992, 575 (581).
214 *Cahn/Simon/Theiselmann*, CF 2010, 238 (243).

sie selbst nicht bewertungsbedürftig.[215] Der Wert einer gegen die Schuldnergesellschaft gerichteten Forderung ergebe sich zweifelsfrei aus ihrem Nennwert.[216] Denn in dieser Höhe werde die Schuldnergesellschaft von der Verbindlichkeit, die gem. § 253 Abs. 1 S. 1 HGB stets mit dem Nennwert zu passivieren sei, befreit und erhalte in selbiger Höhe einen Gegenwert für die neuen Gesellschaftsanteile.[217] Vor diesem Hintergrund sei die Forderung gegen die Schuldnergesellschaft in jedem Fall „vollwertig".[218] Folglich sei auch nur die Perspektive der Schuldnergesellschaft zur Bestimmung der Vollwertigkeit der Forderung relevant.[219]

(a) Interessen der bestehenden Gläubiger

Die Vertreter dieser Ansicht sehen den durch die Vorschriften zur Sach-Kapitalerhöhung bezweckten Gläubigerschutz nicht beeinträchtigt. Denn die Gläubiger erlitten schon gar keinen Nachteil. Durch die Einbringung seiner Forderung scheide der Gläubiger aus der Gläubigerstellung aus und sei künftig als Gesellschafter stets nachrangig nach allen anderen Fremdkapitalgläubigern zu befriedigen – letztere verlieren dadurch einen Konkurrenten um die Befriedigung ihrer Forderungen.[220] Dies stelle einen Vorteil dar, da die Realisierungschancen der übrigen Gläubiger steigen.[221] Aufgrund der Tatsache, dass es sich bei dem DES um einen reinen Passivtausch handele, bestehe auch keine Gefahr eines überhöhten Ausweises von Aktiva, da eine Erweiterung der Aktivseite der Bilanz gerade nicht erfolge.[222] Eine Anrechnung der Forderung zu ihrem Nennwert fördere gar den Gläubigerschutz im Gegensatz zu dem von der herrschenden Ansicht vorausgesetzten Vollwertigkeitserfordernis. Denn durch den DES verringerten sich die Verbindlichkeiten um den Nennwert und das Nennkapital erhöhe sich in Höhe desselben Betrages. Ließe man, so diese Ansicht, nur einen abgewerteten Betrag der Forderung für die Erhöhung des Nennkapitals zu, sei die Differenz von Nennwert der Forderung und dem reduzierten Betrag der Erhöhung des Nennkapitals in die Kapitalrücklage gem. § 272 Abs. 2 Nr. 1 HGB oder in die Zuzahlungsrücklage gem. § 272 Abs. 2 Nr. 4 HGB einzustellen.[223] Vorbehaltlich der Verwendungsbeschränkung bei der AG nach § 150 AktG stehe diese Rücklage den Gläubigern wieder zur Ausschüttung zur Verfügung.[224] Bestehe eine rechnerische Überschuldung, benötige die Schuldnergesellschaft im letztgenannten

---

215 So etwa schon *Karollus*, ZIP 1994, 589 (595).
216 *Karollus*, ZIP 1994, 589 (595).
217 *Karollus*, ZIP 1994, 589 (595).
218 *Hoffmann*, BB 1992, 575 (577); vgl. auch *Schwandtner* in: MüKo, GmbHG, § 5, Rn. 127a,b.
219 *Cahn/Simon/Theiselmann*, CF 2010, 238 (243).
220 So *Cahn/Simon/Theiselmann*, CF 2010, 238 (244).
221 Vgl. *Schwandtner* in: MüKo, GmbHG, § 5, Rn. 127b.
222 So schon *Gessler* in: FS Möhring, S. 173 (181f.).
223 *Cahn/Simon/Theiselmann*, CF 2010, 238 (245).
224 *Cahn/Simon/Theiselmann*, CF 2010, 238 (245).

Fall des Bewertungserfordernisses immerhin einen geringeren Vermögenszuwachs, um wieder ausschüttungsfähiges Kapital bilanziell auszuweisen.[225] Dieser Umstand sei gerade nicht gläubigerschützend, sondern laufe dem Gläubigerschutz zuwider.

(b) Interessen der Neu-Gläubiger

Von der Interessenlage der bei dem DES bestehenden Gläubigern ist das Schutzinteresse derjenigen zu unterscheiden, die erst nach dem DES mit der Schuldnergesellschaft in geschäftlichen Kontakt treten und damit in die Gläubigerstellung eintreten. Diese haben im Zweifel von dem DES keine Kenntnis. Für sie ist aus der Bilanz lediglich die Höhe der Aktiva und Passiva einschließlich des gezeichneten Kapitals ersichtlich.

Nach Teilen dieser Ansicht seien die Neu-Gläubiger durch die gesellschaftsrechtlichen Vorgaben zur Sacheinlage hinreichend geschützt; *Karollus* geht sogar davon aus, dass es der Publizität der eingebrachten Forderung als Sacheinlage gar nicht bedürfe.[226]

Gemäß §§ 183 Abs. 1 S. 1, 27 Abs. 1 AktG bzw. §§ 56 Abs. 1 S. 1, 5 Abs. 4 GmbHG sind Sacheinlagen in den jeweiligen Beschlüssen zur Kapitalerhöhung festzusetzen. Für die AG gelte gem. § 183 Abs. 1 S. 2 AktG als zusätzliche Voraussetzung der Beschlussfassung, dass die Sacheinlage in der Tagesordnung der Hauptversammlung ordnungsgemäß bekannt gegeben worden sei.[227] Neben diesen Publizitätspflichten müsse die Forderung im Handelsregister gesondert offengelegt werden.[228] Denn ohne dieses zusätzliche Publizitätserfordernis könne der Eindruck entstehen, dass ein Investor der Schuldnergesellschafter bare Mittel zur Verfügung gestellt hätte, wodurch sich das Nennkapital erhöht hätte. Künftige Gläubiger könnten aufgrund des erhöhten Nennkapitals folglich auch von einem Mittelzufluss ausgehen, der in Wirklichkeit wegen des lediglich stattgefundenen Passivtausches nicht erfolgt sei. Um die Neu-Gläubiger vor derartigen falschen Schlussfolgerungen zu schützen, sei die Einhaltung der genannten Publizitätsanforderungen sowohl unverzichtbar als auch ausreichend.[229] Dadurch sei hinreichend deutlich ersichtlich, dass der Schuldnergesellschaft gerade kein weiteres Aktivvermögen zugeführt worden sei und dadurch bestehe eine hinreichend transparente Entscheidungsgrundlage der Neu-Gläubiger, mit der Schuldnergesellschaft in geschäftlichen Kontakt zu treten.[230]

---

225 *Cahn/Simon/Theiselmann*, DB 2010, 1629 (1630f.).

226 *Karollus*, ZIP 1994, 589 (596f.).

227 *Peifer* in: MüKo, AktG, § 183, Rn. 43.

228 Etwa *Wansleben*, WM 2012, 2083 (2087f.).

229 *Cahn/Simon/Theiselmann*, CF 2010, 238 (247); *Schulz*, Der Debt Equity Swap in der Insolvenz, S. 234f.

230 Vgl. *Schwandtner* in: MüKo, GmbHG, § 5, Rn. 127b.

(c) Interesse der Anteilseigner

Ein weiterer zu berücksichtigender Gesichtspunkt ist das Interesse der bestehenden Anteilseigner, wenn durch die Sachkapitalerhöhung die Gläubiger als neue Anteilseigner in die Gesellschaft aufgenommen werden. Jene Alt-Gesellschafter seien dieser Ansicht nach nicht durch den DES benachteiligt. Deren Anteile würden nicht verwässert werden.[231]

Als Begründung führt diese Ansicht an, dass dann, wenn die eingebrachte Forderung vollständig zu befriedigen sei, ohnehin keine Zweifel an der Vollwertigkeit bestünden.[232] Aber auch wenn der Wert der eingebrachten Forderung unterhalb deren Nennwert läge, bestünde eine Gefahr der Anteilsverwässerung nicht. In dieser Situation sei das nominelle Eigenkapital nämlich vollständig aufgezehrt mit der Folge, dass den bestehenden Anteilseignern kein Residualwert mehr zustünde.[233] Ferner wird argumentiert, dass aufgrund des Befriedigungsvorrangs der Gläubiger gegenüber den Eigenkapitalgebern eine Geldeinheit der Anteile in keinem Fall mehr wert sei, als eine Geldeinheit des eingebrachten Anspruchs.[234] Vielmehr sei durch die Einbringung einer Forderung zum Nennwert eine Verbindlichkeit in dieser Höhe entfallen, dadurch werde das Aktivvermögen von ebenjener Verbindlichkeit entlastet, eine etwaige Überschuldung beseitigt und letztlich wieder ausschüttungsfähige Gewinne ermöglicht.[235]

Weiter argumentiert diese Ansicht, dass auch dann, wenn mit der herrschenden Ansicht auf den wirtschaftlichen Wert der Forderung abzustellen sei, keine Benachteiligung der Gesellschafter eintrete, wenn dennoch ein Ansatz zum Nennwert erfolge. Der Grund liege nämlich in dem Erfordernis, dass ein Agio in Höhe der Differenz festgesetzt werden müsse, wenn der innere Wert der Forderung höher sei als der Nominalwert.[236] Durch die Festsetzung eines höheren Ausgabebetrages und der Einzahlung des Differenzbetrages als Agio durch die Gläubiger sei eine Verwässerung zu Lasten der Alt-Gesellschafter ausgeschlossen.[237]

Überdies hätten die Alt-Gesellschafter aufgrund der erforderlichen Beschlüsse zur Kapitalerhöhung und zum Bezugsrechtsausschluss, die jeweils mit einer qualifizierten Mehrheit zu fassen seien, einen erheblichen Einfluss darauf, ob die Gläubiger durch die Sacheinlage zum Nennwert in den Gesellschafterkreis eintreten – ein hinreichender Schutz sei bereits dadurch impliziert.[238]

---

231 Etwa *Karollus*, ZIP 1994, 589 (595).
232 *Cahn/Simon/Theiselmann*, CF 2010, 238 (246).
233 *Cahn/Simon/Theiselmann*, CF 2010, 238 (246).
234 *Cahn/Simon/Theiselmann*, CF 2010, 238 (246).
235 *Karollus*, ZIP 1994, 589 (595).
236 *Wansleben*, WM 2012, 2083 (2090).
237 *Cahn/Simon/Theiselmann*, DB 2012, 501 mit einem Zahlenbeispiel.
238 *Karollus*, ZIP 1994, 589 (595f.); *Cahn/Simon/Theiselmann*, DB 2010, 1629 (1631f.).

(d) Rechtsdogmatische Begründung

Rechtsdogmatisch begründet diese Ansicht die Einbringung zum Nennwert und die entfallende Überprüfung der Sacheinlage mit einer teleologischen Reduktion der Vorschriften über die Sachkapitalerhöhung (§ 183 AktG bzw. § 56 GmbHG) allein auf das Erfordernis der Offenlegung der Sacheinlage.[239]

In konsequenter Anknüpfung an die genannten Argumente sei der Zweck der Bewertung der Sacheinlage für den Fall, dass Forderungen gegen die Schuldnergesellschaft eingebracht werden, entfallen und dem noch verbleibenden Schutzzweck sei allein durch Publizitätserfordernisse nachzukommen.[240]

Diese rechtsdogmatische Begründung stehe auch nicht im Widerspruch zu § 194 Abs. 1 S. 2 AktG wonach ausdrücklich geregelt sei, dass der Umtausch einer Forderung aus einer Wandelschuldverschreibung gerade keine Sacheinlage darstelle. Die Umwandlung von Schulden in Eigenkapital sei mit dem Umtausch einer Wandelschuldverschreibung i.S.d. § 194 Abs. 1 S. 2 AktG vergleichbar. In beiden Fälle bestehe kein Zweifel darüber, welcher Wert dem Gesellschaftsvermögen durch die jeweilige Einlage zugeflossen sei.[241] Auch sei es in beiden Fällen möglich, eine Forderung im Wert unterhalb ihres Nennbetrags einzulegen.[242] Der einzige, diesem Vergleich jedoch nicht entgegenstehende Unterschied liege darin, dass bei dem Umtausch der Wandelschuldverschreibung bereits bei der Darlehensgewährung der Anspruch des Darlehensgebers auf die Bezugsaktien vereinbart werde. Aufgrund dessen werde auf eine Überprüfung der Werthaltigkeit und auf eine weitergehende Offenlegung der Forderung nach den Grundsätzen der Sachkapitalerhöhung verzichtet. Allein deswegen könne jedoch nicht geschlossen werden, dass aufgrund der positiv gesetzlichen Regelung in § 194 Abs. 1 S. 2 AktG im Umkehrschluss die Einlage einer Forderung im Rahmen eines DES stets den Vorschriften der Sachkapitalerhöhung unterworfen sei. Denn die Regelung des § 194 Abs. 1 S. 2 AktG ziehe lediglich die Konsequenz aus der Natur der Wandelschuldverschreibung: bei Anleihebegebung bestehe bereits unzweifelhaft ein Wertzufluss in Form der Darlehensvergabe in bar, so dass im Zeitpunkt der Umwandlung des Rückzahlungsanspruchs in Gesellschaftsanteile es weder einer weiteren Bestimmung des Anleihewertes noch einer weitergehenden Publizität bedürfe.[243]

Letztlich stünde im Hinblick auf die AG auch die Zweite Kapitalrichtlinie der Einbringung der Forderung zum Nennwert nicht entgegen. Zwar schreibe diese gem. Art. 10, 27 S. 2 vor, dass eine Sacheinlage stets bewertet werden müsse; wie eine Sacheinlage definiert und begrifflich von einer Bareinlage abgegrenzt werde, bestimme die Zweite Kapitalrichtlinie aber nicht. Demnach sei die Abgrenzung

---

239 So etwa ausführlich *Schulz*, Der Debt Equity Swap in der Insolvenz, S. 227ff.

240 *Cahn/Simon/Theiselmann*, CF 2010, 238 (249).

241 *Cahn/Simon/Theiselmann*, CF 2010, 238 (249).

242 *Cahn/Simon/Theiselmann*, CF 2010, 238 (249); *Frey* in: AktG Großkomm., § 194, Rn. 58.

243 So *Cahn/Simon/Theiselmann*, CF 2010, 238 (249).

durch Auslegung zu ermitteln.[244] Diese ergebe letztlich, dass die Einbringung der Forderung gegen die Gesellschaft im Sinne der Zweiten Kapitalrichtlinie als Bareinlage anzuerkennen sei und demnach eine unterbleibende Bewertung der Forderung nicht im Widerspruch stehe.[245]

(2) Andere Ansicht: Einbringung zum wirtschaftlichen Wert

Die herrschende Ansicht lehnt es ab, eine Forderung stets in Höhe ihres Nominalwertes einzubringen. Es sei vielmehr auf den Zeitwert der Forderung abzustellen – es sei also zu überprüfen, inwieweit die Forderung werthaltig sei.[246]

Die Forderung könne demnach nur dann zu ihrem Nennwert in die Gesellschaft eingebracht werden, wenn sie vollwertig, liquide und fällig sei.[247] Die Voraussetzungen lägen vor, wenn das Vermögen der Gesellschaft neben der konkret einzulegenden Forderung sämtliche Verbindlichkeiten decke und diese vollumfänglich beglichen werden könnten[248]. Abweichende Ansichten innerhalb dieser herrschenden Ansicht bestehen dahingehend, ob die notwendige Bewertung der Werthaltigkeit der einzubringenden Forderungen liquiditätsbezogen erfolgt oder ob auf die bloß bilanzielle Betrachtung der Vermögenslage der Gesellschaft abzustellen ist. Der erstgenannten Ansicht zur Folge müsste die Gesellschaft in der Lage sein, sämtliche Forderungen begleichen zu können.[249] Mit anderen Worten müssten neben der vermögensmäßigen Deckung auch ausreichend liquide Mittel vorhanden sein. Nach der letzteren Ansicht, die ausschließlich auf eine bilanzielle Betrachtungsweise abstellt, sei Vollwertigkeit (noch) gegeben, wenn hinreichende Aktiva vorhanden seien, die alle Forderungen bilanziell decken.[250] Folglich sei diese Voraussetzung noch gegeben, wenn lediglich eine Unterbilanz vorliege.[251] Liege hingegen eine

---

244 *Cahn/Simon/Theiselmann*, CF 2010, 238 (250).

245 *Wansleben*, WM 2012, 2083 (2091f.).

246 So die herrschende Ansicht in Rspr. und Literatur: etwa BGH NJW 1990, 982 (985); BGH DStR 1991, 915 (916); *K. Schmidt*, ZGR 2012, 566 (573); *Drygala*, SZW 2006, 245 (247); *Redeker*, BB 2007, 673 (675); *Solveen* in: Hölters, AktG, § 34, Rn. 5; *Pentz* in: MüKo, AktG, § 34, Rn. 16; anschaulich *Bay/Seeburg/Böhmer*, ZInsO 2011, 1927 (1934f.).

247 Vgl. BGH NJW 1990, 982 (985); *Blöse*, GmbHR 2012, 471 (476); *Pentz* in: MüKo, AktG, § 27, Rn. 29; *Ulmer* in: Ulmer, GmbHG, § 5, Rn. 57; *Westermann* in: FS Oppenhoff, S. 535 (539f.).

248 BGH NJW 1994, 1477 (1478); BGH NJW 1984, 1891; *Redeker*, BB 2007, 673 (675); *Drygala*, SZW 2006, 245 (247); *Röhricht* in: AktG Großkomm., § 27, Rn. 81; *Priester*, DB 2010, 1445 (1448); vgl. mit Verweis auf die herrschende Ansicht *Schwandtner* in: MüKo, GmbHG, § 5, Rn. 127.

249 Etwa OLG Düsseldorf ZIP 1991, 161 (164); *Koch* in: Hüffer, AktG, § 27, Rn. 17; *Fastrich* in: Baumbach/Hueck, GmbHG, § 19, Rn. 33a.

250 *Marsch-Barner*, DB 1995, 1497; *Ekkenga*, ZGR 2009, 581 (591); *Priester*, DB 2010, 1445 (1447f.).

251 Vgl. *Priester*, DB 2010, 1445 (1448).

bilanzielle Überschuldung vor, könnten nicht mehr sämtliche Verbindlichkeiten zum Nennwert beglichen werden – die Vollwertigkeit bestehe dann nicht. Die Einbringung der Forderung zum Nennwert scheide aus.[252]

Dass eine Forderung gegen die Gesellschaft nicht im vollen Umfang – mithin nicht ihrem Nennwert entsprechend – werthaltig sei, schließe aber nicht aus, dass diese Gegenstand einer Sacheinlage sein könne.[253] Sie sei dann vielmehr nur noch mit der „Deckungsquote“ zu berücksichtigen. Jedenfalls müsse die eingebrachte Forderung „vollwertig“ im Verhältnis zu den ausgegebenen Kapitalanteilen sein.[254]

(a) Grundsatz der realen Kapitalaufbringung

Zur Begründung des Bewertungserfordernisses führt diese herrschende Ansicht den gesellschaftsrechtlichen Grundsatz der realen Kapitalaufbringung bei der (Sach-) Kapitalerhöhung an, der etwa in § 27 Abs. 1, 2 i.V.m. § 183 Abs. 1 AktG bzw. § 19 Abs. 2–5 i.V.m. § 56 Abs. 2 GmbHG gesetzlich niedergelegt ist.[255] Wenn eine Forderung gegen die Gesellschaft eingelegt werde, könne im Hinblick auf die Voraussetzungen zur Werthaltigkeit nichts anderes gelten, als wenn die Sachkapitalerhöhung eine Forderung gegen einen Dritten zum Gegenstand habe.[256] Da die Einlage einer Drittforderung die Aktivseite der Bilanz erweitere, sei unstreitig, dass die Drittforderung nur mit ihrem tatsächlichen Wert aktiviert werden dürfe, da nur in dieser Höhe der Gesellschaft Vermögen zufließe. Mit anderen Worten komme es auf die Solvenz des Dritten an, inwieweit dieser noch wirtschaftlich in der Lage sei, die einzulegende Forderung zu befriedigen.[257] An diesen Voraussetzungen ändere aber der Umstand nichts, dass bei einem DES, wenn also die Gesellschaft selbst Schuldnerin der einzubringenden Forderung sei, kein Aktivvermögen hinzugefügt werde, sondern lediglich ein Passivtausch stattfinde. Denn durch die Verringerung der Verbindlichkeiten auf der Passivseite der Bilanz werde Aktivvermögen von der „Zweckbindung als Schuldendeckungsmasse“ befreit und die „verbandsinterne Verfügbarkeit“ vorhandener Aktiva werde erhöht.[258] *Lutter* argumentierte schon früh, dass jene Aktiva, die von den Passiva „neutralisiert“ wurden, dadurch befreit würden.[259] Rechtlich angeknüpft wird dieser als „Neutralisierungs-These“[260]

252 Vgl. *Bayer* in: MüKo, AktG, § 66, Rn. 41; vgl. *Schwandtner* in: MüKo, GmbHG, § 5, Rn. 127.

253 Vgl. die nachweise bei *Schwandtner* in: MüKo, GmbHG, § 5, Rn. 130; vgl. *Veil* in Scholz, GmbHG, § 5, Rn. 46.

254 *Meyer/Degener*, BB 2011, 846 (849); vgl. auch *Wentzler*, FB 2009, 446 (451).

255 Dazu etwa *Solveen* in: Hölters, AktG, § 27, Rn. 9; *Wiese/Schneider* in: MünchAnwHdb-GmbH, § 5, Rn. 29ff.

256 Vgl. *Ekkenga*, DB 2012, 331 (332).

257 Vgl. *Roth* in: Roth/Altmeppen, GmbHG, § 5, Rn. 42; *Bayer* in: K. Schmidt/Lutter, AktG, § 27, Rn. 20.

258 *Ekkenga*, DB 2012, 331 (334).

259 *Lutter*, Kapital, Sicherung der Kapitalaufbringung und Kapitalerhaltung, S. 234.

260 So *Ekkenga*, DB 2012, 331 (334); *Priester*, DB 2010, 1445 (1448).

bekannt gewordene Gedanke an die Vorschrift des § 210 Abs. 1 S. 2 AktG bzw. des § 57i Abs. 1 S. 2 GmbHG, wonach das jeweilige Leitungsorgan der Anmeldung zur Eintragung der Kapitalerhöhung durch Gesellschaftsmittel eine Erklärung beizufügen hat, dass seit dem Stichtag der zugrunde gelegten Bilanz bis zum Tag der Anmeldung keine Vermögensminderung eingetreten ist, die der Kapitalerhöhung entgegensteht. Der diesen Normen immanente Gedanke, nämlich „dass die Wertdeckung des Erhöhungsbetrages mangels Zuführung neuer Mittel entscheidend von der Werthaltigkeit des schon vorhandenen Aktivvermögens abhängt", sei mit jenem eines DES vergleichbar, da ebenfalls keine Zuführung neuen Aktivvermögens erfolge.[261] In der Konsequenz müsse eine Kapitalerhöhung durch die Verringerung von Verbindlichkeiten scheitern, soweit dadurch nicht hinreichend Aktivvermögen freigesetzt werde.[262] Dies ergebe sich allerdings nicht aus der analogen Anwendung der genannten Regelungen zur Kapitalerhöhung aus Gesellschaftsmitteln, sondern vielmehr aus den grundsätzlichen Regelungen zur Wahrung der Werthaltigkeit der Sacheinlage im Eintragungsverfahren.[263]

(b) Interesse der bestehenden Gläubiger

Auch diese herrschende Ansicht geht im Einklang mit der Mindermeinung davon aus, dass die bestehenden Gläubiger keine Nachteile dadurch erleiden, wenn ein Teil der Gläubiger ihre Forderungen in Nennkapital umwandeln.[264] Denn die gleichberechtigten Gläubiger fallen als potentielle Konkurrenten zur Befriedigung der Forderungen weg und treten in die letztrangige Stellung der Anteilseigner ein.[265]

Eine weitere Gefahr für die Alt-Gläubiger bestehe aber dann, wenn es sich bei dem vermeintlichen Vorteil der Erhöhung der Befriedigungsquote zugunsten der bestehenden Gläubiger nur um eine „Momentaufnahme" handele, die Sanierung scheitere und im Nachhinein ohnehin liquidiert werde.[266] Eine anfänglich erhöhte Befriedigungsquote sei dann zerronnen.

(c) Interesse der Neu-Gläubiger

Hingegen erkennt die herrschende Ansicht den Schutz der Neu-Gläubiger durch die Einlegung der Forderung zum Nennwert als nicht hinreichend gewährleistet an. Das aus der Bilanz der Gesellschaft hervorgehende Nennkapital dient nach einhelliger Auffassung dem Gläubigerschutz. Diese Ansicht führt als Begründung an, dass dann, wenn eine Forderung stets zum Nennwert eingebracht werde, jedoch nicht mehr Aktivvermögen in entsprechender Höhe vorhanden sei, die Forderung nicht werthaltig sei. In der Folge werde Nennkapital zu einer Höhe in der Bilanz

261 *Ekkenga*, ZGR 2009, 581 (598).
262 *Ekkenga*, ZGR 2009, 581 (598).
263 *Ekkenga*, ZGR 2009, 581 (598).
264 Dazu oben Teil 1, B., II., 2., c., 1), a), (1), (a).
265 Vgl. *Priester*, DB 2010, 1445 (1449).
266 *Drygala*, SZW 2006, 245 (252).

ausgewiesen, die nicht entsprechend von Aktiva gedeckt sei.[267] Dieses Ergebnis liefe dem Gläubigerschutz des Kapitalgesellschaftsrechts zuwider. Die dadurch entstehende Schutzlücke könne auch nicht durch die bloße Offenlegung des Einlagegegenstandes, wie sie die andere Ansicht für ausreichend erachte, geschlossen werden.[268] Schon der Blick ins Gesetz zeige, dass dem Gesetzgeber die Offenlegung der Sacheinlage gerade nicht genüge, um einen hinreichenden Schutz der Gläubiger zu gewährleisten. Denn über die Publizitätserfordernisse hinaus bestehe die gesetzliche Pflicht zur Überprüfung der Werthaltigkeit der Sacheinlage und die Differenzhaftung gem. § 9 GmbHG für den Fall, dass die Sacheinlage überbewertet eingelegt werde.[269] Es sei kein sachlicher Grund ersichtlich, warum diese gesetzlichen Schutzmechanismen bei der Umwandlung von Forderungen gegen die Gesellschaft gerade nicht gelten sollten.[270]

Ferner verhalte sich die andere Ansicht widersprüchlich, wenn sie im Hinblick auf ihre Argumentation zur Vereinbarkeit mit der Zweiten Kapitalrichtlinie argumentativ von einer „Bareinlage" im Sinne der Richtlinie ausgehe, im gleichen Atemzug aber die Publizitätsanforderungen für die Sacheinlage für maßgeblich erachte.[271]

(d) Interesse der Anteilseigner

Ausgangspunkt der Beurteilung des Interesses der Anteilseigner ist die Ansicht, dass die Vorschriften zur Kapitalaufbringung auch dem Schutz der Anteilseigner dienen.[272] Die Begründung liege in einer funktionalen Betrachtung des Nennkapitals, wonach dieses neben dem Haftungsfonds zugunsten der Gläubiger auch zum Schutz der Gesellschafter vor unzulänglichen Beitragsleistungen bestimmt sei.[273] Demnach sei der Schutz der Anteilseigner beeinträchtigt, wenn Anteile an die Gläubiger ausgegeben werden, deren Einlage nicht werthaltig sei. Es drohe die Verwässerung der Anteile der bestehenden Anteilseigner. Denn für den Fall, dass die Aktiva den Nennwert der eingelegten Forderung nicht decken, werden der Gesellschaft Einlagen zugeführt, deren Wert hinter dem wirtschaftlichen Wert zurückbleibe. Im Gegenzug erhielten die Gläubiger aber Anteile im Wert des nicht voll werthaltigen Forderungsnennwertes.[274] Letztlich fließe der Gesellschaft – also auch den Alt-Gesellschaftern – dadurch kein äquivalenter Gegenwert für die neuen Anteile der Gläubiger zu.[275] Oder anders ausgedrückt: die Neu-Gesellschafter erhalten im Vergleich zu den

267 *Priester*, DB 2010, 1445 (1449).
268 *Priester*, DB 2010, 1445 (1449).
269 *Priester*, DB 2010, 1445 (1449).
270 *Priester*, DB 2010, 1445 (1449).
271 *Ekkenga*, DB 2012, 331 (335).
272 So etwa *Priester*, DB 2010, 1445 (1450).
273 *Priester*, DB 2010, 1445 (1447).
274 Vgl. dazu auch das anschauliche Beispiel bei *Eidenmüller/Engert*, ZIP 2009, 541 (543).
275 Vgl. *Priester*, DB 2010, 1445 (1450).

Alt-Gesellschaftern einen wertmäßig höheren Gesellschaftsanteil, da ihre Gegenleistung dafür hinter dem Wert der jungen Anteile zurückbleibt.

Allerdings wird seitens dieser Ansicht anerkannt, dass die Alt-Gesellschafter nicht völlig schutzlos seien. Sowohl der Gesellschafterbeschluss zur Kapitalerhöhung als auch jener zum Bezugsrechtsausschluss[276] bedürfen jeweils einer Mehrheit von drei Viertel des bei der Beschlussfassung vertretenen Kapitals gem. § 182 Abs. 1 S. 1 AktG bzw. § 186 Abs. 3 S. 2 AktG für die AG und gem. § 53 Abs. 2 S. 1 GmbHG einer Mehrheit von drei Viertel der abgegebenen Stimmen für die GmbH. Die Alt-Gesellschafter hätten es demnach selbst in der Hand, ob sie der Umwandlung der Forderungen zu den jeweiligen Konditionen zustimmen. Gleichzeitig wird aber nicht übersehen, dass die Alt-Anteilseigner im Einzelfall aufgrund der gesellschaftsrechtlichen Treuepflicht zur Zustimmung verpflichtet sein könnten.[277]

(3) Stellungnahme

Ausgangspunkt für die Beantwortung der Frage, ob die im Rahmen eines DES einzulegende Forderung stets mit dem Nennwert anzusetzen oder ob deren wirtschaftlicher Wert zu ermitteln ist, ist die rechtliche Qualifikation der Einbringung einer Forderung als Sacheinlage i.S.d. § 183 AktG bzw. § 56 GmbHG.[278] Für die Einbringung einer Forderung gegen einen Dritten ist der Fall klar: diese ist als Sacheinlage stets zu bewerten, wobei sich der Wert der Forderung nach der Leistungsfähigkeit des Schuldners ergibt.[279] Denn durch die Einbringung einer Forderung gegen einen Dritten wird die Bilanz der Gesellschaft um Aktiva erweitert. Mit der Bewertung der Forderung wird der gesetzlich vorgegebenen Werthaltigkeitskontrolle gem. § 188 Abs. 2 S. 1 i.V.m. § 36a Abs. 2 S. 3 AktG bzw. §§ 57 Abs. 2 S. 1, 7 Abs. 3 GmbHG für Sacheinlagen nachgekommen.

Überträgt man diese grundsätzlichen Voraussetzungen auf den hier streitgegenständlichen Fall der Einbringung einer Forderung, die nicht gegen einen Dritten besteht, sondern gegen die Gesellschaft selbst, so könnte nichts anderes gelten: der Wert der Forderung ist aus Sicht des Gläubigers nach der Leistungsfähigkeit der Schuldnerin – der Gesellschaft – zu bestimmen. Grundsätzlich, freilich mit umfangreicher Begründung, ist das der Standpunkt der herrschenden Ansicht.

Dem steht die andere Ansicht entgegen, wonach es auf die Leistungsfähigkeit der Schuldnerin in diesem Fall nicht ankomme, da lediglich ein Passivtausch erfolge, die Aktivseite der Gesellschaftsbilanz unberührt bleibe und der Gesellschaft im Ergebnis

276 Dazu näher unten Teil 1, B., III.

277 Etwa *Priester*, DB 2010, 1445 (1450), der auf das BGH-Urteil vom 19.10.2009, Az. II ZR 240/08 – „Sanieren oder Ausscheiden", DB 2009, 2596, verweist; dazu auch *Bitter*, ZGR 2010, 147 (163ff.).

278 Etwa *Solveen* in: Hölters, AktG, § 27, Rn. 8; *Lieder* in: MüKo, GmbHG, § 56, Rn. 17ff.

279 Vgl. *Schwandtner* in: MüKo, GmbHG, § 5, Rn. 114 m.w.N.

gar keine weiteren Mittel zugeführt werden.[280] Vielmehr sei darauf abzustellen, dass die Gesellschaft von einer Verbindlichkeit befreit werde, so dass sich nur mit der Bewertung dieser Verbindlichkeit befasst werden müsse.[281] Die Verbindlichkeit, die unstreitig mit ihrem Nennwert zu passivieren sei, sei jedoch stets „vollwertig" im Sinne der Werthaltigkeitskontrolle, wenn sie bilanziell in Höhe des Nennbetrags ausgebucht und in gleicher Höhe als Nennkapital eingebucht werde.[282]

(a) Die bilanzielle Sichtweise

Daraus wird der zentrale Unterschied der beiden Ansichten deutlich, nämlich die Sichtweise bzw. die Perspektive, aus der die Bewertung der Werthaltigkeit erfolgt: nach der Mindermeinung ist die Sichtweise auf die Schuldner-Gesellschaft maßgeblich, nach der herrschenden Ansicht ist die Sicht des Gläubigers ausschlaggebend.[283] Fraglich ist demzufolge, ob und wie sich die Änderung der perspektivischen Sichtweise im Hinblick auf die Bewertung der Forderung gegen die Gesellschaft im Gegensatz zum grundsätzlichen Bewertungserfordernis von Forderungen gegen Dritte rechtfertigen lässt.

Auf den ersten Blick leuchtet es scheinbar ein, dass bei einem DES unmittelbar nur die Passivseite der Gesellschaftsbilanz betroffen ist – es erfolgt ein bloßer Passivtausch: Die Erleichterung zugunsten der Gesellschaft erfolgt schon in Höhe des Nennwertes der Verbindlichkeit, die dabei ausgebucht wird. In dieser Schuldbefreiung würde bereits der erlangte Gegenwert für die auszugebenden Anteile liegen und zwar zu einem „effektiven und wertmäßig eindeutig feststellbaren" Wert[284] – nämlich dem Nennwert der Verbindlichkeit.

Ob diese nur auf die Passivseite der Bilanz gerichtete Sichtweise überzeugen kann, erscheint jedoch fraglich. Denn durch den Wegfall einer Verbindlichkeit auf der Passivseite wird, wie die herrschende Ansicht einwendet, gleichzeitig und in gleicher Höhe Aktivvermögen „von seiner Zweckbindung als Schuldendeckungsmasse befreit" und dadurch freigesetzt.[285] Der eigentliche Leistungserfolg liegt nicht in der Eliminierung einer Verbindlichkeit, die bloße Rechtsfolge der Einlagemodalität – namentlich der Konfusion, des Erlasses oder des Verzichts – ist. Es ist vielmehr nach dem Grundsatz der realen Kapitalaufbringung erforderlich, dass der Einlagegegenstand i.S.d. § 188 Abs. 2 S. 1 i.V.m. § 36 Abs. 2 AktG bzw. § 57 Abs. 2 S. 1 i.V.m. § 7 Abs. 3 GmbHG zur freien Verfügung des Vorstands bzw. des Geschäftsführers steht. Da die Forderung aber durch Konfusion bzw. in Folge des Erlasses oder

---

280 Schon *Gessler* in: FS Möhring, S. 173 (181f.); *Cahn/Simon/Theiselmann*, CF 2010, 238 (244).

281 *Hoffmann*, BB 1992, 575 (577).

282 *Hoffmann*, BB 1992, 575 (578); *Karollus*, ZIP 1994, 589 (595).

283 Vgl. *Wansleben*, WM 2012, 2083 (2086); und auch schon *Lutter* in: FS Stiefel, S. 505 (516f.).

284 *Karollus*, ZIP 1994, 589 (595).

285 *Ekkenga*, DB 2012, 331 (334).

des Verzichts unmittelbar nach der Einbringung erlischt, steht sie gerade nicht zur freien Verfügung im oben genannten Sinn.[286] Dieser Befund ist mit der Situation identisch, in der eine Zahlung auf ein debitorisches Konto geleistet und im Anschluss daran sofort mit dem Debetsaldo verrechnet wird, ohne dass Vorstand oder Geschäftsführer über die Einlage frei verfügen könnte.[287] Mit *Ekkenga* ist demnach zu fragen: welcher Leistungsinhalt ist dann Gegenstand der Sacheinlage?[288] Nachdem festgestellt worden ist, dass die bloße Verringerung des bilanziellen Verbindlichkeitspostens zwar rechtliche Folge der Forderungseinbringung, nicht aber der gesellschaftsrechtlich geschützte Vermögenszuwachs zugunsten der Gesellschaft bei der (Sach-)Kapitalerhöhung sein kann, verbleibt nur eine mögliche Antwort auf die aufgeworfene Frage: Leistungsinhalt kann demnach nur die Freisetzung von Aktivvermögen durch Wegfall der Verbindlichkeit sein. Und dieser Leistungserfolg kann nur dann eintreten, wenn auf der Aktivseite hinreichend Vermögen vorhanden ist, das die auszubuchenden Verbindlichkeiten der Höhe nach deckt.[289]

Vor diesem Hintergrund ist festzustellen, dass entgegen der den Nennwertansatz vertretenden Ansicht nicht bloß die Passivseite durch einen DES berührt, sondern tatsächlich auch und insbesondere die Aktivseite der Bilanz zur Bestimmung des Leistungsgegenstands eines DES relevant wird. Die Begründung eines angeblichen Perspektivenwechsels zur Beurteilung des Werthaltigkeitserfordernisses weg von der Sicht der Gläubiger hin zur Sichtweise der Gesellschaft, wie ihn diese Ansicht angeführt hat, ist demnach nicht überzeugend. Da es nach der „Neutralisierungs-These“[290] auf die Höhe der von den Passiva „neutralisierten“[291] Aktiva ankommt, ist, wie bei der Beurteilung der Forderung gegen einen Dritten, auf die Sichtweise des Gläubigers abzustellen. Dieses Ergebnis hat Konsequenzen für die Frage der Werthaltigkeit der Forderung: sie bestimmt sich nach den noch zur Verfügung stehenden Aktiva der Gesellschaft.[292]

(b) Interesse der Alt-Gläubiger

Das Ergebnis einer notwendigen Werthaltigkeitsprüfung der einzubringenden Forderung gegen die Gesellschaft steht auch im Einklang mit dem gesetzgeberischen Schutzkonzept für die Gläubiger.

Dabei ist der einen Ansicht darin zuzustimmen,[293] dass die Gläubiger, die bereits im Zeitpunkt eines DES Forderungen gegen die Gesellschaft halten und sich nicht an dem DES beteiligen, keine Nachteile durch den DES erleiden. Vielmehr tritt für

286 *Ekkenga*, DB 2012, 331 (333).
287 Vgl. dazu *Herrler* in: MüKo, GmbHG, § 7, Rn. 132 m.w.N.
288 *Ekkenga*, DB 2012, 331 (333).
289 Vgl. *Priester*, DB 2010, 1445 (1447); vgl. *Ekkenga*, ZGR 2009, 581 (598).
290 *Priester*, DB 2010, 1445 (1447); auch *Ekkenga*, DB 2012, 331 (334).
291 *Lutter*, Kapital, Sicherung der Kapitalaufbringung und Kapitalerhaltung, S. 234.
292 Zur Bewertungsmethode siehe unten Teil 1, B., II., 2., c., 1), b).
293 *Cahn/Simon/Theiselmann*, CF 2010, 238 (247).

ebenjene der positive Effekt ein, dass im Rang auf gleicher Stufe stehende Gläubiger durch den Eintritt in die Stellung eines Anteilseigners diesen Befriedigungsrang verlassen und sich als Aktionär bzw. GmbH-Gesellschafter ganz ans Ende der Reihe stellen. Im Umkehrschluss erhöht sich dadurch die Befriedigungsquote der verbleibenden Gläubiger.[294]

Hingegen kann jener Ansicht nicht darin beigepflichtet werden, dass ein Wertansatz zu wirtschaftlichen Werten dem Schutz der (Alt-)Gläubiger gerade zuwiderlaufe.[295] Ausgangspunkt dieses Arguments ist die Frage, wie der Differenzbetrag zwischen wirtschaftlichem Wert der Forderung, um den nach der herrschenden Lehre das Nennkapital ansteigt und dem Forderungsnennwert, der als Verbindlichkeit ausgebucht wird, zu bilanzieren ist. Der herrschenden Ansicht wird in diesem Zusammenhang der Vorwurf gemacht, die Buchung dieses überschüssigen Betrages in die Kapitalrücklage gem. § 274 Abs. 2 Nr. 1 HGB bzw. § 274 Abs. 2 Nr. 4 HGB oder unmittelbar als Ertrag in die Gewinn- und Verlustrechnung schaffe unmittelbar ausschüttungsfähiges Vermögen, was dem Gläubigerschutz im Vergleich zum Nennkapital nicht gerecht werde.[296]

Dem kann in dieser Pauschalität nicht gefolgt werden. Eine Einstellung in die Agiorücklage gem. § 274 Abs. 2 Nr. 1 HGB kommt nicht Betracht, da die Voraussetzungen nicht vorliegen werden.[297] Denn die (Mindest-) Voraussetzung der Einstellung eines Agios für den Fall der Sacheinlage liegt erst dann vor, wenn der Zeitwert der Sacheinlage den Nennbetrag der ausgegebenen Anteile übersteigt.[298] Dies wird bei der Einbringung einer Forderung im Rahmen eines DES aber nicht der Fall sein, da der Nennbetrag der Forderung vielmehr über ihren wirtschaftlichen Wert hinausgehen wird. Ob der überschießende Teil in die Zuzahlungsrücklage gem. § 272 Abs. 2 Nr. 4 HGB eingestellt werden muss, ist immerhin fraglich. Alternativ dazu könnte der Überschuss auch direkt in die Gewinn- und Verlustrechnung als außerordentlicher Ertrag i.S.d. § 277 Abs. 4 S. 1 HGB gebucht werden. Die Voraussetzungen einer solchen Buchung als ergebniswirksamer Ertrag liegen auch vor: es ist anerkannt, dass Gewährungen von Zuschüssen ohne Gegenleistungspflicht seitens Gesellschafter im Sanierungsfall regelmäßig außerordentliche Erträge im Sinne der Norm darstellen.[299] Beispielhaft wird etwa der Forderungsverzicht i.S.d. § 397 BGB genannt, der mit der Situation des Ansatzes einer Forderung zum Zeitwert anstelle des höheren Nennwertes vergleichbar ist. Denn in beiden Fällen nimmt der Gläubiger eine Abwertung seiner ursprünglichen Forderungshöhe in Kauf. Wird der überschüssige Teil als Ertrag verbucht, werden damit bereits angelaufene Verluste ausgeglichen; eine Ausschüttung, die dem Gläubigerschutz zuwiderliefe, findet

294 *Priester*, DB 2010, 1445 (1449).
295 So aber *Cahn/Simon/Theiselmann*, CF 2010, 238 (245); *dies.*, DB 2010, 1629 (1630f.).
296 Insb. *Cahn/Simon/Theiselmann*, CF 2010, 238 (245).
297 So auch *Priester*, DB 2010, 1445 (1449).
298 *Reiner* in: MüKo, HGB, § 272, Rn. 69.
299 *Förschle/Peun* in: Beck'scher Bilanz-Kommentar, HGB, § 275, Rn. 222.

dann nicht statt.[300] Selbst wenn eine Einstellung in die Zuzahlungsrücklage gem. § 272 Abs. 2 Nr. 4 HGB erfolgen sollte, ist der Vorwurf,[301] dabei handele es sich bloß um den wertlosen Teil der Forderung, der sodann ausschüttungsfähiges Vermögen darstelle, ebenfalls wenig relevant.[302] Denn im Gegensatz zur Aufbringung des Nennkapitals finden die strengen Schutzvorschriften mitsamt der Werthaltigkeitskontrolle hier keine Anwendung und eine Rücklagenbuchung unterliegt auch nicht dem Grundsatz der realen Kapitalaufbringung.[303] Mit diesem Argument kann auch der Vorwurf des Widerspruchs gegenüber dieser Ansicht ausgeräumt werden, einerseits eine Nennwertanrechnung wegen eines vernachlässigten Gläubigerschutzes abzulehnen und andererseits eine Bilanzierung zu befürworten, die Ausschüttungen schneller ermögliche.[304] Wie gezeigt, ist eine Buchung in die Zuzahlungsrücklage gem. § 272 Abs. 2 Nr. 4 HGB keinesfalls zwingend, sondern nicht selten erfolgt eine direkte Buchung als Ertrag in der Gewinn- und Verlustrechnung. Sodann erfolgt eine Verrechnung mit bis dato regelmäßig angefallenen Verlusten.[305] Sollte eine Buchung in die Rücklage erfolgen, bringt dies den Vorteil mit sich, dass ein der Wirklichkeit entsprechendes Bilanzbild entsteht: denn die Ziffer des Nennkapitals entspricht dem Aktivvermögen der Gesellschaft und der überschießende Teil ist als Kapitalrücklage ausgewiesen. Mit anderen Worten wird den Gläubigern dadurch kein Haftungspuffer im Sinne einer Nennkapitalziffer aufgezeigt, die nicht durch Aktivvermögen gedeckt wird. Ein etwaiger Widerspruch zum Gläubigerschutz besteht also nicht. Vielmehr wird durch dieses Vorgehen die Transparenz zugunsten der Gläubiger gestärkt.

(c) Interesse der Neu-Gläubiger

Notwendig wird die gesetzliche Kapitalaufbringungskontrolle jedoch im Hinblick auf die Gläubiger, die erst nach der erfolgten Umwandlung von Schulden in Eigenkapital mit der Gesellschaft in geschäftlichen Kontakt treten. Diese erblicken in der (durch den DES erhöhten) Nennkapitalziffer einen entsprechenden Haftungsfonds, der den Anschein erweckt, in hinreichender Höhe mit Vermögen unterlegt zu sein.[306] Würde die eingelegte Forderung stets mit ihrem Nennwert angesetzt und das Nennkapital entsprechend erhöht werden, ohne eine Bewertung unter Berücksichtigung der vorhandenen Aktiva der Gesellschaft vorzunehmen, besteht die Gefahr, dass das Nennkapital zu hoch ausgewiesen ist. Dem wird von der Gegenansicht erwidert, dass der DES einen reinen Passivtausch darstelle und

---

300 *Priester*, DB 2010, 1445 (1449).
301 *Cahn/Simon/Theiselmann*, CF 2010, 238 (245).
302 So auch kurz *Ekkenga*, DB 2012, 331 (334, Rz. 40).
303 *Reiner* in: MüKo, HGB, § 272, Rn. 101.
304 *Cahn/Simon/Theiselmann*, DB 2012, 501 (502).
305 Vgl. dazu *Hagemann*, Debt Equity Swaps nach englischem und deutschem Recht, S. 87.
306 *Priester*, DB 2010, 1445 (1449); vgl. auch *Drygala*, SZW 2006, 245 (252).

in dem Wegfall der Verbindlichkeit zum Nennwert schon die Einlageleistung zu sehen sei; eine Mehrung der Aktivseite und damit eine Aufblähung der Bilanz finde nicht statt.[307] Diese Vorstellung resultiert aber aus der Konsequenz der soeben dargestellten unterschiedlichen Sichtweisen hinsichtlich der Werthaltigkeitsanforderungen. Entgegen dieser den Nennwertansatz befürwortenden Ansicht stellt, wie gezeigt, die bloße Verringerung der Verbindlichkeit gerade nicht die relevante Einlageleistung dar. Konsequenterweise ist entgegen dieser Mindermeinung auch nicht auf die Perspektive der Gesellschaft bei der Bestimmung der Werthaltigkeit der Sacheinlage abzustellen. Sie geht an dem gesetzlichen Schutzzweck der Kapitalaufbringungsvorschriften vorbei, indem zugelassen wird, dass Nennkapital bilanziell ausgewiesen wird, das jedoch nicht durch einen äquivalenten Vermögenszuwachs unterlegt ist.[308] Auch das Gegenargument, die zukünftigen Gläubiger hätten keine Garantie, dass eingelegte Wertgegenstände in der Zukunft noch vorhanden seien,[309] geht an der aktuellen Problematik vorbei. Denn es geht nicht darum, ob die eingelegten Forderungen zu einem späteren Zeitpunkt zugunsten zukünftiger Gläubiger noch werthaltig sind. Vielmehr ist auf den konkreten Zeitpunkt der Kapitalerhöhung abzustellen. Nach hier vertretener Ansicht sind schon zu diesem relevanten Zeitpunkt die Forderungen nicht vollwertig eingelegt, wenn sie nicht durch hinreichendes Aktivvermögen gedeckt werden. Auch in diesem Zusammenhang wird die Ursache der abweichenden Ansichten deutlich: sie beruht wiederum auf den unterschiedlichen Perspektiven zur Bestimmung der Werthaltigkeit der Forderung.

Um dem Schutz der Neu-Gläubiger dennoch gerecht zu werden, stützt die die Nennwertthese befürwortende Ansicht den Schutz vornehmlich auf die Publizität der Sacheinlage. Dem sind gleich zwei Argumente entgegenzuhalten. Erstens[310] gehen gesetzliche Schutzbestimmungen über die bloße Publizitätspflicht der Sacheinlage hinaus und fordern einerseits eine Wertprüfung des Einlagegenstandes. Andererseits ist in § 9 Abs. 1 S. 1 GmbHG ausdrücklich vorgesehen, dass der Gesellschafter für den Fall der Überbewertung der Sacheinlage die Differenz in Geld nachzuzahlen hat.[311] Zweitens spricht gegen das bloße Erfordernis der Offenlegung der Sacheinlage, dass selbst in diesem Fall ihr allgemeiner Zweck nicht erfüllt wird. Die Offenlegung der Sacheinlage verfolgt den Zweck, die Gläubiger zu schützen, indem über die Kapitalverhältnisse der Gesellschaft informiert wird.[312] Dem Neu-Gläubiger wird aber lediglich kenntlich gemacht, *dass* eine Forderung zu ihrem Nennwert

---

307 *Cahn/Simon/Theiselmann*, CF 2010, 238 (244f.); *Wansleben*, WM 2012, 2083 (2091).

308 *Ekkenga*, DB 2012, 331 und auch *H.F. Müller*, KTS 2012, 419 (447) bringen diese Diskrepanz mit einem Beispiel auf den Punkt.

309 *Wansleben*, WM 2012, 2083 (2091).

310 So schon *Priester*, DB 2010, 1445 (1449).

311 Dies gilt in analoger Anwendung auch für die AG, BGH NJW 1992, 2222f.; *Zätzsch/Maul* in: Müller/Rödder, Beck'sches Handbuch der AG, § 2, Rn. 225.

312 *Schwandtner* in: MüKo, GmbHG, § 5, Rn. 218; vgl. *Ulmer/Casper* in: Ulmer/Habersack/Löbbe, GmbHG, § 5, Rn. 131; *Veil* in: Scholz, GmbHG, § 5, Rn. 86; vgl. auch *Röhricht* in: AktG Großkomm., § 27, Rn. 129.

eingelegt und daraufhin in gleicher Höhe das Nennkapital erhöht wurde. Gleichfalls wird ihm dadurch deutlich, dass es sich um einen bloßen Passivtausch handelt. Mit anderen Worten ist gegenüber dem potentiellen Gläubiger lediglich die *Warnung* ausgesprochen worden, dass dem Nennkapital im Zweifel kein Aktivvermögen in äquivalenter Höhe gegenüberstehen könnte. Ob die Forderung gar noch vollwertig ist (was in der konkreten Situation unwahrscheinlich sein dürfte) oder aber in welcher Höhe sie gerade nicht mehr von Aktiva gedeckt ist, geht aus der bloßen Offenlegung der Forderung nicht hervor. Letzteres ist jedoch wichtig für die Einhaltung des Zwecks der Offenlegung, da der potentielle Gläubiger nur dann ein unverzerrtes Bild über die Kapitalverhältnisse und über den zur Verfügung stehenden Haftungsfonds – namentlich die Höhe des Nennkapitals – erhält.

(d) Interesse der Anteilseigner

Auch das Interesse der Anteilseigner macht nach hier vertretener Ansicht eine Bewertung der einzulegenden Forderung notwendig. Denn nach richtigem Verständnis des Schutzzwecks der Vorschriften zur Sachkapitalerhöhung unterfallen auch die Anteilseigner dem Schutz, „dass das als Gegenleistung für die Beteiligung vom Inferenten gezeichnete Kapital in der Höhe des dafür gewährten Anteils [...] real, endgültig und vollständig zur Verfügung steht."[313]

Dem entgegen wird auf verschiedenster Weise versucht, den Schutzzweck argumentativ auf anderer Weise gerecht zu werden, was jedoch im Ergebnis nicht überzeugen kann.

Die zwingende Festsetzung eines Agios in Höhe des Differenzbetrages zwischen wirtschaftlichem Wert der Forderung und Nennwert des dafür ausgegebenen Anteils, um eine wertmäßige Verwässerung der bestehenden Anteile zu vermeiden,[314] ist einerseits nicht stichhaltig, andererseits nach hier vertretener Ansicht nicht notwendig. Wie Vertreter dieser Ansicht selbst anführen, sind die Gläubiger im Rahmen der Sanierung mittels DES in den seltensten Fällen bereit, über ihre Forderungen hinaus noch bare Mittel zur Sanierung aufzuwenden.[315] Eine durchaus nachvollziehbare Position. Nichts anderes als eine zwingende Zuführung barer Mittel tritt jedoch durch die notwendige Festsetzung eines Aufgeldes ein. Müssten die Gläubiger demnach zusätzlich bare Mittel einzahlen, um den Nennwert der erhaltenen Anteile zu erreichen, würde sie dieses Erfordernis eher von einer Sanierung mittels DES abschrecken. Richtig ist vielmehr, dass sich die Gläubiger mit Anteilen in Höhe des werthaltigen Teils ihrer Forderung zufrieden geben müssen. Es besteht eine Wechselwirkung zwischen den Vermögenswerten, also der Aktiva, der Schuldnergesellschaft und dem Betrag der Forderung, die im Rahmen der Kapitalerhöhung in die Gesellschaft eingebracht werden soll. Die Höhe der einzubringenden Forderungen und damit die Höhe der auszugebenden Kapitalanteile sind also stets unter Berücksichtigung der vorhandenen

---

313 *Peifer* in: MüKo, AktG, § 183, Rn. 3.
314 So aber *Cahn/Simon/Theiselmann*, DB 2012, 501.
315 *Cahn/Simon/Theiselmann*, DB 2012, 501 (503); auch *Stadler*, NZI 2003, 579 (584).

Vermögenswerte der Schuldnergesellschaft zu bestimmen.[316] Damit wird dem Schutz der Anteilseigner vor Verwässerung und letztlich dem Gesetzeszweck genügt. Sollten darüber hinaus weitere bare Mittel zur Sanierung erforderlich sein, ist eine freiwillige Bereitstellung durch die Gläubiger nicht ausgeschlossen – sie werden aber nicht dazu gezwungen und ihre Sanierungsbereitschaft wird folglich auch nicht beeinträchtigt. Letztlich ist dem Argument eines notwendigen Agios entgegenzuhalten, dass sodann ebenfalls eine Bewertung der Forderung notwendig werden würde, um die Höhe des Aufgeldes zu ermitteln. Der etwaige praktische Vorteil, durch die Einlegung der Forderung zum Nennwert auf eine Bewertung der Forderung verzichten zu können, bestünde dann ohnehin nicht.

Der Gegenansicht ist grundsätzlich darin zuzustimmen, dass den bestehenden Anteilseignern in der Situation der bilanziellen Überschuldung der Gesellschaft ein Residualwert ihrer Anteile nicht mehr zusteht; das Eigenkapital wird aufgezehrt sein.[317] Gleichzeitig führt diese Ansicht an, dass jene Anteilseigner durch die notwendige Beschlussfassung mit einer qualifizierten Mehrheit es selbst in der Hand hätten, ob das Kapital durch Einlegung der Forderung erhöht und ihr Bezugsrecht zugunsten der Gläubiger ausgeschlossen wird. Auch an diesem Befund gibt es nichts auszusetzen.[318] Doch kann damit eine Nennwertanrechnung der einzulegenden Forderung gerechtfertigt werden?

In der Zusammenschau von der wirtschaftlichen Wertlosigkeit der Anteile einerseits und der Einflussnahme auf die Umsetzung eines DES mittels der notwendig zu fassenden Gesellschafterbeschlüssen andererseits wird deutlich, dass das Recht des Anteilseigners sich nicht in dem Vermögensrecht des Anteils erschöpft. Vielmehr bestehen die sich aus dem Anteil ergebenden Verwaltungsrechte unabhängig von dem Überschuldungstatus der Gesellschaft fort, solange das Insolvenzverfahren noch nicht eröffnet ist. Die Insolvenzantragspflicht tritt gem. § 19 Abs. 2 S. 1 InsO dann nicht ein, wenn die Fortführungsprognose positiv ist. Sodann mag der Anteil unter bilanzieller Betrachtungsweise (bei bilanzieller Überschuldung) zwar wertlos sein, im Hinblick auf eine positive Fortführungsprognose (deren Vorliegen an dieser Stelle unterstellt wird[319]) besteht jedoch sehr wohl zumindest noch ein Interesse der Anteilseigner an den im Gesellschaftsanteil verbrieften (Verwaltungs-) Rechten. Auch jene Rechte sind von Verfassungs wegen gem. Art. 14 GG schützenswürdig.[320] Anderenfalls könnte es allein mit der Begründung einer bilanziellen Überschuldung dem Gläubiger ermöglicht werden, Anteile zum vollen Nennwert mit nicht mehr vollständig durch Aktivvermögen

316 Vgl. auch *Stadler*, NZI 2003, 579 (584); vgl. auch *Wentzler*, FB 2009, 446 (451f.).

317 *Wansleben*, WM 2012, 2083 (2090).

318 So auch schon *Priester*, DB 2010, 1445 (1450).

319 Zu den Umständen im Insolvenzplanverfahren siehe unten Teil 2, B., III., 2., b., 2), c).

320 BVerfG NJW 1999, 3769 (3770).

gedeckten Forderungen zu erhalten und dadurch den Einfluss, mit anderen Worten die Verwaltungsrechte, der Alt-Anteilseigner zu verwässern.

Besonders anschaulich wird diese Argumentation zum schützenswerten Interesse der Verwaltungsrechte, wenn man weniger auf den gewöhnlichen Gläubiger aufgrund von geschäftlichen Beziehungen abstellt, als vielmehr auf einen *disstressed debt investor*, der als Akteur verstanden wird, der notleidende Forderungen (*distressed debt*) einer Gesellschaft von Dritten erwirbt, um diese in Eigenkapital umzuwandeln und die Gesellschaft im Ergebnis zu übernehmen.[321] Sein Ziel wird regelmäßig sein, die Sanierung möglichst nach seinen Vorstellungen durchzuführen.[322] Deswegen wird er in der Regel eine Mehrheitsbeteiligung zu erlangen versuchen, um sich Bedenkenträgern für die Durchsetzung von oftmals drastischen Kurskorrekturen zu entledigen.[323] Ein solcher Investor erwirbt die Forderung, obwohl sich die Gesellschaft in der Krise befindet oder sogar bilanziell überschuldet ist. Jedoch erwirbt er die Forderung nur mit einem Risikoabschlag.[324] Mit anderen Worten zahlt er weniger als den Nennwert der Forderung. Unabhängig davon, ob der jeweilige Kaufpreis für die notleidenden Forderungen einen adäquaten Gegenwert darstellt,[325] wird durch den Abschlag jedenfalls deutlich, dass den Forderungen auf dem Markt nicht mehr der Wert ihres Nennwertes zukommt. Würde er nunmehr die mit dem Abschlag erworbenen Forderungen in Anteile zum Forderungsnennwert eintauschen, stünden ihm nach der hier abzulehnenden Ansicht auch die Verwaltungsrechte nach Maßgabe des Nennwertes der Forderung zu. Aus Sicht der Alt-Gesellschafter könnte der Gläubiger schlimmstenfalls wichtige Gesellschaftsmaßnahmen allein durchsetzen. Auf der anderen Seite wären die nach wie vor bestehenden Verwaltungsrechte der bloß finanziell wertlosen Anteile der Alt-Gesellschafter verwässert worden.

Diese für die Alt-Gesellschafter ungünstige Situation kann jedoch erst dann eintreten, wenn sie der Umwandlung der Schulden in Eigenkapital zugestimmt und ihr Bezugsrecht durch Beschluss ausgeschlossen haben. Darin ist sicherlich ein gewisser Schutz zu erkennen. Allerdings hat namentlich *Priester* unlängst darauf hingewiesen, dass diese Einflussnahme nach den von der Rechtsprechung aufgestellten Maßgaben eingeschränkt werden kann.[326] Zudem ist in diesem Zusammenhang anzumerken, dass durch das ESUG die Einflussnahme der Gesellschafter im Insolvenzplanverfahren drastisch reduziert werden kann. Die Gläubiger haben vor diesem Hintergrund ein Druckmittel auch außerhalb des Insolvenzverfahrens in

---

321 Vgl. dazu *Kestler/Striegel/Jesch*, NZI 2005, 417 (419).

322 Vgl. *Knecht* in: Buth/Hermanns, Restrukturierung, Sanierung, Insolvenz, § 19, Rn. 4.

323 *Kestler/Striegel/Jesch*, NZI 2005, 417 (418).

324 *Heckschen* in: Reul/Heckschen/Wienberg, Insolvenzrecht in der Gestaltungspraxis, Kap. N, Rn. 197; siehe auch die Beispiele aus dem Handelsblatt vom 10. Mai 2013 oder 20. März 2014, wo von Abschlägen von bis zu 33% die Rede ist.

325 Eine vergleichende Betrachtung wird jedenfalls als eine Möglichkeit der Wertfindung angeführt, vgl. *Redeker*, BB 2007, 673 (675).

326 *Priester*, DB 2010, 1445 (1450), der auf das BGH-Urteil vom 19.10.2009, Az. II ZR 240/08 – „Sanieren oder Ausscheiden“, DB 2009, 2596, verweist.

der Hand, die Anteilseigner zur Fassung der notwendigen Beschlüsse anzuhalten. Denn nach Eröffnung des Insolvenzverfahrens werden diese regelmäßig ohnehin keinen Einfluss mehr auf die Durchführung der Kapitalmaßnahmen haben.[327] Die Rechtsstellung der Anteilseigner ist demnach auch schon außerhalb des Insolvenzverfahrens geschwächt, so dass allein die Möglichkeit der Einflussnahme der bestehenden Anteilseigner nicht als Argument herangezogen werden kann, die Forderung stets zu ihrem Nennwert einzulegen.

(e) Rechtsdogmatische Herleitung

Abschließend ist kritisch auf die rechtsdogmatische Begründung der den Nennwertansatz befürwortenden Ansicht einzugehen. Gegen eine von dieser Ansicht angeführte teleologische Reduktion der gesellschaftsrechtlichen Vorschriften über die Werthaltigkeitskontrolle der Sacheinlage ist einzuwenden, dass, wie aufgezeigt, eine Werthaltigkeitskontrolle jedenfalls zum Schutz der Neu-Gläubiger und der Anteilseigner nicht entbehrlich ist. Schon aus diesem Grund ist eine teleologische Reduktion abzulehnen.

Hingegen bestehen aber keine Bedenken gegen eine teleologische Reduktion im Hinblick auf die Vereinbarkeit mit der Zweiten Kapitalrichtlinie. Dies wäre nur dann der Fall, wenn daraus zwingend hervorgehen würde, dass die Forderung dem Bewertungsregime zu unterwerfen wäre. Gemäß Art. 10, 27 Abs. 2 der Zweiten Kapitalrichtlinie ist die Bewertung einer Sacheinlage vorgeschrieben.

Mithin ist fraglich, ob eine gegen die Gesellschaft gerichtete Forderung als Sacheinlage im Sinne der Zweiten Kapitalrichtlinie anzusehen ist. Eine Definition der Bar- bzw. Sacheinlage enthält die Zweite Kapitalrichtlinie nicht, so dass die Bestimmung als Sacheinlage mittels Auslegung zu erfolgen hat. In diesem Zusammenhang ist vorweg klarzustellen, dass die gegen die Gesellschaft gerichtete Forderung nach deutschem Recht zweifelsfrei eine Sacheinlage darstellt. Es geht an dieser Stelle nur darum, ob die Forderung auch im Sinne der Zweiten Kapitalrichtlinie als Sacheinlage gelten muss oder ob durch Auslegung diese als Bareinlage im Sinne der Richtlinie angesehen werden kann.[328] In diesem Zusammenhang wird vertreten, dass nach der Zweiten Kapitalrichtlinie eine Forderung dann als Bareinlage anzusehen sei, soweit es sich um eine „zweifelsfreie, liquide und fällige" Forderung handele.[329] Überdies bietet sich auch eine rechtsvergleichende Betrachtung an.[330] In diesem Zusammenhang wurde bereits aufgezeigt[331], dass das englische Gesellschaftsrecht

---

327 Siehe dazu unten Teil 2, B., IV., 1., c.

328 Dies wohl missverständlich bei *Cahn/Simon/Theiselmann*, CF 2010, 238 (249f.); *Wansleben* WM 2012, 2083 (2092); vgl. auch *Ekkenga*, DB 2012, 331 (334f.); aber schon klarstellend *Cahn/Simon/Theiselmann*, DB 2012, 501 (503).

329 *Tesauro*, ZIP 1992, 1033 (1044) in Sachen Rs C-83/81 – Meilicke ./. ADV-ORGA F.A. Meyer AG.

330 Vgl. *Cahn/Simon/Theiselmann*, CF 2010, 238 (250); *Wansleben* WM 2012, 2083 (2092).

331 Siehe oben Punkt Teil 1., A., II., 4.

gem. sec. 583(3)(c) CA 2006 die Forderung seit je her unstreitig als Bareinlage behandelt. Eine Bewertung findet grundsätzlich nicht statt, sondern eine Einlage der Forderung kann regelmäßig zum Nennwert erfolgen. Nur in Ausnahmefällen ist eine Bewertung der Forderung nach der Rechtsprechung als notwendig erachtet worden.[332] Die Auslegung der Normen der Zweiten Kapitalrichtlinie und einer rechtsvergleichenden Betrachtung mit dem englischen Recht ergeben, dass die Zweite Kapitalrichtlinie eine Bewertung der Forderung nicht zwingend vorschreibt. Eine strengere Behandlung der Forderung als Sacheinlage nach deutschem Recht steht der Zweiten Kapitalrichtlinie aber nicht entgegen, da diese lediglich Mindeststandards aufstellt, über die in den jeweiligen nationalen Rechtsnormen hinausgegangen werden kann.[333]

Das weitere Argument der Gegenansicht, mit dem sie eine teleologische Reduktion zu begründen versucht, namentlich die Vergleichbarkeit zur Wandelschuldverschreibung, kann jedoch nicht überzeugen. Denn der DES ist nicht vergleichbar mit einer Wandelschuldverschreibung i.S.d. § 221 Abs. 1 S. 1. 1. Alt. AktG, die gem. § 194 Abs. 1 S. 2 AktG nicht als Sacheinlage gilt.[334] Die Regelung des § 194 Abs. 1 S. 2 AktG ist eine Ausnahmevorschrift, die bezwecken soll, die Kapitalaufnahme mittels Wandelschuldverschreibung zu erleichtern.[335] Sie ist als Ausnahmevorschrift restriktiv anzuwenden und nicht verallgemeinerungsfähig.[336] Ebenfalls spricht die strenge Äquivalenzkontrolle bei der Ausgabe von Wandelschuldverschreibungen gegen einen Vergleich zum hier thematisierten DES.[337] Denn bei der Fassung des notwendigen Gesellschafterbeschlusses, § 221 Abs. 1 S. 1 AktG, sind die Kriterien der regulären Kapitalerhöhung zu beachten; der geringste Ausgabebetrag, § 9 Abs. 1 AktG, darf nicht unterschritten werden.[338] Ferner muss der Ausgabebetrag der Bezugsaktien oder die Grundlagen, nach denen dieser Betrag errechnet wird, sowie das Bezugsverhältnis angegeben werden.[339] Daraus wird deutlich, dass bereits bei der Beschlussfassung vor Begebung der Anleihe der gesetzlichen Regelungen zur ordnungsgemäßen Kapitalaufbringung nachgekommen werden muss, was bei der Einbringung der Forderungen im Rahmen eines DES nach der hier abzulehnenden Ansicht gerade nicht der Fall ist. Die aus der Zahlung für die Anleihe resultierende Forderung des Anleihe-Gläubigers wird aufgrund der besonderen Gestaltungsbefugnis des Anleihe-Gläubigers zu Gesellschaftsanteilen und gerade nicht wegen der Einbringung der Forderung als Sacheinlage bei der Kapitalerhöhung. Im Umkehrschluss zur Ausnahmevorschrift des § 194 Abs. 1 S. 2 AktG wird der Gesetzgeber die

332 Vgl. *Re Harmony and Montague Tin and Copper Mining Co, Spargo's Case*, (1873) 8 Ch App 407 (412f.).

333 BGH NJW 1990, 982 (987); *Herrler/Reymann*, DNotZ 2009, 914 (919).

334 Für eine Vergleichbarkeit aber *Cahn/Simon/Theiselmann*, CF 2010, 238 (249).

335 *Frey* in: AktG Großkomm., § 194, Rn. 27.

336 *Koch* in: Hüffer, AktG, § 194, Rn. 4.

337 Vgl. auch *Drinkuth*, Die Kapitalrichtlinie, S. 236.

338 *Koch* in: Hüffer, AktG, § 221, Rn. 11.

339 *Habersack* in: MüKo, AktG, § 221, Rn. 140.

Forderungseinbringung im Rahmen der Kapitalerhöhung sehr wohl als Sacheinlage mit den verbundenen Wertüberprüfungen klassifizieren.[340]

Ein Drittes Argument gegen die Vergleichbarkeit liegt in der Beachtung des Ausschüttungsverbots gem. § 57 AktG.[341] Denn der Vermögenstransfer beim Umtausch der Anleihe in Gesellschaftsanteile ist mitgliedschaftlicher Natur. Dabei kann dahinstehen bleiben, ob bereits die Gläubigerstellung einer Wandelschuldverschreibung ein gesellschaftsrechtlich schützenswertes Anwartschaftsrecht begründet[342] oder ob die Gesellschafterrechte erst mit Wirksamkeit des Umtausches *ex nunc* entstehen[343]. Jedenfalls zeigt schon das in § 221 Abs. 4 AktG normierte gesetzliche Bezugsrecht, dass der Wandelanleihe ein rechtlicher Bezug zur gesellschaftsrechtlichen Mitgliedschaft immanent ist.[344] Aufgrund der mitgliedschaftlichen Natur der Wandelschuldverschreibung muss dort eine Wertüberprüfung stattfinden, da eine zu hoch angesetzte Gegenleistung der Gesellschaft eine gem. § 57 AktG verbotene Rückzahlung an die Anteilseigner darstellen würde.[345]

b) Bewertungsmethode

Nachdem festgestellt wurde, dass die besseren Gründe für die Notwendigkeit der Werthaltigkeitsprüfung sprechen, ist im nächsten Schritt zu diskutieren, auf welche Weise die Bewertung der Forderungen erfolgen muss. Weder das Aktienrecht noch das GmbH-Recht oder das Handelsrecht machen Vorgaben hinsichtlich der Bewertungsmethoden.[346] Jedoch ist aufgrund des oben dargestellten Prinzips der realen Kapitalaufbringung der Zeitwert der Forderung als Bemessungsgrundlage maßgeblich.[347] Darüber hinaus herrscht noch weitgehend Einigkeit über die Frage des Stichtages für die Bewertung. Dazu wird in Analogie zu § 9 GmbHG auf den Tag der Anmeldung zur Eintragung in das Handelsregister abgestellt.[348]

---

340 *Habersack* in: FS Kübler, S. 219 (221).

341 *Ekkenga*, DB 2012, 331 (335).

342 So *Busse von Colbe* in: Busse von Colbe u.a., Bilanzierung von Optionsanleihen im Handelsrecht, S. 47 (50).

343 *Habersack* in: MüKo, AktG, § 221, Rn. 27.

344 *Ekkenga*, DB 2012, 331 (335).

345 Vgl. *Ekkenga*, DB 2012, 331 (335).

346 *Wentzler*, FB 2009, 446 (452).

347 *Röhricht*, AktG Großkomm., § 27, Rn. 81.

348 So die h.M. für die AG: etwa *Bayer* in: K. Schmidt/Lutter, AktG, § 27, Rn. 21; *Solveen* in: Hölters, AktG, § 27, Rn. 11; *Pentz* in: MüKo, AktG, § 27, Rn. 38; *Benz* in: Spindler/Stilz, AktG, § 27, Rn. 72; für die GmbH: BGH NJW 1996, 1473 (1477); OLG Düsseldorf NJW-RR 1996, 605; *Lieder* in: MüKo, GmbHG, § 57a, Rn 24; *Roth* in: Roth/Altmeppen, GmbHG, § 57a, Rn. 2; *Hermanns* in: Michalski, GmbHG, § 57a, Rn. 15; *Gummert* in: Henssler/Strohn, Gesellschaftsrecht, GmbHG, § 57a, Rn. 15; *Ziemons* in: Ziemons/Jaeger, Beck'scher Online-Kommentar, GmbHG, § 57a, Rn. 13; *Zöllner/Fastrich* in: Baumbach/Hueck, GmbHG, § 57a, Rn. 11; *Lutter/Bayer* in: Lutter/

Geht es um die konkrete Methode der Bewertung, werden jedoch verschiedene Möglichkeiten und Herangehensweisen vertreten.

(1) Bewertung mittels Drittvergleich

Für die Bewertung soll einerseits zielführend sein, auf einen Drittvergleich abzustellen.[349] Demnach sei der Wert einer Forderung identisch mit dem Kaufpreis, den ein Dritter für die Forderung im relevanten Zeitpunkt noch zu bezahlen bereit sei.[350] Dieses Vorgehen bringt den Vorteil mit sich, dass relativ zügig und eindeutig ein Wert für eine Forderung festgestellt werden kann. Es setzt jedoch voraus, dass es für die betreffende Forderung einen Markt gibt, der obendrein die jeweiligen Kaufpreise für die Forderungen transparent veröffentlicht. Zu denken wäre etwa an den in der jüngeren Vergangenheit zugenommenen Handel mit notleidenden Krediten.[351]

(2) Bewertung auf Grundlage des Gesellschaftsvermögens

Der Rechtsprechung zur Folge ist eine Forderung dann als Sacheinlage einlagefähig, wenn sie vollwertig, fällig und liquide ist[352] und es muss ein Wertabschlag vorgenommen werden, wenn diese Voraussetzungen nicht mehr vorliegen. Jedenfalls muss die Forderung ihrem einzubringenden Wert nach von hinreichend Aktiva gedeckt werden.

Daran knüpft im Zusammenhang mit der Bewertung der Akiva der Gesellschaft die Frage an, ob ein Wertabschlag vorzunehmen ist und wenn ja, wie hoch dieser ausfällt. Dazu werden unterschiedliche Ansichten vertreten.

Einerseits wird angeführt, eine Bewertung der Aktiva müsse unter Berücksichtigung der Leistungsfähigkeit der Gesellschaft erfolgen. Es wird insbesondere vorausgesetzt, dass der Gesellschaft ausreichend bare Mittel zur Verfügung stehe, um die Forderungen zu begleichen.[353] Ein Wertabschlag müsste dieser Ansicht nach soweit vorgenommen werden, bis sämtliche Forderungen nicht nur vermögensmäßig gedeckt seien, sondern auch tatsächlich beglichen werden könnten.[354]

Dieser Sichtweise wird entgegen gehalten, dass es im Fall der Forderungsbewertung im Zusammenhang mit einem DES nicht zentral auf die Liquidität ankommen könne, sondern auf die Vermögenssubstanz der Gesellschaft im Sinne eines Schuldendeckungsgrads.[355] Denn vor dem Hintergrund des Neutralisierungsgedankens,

---

Hommelhoff, GmbHG § 57a, Rn 3; a.A. *Ulmer* in: Ulmer, GmbHG, § 57a, Rn 19, der auf den Zeitpunkt der Einbringung abstellt.

349 Vgl. *Blöse*, GmbHR 2012, 471 (476); vgl. *Schwenker/Fischer*, DStR 2010, 1117 (1118); *Pentz* in: MüKo, AktG, § 27, Rn. 29.

350 Vgl. *Redeker*, BB 2007, 673 (675).

351 Vgl. *Wentzler*, FB 2009, 446 (452).

352 Etwa BGH NJW 2002, 3774.

353 So wohl OLG Schleswig, NZG 2001, 566 (568).

354 So wohl *Koch* in: Hüffer, AktG, § 27, Rn. 17.

355 Vgl. *Ekkenga*, DB 2012, 331 (336); vgl. auch *Stadler*, NZI 2003, 579 (584).

wonach durch die Verringerung von Verbindlichkeiten auf der Passivseite Aktiva „freigesetzt“ werden, komme es entscheidend darauf an, inwieweit der Wert des Aktivvermögens die einzulegende Forderung decke. Nur dann und in der jeweiligen Höhe könnten Aktiva freigesetzt werden.[356] Die Bewertung der Aktiva erfolge auf Grundlage der fortgeführten Buchwerte.[357]

Uneinigkeit herrscht jedoch bezüglich der Einbeziehung von stillen Reserven bzw. eines Firmenwertes.[358] Andererseits sei auch die Bewertung nach investitionstheoretischen Ansätzen wie dem Ertragswert auf Grundlage der Discounted Cash-Flow-Methode (nachfolgend DCF-Methode) möglich.[359]

(3) Stellungnahme

(a) Drittvergleich nur indizielle Größe

Eingangs ist klarzustellen, dass die Forderungsbewertung mittels eines Drittvergleichs einerseits nicht hinreichend transparent ist.

Darüber hinaus stellt ein bestimmter Kaufpreis in der Regel nicht den objektiven Wert der Forderung dar, sondern ist vielmehr Ausdruck der subjektiven Einschätzung der jeweiligen Parteien der Transaktion.[360] Nicht selten kommt es jedoch vor, dass institutionelle Investoren Forderungen von sich in der Krise befindenden Unternehmen (*distressed debt*) von Banken erwerben, um diese anschließend in Eigenkapital umzuwandeln.[361] Bei solchen Transaktionen kann es vorkommen, dass der bezahlte Kaufpreis an die Öffentlichkeit gelangt. Da es sich jedoch auch dann bei dem Betrag lediglich um eine subjektive Einschätzung des betreffenden Marktakteurs handelt, kann diesem bei der Bewertung einer Forderung höchstens indizielle Bedeutung beigemessen werden[362] – eine objektive und belastbare Bewertung der Forderung ist damit aber noch nicht erfolgt.

(b) Liquidität bei Bewertung in Zusammenhang mit DES irrelevant

Zur Beantwortung der Frage, wie die Forderung zu bewerten ist, sind die Besonderheiten eines DES zu berücksichtigen. Obgleich festgestellt wurde, dass eine Forderung, die gegen die Gesellschaft gerichtet ist, wie eine Forderung gegen einen Dritten stets einer Bewertung zu unterziehen ist, sind die Bewertungsmaßstäbe nicht identisch. Sonst würde dem Umstand, dass es sich um einen bloßen Passivtausch handelt und die Forderung, anders als bei der Einbringung einer

---

356 *Priester*, DB 2010, 1445 (1448).
357 *Ekkenga*, ZGR 2009, 581 (600); *Priester*, DB 2010, 1445 (1448).
358 Während *Priester*, DB 2010, 1445 (1448) diese einbezieht, lässt *Ekkenga*, DB 2012, 331 (336) diese unberücksichtigt.
359 Vgl. etwa *Wentzler*, FB 2009, 446 (452).
360 *Wentzler*, FB 2009, 446 (452).
361 Dazu auch *Spliedt*, GmbHR 2012, 462 (470).
362 So auch *Redeker*, BB 2007, 673 (675); *Blöse*, GmbHR 2012, 471 (476).

Forderung gegen einen Dritten, die Aktivseite der Bilanz gerade nicht erweitert, nicht hinreichend Rechnung getragen werden. Nach hier vertretener Ansicht ist die Höhe des freigesetzten Vermögens auf der Aktivseite der Bilanz relevant. Diese Freisetzung erfolgt bilanziell betrachtet jedoch nur in der Höhe, wie Aktivvermögen dem einzubringenden Passivposten (Verbindlichkeit) wertmäßig gegenübersteht. Der Wert des Gesellschaftsvermögens muss die umzuwandelnden Verbindlichkeiten zumindest in Höhe ihres Einbringungswertes decken, so dass der Gesellschaft durch die Umwandlung ein entsprechender Wert zufließt.[363] Daraus wird ersichtlich, dass es für diesen Fall, anderes als bei der Wertbestimmung einer Forderung gegen einen Dritten, nicht darauf ankommt, inwieweit der Schuldner in der Lage sein wird, die Forderung tatsächlich – mit liquiden Mitteln – zu begleichen.[364] Es kommt vielmehr allein darauf an, welchem Wert das aktivierbare Vermögen der Gesellschaft zukommt.

(c) Fortführungswerte können angesetzt werden

Der Wert des Aktivvermögens ließe sich demnach grundsätzlich ausgehend von den Anschaffungskosten anhand der fortgeführten Buchwerte (§ 252 Abs. 1 Nr. 6 HGB) und korrigiert um Abschreibungen (§ 253 Abs. 1 S. 1 HGB) ermitteln.[365] Der Vorteil dieser Substanzwertberechnung liegt in seiner Objektivierbarkeit. Prognosen und dynamische Einflussfaktoren, wie sie etwa für die DCF-Methode notwendig sind, wären irrelevant.[366] Auch ist ein Ergebnis zu relativ niedrigen Kosten erreichbar.[367]

Mit der Berechnung nach der Substanzwertmethode wird jedoch nicht auf die in die Zukunft gerichtete Bewertung des haftenden Schuldendeckungspotentials der Gesellschaft abgestellt.[368] Die Substanzwerte stellen vielmehr den Ist-Zustand der Vermögenswerte dar. Ihnen fehlt der Bezug zu künftigen finanziellen Überschüssen.[369]

Eine solche in die Zukunft gerichtete Bewertung des Gesellschaftsvermögens ist in der Betriebswirtschaft als Standard anerkannt.[370] In der Praxis[371] beruht die Unternehmensbewertung auf den Konkretisierungen des *IDW Standard 1: Grundsätze zur Durchführung von Unternehmensbewertungen, Stand: 2. April 2008* (nachfolgend *IDW S1*). Der *IDW S1* geht davon aus, dass ein Unternehmen als Ganzes bei unterstellter

---

363 *Marsch-Barner*, DB 1995, 1497.

364 *Priester*, DB 2010, 1445 (1448); vgl. auch *Ekkenga*, DB 2012, 331 (336).

365 *Ekkenga*, ZGR 2009, 581 (600); grundsätzlich auch *Priester*, DB 2010, 1445 (1448); vgl. auch *Merkt* in: Baumbach/Hopt, HGB, § 253, Rn. 1.

366 *Ekkenga*, DB 2012, 331 (336).

367 Vgl. *Drukarczyk/Schüler* in: MüKo, InsO, § 19, Rn. 135.

368 *Drukarczyk/Schüler* in: MüKo, InsO, § 19, Rn. 135.

369 Vgl. *Lorz* in: Ebenroth/Boujong/Joost/Strohn, HGB, § 131, Rn. 70.

370 Vgl. *Hopt* in: Baumbach/Hopt, HGB, Einl. Vor § 1, Rn. 36.

371 *Spliedt*, GmbHR 2012, 462 (464); *Richter/Pernegger*, BB 2011, 876 (879); die jeweils im Zusammenhang mit dem DES auf den *IDW S1: Grundsätze zur Durchführung von Unternehmensbewertungen* verweisen.

Fortführung bewertet wird.[372] Nach Ziffer 2.2. des *IDW S1* kann die Einbringung einer Sacheinlage eine Unternehmensbewertung bezwecken. Dem *IDW S1* liegt grundsätzlich die Annahme eines wirtschaftlich gesunden Unternehmens zugrunde, so dass fraglich ist, ob Fortführungswerte auch dann anzusetzen sind, wenn sich das Unternehmen in der wirtschaftlichen Krise befindet.

In den hier zugrunde zu legenden Fällen befindet sich die Gesellschaft zwar in der Krise, der Insolvenzgrund der Überschuldung gem. § 19 Abs. 2 InsO, dem der modifizierte zweistufige Überschuldungsbegriff zugrunde liegt, soll nicht vorliegen; die Fortführungsprognose soll als positiv unterstellt werden.[373] In dieser Situation haben sowohl die Alt-Gesellschafter als auch weitere Eigenkapitalinvestoren, also für den Fall eines DES auch die Gläubiger, ein Interesse daran, Informationen über den Wert des Eigen- und Fremdkapitals zu erhalten.[374] Das Ertragswertverfahren kann abweichend vom Substanzwertverfahren dann zur Anwendung kommen, wenn ein konkretes Sanierungskonzept vorliegt.[375] Dieses bedarf freilich stets einer kritischen Prüfung und Analyse im Einzelfall.[376] Die Umwandlung von Schulden in Eigenkapital stellt aber im Grundsatz ein solches Sanierungskonzept dar.[377] Der DES ist also zu berücksichtigen, wenn auf dessen Durchführung tatsächliche Anhaltspunkte hinweisen, der DES demnach rechtlich gesichert erscheint und mit einer höheren Wahrscheinlichkeit der Umsetzung als dessen Ausbleiben zu rechnen ist.[378] Auch die von der Rechtsprechung begründete sog. Wurzeltheorie[379] stützt dieses Ergebnis. Denn demnach sind erst nach dem relevanten Stichtag eintretende Entwicklungen zu berücksichtigen, wenn sie „schon in den am Stichtag bestehenden Verhältnissen angelegt sind [...].“[380] Dies ist etwa dann der Fall, wenn Maßnahmen

---

372 Vgl. *IDW S1*, Rn. 5.

373 Zur höchst streitigen Situation, dass der DES im Insolvenzplanverfahren, also bei Vorliegen eines Insolvenzgrundes, durchgeführt werden soll, siehe unten Teil 2, B., III., 2., b., 2), c), (2).

374 *Wieland-Blöse* in: Fleischer/Hüttemann, Rechtshandbuch Unternehmensbewertung, § 11, Rn. 2.

375 Etwa *Mock* in: Uhlenbruck, InsO, § 19, Rn. 130; vgl. auch *Wieland-Blöse* in: Fleischer/Hüttemann, Rechtshandbuch Unternehmensbewertung, § 11, Rn. 7, 13.

376 *Wieland-Blöse* in: Fleischer/Hüttemann, Rechtshandbuch Unternehmensbewertung, § 11, Rn. 14ff.

377 Vgl. auch *Ekkenga*, ZGR 2009, 581 (600); *Priester*, DB 2010, 1445 (1448), die den DES nicht unberücksichtigt lassen wollen.

378 *Bischof* in: Heidelberger Kommentar InsO, § 19, Rn. 12; *Winnefeld* in: Winnefeld, Bilanz-Handbuch, Kap. N, Rn. 821; *Wengel*, DStR 2001, 1769 (1771); *Grundlach* in: Gottwald, Insolvenzrechts-Handbuch, § 6, Rn. 42; Vgl. auch *Mätzig* in: Ziemons/Jaeger, Beck'scher Online-Kommentar, GmbHG, § 64, Rn. 36; vgl. auch *IDW*, WP Handbuch, Band II, Kap. A, Rn. 195.

379 Grundlegend BGH NJW 1973, 509 (511); vgl. ferner *Hüttemann/Meyer* in: Fleischer/Hüttemann, Rechtshandbuch Unternehmensbewertung, § 12, Rn. 41ff.

380 BGH NJW 1998, 1866 (1867).

zum Bewertungsstichtag begonnen oder aber zumindest beschlossen waren und in der weiteren Unternehmensplanung berücksichtigt worden sind.[381]

Die Konzeption der Umwandlung von Schulden in Eigenkapital intendiert die Fortführung des Unternehmens und soll gerade deswegen durchgeführt werden.[382] Sie ist also fest in der weiteren Unternehmensplanung verwurzelt. Der DES ist im relevanten Zeitpunkt als rechtlich gesichert anzusehen und wird demnach mit hinreichender Wahrscheinlichkeit durchgeführt: denn in dem relevanten Zeitpunkt, auf den sich die Bewertung bezieht – nämlich die Anmeldung der Kapitalmaßnahmen zur Eintragung in das Handelsregister – sind die notwendigen Kapitalmaßnahmen und demnach auch der DES insgesamt bereits beschlossen worden.[383] Darüber hinaus müssen jedoch auch diejenigen Gläubiger, die ihre Forderungen in die Gesellschaft einlegen wollen, dies rechtsverbindlich erklären, denn allein der Gesellschafterbeschluss bindet den Einleger noch nicht.[384] Sind die Details für die geplante Umwandlung einmal ausgemacht und die Gläubiger bereit, den DES mitzutragen, können sie schon vor der gesellschaftsrechtlichen Beschlussfassung die Vereinbarung über die Einlage der Forderung abschließen.[385] Dann erscheint die Durchführung des DES als rechtlich hinreichend sicher.

Ergibt sich daraus unter Berücksichtigung der Durchführung eines DES, dass die Fortführung des Unternehmens überwiegend wahrscheinlich ist, ist für die Beurteilung des Wertes der Vermögensbestände der Gesellschaft auch der zukünftig zu generierende Cash-Flow zu berücksichtigen.[386] Denn die relevante Leistungsfähigkeit des Unternehmens ergibt sich auch aus der zukünftigen Perspektive der wirtschaftlichen Unternehmensentwicklung.[387] Ob die Unternehmung der Gesellschaft zukünftig in der Lage ist, einen positiven Cash-Flow zu erwirtschaften, ist Gegenstand der konkreten Unternehmensbewertung Diese Möglichkeit jedoch von

---

381 *Kohl* in: Fleischer/Hüttemann, Rechtshandbuch Unternehmensbewertung, § 26, Rn. 63; vgl. auch OLG München, Beschluss vom 5.5.2015, Az. 31 Wx 366/13, BeckRS 2015, 08628, Rz. 49ff, wonach die spätere Entwicklung gerade nicht in der Wurzel angelegt ist, wenn die konkrete Maßnahme (hier: Durchführung eines Squeeze-Out) unter einer Bedingung steht.

382 Vgl. auch *Scholz* in: Münch. Hdb. GesellR, § 57, Rn. 86.

383 Vgl. wie hier *Wieland-Blöse* in: Fleischer/Hüttemann, Rechtshandbuch Unternehmensbewertung, § 11, Rn. 60; a.A. *H.F. Müller*, KSzW 2013, 65 (66), der formal auf die Eintragung der Kapitalmaßnahmen in das Handelsregister abstellt und demnach vorher eine gesicherte Lage zur Umsetzung der Kapitalmaßnahmen nicht bestehe.

384 *Peifer* in: MüKo, AktG, § 183, Rn. 45.

385 Für die AG: *Peifer* in: MüKo, AktG, § 183, Rn. 45; *ders.* in: MüKo, AktG, § 185, Rn. 29; für die GmbH: *Lieder* in: MüKo, GmbHG, § 55, Rn. 158ff.

386 *Wentzler*, FB 2009, 446 (452); a.A. *Ekkenga*, DB 2012, 331 (336), der mit dem Hinweis auf die Substanzwertberechnung etwaige zukünftigen Cash-Flows unberücksichtigt lassen will.

387 *Weber/Schneider*, ZInsO 2012, 374 (379); *Wentzler*, FB 2009, 446 (452).

vornherein auszuschließen, wenn sich die Gesellschaft in der Krise befindet, ist nicht richtig.

(d) Stille Reserven sind zu berücksichtigen

Durch die investitionstheoretischen Bewertungsmethoden können stille Reserven gehoben werden. Sie können durch eine Unternehmensbewertung aufgedeckt werden und bilden die positive Differenz zwischen dem wahren Wert des Unternehmens und dem im Jahresabschluss angesetzten Buchwerten.[388] Dies steht der Anwendung solcher investitionstheoretischen Bewertungsmethoden aber nicht entgegen.[389] Im Gegenteil, den Neu-Gesellschaftern wird dadurch eine zutreffendere Bewertung, ähnlich wie bei einer Veräußerung der Gegenstände,[390] ermöglicht.[391] Denn etwa bereits abgeschriebenes Anlagevermögen mit einem geringen Buchwert ist für die Gesellschaft, die es im Rahmen ihres Geschäftsbetriebs ertragreich einsetzt, mehr wert, als der bloß bilanzielle, um Abschreibungen korrigierte Anschaffungswert.

2) Dokumentation der Bewertung

Hinsichtlich der Dokumentation der Bewertung einer Sacheinlage bestehen zwischen der AG und der GmbH Unterschiede.[392]

Bei der AG ergibt sich die Überprüfung der Sacheinlage aus § 183 Abs. 3 AktG, der auf die Vorschriften der externen Gründungsprüfung verweist.[393] Der Vorstand beantragt beim zuständigen Amtsgericht die Bestellung eines Prüfers.[394] Über die Prüfung ist ein schriftlicher Bericht[395] zu erstellen, § 183 Abs. 3 S. 1 AktG i.V.m. § 34 Abs. 2 S. 1 AktG.

Für die GmbH besteht ein vergleichbar striktes Dokumentationserfordernis wie für die AG nicht. Die einschlägigen Regelungen der §§ 55, 56 ff. GmbHG sehen anders als § 183 Abs. 3 S. 1 AktG keine separate Prüfung der Sacheinlage vor, die bei der Anmeldung zur Eintragung in das Handelsregister (§ 184 Abs. 2 AktG) vorzulegen wäre. Ausdrücklich wird eine separate Prüfung der Sacheinlage bei der GmbH gem. § 5 Abs. 4 S. 2 GmbHG nur bei deren Gründung verlangt. Da § 55 Abs. 4 GmbHG zwar auf die Gründungsvorschriften des § 5 Abs. 2 und 3 GmbHG, nicht aber auf § 5 Abs. 4 S. 2 GmbHG verweist, ist auch eine analoge Anwendung der Vorschrift zur Vorlage eines Sachgründungsberichts für die Kapitalerhöhung gegen Sacheinlage

388 *Merkt* in: Baumbach/Hopt, HGB, § 252, Rn. 13.
389 A.A. *Ekkenga*, DB 2012, 331 (336).
390 Vgl. *Priester*, DB 2010, 1445 (1448).
391 *Merkt* in: Baumbach/Hopt, HGB, § 252, Rn. 13.
392 Vgl. *Wilhelm*, KapitalgesellR, Rn. 553.
393 *Gotthardt* in: Müller/Rödder, Beck'sches Handbuch der AG,§ 9, Rn. 31.
394 *Peifer* in: MüKo, AktG, § 183, Rn. 62.
395 Zu dessen Formalien vgl. *IDW*, WP Handbuch, Band II, Kap. G, Rn. 142, 182.

ausgeschlossen.[396] Nur weil der Wert der Sacheinlage bei der Sachkapitalerhöhung der GmbH zuvor nicht dokumentiert werden muss, bedeutet dies jedoch nicht, dass auch dort die Sacheinlage nicht entsprechend werthaltig zu sein hat. Denn anderenfalls droht die Differenzhaftung, § 9 Abs. 1 S. 1 GmbHG bzw. die Ablehnung der Eintragung gem. § 9c Abs. 1 GmbHG.[397]

3) Zwischenergebnis

Nach deutschem Recht muss jede Sacheinlage, also auch eine Forderung im Rahmen eines DES, einer Bewertung unterzogen werden. Bei der Sach-Kapitalerhöhung in der AG ist stets ein schriftlicher Bericht des Vorstands notwendig. Dieser wird vom Registergericht überprüft. Für die GmbH ist ein solcher Sachprüfungsbericht nicht notwendig.

Konkret bedeutet dies, dass die Forderung werthaltig im Hinblick auf die für die Forderung zu gewährenden Anteilsrechte sein muss – mit anderen Worten: der Wert der Forderung muss sich mindestens mit dem Nennwert des dafür ausgegebenen Anteils decken.[398] Gerade die Wechselwirkung von Wert des Aktivvermögens der Gesellschaft und Umfang der Forderungen, die mittels Kapitalerhöhung eingebracht werden sollen, zeigt, dass eine Bewertung des Aktivvermögens unumgänglich ist. Die grundsätzliche Einbringung der Forderung zu ihrem Nennwert, ohne den Wert des Aktivvermögens zu berücksichtigen, verstößt jedenfalls gegen den gesetzlichen Schutzzweck zugunsten der Neu-Gläubiger und der Anteilseigner.

Die Bewertung einer Forderung im Rahmen ihrer Umwandlung in Eigenkapital kann ein komplexes Ausmaß annehmen – es bedarf regelmäßig einer Unternehmensbewertung. Die Bewertung des Aktivvermögens kann jedenfalls nach fortgeführten Buchwerten erfolgen. Überdies ist eine Bewertung auch mittels zukunftsbezogenen Methoden wie z.B. der Ertragswertmethode oder der DCF-Methoden möglich. Fortführungswerte sind anzusetzen, wenn die Fortführung des Unternehmens rechtlich gesichert und demnach hinreichend wahrscheinlich ist. Dafür ist ausreichend, aber auch notwendig, dass der Kapitalerhöhungsbeschluss gefasst wurde, was im relevanten Zeitpunkt der Bewertung der Fall ist, und dass im Vorfeld dessen die Gläubiger rechtsverbindlich die Einlage ihrer Forderungen erklärt haben.

---

396 So die allg. Ansicht, vgl. etwa OLG Köln, NJW-RR 1996, 1250 (1251); *Zöllner/Fastrich* in: Baumbach/Hueck, GmbHG, § 56, Rn. 17; *Ziemons* in: Ziemons/Jaeger, Beck'scher Online-Kommentar, GmbHG, § 56, Rn. 28; *Hermanns* in: Michalski, GmbHG, § 56, Rn. 64; *Roth* in: Roth/Altmeppen, GmbHG, § 58a, Rn. 11f.

397 Zu den Konsequenzen siehe unten Teil 1, B., II., 2., e., 3).

398 So auch *Richter/Pernegger*, BB 2011, 876 (879).

d. Durchführung der Kapitalerhöhung

1) Zeichnung der Aktien bzw. Geschäftsanteile

Bereits vor der Anmeldung zur Eintragung des Kapitalerhöhungsbeschlusses in das Handelsregister können die am DES teilnehmenden Gläubiger die neuen Anteile per Übernahmeerklärung zeichnen (§ 185 AktG, § 55 GmbHG).[399]

2) Übertragung der Forderungen

Im Anschluss an die Übernahmeerklärung, die durch die jeweilige Gesellschaft in der Regel konkludent angenommen wird, bringen die Gläubiger ihre Forderung in die Gesellschaft ein. Dies erfolgt mittels Einbringungsvertrag, der das dingliche Geschäft neben dem Übernahmevertrag über die neuen Anteile darstellt.[400] Grundsätzlich erfolgt die Einbringung einer Forderung im Wege der Abtretung gem. § 398 BGB mit der Folge, dass die Forderung dann durch Konfusion erlischt. Alternativ kann der Gläubiger mit der Schuldner-Gesellschaft einen Erlassvertrag gem. § 397 BGB abschließen, wodurch die Forderung ebenfalls erlischt.[401]

e. Anmeldung zur Eintragung

Nachdem der Kapitalerhöhungsbeschluss gefasst worden ist und – insbesondere im Rahmen der Sach-Kapitalerhöhung bei der AG – die Forderung überprüft worden ist, ist der Beschluss zur Eintragung ins Handelsregister anzumelden, §§ 184, 188 AktG, §§ 54, 55 GmbHG. Die dort genannten Unterlagen sind beizufügen. Das Registergericht prüft gem. §§ 184 188 AktG bzw. §§ 57, 57a GmbHG, ob die Kapitalerhöhung ordnungsgemäß durchgeführt worden ist.[402] Dabei überprüft das Gericht insbesondere die Werthaltigkeit der Sacheinlage.

1) Prüfungsumfang bei der AG

Das Gericht überprüft gem. § 184 Abs. 3 AktG die Werthaltigkeit der Sacheinlage. Dabei orientiert es sich an dem externen Prüfungsbericht, wenn dessen Angaben plausibel und nachvollziehbar sind, wobei es daran nicht gebunden ist.[403] Vielmehr kann das Gericht gem. § 26 FamFG auch eigene Nachforschungen anstellen und eine eigene Prüfung vornehmen bzw. in Auftrag geben.[404]

---

399 *Gotthardt* in: Müller/Rödder, Beck'sches Handbuch der AG,§ 9, Rn. 20; *Schwaiger* in: Müller/Winkeljohann, Beck'sches Handbuch der GmbH, § 7, Rn. 32.

400 Vgl. *Gotthardt* in: Müller/Rödder, Beck'sches Handbuch der AG,§ 9, Rn. 29.

401 Etwa *Schwenker/Fischer*, DStR 2010, 1117 (1120); *Wuschek*, ZInsO 2012, 1768; *Meyer/Degener*, BB 2011, 846 (847).

402 Insbesondere zur Prüfung der Formalien, für die AG: vgl. *Koch* in: Hüffer, AktG, § 184, Rn. 6; für die GmbH: vgl. *Lutter/Bayer* in: Lutter/Hommelhoff , GmbHG, § 57a, Rn. 1 und *Bayer* in: Lutter/Hommelhoff , GmbHG, § 9c, Rn. 4.

403 *Peifer* in: MüKo, AktG, § 184, Rn. 24.

404 *Servatius* in: Spindler/Stilz, AktG, § 183, Rn. 65.

Inhaltlich prüft das Gericht, ob der Wert der Sacheinlage mindestens dem geringsten Ausgabebetrag der zu übernehmenden Aktien entspricht.[405] Unwesentliche Wertdifferenzen sollen also kein Eintragungshindernis nach sich ziehen.[406]

2) Prüfungsumfang bei der GmbH

Wird das Kapital einer GmbH mittels einer Sacheinlage erhöht, erfolgt eine Überprüfung der Werthaltigkeit allein durch das Gericht. Gemäß § 57a GmbHG findet § 9c Abs. 1 GmbHG für die Ablehnung der Eintragung durch das Gericht entsprechend Anwendung. Das Registergericht hat also neben den formellen Eintragungsvoraussetzungen auch in materieller Hinsicht eine Überprüfung des Kapitalerhöhungsbeschlusses und der Übernahmeverträge vorzunehmen.[407] Dabei kommt gem. § 9c Abs. 1 S. 2 GmbHG insbesondere der Überprüfung der Sacheinlage durch das Registergericht einige Bedeutung zu, denn, wie soeben herausgestellt, findet eine Überprüfung der Sacheinlage bei der GmbH durch einen externen Prüfer nicht statt. Die Eintragung der Kapitalerhöhung ist gem. § 9c Abs. 1 S. 2 GmbHG abzulehnen, wenn die Sacheinlage nicht unwesentlich überbewertet worden ist. Die Vorschrift dient unter anderem dem Schutz der effektiven Kapitalaufbringung durch eine Sacheinlage.[408] Kommt nunmehr dem Registergericht eine Kompetenz zur Überprüfung der Sacheinlage zu, stellt sich zum einen die Frage, wie weit diese reicht und zum anderen, ob die Gesellschaft eine Mitwirkungspflicht trifft.

a) Reichweite der registergerichtlichen Überprüfung

Der § 9c Abs. 1 S. 2 GmbHG legt mit der Formulierung der „unwesentlichen Überbewertung" einen restriktiven Prüfungsumfang fest. Das Gericht erachtet eine Sacheinlage dann als nicht nur unwesentlich überbewertet, wenn die übliche Bandbreite der Bewertungsdifferenzen überschritten wird.[409] Damit sind, ähnlich wie bei der AG, unwesentliche Wertabweichungen irrelevant. Auch wollte der Gesetzgeber unterbinden, dass bei der bloßen Vermutung einer Überwertung sofort Sachverständigengutachten vom Gericht eingeholt werden, was einer kostengünstigen und zügigen Eintragung zuwiderlaufen würde.[410] Die Überprüfung der nicht unwesentlichen Überbewertung hat demnach grundsätzlich auf Grundlage der eingereichten

405 *Peifer* in: MüKo, AktG, § 183, Rn. 67; a.A. etwa *Hermanns* in: Henssler/Strohn, Gesellschaftsrecht, AktG, § 183, Rn. 23, der nicht nur auf den geringsten Ausgabebetrag, sondern auch auf ein gegebenenfalls festgesetztes Agio abstellt.

406 Vgl. *v. Dryander/Niggemann* in: Hölters, AktG, § 184, Rn. 14.

407 *Lieder* in: MüKo, GmbHG, § 57a, Rn. 5.

408 *Lieder* in: MüKo, GmbHG, § 57a, Rn. 8; *Wicke* in: MüKo, GmbHG, § 9c, Rn. 35.

409 *Jaeger* in: Ziemons/Jaeger, Beck'scher Online-Kommentar GmbHG, § 9c, Rn.11; *Fastrich* in: Baumbach/Hueck, GmbHG, § 9c, Rn. 7a; *Tebben* in: Michalski, GmbHG, § 9c, Rn. 25; zu weit gehend wohl *Wachter* in: Bork/Schäfer, GmbHG, § 9c, Rn. 27, der eine Bandbreite von plus/minus 20% für noch rechtmäßig anerkennt.

410 *Tebben* in: Michalski, GmbHG, § 9c, Rn. 25 mit Verweis auf BT-Drucks. 16/6140, S. 36.

Unterlagen zu erfolgen.[411] Gibt es auf Grundlage derer keine Anhaltspunkte für eine wesentliche Überbewertung der Sacheinlage, hat die Eintragung, unterstellt man das Vorliegen der weiteren Voraussetzungen, zu erfolgen. Bestehen jedoch auf Grundlage der eingereichten Unterlagen „substantiierte Zweifel"[412] an der Werthaltigkeit, kann das Gericht per Zwischenverfügung gem. § 382 Abs. 4 FamFG weitere Unterlagen von der Gesellschaft zur Ausräumung dieser Zweifel anfordern.[413] Darüber hinaus kann das Gericht selbst Nachforschungen (§ 26 FamFG) anstellen und gegebenenfalls Sachverständigengutachten einholen.[414] Aufgrund des bereits oben[415] erwähnten Ausschlusses der analogen Anwendung des § 5 Abs. 4 S. 2 GmbHG kann das Gericht aber keinesfalls schlechterdings einen Sachgründungsbericht oder ein Bewertungsgutachten weder von den Gesellschaftern noch von den Geschäftsführern verlangen.[416] Nicht ausgeschlossen ist jedoch, dass das Gericht Einzeldarlegungen über die Werthaltigkeit der Sacheinlage von den Geschäftsführern verlangt.[417] Dies ist schon vor dem Hintergrund der Aufgabe des Gerichts, die ordnungsgemäße Kapitalerhöhung zu überprüfen, notwendig. Inwieweit sich das Gericht weiterer Informationsquellen bedient, steht in seinem Ermessen.[418] Jedoch hat das Gericht dabei stets zum einen die Notwendigkeit der Überprüfung einer effektiven Kapitalaufbringung einerseits und den Anspruch der Gesellschaft auf Eintragung der Kapitalerhöhung andererseits abzuwägen.[419] Dabei gilt es zu beachten, dass durch die extensive Einholung weiterer Informationen seitens des Gerichts, insbesondere von der Gesellschaft, die Gründungsprüfung nicht durch die Hintertür zum Regelfall gemacht werden darf.[420]

b) Besteht eine Pflicht der Gesellschaft zur Unterstützung bei der Wertfindung?

Ob eine Pflicht der anmeldenden Gesellschaft zur Unterstützung bei der Wertfindung und demnach zur Einreichung weiterer Unterlagen besteht, wird nicht einheitlich beantwortet. Es wird vertreten, dass in Anlehnung an § 8 Abs. 1 Nr. 5 GmbHG eine

---

411 *Schäfer* in: Henssler/Strohn, Gesellschaftsrecht, GmbHG, § 9c, Rn. 8; *Tebben* in: Michalski, GmbHG, § 9c, Rn. 27; *Hermanns* in: Michalski, GmbHG, § 57a, Rn. 17.

412 Vgl. OLG Düsseldorf, NJW 1995, 2927.

413 *Lieder* in: MüKo, GmbHG, § 57a, Rn. 14; *Zöllner/Fastrich* in: Baumbach/Hueck, GmbHG, § 57a, Rn. 10.

414 *Ulmer* in: Ulmer, GmbHG, § 57a, Rn 11; *Weber/Schneider*, ZInsO 2012, 374 (377).

415 Siehe Teil 1, B., II., 2., c., 2).

416 *Zöllner/Fastrich* in: Baumbach/Hueck, GmbHG, § 57a, Rn. 10.

417 *Zöllner/Fastrich* in: Baumbach/Hueck, GmbHG, § 57a, Rn. 10; wobei die kumulierten Einzeldarlegungen nicht dazu führen dürfen, dass seitens der Gesellschaft am Ende doch eine Werthaltigkeitsprüfung zu erfolgen hat, anders wohl *Ziemons* in: Ziemons/Jaeger, Beck'scher Online-Kommentar, GmbHG, § 57a, Rn. 12.

418 *Wicke* in: MüKo, GmbHG, § 9c, Rn. 14.

419 Vgl. *Wicke* in: MüKo, GmbHG, § 9c, Rn. 12.

420 OLG Düsseldorf, NJW 1995, 2927 (2928); *Roth* in: Roth/Altmeppen, GmbHG, § 9c, Rn. 7.

Pflicht der Geschäftsführer bestehe, Nachweise für die Werthaltigkeit der Anmeldung beizufügen.[421] Andere Ansichten lehnen eine derartige Verpflichtung entweder ab[422] oder halten es lediglich für empfehlenswert,[423] aussagekräftige Unterlagen beizufügen.

Von Gesetzes wegen ist es grundsätzlich hinreichend, dass bei der Anmeldung die in § 57 Abs. 2 und 3 GmbHG verlangten Erklärungen und Versicherungen seitens der Geschäftsführer abgegeben werden, insbesondere, dass die Einlage vor der Eintragung bewirkt sei und dass sie sich zur freien Verfügung des Geschäftsführers befinde. Die Verträge über die Einbringung der Sacheinlage sind gem. § 57 Abs. 3 Nr. 3 GmbHG nur dann einzureichen, wenn sie auch der Schriftform unterliegen.[424] Dies wird bei der Einbringung einer Forderung mittels Abtretung gem. § 398 BGB bzw. Erlassvertrag gem. § 397 BGB in der Regel nicht der Fall sein, da diese Geschäfte keinem Formzwang unterliegen.[425]

Unabhängig davon ist vor dem hier zu berücksichtigendem Hintergrund der Durchführung einer Sachkapitalerhöhung im Rahmen eines DES zu beachten, dass eine zügige Durchführung der Kapitalmaßnahmen in der Regel erhebliche Bedeutung für die Gesellschaft und die Gläubiger haben wird. Eine weitere Verzögerung aufgrund von Bewertungsschwierigkeiten mitsamt den Auseinandersetzungen mit dem Gericht über die rechtmäßige Informationsgrundlage zur Bewertung der Forderungen sollte möglichst vermieden werden. Aus diesem Grund ist es unabhängig vom Bestehen einer Verpflichtung immerhin empfehlenswert, seitens der Gesellschaft bereits bei der Anmeldung dem Gericht vorhandene Unterlagen zur Verfügung zu stellen, die diesem eine ordnungsgemäße Bewertung ermöglicht.[426]

Inhaltlich prüft das Gericht die Werthaltigkeit der Forderung. In Anlehnung an den oben beschriebenen Bewertungsmaßstab[427] einer Forderung wird das Gericht regelmäßig auf eine testierte, aktuelle Bilanz der Gesellschaft Zugriff verlangen, aus der die Werthaltigkeit der Forderung anhand der Vermögenswerte

421 So etwa *Lieder* in: MüKo, GmbHG, § 57, Rn. 26; *Bayer* in: Lutter/Hommelhoff, GmbHG, § 57, Rn. 14; mit Ausnahmen wohl auch *Ulmer* in: Ulmer, GmbHG, § 57, Rn. 17.

422 Vgl. *Meyer-Landrut* in: Mayer-Landrut/Miller/Niehus, GmbHG, § 57, Rn. 10.

423 *Schnorbus* in: Rowedder/Schmidt-Leithoff, GmbHG, § 57, Rn. 18; vgl. auch *Roth* in: Roth/Altmeppen, GmbHG, § 57a, Rn. 1.

424 *Priester* in: Scholz, GmbHG, § 57, Rn 20; *Schnorbus*, in: Rowedder/Schmidt-Leithoff, GmbHG, § 57, Rn. 18; *Bayer* in: Lutter/Hommelhoff , GmbHG, § 57, Rn 12; *Hermanns* in: Michalski, GmbHG, § 57, Rn. 27.

425 Vgl. *Bayer* in: Lutter/Hommelhoff , GmbHG, § 57, Rn. 12.

426 Ähnlich auch *Ziemons* in: Ziemons/Jaeger, Beck'scher Online-Kommentar, GmbHG, § 57, Rn. 57.

427 Siehe oben Teil 1, B., II., 2., c., 1).

der Gesellschaft ersichtlich wird.[428] Ob sich das Gericht, wie vom Gesetzgeber vermutet,[429] aus Zeitgründen mit nur einer kursorischen Prüfung der Werthaltigkeit zufrieden geben wird, ist zweifelhaft. Wie bereits erwähnt, kann das Gericht eigene Ermittlungen anstellen und weitere Informationen per Zwischenverfügung einholen. Demnach wird sich das Gericht sicherlich keinem Zeitdruck aussetzen, sondern wird die Tiefe der Prüfung wiederum an dem vorzunehmenden Ausgleich der Interessen an einer effektiven Kapitalaufbringung einerseits und dem Anspruch der Gesellschaft auf Eintragung der Kapitalerhöhung andererseits auszurichten haben.

3) Konsequenzen bei Falsch- bzw. Überbewertung

Kommt das Gericht bei der Prüfung der Sacheinlage zu dem Ergebnis, dass deren Wert nicht unwesentlich hinter dem geringsten Ausgabebetrag der Aktien bzw. dem Nennwert der Gesellschaftsanteile zurückbleibt, darf es die Kapitalerhöhung nicht eintragen.[430]

Von diesem grundsätzlichen Eintragungshindernis macht die Literatur für die AG keine Ausnahmen. Obgleich der durch das MoMiG neu gefasste § 184 Abs. 3 AktG seinem Wortlaut nach dem Gericht ein Ermessen hinsichtlich der Ablehnung der Eintragung bei Vorliegen einer nicht unwesentlichen Überbewertung einräumt, erkennt die Literatur darin kein Ermessenspielraum des Gerichts.[431] Es hat die Eintragung abzulehnen, wenn die einzubringende Forderung nicht werthaltig ist. Dies kann für die umwandlungswilligen Gläubiger im Rahmen der Sanierung zu einem erheblichen Hindernis bei der Durchführung des DES führen. Scheitert die Eintragung der Kapitalerhöhung, wird aller Voraussicht nach auch die Sanierung scheitern – nicht zuletzt wegen des bestehenden Zeitdrucks. Dies ist entgegen der allgemeinen Ansicht in der Literatur nicht recht einzusehen.[432] Die Prüfungspflicht des Gerichts und dessen Ablehnungsbefugnis

---

428 *Ulmer* in: Ulmer, GmbHG, § 57a, Rn 14; *Hermanns* in: Michalski, GmbHG, § 57a, Rn. 17.

429 Siehe BT-Drucks. 16/6140, S. 36: *„Die Prüfung durch das Registergericht kann dennoch in der Regel nur kursorisch erfolgen, denn etwa im Fall der Unternehmensbewertung stehen für eine wirkliche Prüfung die zeitlichen Kapazitäten nicht zur Verfügung.“*

430 Für die AG: *Peifer* in: MüKo, AktG, § 183, Rn. 69; *v. Dryander/Niggemann* in: Hölters, AktG, § 183, Rn. 44; *Koch* in: Hüffer, AktG, § 183, Rn. 18; für die GmbH: *Fastrich* in: Baumbach/Hueck, GmbHG, § 9c, Rn. 9; *Ziemons* in: Ziemons/Jaeger, Beck'scher Online-Kommentar, GmbHG, § 57a, Rn. 19; vgl. auch *Schäfer*, in: Henssler/Strohn, Gesellschaftsrecht, GmbHG, § 9c, Rn. 15.

431 *v. Dryander/Niggemann* in: Hölters, AktG, § 183, Rn. 44; *Koch* in: Hüffer, AktG, § 183, Rn. 18; für eine Ermessensreduzierung auf Null *Peifer* in: MüKo, AktG, § 183, Rn. 69.

432 *Servatius* in: Spindler/Stilz, AktG, § 183, Rn. 66 erkennt einen Ermessenspielraum zumindest auch an.

für den Fall der Überbewertung der Sacheinlage gründen auf dem schützenswerten Erfordernis der realen Kapitalaufbringung im Interesse der Aktionäre und der Gesellschaftsgläubiger.[433] Das Verbot der Unterpariemission (§ 9 Abs. 1 AktG) gilt es zu beachten. Es ist demnach fraglich, ob eine strikte Ablehnung der Eintragung für den Fall der Überbewertung der Sacheinlage das einzige Mittel ist, diesem Zweck nachzukommen. Stellt das Gericht fest, dass eine Sacheinlage nicht nur unwesentlich überbewertet ist, wird durch die Einbringung dieser Sacheinlage dem Grundsatz der realen Kapitalaufbringung nicht nachgekommen. In solchen Fällen sollte das Gericht dennoch im Rahmen des ihm durch den Wortlaut des § 184 Abs. 3 AktG zugesprochenen Ermessens prüfen dürfen, ob es nicht andere, weniger einschneidende Möglichkeiten neben der Ablehnung gibt, die reale Kapitalaufbringung zu gewährleisten. Dies könnte etwa durch eine Zwischenverfügung (§ 382 Abs. 4 FamFG) erfolgen,[434] in der dem Inferenten aufgegeben wird, den Differenzbetrag in bar nachzuzahlen. Ist dies nicht erfolgsversprechend, etwa weil der Inferent nicht gewillt oder finanziell in der Lage ist, den Differenzbetrag in bar einzuzahlen, hat das Gericht aufgrund des beschriebenen Schutzzwecks die Eintragung abzulehnen. Für die Sachgründung ist für die AG anerkannt, dass behebbare Eintragungshindernisse – z.B. für den Fall der Überbewertung einer Sacheinlage – behoben werden können.[435] Dadurch kann das Gericht dem sanierungswilligen Inferenten immerhin die Möglichkeit eröffnen, die Wertdifferenz in bar nachzuzahlen und somit die Kapitalerhöhung zu retten. Für die GmbH ist dieses Vorgehen im Übrigen anerkannt.

Denn im Unterschied dazu befürwortet die Literatur für die GmbH, wenn das Gericht zu dem Ergebnis kommt, dass die Sacheinlage nicht unwesentliche überbewertet ist, dem Inferenten durch Zwischenverfügung (§ 382 Abs. 4 FamFG) aufzugeben, die Wertdifferenz in bar nachzuzahlen.[436] Damit kann eine Ablehnung der Eintragung vermieden und kostbare Zeit im Sanierungsstadium gespart werden – auch wenn dies nur unter dem für die Gläubiger erheblichen Nachteil der Einlage eines Barbetrags in Höhe der Differenz möglich ist.

Sowohl für die AG als auch für die GmbH wird jedoch der Fall einheitlich geregelt, dass sich im Anschluss an die Wirksamkeit der Kapitalerhöhung die Sacheinlage als nicht nur unwesentlich zu hoch bewertet herausstellt. Sodann trifft den Inferenten eine Differenzhaftung gem. § 188 Abs. 2 S. 1 i.V.m. § 36a Abs. 2 S. 3 AktG[437] bzw.

---

433 *Peifer* in: MüKo, AktG, § 183, Rn. 1ff.; *v. Dryander/Niggemann* in: Hölters, AktG, § 183, Rn. 1.

434 Das Gericht kann freilich grundsätzlich Zwischenverfügungen erlassen, vgl. *Peifer* in: MüKo, AktG, § 184, Rn. 28.

435 Vgl. etwa, *Koch* in: Hüffer, AktG, § 38, Rn. 16; *Pentz* in: MüKo, AktG, § 38, Rn. 65; *Döbereiner* in: Spindler/Stilz, AktG, § 38, Rn. 12.

436 *Ziemons* in: Ziemons/Jaeger, Beck'scher Online-Kommentar, GmbHG, § 57a, Rn. 19; *Ulmer* in: Ulmer, GmbHG, § 57a, Rn 20; *Priester* in: Scholz, GmbHG, § 57a, Rn 16; *Hermanns* in: Michalski, GmbHG, § 57a, Rn 20.

437 BGHZ 171, 291 (295).

§ 56 Abs. 2 i.V.m. § 9 GmbHG – der Differenzbetrag zwischen wirklichem (zu niedrigem) Wert der Sacheinlage und dem Nennbetrag des Gesellschaftsanteils muss in bar nachgezahlt werden.[438]

III. Bezugsrecht

1. Das Bezugsrecht in der Krise und Sanierung

Gemäß § 186 Abs. 1 S 1 AktG steht jedem Aktionär ein Recht auf Bezug der durch die Kapitalerhöhung neu auszugebenen Aktien entsprechend seinem bisherigem Anteil zu. Dieses Recht besteht Kraft Mitgliedschaft und dient dem Schutz des bereits bestehenden Aktionärs vor Verwässerung seines bisherigen Anteils.[439] Auch den GmbH-Gesellschaftern, obgleich dies nicht ausdrücklich geregelt ist, steht ein entsprechendes Bezugsrecht zu.[440]

Das Bezugsrecht kann für die Gläubiger, die einen DES durchführen wollen, nicht nur hinderlich sein, sondern dazu führen, dass der DES nicht durchgeführt werden kann. Verlangen nämlich sämtliche Aktionäre die Zuteilung von jungen Aktien entsprechend ihrem bereits bestehenden Anteil, würden die sanierungswilligen Gläubiger keine Aktien zeichnen können. Eine Umwandlung ihrer Forderungen würde scheitern. Andererseits werden die Forderungen der Gläubiger durch die vollständige Zeichnung der Kapitalerhöhung von den bestehenden Aktionären wieder werthaltig(er), so dass sich der Bedarf einer Sanierung aus Sicht der Gläubiger verringern dürfte. Problematisch bleibt jedoch jene Konstellation, in der nur ein Teil der Alt-Aktionäre eine Zuteilung verlangt und die Gläubiger Forderungen nur in der Höhe umtauschen können, die ihnen keine weitergehende Einflussmöglichkeit oder gar eine Kontrollmehrheit einräumt. Die sanierungswilligen Gläubiger werden stets ein Interesse daran haben, nach dem DES eine Kontrollmehrheit an der Gesellschaft zu erlangen, um sodann aktiv auf die Sanierung des Unternehmens Einfluss nehmen zu können.[441] Das Interesse an dem Kontrollerwerb kann auch als Ausgleich für den Verlust der Rangstellung als Fremdkapitalgeber und Einnahme der letztrangigen Position als Eigenkapitalgeber gesehen werden. Die Gläubiger erhoffen sich durch die Beteiligung an der Gesellschaft und deren erfolgreichen Sanierung nach ihrer Regie auch eine maximale Partizipation an der Wertsteigerung

---

438 Für die AG: *Koch* in: Hüffer, AktG, § 183, Rn. 21; *v. Dryander/Niggemann* in: Hölters, AktG, § 183, Rn. 44, 48; für die GmbH: *Zöllner/Fastrich* in: Baumbach/Hueck, GmbHG, § 56, Rn. 18; *Gummert* in: Henssler/Strohn, Gesellschaftsrecht, GmbHG, § 56, Rn. 7; *Roth* in: Roth/Altmeppen, GmbHG, § 57a, Rn. 2.

439 *Hermanns* in: Henssler/Strohn, Gesellschaftsrecht, AktG, § 186, Rn. 1.

440 *Wilhelm*, KapitalgesellR, Rn. 556; *Zöllner/Fastrich* in: Baumbach/Hueck, GmbHG, § 55, Rn. 20ff.; im Nachfolgenden soll demnach die Terminologie des AktG auch für die GmbH einheitlich verwendet werden.

441 Vgl. *Reger/Stenzel*, NZG 2009, 1210; *Wentzler*, FB 2009, 446 (446f.).

der sanierten Gesellschaft.[442] Ferner kann es für die Sanierung eines Unternehmens von Bedeutung sein, den Einfluss der Alt-Aktionäre zu beschränken, um so das häufig in der Krise verspielte Vertrauen der Banken, Kunden, Mitarbeiter und Lieferanten wieder zu stärken.[443] Auch kann die Integration des Unternehmens in einen Konzernverbund mit den damit zusammenhängenden Synergie- und Skaleneffekten eine Rolle spielen.[444] Um den sanierungswilligen Gläubigern die Zeichnung junger Aktien in hinreichendem Umfang zu ermöglichen, ist es regelmäßig notwendig, das Bezugsrecht der Alt-Aktionäre auszuschließen.

2. *Ausschluss des Bezugsrechts*

Das Bezugsrecht der Alt-Aktionäre kann gem. § 186 Abs. 3 AktG ausgeschlossen werden.[445] Dabei müssen sowohl die formellen als auch die materiellen Voraussetzungen für den Bezugsrechtsausschluss erfüllt sein.

a. Formelle Voraussetzungen

Der Ausschluss des Bezugsrechts bedarf eines Beschlusses der Hauptversammlung, der in dem Beschluss über die entsprechende Kapitalerhöhung mit einer Mehrheit von mindestens drei Viertel des bei der Abstimmung vertretenen Grundkapitals gefasst werden muss, § 186 Abs. 3 S. 1, 2 AktG.

Der Vorstand hat gem. § 186 Abs. 4 S. 2 AktG einen schriftlichen Bericht über den sachlichen Grund einschließlich der Begründung des vorgeschlagenen Ausgabebetrages der Hauptversammlung zugänglich zu machen. Dieser Bericht muss detaillierte und konkrete Anhaltspunkte der Rechtfertigung des Bezugsrechtsausschlusses beinhalten, so dass der Hauptversammlung eine sachgerechte Entscheidung ermöglicht werden kann.[446] Ist der Bericht fehlerhaft, kann der Beschluss angefochten werden.[447]

b. Materielle Voraussetzungen

Neben den formellen Anforderungen, insbesondere des Hauptversammlungsbeschlusses mit qualifizierter Mehrheit, verlangt die Rechtsprechung wegen seiner erheblichen Bedeutung, dass der Beschluss einer Verhältnismäßigkeitsprüfung

---

442 Vgl. *Hass/Schreiber/Tschauner* in: Hommel/Knecht/Wohlenberg, Unternehmensrestrukturierung, S. 843.

443 *Wittig* in: FS Uhlenbruck, S. 685 (689); *Paulus*, DZWIR 2008, 6 (8).

444 *Wittig* in: FS Uhlenbruck, S. 685 (690); ferner auch *Groß*, Sanierung und Fortführungsgesellschaften, Kap. II, Rn. 237ff.

445 Auch die Vorgaben für den Ausschluss des Bezugsrechts finden auf die GmbH entsprechend Anwendung, vgl. nur *Zöllner/Fastrich* in: Baumbach/Hueck, GmbHG, § 55, Rn. 25ff.

446 BGH NJW 1982, 2444 (2445).

447 *Peifer* in: MüKo, AktG, § 186, Rn. 65.

standhält.[448] Konkret muss der Ausschluss im Interesse der Gesellschaft liegen, er muss geeignet und erforderlich sein und im angemessenen Verhältnis zu den Nachteilen der betroffenen Aktionäre stehen.[449] Die Abwägung muss aus dem schriftlichen Bericht des Vorstandes hervorgehen.[450] Es stellt sich also die Frage, ob und unter welchen Voraussetzungen der Ausschluss des Bezugsrechts der Verhältnismäßigkeitsprüfung standhält, wenn der DES zum Zweck der Sanierung einer sich in der Krise befindlichen Gesellschaft durchgeführt wird.

1) Verfolgter Zweck

Die Umwandlung von Schulden in Eigenkapital soll die bereits angeführten Vorteile für das Unternehmen[451] nach sich ziehen – erfolgt also zum Zweck der Sanierung und demnach mit dem Ziel, die Unternehmung im Grundsatz fortzuführen. Der Sanierungszweck wird demnach in der Regel im Interesse der Gesellschaft liegen.[452]

2) Geeignetheit und Erforderlichkeit

Dieser müsste auch geeignet und erforderlich sein. Es darf also kein milderes Mittel zur Verfügung stehen, das den gleichen Zweck erfüllen mag, sondern es muss sich um das geeignetste Mittel handeln.[453] An dieser Stelle ist insbesondere zu prüfen, ob die Erhöhung des Nominalkapitals nicht auch mittels gewöhnlicher Barkapitalerhöhung mit Bezugsrecht erfolgen kann.[454] Befindet sich die Gesellschaft in der Krise, sind die Gesellschafter jedoch in aller Regel nicht mehr bereit oder finanziell in der Lage, weitere liquide Mittel in die Gesellschaft einzuschießen.[455] Auch die Bereitstellung von Fremdkapital zu gleichen Konditionen wie die Kapitalerhöhung unter Ausschluss des Bezugsrechts wird im Zeitpunkt der Krise in der Regel nicht mehr möglich sein.[456] Vielmehr werden die Gläubiger der Gesellschaft in dieser Situation häufig die Einzigen sein, die noch bereit sind, sich an der Sanierung der Gesellschaft zu beteiligen. Vor diesem Hintergrund ist die Geeignetheit und Erforderlichkeit des Bezugsrechtsausschlusses im Rahmen der Durchführung eines DES zumindest wahrscheinlich.

---

448 Grundlegend die Entscheidung BGH NJW 1978, 1316 – *Kali + Salz*; vgl. auch zur einhelligen Literaturansicht etwa *Servatius* in: Spindler/Stilz, AktG, § 186, Rn. 40ff.
449 *Peifer* in: MüKo, AktG, § 186, Rn. 72.
450 Vgl. *Koch* in: Hüffer, AktG, § 186, Rn. 23.
451 Vgl. oben Einleitung, B.
452 *Löbbe* in: FS Winter, S. 423 (433); vgl. auch *Veil* in: K. Schmidt/Lutter, AktG, § 186, Rn. 35; *Lieder* in: MüKo, GmbHG, § 55, Rn. 87.
453 Vgl. *v. Dryander/Niggemann* in: Hölters, AktG, § 186, Rn. 59ff.; *Peifer* in: MüKo, AktG, § 186, Rn. 76.
454 *Redeker*, BB 2007, 673 (675); *Peifer* in: MüKo, AktG, § 186, Rn. 76; *Koch* in: Hüffer, AktG, § 186, Rn. 35.
455 *Löbbe* in: FS Winter, S. 423 (434); *Wittig* in: FS Uhlenbruck, S. 685 (690).
456 Vgl. zu dieser Alternative *Servatius* in: Spindler/Stilz, AktG, § 186, Rn. 48.

3) Verhältnismäßigkeit i.e.S.

Letztlich muss dieser auch verhältnismäßig im engeren Sinn sein. Dies ist dann der Fall, wenn durch den Bezugsrechtsausschluss zu erwarten ist, dass der damit angestrebte Nutzen den Beteiligungs- und Stimmrechtsverlust der vom Bezugsrecht ausgeschlossenen Aktionäre aufwiegen wird.[457] Dabei ist die Relation zu beachten, dass, je schwerer der Eingriff in die Rechte der Aktionäre wiegt, desto gewichtiger muss das Interesse an dem Ausschluss des Bezugsrechts für die Gesellschaft sein.[458]

Bei der vorzunehmenden Abwägung ist den Leitungsorganen ein gewisser Beurteilungsspielraum im Kernbereich ihres unternehmerischen Ermessens einzuräumen,[459] der die gerichtliche Überprüfung einschränkt.[460] Es bedarf jedoch stets einer Abwägung der widerstreitenden Interessen im Einzelfall.[461] Führt etwa der Ausschluss des Bezugsrechts dazu, dass ein Aktionär seine Sperrminorität verliert, sind höhere Anforderungen an das Interesse der Gesellschaft zu stellen.[462] Ein sehr weitreichender Eingriff in die Rechte der Anteilseigener kann erfolgen, wenn sich die finanzielle Krise der Gesellschaft dramatisch zugespitzt hat.[463] In einem solchen Szenario, das sich am Rande der Insolvenz abspielt, ist die Verhältnismäßigkeit des Bezugsrechtsausschlusses wahrscheinlich.[464] Zu diesem Zeitpunkt ist zumindest das wirtschaftliche Interesse der Aktionäre aufgrund der massiven Wertverluste ihrer Anteile bereits stark beeinträchtigt. Nichtsdestotrotz bleibt das Stimmrecht von dem Wertverlust des Kapitalanteils unberührt. Dennoch bedarf das Unternehmen umfangreicher finanzieller Unterstützung, die in solchen Fällen regelmäßig nicht mehr durch die Alt-Gesellschafter bzw. Fremdkapitalgebern zur Verfügung gestellt werden (können). Ohne die finanzielle Unterstützung kann auch ein entsprechender Stimmenwert eines Anteilseigners nicht mehr wirtschaftlich umgesetzt werden. Vor diesem Hintergrund wird ein vollständiger Bezugsrechtsausschluss verhältnismäßig sein.[465]

Die Abwägung fällt erst Recht zugunsten des Bezugsrechtsausschlusses aus, wenn die Gläubiger ihre Zustimmung zum DES an qualifizierte Beteiligungshöhen knüpfen und bei deren Nichterreichen die Sanierung vollständig scheitert.[466] In diesem Fall kann auch nicht mehr eine zusätzliche Barkapitalerhöhung, an der die bestehenden Aktionäre partizipieren, erfolgen, wenn die von den Gläubigern zur

---

457 BGH NJW 1978, 1316.

458 *Hermanns* in: Henssler/Strohn, Gesellschaftsrecht, AktG, § 186, Rn. 12.

459 *Koch* in: Hüffer, AktG, § 186, Rn. 36.

460 *Scheunemann/Hoffmann*, DB 2009, 983 (984).

461 *Löbbe* in: FS Winter, S. 423 (435).

462 *Peifer* in: MüKo, AktG, § 186, Rn. 79.

463 *Löbbe* in: FS Winter, S. 423 (436).

464 Vgl. *Lieder* in: MüKo, GmbHG, § 55, Rn. 95.

465 Vgl. auch *Reger/Stenzel*, NZG 2009, 1210 (1211).

466 Vgl. LG Heidelberg, ZIP 1988, 1257; vgl. *Reger* in: Hommel/Knecht/Wohlenberg, Unternehmensrestrukturierung, S. 822; ähnlich auch *Wittig* in: FS Uhlenbruck, S. 685 (692); *Peifer* in: MüKo, AktG, § 186, Rn. 95.

Bedingung der Kapitalerhöhung gemachte Beteiligungshöhe nicht mehr erreicht werden würde.[467]

3. *Zwischenergebnis*

Es kann festgehalten werden, dass die Abwägung über die Verhältnismäßigkeit des Bezugsrechtsausschlusses keine scharfen Konturen hat. Zwar bestehen (sehr) gute Gründe für eine Tendenz hin zu einem überwiegenden Interesse der Gesellschaft, wenn sich die Gesellschaft in einer (tiefen) wirtschaftlichen Krise befindet. Dennoch hat eine Verhältnismäßigkeitsprüfung unter Berücksichtigung des konkreten Einzelfalls zu erfolgen. Insbesondere kann entscheidend sein, wenn der Gläubiger-Investor seinen Sanierungsbeitrag in Form der Einbringung seiner Forderung gegen die Gesellschaft davon abhängig macht, dadurch eine bestimmte Beteiligungshöhe zu erlangen. Die Alt-Gesellschafter müssten sich sodann mit der Rolle als Minderheitsgesellschafter abfinden. Alternativ dazu können sie aber selbst ein Sanierungskonzept vorschlagen, dass mindestens ebenso erfolgsversprechend sein muss wie die dem Bezugsrechtsausschluss zugrunde liegende Sanierung mittels DES. Dann wäre der Bezugsrechtsausschluss nicht mehr verhältnismäßig und müsste vom Gericht abgelehnt werden. Es bleibt aber festzuhalten, dass mangels festgeschriebener Voraussetzungen diese unsichere Lage die Möglichkeit eröffnet, den Beschluss zur Kapitalerhöhung mitsamt dem Bezugsrechtsausschluss anzufechten.[468] Ferner wird ein Anfechtungsgrund relevant, wenn der notwendig zu erstellende Vorstandsbericht gar nicht oder nicht ordnungsgemäß erstellt wird.[469] Die Anfechtung erfasst sodann den gesamtem Kapitalerhöhungsbeschluss und nicht etwa nur den Bezugsrechtsausschluss als Teil des Kapitalerhöhungsbeschlusses (§ 186 Abs. 3 AktG) separat.[470] Folglich käme es zu einer Verzögerung oder gar vollständigem Ausbleiben des DES und letztlich zur Gefährdung der Sanierung der Gesellschaft als Ganzes.

IV. Stellungnahme zum Verfahren der Durchführung eines DES außerhalb des Insolvenzverfahrens

Die Umwandlung von Schulden in Eigenkapital erfolgt nach deutschem Recht mittels einer Kapitalerhöhung, im Rahmen derer die Forderung gegen die Gesellschaft als Sacheinlage eingebracht wird. Befindet sich die Gesellschaft in der Krise, wird das Kapital in aller Regel zuvor herabgesetzt, um das bestehende Eigenkapital bilanziell von den Schulden zu befreien und somit den DES für die Gläubiger wirtschaftlich überhaupt erst attraktiv zu machen. Für diesen Kapitalschnitt sieht das Gesetz die vereinfachte Kapitalherabsetzung mit anschließender Kapitalerhöhung

467 Vgl. *Hermanns* in: Michalski, GmbHG, § 55, Rn. 53.
468 Vgl. *Löbbe* in: FS Winter, S. 423 (437).
469 *Peifer* in: MüKo, AktG, § 186, Rn. 104.
470 *v. Dryander/Niggemann* in: Hölters, AktG, § 186, Rn. 85.

vor.[471] Die gesetzliche Nennkapitalziffer muss mittels Bareinlage erreicht werden – die darüber hinaus gehende Kapitalerhöhung kann durch Sacheinlage erfolgen. Da die Gläubiger in aller Regel eine Kontrollmehrheit zu erreichen beabsichtigen, muss das Bezugsrecht der Alt-Gesellschafter regelmäßig ausgeschlossen werden. Dabei ist akribisch darauf zu achten, dass die notwendigen materiellen Voraussetzungen eingehalten und hinreichend deutlich begründet werden. Denn das Erfordernis der materiellen Ausschlusskontrolle birgt das Risiko, dass der Beschluss über den Bezugsrechtsausschluss angefochten wird, was eine Verzögerung der Eintragung nach sich ziehen kann.

1. Bezugsrecht und dessen Ausschluss

Jedenfalls bedarf es sowohl für die Kapitalerhöhung als auch für den Ausschluss des Bezugsrechts eines Beschlusses mit qualifizierter Mehrheit. Dieses Erfordernis stellt für die Rechtspraxis eine erhebliche Gefahr für die Durchführung des DES dar.[472] Die Alt-Gesellschafter können sich der Umwandlung von Schulden in Eigenkapital und einer Verwässerung ihrer Anteile dadurch entziehen, dass sie den notwendigen Kapitalmaßnahmen ihre Zustimmung verweigern.[473] Dabei handelt sich um das aus der Institutionenökonomik bekannte Problem der Spieltheorie[474], mithin das „Risiko, dass kollektiv nützliche Maßnahmen aufgrund opportunistischen Verhaltens Einzelner scheitern und die Ausfälle der Betroffenen deshalb noch höher sind, als sie es im besten Fall sein müssten".[475] Kurzum: der DES kann regelmäßig an dem Widerstand der Alt-Gesellschafter scheitern.[476]

2. Das Problem der Obstruktion

Soll der DES dennoch durchgeführt werden, werden die sanierungswilligen Beteiligten nicht vermeiden können, den obstruierenden Beteiligten ihr Blockadepotenzial „abkaufen" zu müssen.[477] Den Gesellschaftern käme mit anderen Worten dadurch in unberechtigter Weise ein Wert zu, der in den ihnen zustehenden Gesellschaftsanteilen nicht (mehr) verkörpert ist. Sind die Gläubiger nicht bereit, den Alt-Gesellschaftern das potentielle Blockadepotenzial „abzukaufen" – etwa indem sie eine

---

471 Dieser Sanierungs-Weg ist quasi „gesetzlich vorgeprägt", *K. Schmidt*, JZ 2010, 125 (126).

472 Ausführlich *Bitter*, ZGR 2010, 147 (149f.).

473 Vgl. *Spetzler*, KTS 2010, 433 (436); vgl. *Westpfahl/Janjuah*, Beilage zu ZIP 3/2008, S. 14; *Gehrlein*, NZI 2012, 257 (260).

474 Zur Spieltheorie vgl. etwa *Voigt*, Institutionenökonomik, S. 45ff.

475 *Eidenmüller*, Unternehmenssanierung zwischen Markt und Gesetz, S. 634.

476 Zum „Blockadepotenzial" *Simon/Merkelbach*, NZG 2012, 121 m.w.N.; *Wuschek*, ZInsO 2012, 1768 (1769); *Meyer/Degener*, BB 2011, 846 (848); *Braun* in: FS Fischer, S. 53 (54).

477 So etwa *Brinkmann*, WM 2011, 97; *Landfermann*, WM 2012, 821 (823); *Westpfahl/Janjuah*, Beilage zu ZIP 3/2008, S. 15; vgl. *Pape*, ZInsO 2010, 2155 (2158).

höhere Quote zugesprochen bekommen[478] –, ist es nicht unwahrscheinlich, dass der DES und damit die Sanierung des Unternehmens scheitert. Eine dann durchzuführende Liquidation bzw. Zerschlagung des Unternehmens stellt die schlechteste Alternative dar, die erhebliche Nachteile nicht nur für die Gläubiger, sondern auch für die Arbeitnehmer, Lieferanten, Kunden und sonstigen Stakeholder bedeutet.[479]

Unter Bezugnahme auf die Entscheidungen *Girmes*[480] und *Sanieren oder Ausscheiden*[481] des BGH wird in der Literatur die Meinung vertreten, dass es unter Umständen die Treuepflicht der (Minderheits-) Gesellschafter gebiete, den Beschlüssen für die notwendigen Kapitalmaßnahmen zur Sanierung zuzustimmen.[482] Dagegen werden jedoch einerseits Bedenken dahingehend geäußert, dass Treuepflichten (wenn überhaupt) zwischen den Gesellschaftern bestünden und nicht für das Verhältnis zwischen Gesellschaftern und Dritten herangezogen werden könnten.[483] Andererseits komme es für die Beurteilung einer solchen Zustimmungspflicht stets auf den jeweiligen Einzelfall an, so dass eine pauschale, rechtssichere Aussage dazu nicht abgegeben werden könne.[484] Überdies dauere die Durchsetzung dieses Anspruchs zu lange, als dass dadurch die Sanierung mittels DES auf hinreichend sichere Grundlage gestellt werden könne.[485]. Das Problem, dass Gesellschafter zumindest vorübergehend, und gerade dies ist im Hinblick auf den Zeitdruck bei der Sanierung von Bedeutung, die Durchführung der Sanierung mittels DES blockieren können, kann letztlich durch das Instrumentarium der Treuepflicht nicht praxisgerecht gelöst werden.

Ein ebenso schwerwiegendes Blockadepotenzial kann den Gläubigern zukommen. Jeder einzelne muss damit einverstanden sein, seine Forderung in Eigenkapital umzutauschen, mithin den Abtretungs- bzw. Erlassvertrag einzugehen und die jungen Anteile zu übernehmen. Stellen sich Gläubiger quer und weigern sich, Forderungen in Anteile umzutauschen, könnte dies negative Auswirkungen auf die Sanierung haben. Denn die übrigen Gläubiger könnten davor zurückschrecken, dass eine Minderheit sich der Sanierung verschließt, demnach nicht bereit ist, Zugeständnisse im Hinblick auf ihre Forderung zu machen, um nach erfolgreicher Sanierung den vollen Forderungswert gegen die genesene Gesellschaft durchzusetzen. Schon das immer noch aktuelle sog. „Akkordstörerurteil" des BGH hat anerkannt, dass

---

478 Etwa *Braun/Heinrich*, NZI 2011, 505 (509).

479 Vgl. *Spetzler*, KTS 2010, 433 (437).

480 BGH DStR 1995, 1232.

481 BGH NZG 2009, 1347.

482 Vgl. *Eidenmüller/Engert*, ZIP 2009, 541 (543); vgl. *K. Schmidt*, JZ 2010, 125 (127); *Lutter*, JZ 1995, 1053 (1055); vgl. dazu auch *Bitter*, ZGR 2010, 147 (170f.).

483 *Brinkmann*, WM 2011, 97 (99).

484 Vgl. auch *Nentwig*, GmbHR 2012, 664 (666).

485 Vgl. *Westpfahl/Janjuah*, Beilage zu ZIP 3/2008, S. 14; *Heckschen*, in: Reul/Heckschen/Wienberg, Insolvenzrecht in der Gestaltungspraxis, Kap. N, Rn. 202; vgl. auch *Nentwig*, GmbHR 2012, 664 (667), der auch auf die Möglichkeit des vorläufigen Rechtsschutzes eingeht; im Ergebnis jedoch ein nicht unerhebliches verbleibendes Risiko feststellt.

keine rechtliche Möglichkeit besteht, solche „Akkordstörer" in einen Sanierungsvergleich zu zwingen; diese können vielmehr ihre Ansprüche uneingeschränkt gegen den Schuldner durchsetzen.[486] Das Gericht nimmt eine Pflichtenbindung der Gläubiger lediglich für den Fall des seinerzeit geltenden Konkursvergleichs (§ 181 KO) an; nicht jedoch außerhalb der alten Konkursordnung.[487] Das „Akkordstörerurteil" ist auf breite Zustimmung in der Wissenschaft gestoßen.[488] Es bleibt den Gläubigern also freigestellt, sich an dem DES zu beteiligen. Im Umkehrschluss kann ihnen dadurch eine nicht unerhebliche Blockadeposition zukommen, mittels derer sie sich – ebenfalls wie die Gesellschafterminderheit – einen Sondervorteil, der ihnen objektiv aufgrund der konkreten Forderung nicht zusteht, aushandeln können.

3. *Forderungsbewertung und Risiko der Differenzhaftung*

Neben dieser Problematik des Zustimmungserfordernisses seitens der Alt-Gesellschafter und der Gläubiger sowie dem damit zusammenhängenden Blockadepotenzial besteht eine weitere Hürde, die insbesondere die Gläubiger vor einem DES zurückschrecken lässt: zum einen ist die notwendige Bewertung der Forderung ein zeitaufwendiges und teures Unterfangen, das gerade während der Sanierung der Gesellschaft diese nicht unerheblich belastet. Ferner, und dies ist das eigentliche Risiko, müssen die Gläubiger befürchten, dass sie die Differenz zwischen dem Wert der Forderung und der dafür ausgegebenen Anteile in bar nachzahlen müssen, wenn die Sanierung scheitert und sich herausstellt, dass die Forderung zu hoch bewertet worden ist.[489] Durch die Umwandlung der Forderungen in Eigenkapital im Stadium der Krise gehen die Gläubiger ohnehin schon ein erhöhtes Risiko hinsichtlich des Ausfalls ihrer Forderung ein, so dass eine drohende „schmerzliche Nachschusspflicht"[490] sie nicht selten davor zurückschrecken lässt, die Sanierung mittels des DES durchzuführen.[491]

4. *Insolvenzanfechtung und Letztrangigkeit übriger Gläubigerforderungen*

Ein letztes darzustellendes Problem im Hinblick auf den DES im Krisenstadium der Gesellschaft ist das potentielle Risiko, dass einerseits die Maßnahmen des DES der Insolvenzanfechtung gem. § 135 Abs. 1 Nr. 2 InsO unterliegen könnten und zum

486 BGH NJW 1992, 967.

487 BGH NJW 1992, 967 (968).

488 Vgl. etwa *Bitter*, ZGR 2010, 147 (168 m.w.N.).

489 Vgl. *Ekkenga*, ZGR 2009, 581 (587); vgl. *K. Schmidt*, BB 2011, 1603 (1609); *Hölzle*, NZI 2011, 124 (129); *Paulus*, DZWIR 2008, 6 (9); *Undritz* in: Kölner Schrift, Kap. 29, Rn. 112.

490 *Gehrlein*, NZI 2012, 257 (260).

491 *Schmidt-Hern* in: Müller/Rödder, Beck'sches Handbuch der AG, § 17, Rn. 94; *Hass/Schreiber/Tschauner* in: Hommel/Knecht/Wohlenberg, Unternehmensrestrukturierung, S. 843.

anderen, dass etwaige weitere Forderungen des Gläubigers, die nicht in Eigenkapital umgewandelt worden sind, gem. § 39 Abs. 1 Nr. 5 InsO im Rang nach den übrigen Insolvenzgläubigern stehen könnten.[492] Zwar erfolgt der DES in der Krisensituation grundsätzlich zum Zweck der Sanierung, so dass das Sanierungsprivileg des § 39 Abs. 4 InsO Anwendung finden könnte.[493] Jedoch setzt dieses Privileg unter anderem voraus, dass der DES im Zeitpunkt drohender oder eingetretener Zahlungsunfähigkeit bzw. Überschuldung erfolgt, § 39 Abs. 4 S. 2 InsO; es muss also materielle Insolvenz vorliegen.[494] Gerade das Merkmal der drohenden Zahlungsunfähigkeit (§ 18 InsO) bietet aufgrund seiner Unbestimmtheit nur begrenzt Rechtssicherheit zur Bestimmung, wann der Betroffene vom Sanierungsprivileg profitieren kann. Gänzlich ausgeschlossen ist das Sanierungsprivileg jedenfalls dann, wenn der DES im Krisenstadium erfolgt, in dem aber noch keine materielle Insolvenz eingetreten ist, d.h. noch keines der drei soeben genannten Merkmale vorliegt. Wird also etwa beabsichtigt, eine Krise frühzeitig abzuwenden und wird dazu ein DES durchgeführt, findet das Sanierungsprivileg regelmäßig keine Anwendung. Scheitert die Sanierung und wird innerhalb eines Jahres das Insolvenzverfahren eröffnet, können Rechtshandlungen gem. § 135 Abs. 1 Nr. 2 InsO angefochten werden und etwa stehen gelassene Forderungen bzw. neu begebene Darlehen werden gem. § 39 Abs. 1 Nr. 5 InsO nachrangig behandelt.

5. Ergo: ungünstige Umstände für einen DES

Diese potentiellen Hindernisse führen dazu, dass das Verfahren des DES für die grundsätzlich sanierungswilligen Gläubiger mit Rechtsunsicherheiten behaftet ist. Die Unwägbarkeiten im Zusammenhang mit der Bewertung der Forderung mitsamt dem Überprüfungserfordernis durch das Gericht, das erhebliche Blockadepotenzial der Alt-Gesellschafter und Gläubiger sowie die Risiken resultierend aus möglichen Insolvenzanfechtungen machen die Sanierung mittels eines DES wenig planbar. Die Planbarkeit der Sanierung ist jedoch eine Grundvoraussetzung für die Beteiligten, um den DES effizient durchzuführen.[495]

So sinnvoll ein DES in der konkreten Unternehmenskrise sein mag, so unwahrscheinlich ist dessen Durchführung außerhalb des Insolvenzverfahrens. Die Vorteile, die dieses Sanierungsinstrument nach sich ziehen kann, verringern sich wiederum durch die Risiken und Unwägbarkeiten für die Beteiligten. Am Ende der

---

492 Vgl. allgemein *Freitag*, WM 2007, 1681 (1682); *Budde*, ZInsO 2010, 2251 (2270).

493 *Meyer/Degener*, BB 2011, 846 (848).

494 Vgl. *Lüdtke* in: HambKomm, InsO, § 39, Rn. 50.

495 Vgl. *Gebler*, NZI 2010, 665 (665f.); ferner kann aufgrund der nicht unerheblichen Dauer des Verfahrens ein Insolvenzgrund innerhalb der 3-Wochen-Frist bis zur Insolvenzantragstellung in der Regel nicht beseitigt werden, so *Wittig* in: FS Uhlenbruck, S. 685 (703).

Entscheidungsfindung wird deswegen wohl nicht selten von der Durchführung eines DES Abstand genommen.[496]

C. Vergleich der Umsetzung eines DES nach gesellschaftsrechtlichen Vorgaben

Nachdem die einzelnen allgemeinen gesellschaftsrechtlichen Regelungen zur Durchführung eines DES in den beiden Jurisdiktionen untersucht worden sind, gilt es diese miteinander zu vergleichen. Der Vergleich dient als erster Schritt zur Beantwortung der Frage, ob und inwieweit sich das Instrument der Umwandlung von Schulden in Eigenkapital nach englischem und deutschen Recht hinsichtlich seiner gesellschaftsrechtlichen Implementierung zur Sanierung eines Unternehmens eignet.

I. Rechtliche Grundstruktur

Die grundsätzliche rechtliche Struktur des DES ist in England und Deutschland identisch. Sowohl in englischen als auch in deutschen Gesellschaften muss stets das Gesellschaftskapital erhöht werden, so dass die Gläubiger der jeweiligen Gesellschaft ihre Forderungen als Gegenleistung für die neu auszugebenen Anteilsrechte in die Gesellschaft einlegen können. Letzteres kann in beiden Ländern durch den Abschluss eines Erlassvertrages erfolgen. Nach englischem Recht ist darüber hinaus auch die Aufrechnung mit der Forderung möglich, was gem. § 66 Abs. 1 S. 2 AktG bzw. § 19 Abs. 2 S. 2 GmbHG nach deutschem Recht gerade nicht zulässig ist.

II. Kapitalherabsetzung

Auch die vorherige Herabsetzung des Kapitals auf Null, um die Bilanz von den aufgelaufenen Verlusten zu bereinigen, ist in beiden Jurisdiktionen anerkannt. Unterschiede bestehen jedoch im Hinblick auf die rechtliche Grundlage. In Deutschland ist der Kapitalschnitt in den §§ 229 ff. AktG bzw. §§ 58a ff. GmbHG im Gesetz angelegt. Die dort genannten Voraussetzungen werden in der Regel in der Krise der Gesellschaft gegeben sein. Die Beschlüsse zur Kapitalherabsetzung und dessen Erhöhung müssen gem. §§ 228, 229 AktG bzw. § 58a Abs. 4 GmbHG in der gleichen Haupt- bzw. Gesellschafterversammlung gefasst werden und eine Sacheinlage darf im Erhöhungsbeschluss grundsätzlich nicht festgesetzt werden. Im englischen Gesellschaftsrecht gibt es solche, die gewöhnlichen Regelungen zur Kapitalherabsetzung und dessen Erhöhung (sec. 641 ff. CA 2006 und sec. 549 ff. CA 2006) ergänzenden Regelungen, die auf die Durchführung eines Kapitalschnitts schließen lassen, nicht. Diese Lücke wird jedoch getreu dem *common law* durch die Rechtsprechung geschlossen, wonach die Gerichte auch

496 Vgl. etwa *Ekkenga*, ZGR 2009, 581 (587); *Kestler/Striegel/Jesch*, NZI 2005, 417 (422) zufolge sei die Durchführung eines DES aus diesem Grund „nicht möglich“.

die Kapitalherabsetzung auf Null mitsamt sich unmittelbar anschließender Kapitalerhöhung (auf das in der Satzung festgelegte Mindestkapital) für zulässig erachten.[497] Die rechtlichen Voraussetzungen der Kapitalherabsetzung werden jedoch durch die sec. 641 ff. CA 2006 statuiert. Es bleibt also festzuhalten, dass für den Fall der Umwandlung von Schulden in Eigenkapital als Sanierungsinstrument in der Regel der Weg gem. sec. 641(1)(b) CA 2006 gewählt und folglich eine Bestätigung durch das Gericht notwendig wird. Im Gegensatz zu den gesetzlichen Vorgaben nach deutschem Recht, steht dem Gericht nach englischem Recht ein Ermessen zu, wonach es zu entscheiden hat, ob gewisse Gläubigerschutzrechte i.S.d. sec. 646 CA 2006 zur Anwendung kommen. Der dem Gericht von Gesetzes wegen eingeräumte Ermessensspielraum belastet das Verfahren zumindest mit einer gewissen Unsicherheit. Allerdings hält sich diese Unsicherheit englischer Literaturstimmen zufolge in Grenzen, da die Gläubigerschutzrechte *in praxi* regelmäßig nicht zur Anwendung kommen und demnach das Verfahren aufgrund dessen auch nicht verzögert bzw. blockiert wird. Hinsichtlich der Kapitalherabsetzung bestehen demnach nur geringe Unterschiede in den beiden Jurisdiktionen.

III. Kapitalerhöhung

Das Eigenkapital muss unmittelbar nach der Kapitalherabsetzung wieder erhöht werden. Da es den Geschäftsführern nach englischem Recht grundsätzlich untersagt ist, neue Anteilsscheine auszugeben, muss eine Genehmigung seitens der Anteilseigner eingeholt werden. Hinsichtlich des Ablaufs bzw. des Inhalts der Gewährung einer Genehmigung werden in England keine Problemfälle diskutiert. Die Kapitalerhöhung wird mit der Eintragung in das Gesellschaftsverzeichnis (*Companies Registry*) wirksam. Dass kaum Schwierigkeiten im Zusammenhang mit den Voraussetzungen, die an die Genehmigung gestellt werden, zu erkennen sind, mag auch und vor allem an dem Umstand liegen, dass die Einbringung einer Forderung nach englischem Recht als Bar- und nicht als Sacheinlage behandelt wird. Demnach muss die Forderung auch nicht bewertet werden; eine Bewertung ist gem. sec. 593 CA 2006 nur für die Sacheinlage vorgeschrieben. Vielmehr wird die betreffende Forderung stets zu ihrem Nominalwert (*face value*) in die Gesellschaft eingebracht. Im Anschluss an die Leitentscheidung *Re Harmony and Montague Tin and Copper Mining Co, Spargo's Case* hat es in England zu diesem Thema – soweit ersichtlich – keine weitere Diskussion über die Rechtsnatur der Forderung als Bareinlage bei der Kapitalerhöhung gegeben.[498] Dies gilt auch hinsichtlich etwaiger Zweifel über die Vereinbarkeit mit der Zweiten Kapitalrichtlinie, die in England nicht bestehen.[499] Durch die fehlende Notwendigkeit

497 Vgl. etwa *Re MB Group plc.*, (1989) 5 BCC 684.

498 Vgl. dazu *Cahn/Simon/Theiselmann*, CF 2010, 238 (250).

499 Zur Diskussion in Deutschland siehe etwa *Lösekrug*, Die Umsetzung der Kapital-, Verschmelzungs- und Spaltungsrichtlinie, S. 104ff.; *Frey* in: AktG Großkomm., § 194, Rn. 11; *Cahn/Simon/Theiselmann*, DB 2012, 501 (503).

einer Forderungsbewertung wird zum einen das Verfahren der Kapitalerhöhung beschleunigt. Zum anderen werden der zu sanierenden Gesellschaft die Kosten für eine Forderungsbewertung erspart. Ein nach englischem Recht als sanierungsfördernd anerkannter Faktor.

Im Hinblick auf den Kapitalerhöhungsbeschluss weist das deutsche Recht eine weitaus höhere Regelungsdichte auf. Im Anschluss an eine Herabsetzung des Eigenkapitals unterhalb der gesetzlichen Mindestgrenze muss in dem Kapitalerhöhungsbeschluss bis zum Erreichen ebenjener eine Barerhöhung festgesetzt sein. Eine weitaus größere Bedeutung wird in diesem Zusammenhang aber dem Inhalt des Kapitalerhöhungsbeschlusses zukommen. Nach AktG und GmbHG müssen der Gegenstand, die Person des Erwerbers und die zu gewährenden Anteilsrechte in dem Beschluss festgesetzt werden. Bestehen hinsichtlich der Festsetzung bestimmter Angaben in den jeweiligen Beschlüssen noch Ähnlichkeiten, liegt der größte Unterschied in der notwendigen Festsetzung des Wertes der einzubringenden Sacheinlage in Form der Forderung. Da die Forderung nach deutschem Recht – im Gegensatz zum englischen Recht – nicht als Bar- sondern als Sacheinlage behandelt wird, gelten strenge Vorgaben hinsichtlich der Werthaltigkeitsprüfung. In der Literatur werden dazu im Detail verschiedene Bewertungsmethoden vertreten, was in der Praxis nicht immer zu rechtssicheren Ergebnissen führt. Der sich aus der Bewertung ergebende Nachteil – und zwar unabhängig von der Frage nach den anzuwendenden Bewertungsmethoden – ist der nicht unwesentliche Zeit- und Kostenaufwand. Im Gegensatz dazu wird die Forderung nach englischem Recht regelmäßig zum Nominalwert eingebracht und die Gerichte beanstanden nur in wenigen (krassen) Ausnahmefällen den Wert der Forderung – etwa wenn die Einbringung der Forderung eine künstliche oder betrügerische (*artificial or sham*) Umgehung der Bewertung einer Sacheinlage darstellt.[500] Darin besteht ein großer Vorteil des englischen Rechts.

Dieser wird umso deutlicher, wenn man sich die Konsequenzen nach deutschem Recht für den Fall einer fehlerhaften oder unzureichenden Bewertung vor Augen führt. Sodann besteht grundsätzlich ein Eintragungshindernis, von dem zumindest bei der AG entgegen der hier vertretenden herrschenden Ansicht keine Ausnahmen gemacht werden. Für die GmbH wird das Gericht in diesem Fall dem Inferenten per Zwischenverfügung aufgeben, den Differenzbetrag in bar nachzuzahlen. Selbst wenn dadurch den Gläubigern ermöglicht wird, den DES noch zu retten, bedeutet die Zwischenverfügung stets eine Verzögerung des Eintragungsverfahrens. Sind die Gläubiger nicht in der Lage bzw. nicht gewillt, die Differenz in bar einzuzahlen, so hat das Gericht die Eintragung ohnehin abzulehnen. Die Gläubiger werden nicht selten abgeneigt sein, neben den eingebrachten Forderungen auch noch bare Mittel nachzuschießen. Demnach hat auch die weitere Konsequenz der Unterbewertung einer Sacheinlage nach deren Eintragung eine abschreckende Wirkung. Das Risiko einer Differenzhaftung

500 Dazu oben Teil 1, A., II., 4. und IV.

sind die Gläubiger in der Regel nicht bereit einzugehen, so dass ein DES nach deutschem Recht häufig schon daran scheitern kann.

IV. Bezugsrechtsausschluss

Eine weitere Hürde, die regelmäßig in beiden Rechtskreisen zu überwinden ist, um für die Gläubiger den Weg für den DES frei zu machen, ist der Ausschluss des grundsätzlich bestehenden Bezugsrechts. Denn die Motivation der Gläubiger ist grundsätzlich gleich: sie wollen einen hinreichend hohen Anteil an der Gesellschaft erlangen, um die Sanierung nach ihren Vorstellungen durchzusetzen. Dazu muss jedoch vermieden werden, dass die Alt-Gesellschafter neue Anteile zeichnen – deren Bezugsrecht muss also ausgeschlossen werden. Der Bezugsrechtsausschluss unterliegt dabei sowohl nach englischem als auch deutschem Recht ähnlichen formellen Anforderungen: jeweils bedarf es einer Stellungnahme des Geschäftsleitungsorgans zu dem gegenständlichen Bezugsrechtsausschluss (*director's recommendation*). Die Stellungnahmen müssen jeweils im Vorfeld der Beschlussfassung den Gesellschafter zugänglich gemacht werden, um eine angemessene Bereitstellung der Informationen zu gewährleisten. Nicht unerhebliche Differenzen bestehen jedoch in den Rechtsfolgen, die dann eintreten, wenn diesen Anforderungen nicht nachgekommen wird. Section 572 CA 2006 zufolge besteht (lediglich) dann eine persönliche Haftung für den Geschäftsführer, wenn er vorsätzlich oder leichtsinnig falsche oder irreführende Angaben in der *director's recommendation* gemacht hat. Hingegen bleibt der gefasste Beschluss wirksam, so dass das Bezugsrecht ausgeschlossen wird und die neuen Anteile den Gläubigern problemlos zugeteilt werden können. Im Gegensatz dazu kann der Beschluss nach deutschem Gesellschaftsrecht angefochten werden, wenn der Vorstandsbericht fehlerhaft ist. Dies bedeutet wiederum die Gefahr der Verzögerung der Eintragung des Kapitalerhöhungsbeschlusses. Diese Gefahr wird durch das Erfordernis einer materiellen Ausschlusskontrolle nach deutschem Recht noch erhöht; der Bezugsrechtsausschluss muss verhältnismäßig sein. Der Bezugsrechtsausschluss im Fall der Sanierung mittels der Umwandlung von Schulden in Eigenkapital wird zwar im Grundsatz als verhältnismäßig angesehen – es bedarf jedoch stets einer Entscheidung im Einzelfall. Gerade dieser Umstand ist Quelle einiger Rechtsunsicherheit, da nicht zuletzt die (vermeintliche) Unverhältnismäßigkeit des Beschlusses Gegenstand einer Anfechtungsklage sein kann. Diese Kombination der Anfechtungsrisiken im Zusammenhang mit den formellen und materiellen Anforderungen an den Bezugsrechtsausschluss bergen demnach im Vergleich zum englischen Recht erhöhte Unsicherheiten für die planmäßige Durchführung eines DES.

V. Obstruktionspotential

Stimmen aus beiden Ländern sehen in dem grundsätzlichen Erfordernis der Beschlussfassung durch die Gesellschafter mit einer qualifizierten Mehrheit eine nicht selten unüberwindbare Hürde. Aufgrund der hohen Zustimmungserfordernissen haben die Alt-Gesellschafter eine Blockadeposition inne. Auch die Gläubiger müssen der Umwandlung ihrer Forderungen ausdrücklich zustimmen.

Daraus resultiert in beiden Jurisdiktionen das Folgeproblem, dass die obstruierenden Beteiligten darauf hinwirken, sich dieses Blockadepotenzial „abkaufen“ zu lassen. Sie verlangen etwa in den Verhandlungen über die zukünftige Struktur der Gesellschaft Rechte bzw. Beteiligungen, die sich nicht (mehr) in ihren bestehenden Rechten widerspiegeln. Die durchaus sinnvolle Sanierung durch einen DES wird für die Gläubiger entsprechend teurer, obgleich in der wirtschaftlichen Realität dieser von den Gläubigern zu erbringende Mehrwert nicht existiert.[501] Lässt sich eine Einigung nicht erzielen, scheitert die Sanierung mittels eines DES. Die dadurch für die Gläubiger entstehenden wirtschaftlichen Nachteile hätten jedoch grundsätzlich durch die Sanierung zumindest verringert werden können.

Die englische Literatur widmet sich diesem konkreten Problem kaum – wie noch zu zeigen sein wird,[502] hält das englische Recht seit jeher weitere Sanierungsmechanismen vor, die diesen Probleme grundsätzlich begegnen können. In Deutschland wurde jedoch vor dem Inkrafttreten des ESUG sehr wohl bemängelt, dass der Eingriff in die bestehenden Gesellschafterrechte im Rahmen der Sanierung nicht möglich sei.[503] Das Fehlen einer Möglichkeit des Eingriffs in Gesellschafterrechte wird im deutschen Schrifttum als Grund dafür genannt, dass eine Sanierung mittels eines DES sehr häufig scheiterte.

VI. Zwischenergebnis

Die Analyse der rechtlichen Konstruktion zur Durchführung eines DES zum Zeitpunkt der Unternehmenskrise nach englischem und deutschem Recht kommt demnach zu dem Ergebnis, dass die grundsätzlichen rechtlichen Vorgaben nicht geeignet sind, eine rechtssichere und planbare Durchführung eines DES zu gewährleisten. Sowohl das AktG als auch das GmbHG weisen eine hohe Regelungsdichte und größere Fallstricke auf, die die Durchführung eines DES be- und verhindern können. Namentlich sind die strengen Vorgaben an die Forderungsbewertung mitsamt den drastischen Konsequenzen des Scheiterns des DES bzw. der abschreckenden Gefahr einer Differenzhaftung zu nennen. Aber auch nach den

501 Ähnlich auch *Carli/Rieder/Mückl*, ZIP 2010, 1737 (1741), die von „wirtschaftlich nicht gerechtfertigten Konzessionen“ sprechen.

502 Siehe unten Punkt Teil 2., A., II.

503 Das sich daraus vor Inkrafttreten des ESUG resultierende potenzielle Blockadeverhalten der Unternehmenseigentümer gegenüber der Sanierung kritisiert etwa *Eidenmüller*, ZIP 2010, 649 (652).

gesetzlichen Vorgabe des Companies Act 2006 wird der DES kaum rechtssicher durchzuführen sein. Allein die unabdingbare Voraussetzung, dass die notwendigen Gesellschafterbeschlüsse mit einer qualifizierten Mehrheit gefasst werden müssen, gibt den Alt-Gesellschaftern eine derart weitreichende Blockademöglichkeit, dass die Kapitalmaßnahmen zur Umwandlung von Schulden in Eigenkapital nur mit deren Zustimmung umgesetzt werden können. Die Anteilseigner werden jedoch regelmäßig ihre Zustimmung nicht ohne weitreichende Zugeständnisse seitens der Gläubiger erteilen. Zu diesen sind die Gläubiger häufig aber nicht bereit. Auch die Gläubiger müssen sowohl in England als auch in Deutschland grundsätzlich der Einbringung ihrer Forderungen zustimmen, wenn sie sich dazu bereit erklären, neue Anteile zu übernehmen. Häufig lässt sich schon hinsichtlich der angemessenen Zugeständnisse kein Kompromiss zwischen den beteiligten Interessen finden. Es besteht also das Risiko, dass Minderheiten – dies betrifft sowohl Alt-Gesellschafter als auch die Gläubiger – die Durchführung der notwendigen Maßnahmen eines DES blockieren. Somit ist die Gefahr nicht gering, dass der DES auf Grundlage der Vorschriften über die gesellschaftsrechtlichen Kapitalmaßnahmen sowohl in England als auch in Deutschland an der Blockademacht der Beteiligten scheitert.

Teil 2: Der DES im Rahmen von besonderen gesetzlichen Sanierungsmechanismen

Die rechtlichen Grundlagen des DES nach englischem und deutschem Recht sind dargestellt und erläutert worden. In beiden Jurisdiktionen haben sich dabei nicht unerhebliche Hindernisse bei der Sanierung herausgestellt.

In diesem zweiten Teil soll nunmehr ein Blick darauf geworfen werden, wie ein DES im Rahmen von gesetzlichen Sanierungsmechanismen möglichst effizient umgesetzt werden kann. Insbesondere für das deutsche Recht wird das Hauptaugenmerk auf die Novellierung der Insolvenzordnung durch das ESUG gelegt, die es nunmehr ermöglichen soll, einen DES im Insolvenzplanverfahren durchzuführen. Ob und inwieweit die Neuerungen durch das ESUG gegenüber jenen Verfahren nach englischem Recht, die zur Durchführung eines DES herangezogen werden, bestehen können, soll durch den abschließenden Vergleich aufgezeigt werden.

A. Englisches Recht

Das englische Recht hält verschiedene Verfahren vor, im Rahmen derer der DES zur Restrukturierung einer Gesellschaft umgesetzt werden kann. Als eine grundsätzliche Differenzierung kann ein DES einerseits auf Grundlage einer Vereinbarung zwischen allen Beteiligten beruhen. Andererseits bestehen hauptsächlich zwei gesetzliche Verfahren, mit denen ein DES implementiert werden kann.[504] Welcher Weg letztlich gewählt wird, hängt damit zusammen, wie sich die Kapital- und Schuldenstruktur der betreffenden Gesellschaft zusammensetzt.[505] Bestehen mehrere unterschiedliche Typen von Gläubigern, ist es schwieriger, eine einvernehmliche Lösung zu erzielen als in solchen Fällen, in denen nur einige wenige unterschiedliche Gläubigertypen vorhanden sind.

I. Einvernehmliches Vorgehen

Im Idealfall wird eine einvernehmliche Lösung zwischen dem Unternehmen, den Anteilseignern und den gesicherten und ungesicherten Gläubigern hinsichtlich der Umwandlung von Schulden in Eigenkapital gefunden. Eine solche Übereinkunft muss die Details eines DES umfassen, z.B. den Forderungsanteil, der für eine bestimmte Anteilshöhe an der Gesellschaft eingebracht werden soll oder welche Rechte die dafür ausgegebenen Anteilsscheine beinhalten. Freilich muss bei einem einvernehmlichen Vorgehen sichergestellt werden, dass die notwendigen Mehrheiten für die

504 Vgl. *Clowry*, (2010) 7(2) ECL 51 (55).
505 *Cohen/Maclennan*, (2009) 3 CRI 91.

Gesellschafterbeschlüsse[506] erreicht werden. Für den Fall, dass sich auch gesicherte Gläubiger an einer solchen einvernehmlichen Lösung beteiligen, wird diese regelmäßig auch die Freigabe von Sicherheiten seitens der gesicherten Gläubiger umfassen.[507]

Falls eine einvernehmliche Vereinbarung erzielt werden kann, geschieht dies regelmäßig unter Ausschluss der Öffentlichkeit – dadurch wird ein negatives Ansehen in der Öffentlichkeit vermieden.[508] Ein weiterer Vorteil wird in den geringeren Kosten eines solchen Vorgehens liegen, da keine Gerichtsgebühren anfallen und auch Kosten für externe Berater – obgleich diese involviert sein werden – geringer sein können als bei Verfahren vor Gerichten. Auch ist ein einvernehmliches Vorgehen in zeitlicher Hinsicht besser planbar,[509] kann zeitlich flexibler gestaltet und letztlich auch schneller durchgeführt werden – letzteres ist dann bedeutsam, wenn sich die Krise der Gesellschaft zuspitzt und schnelle Maßnahmen zu deren Rettung erforderlich sind. Nicht selten entsteht ein solcher Grund dadurch, dass Gläubiger nicht die Notwendigkeit von Restrukturierungsmaßnahmen erkennen, bis sie den Nachweis dafür durch eine *due diligence* erhalten.[510] Dementsprechend zweifeln einige Vertreter in der englischen Literatur daran, dass die notwendigen Zugeständnisse einiger Gläubiger, die notwendig für die Restrukturierung mittels eines DES sind, zu erreichen sind, bevor die rettende Sanierung für die Gesellschaft zu spät kommt.[511] Diese Zweifel sind umso größer, wenn, wie unter einigen Darlehensverträgen vorgesehen, eine einstimmige Haltung für die entsprechenden Maßnahmen erforderlich ist.[512] In der Praxis werden insbesondere in syndizierten Kreditverträgen regelmäßig Mehrheitserfordernisse von 50% oder 66% vereinbart.[513] Deswegen kann es in solchen Situationen nicht selten vorkommen, dass einige Minderheiten von Gläubigern aber auch von Anteilseignern darauf bestehen, von den jeweiligen Mehrheiten herausgekauft zu werden.[514] Mit anderen Worten gibt es bei diesem einvernehmlichen Vorgehen – wie der Name schon impliziert – keine Möglichkeit, gegen den Willen dieser Minderheiten einen DES durchzuführen; die Möglichkeit eines *cram down* besteht nicht. Vor diesem Hintergrund kann es einen großen Anreiz für die Minderheiten von Gläubigern und Anteilseignern geben, sich nicht einem einvernehmlichen Vorgehen anzuschließen, sondern gegen eine solche Vereinbarung zu stimmen. Eine ähnlich große, wenn nicht noch größere Gefahr kann von gesicherten Gläubigern ausgehen, wenn diese damit drohen, ihre Sicherheit gegen die Schuldnerin durchzusetzen und damit den gesamten Restrukturierungsprozess gefährden.[515] Aber auch Anteilseigner könnten nicht gewillt sein, ihren Anteil umzuwandeln.

---

506 Siehe dazu oben Teil 1, A., I., 1., a., II. und III.
507 *Cohen/Maclennan*, (2009) 3 CRI 91f.
508 *Clowry*, (2010) 7(2) ECL 51 (53).
509 *Clowry*, (2010) 7(2) ECL 51 (53).
510 Vgl. *Clowry* in: Ben Larkin, Restructuring and Workouts, S. 40.
511 Vgl. *Clowry*, (2010) 7(2) ECL 51 (53).
512 *Clowry*, (2010) 7(2) ECL 51 (53).
513 *Ellinger/Lomnicka/Hooley*, Banking Law, S. 718.
514 Vgl. *Clowry*, (2010) 7(2) ECL 51 (53).
515 Vgl. *Bewick*, (2008) 5(2) ICR 103 (105).

Mit dieser querulatorischen Haltung könnten sie den Restrukturierungsprozess verzögern oder gar im Ganzen scheitern lassen. Die dargestellten Nachteile und Gefahren im Zusammenhang mit einem einvernehmlichen Verfahren zur Durchführung eines DES lassen – trotz der bestehenden grundsätzlichen Vorteile[516] – dieses als eher unpraktikabel und schlecht durchführbar im Sanierungsszenario erscheinen.

II. Gesetzliche Sanierungsmechanismen

Wenn eine einvernehmliche Vereinbarung mit allen Beteiligten wegen der divergierenden Ansichten über den Inhalt oder das Ziel der Restrukturierung nicht getroffen werden kann, besteht weiter die Möglichkeit, den DES mittels eines gesetzlichen Verfahrens umzusetzen – entweder mittels eines CVA oder eines SoA.[517] Der wesentliche Vorteil dieser Verfahren besteht darin, dass sie es grundsätzlich ermöglichen, die dem DES nicht zustimmenden Beteiligten trotzdem an die Vereinbarung zu binden, wobei die Bindungswirkung der jeweiligen Verfahren variiert. Eine weitere Unterscheidung kann im Hinblick auf die notwendige Einflussnahme des Gerichts auf das wirksame Zustandekommen des jeweiligen *arrangement* gesehen werden. Auch bestehen Unterschiede dergestalt, welche Parteien sich an dem Verfahren beteiligen können bzw. müssen. Insbesondere letzterer Aspekt wird mitunter als ausschlaggebend für die Entscheidung angesehen, welches Verfahren herangezogen wird, um einen DES umzusetzen.[518] Gleichzeitig gibt es keine rechtliche Vorgabe, unter welchen Umständen das eine oder das andere Verfahren herangezogen werden muss – diese Entscheidung ist vielmehr (verfahrens-)ökonomischer Natur.[519] In der Literatur jedenfalls herrscht Uneinigkeit darüber, welches der beiden Verfahren das effizientere im Hinblick auf die Durchführung eines DES ist.[520]

1. *The Company Voluntary Arrangement*

Das englische Gesetzesrecht kennt schon seit dem späten 17. Jahrhundert eine Form von informeller Vereinbarung zwischen Gläubigern und Schuldnern. Zu dieser Zeit haben sich auch die Gerichte aktiv für das Zustandekommen solcher Vereinbarungen engagiert.[521] Das CVA, wie man es heute kennt, geht zurück auf die Vorschläge des sog. *Cork Committee*, das im Jahre 1982 unter dem Vorsitz von *Kenneth Russell Cork*

---

516 Vgl. *Elliott*, [2008] (Dec.) CRI 194 (195).

517 Vgl. *Cohen/Maclennan*, (2009) 3 CRI 91ff.; *Harner*, (2008–2009) 77 FLR 703 (746).

518 Vgl. um weiteren Erwägungen nicht vorzugreifen, siehe zu Unterschieden von *CVA* und *SoA* etwa *Rumberg*, RIW 2010, 358 (364f.).

519 *Wallace/Bewick*, (2006) 3(2) ICR 69 (71, 73).

520 Vgl. *Bork*, Sanierungsrecht in Deutschland und England, Rn. 15.27, der dem SoA den Vorzug einräumt; zumindest kritisch *Hannigan*, Company Law, Rn. 22–2; vgl. aber auch die lobenden Worte bei *Fletcher*, (2004) 5 EBOR 119 (133) und *Nevins*, [2010] WL 2848369, S. 1 (10).

521 *Tribe*, (2009) 5 JBL 454 (460).

den später in Kraft getretenen Insolvency Act 1986 (nachfolgend IA 1986) vorbereitete.[522] Es basiert auf den Grundlagen des SoA, das zeitlich früher, wenn auch in abgewandelter Form zur heutigen Fassung, entstanden ist und stellt eine Ergänzung zu dem SoA nach dem Companies Act 2006 dar.[523] Es wird, neben anderen, als Teil der gesetzgeberischen Umsetzung der seitdem bekannten „*rescue culture*" bezeichnet.[524] Damit sollte dem Schuldner ein Verfahren zur Verfügung gestellt werden, durch das er sich verbindlich mit seinen Gläubigern auf die Reorganisation seiner Schulden einigen konnte.[525] Die Einigung außerhalb eines gerichtlichen Verfahrens stand dabei im Vordergrund.[526] Ferner war von Bedeutung, dass dem Management ermöglicht werden sollte, selbst die Reorganisation der Schulden mittels des CVA umzusetzen (*debtor in possession*), ohne einen externen Einfluss fürchten zu müssen.[527]

Die rechtlichen Grundlagen des CVA finden sich in sec. 1–7 IA 1986. Ein CVA kann einerseits in einer Vergleichsvereinbarung zwischen der Gesellschaft und den ungesicherten Gläubigern (*composition in satisfaction of its debts*) bestehen. Kennzeichnend dafür ist, dass der Gläubiger dazu zumindest ein Stück weit sein Forderungsrecht gegenüber der Gesellschaft aufgibt und im Gegenzug dafür eine Gegenleistung erhält, wie sie im konkreten ausgehandelten Vergleich vorgesehen wird.[528] Andererseits erfordert eine Vereinbarung (*scheme of arrangement*) i.S.d. sec. 1(1) IA 1986 weniger als die zuerst genannte Vergleichsvereinbarung.[529] Es bedarf etwa nicht des Nachgebens einer Rechtsposition seitens des Gläubigers, sondern eine solche kann jede beliebige Vereinbarung zum Gegenstand haben. Es ist lediglich durch das „Geben und Nehmen" der Parteien der Vereinbarung gekennzeichnet.[530]

Die Rechtsnatur eines CVA ist in der englischen Judikatur nach wie vor unklar: auf Grundlage verschiedener Entscheidungen reicht die rechtliche Natur des CVA von einem Vertrag auf gesetzlicher Grundlage (*contract imposed under statute*)[531]

---

522 Vgl. *Hiestand/Pilkington*, [2006] (Winter) Recovery 38.

523 *Tribe*, (2009) 5 JBL 454 (460, 462).

524 Vgl. *Finch*, Corporate Insolvency Law, S. 488; *Tribe*, (2009) 5 JBL 454 (455).

525 Vgl. *Finch*, Corporate Insolvency Law, S. 488.

526 Vgl. *Harner*, (2008–2009) 77 FLR 703 (745).

527 *Fletcher*, (2004) 5 EBOR 119 (127).

528 Vgl. *Clowry* in: Ben Larkin, Restructuring and Workouts, S. 39; *Re Bradley-Hole*, [1995] BCC 418 (437): "*The essence of a voluntary arrangement is that under it each creditor compromises or releases his rights against the debtor in respect of his pre-existing debt and receives in exchange and full satisfaction whatever payment terms are being offered by the debtor*".

529 Vgl. *March Estates Plc v Gunmark Ltd.*, [1996] WL 1091751.

530 *Commissioners of Inland Revenue v Adam & Partners Ltd.*, [2001] 1 BCLC 222 (254): „*,... the word "arrangement" in this section implies some element of give and take. Confiscation is not my idea of an arrangement. A member whose rights are expropriated without any compensating advantage is not, in my view, having his rights rearranged in any legitimate sense of that expression.*'"; auch *Bork*, Sanierungsrecht in Deutschland und England, Rn. 6.6.

531 *Re McKeen*, [1995] BCC 412 (416).

bzw. einem Handelsvertrag (*commercial arrangement*)[532] bis hin zu einer Kategorisierung als *trust*[533]. Die Mehrheit der Stimmen in der englischen Rechtsprechung und Literatur hinsichtlich der rechtlichen Natur des CVA tendieren zu einer Qualifizierung als Vertrag, der auf einer gesetzlichen Grundlage basiert.[534]

Das CVA ist vor dem Hintergrund seiner Rechtsnatur vielfältig zur Sanierung einsetzbar.[535] Ein häufig erkennbarer Anwendungsbereich betrifft etwa das (Gewerbe-)Mietrecht und das Verhältnis von Mietern und Vermietern für den Fall, dass etwa der Mieter insolvent wird.[536] Sodann können mittels eines CVA die Konditionen und noch ausstehende Forderungen neu verhandelt werden, um einen flexible Lösung für die Parteien zu erreichen.[537]

Im Hinblick auf die grundsätzliche Möglichkeit der Implementierung eines DES wird aufgrund der schlichten vertraglichen, mithin schuldrechtlichen, Bindung des CVA deutlich, dass nicht unmittelbar in die Rechte der Anteilseigner eingegriffen werden kann. Nichtdestotrotz stellt das CVA ein beliebtes Instrument dar, einen DES um- und durchzusetzen; die bloße vertragliche Bindung bedeutet wohl keine Einbuße bei der Umsetzung.[538]

Für die Anwendung eines CVA muss ein Insolvenzverfahren weder beantragt noch eröffnet worden sein;[539] das *receivership*-Verfahren (sec. 28–69 IA 1986) oder etwa die *administration* (Schedule B1 IA 1986) sind demnach nicht notwendig. Die Gesellschaft muss auch nicht gem. sec. 123 IA 1986 zahlungsunfähig (*unable to pay its debts*) sein.[540] Vielmehr kann das CVA bereits vor der wirtschaftlichen Krise zur Anwendung kommen, um somit zu gewährleisten, dass die darin enthaltenen Restrukturierungsmaßnahmen – etwa ein DES – frühzeitig umgesetzt werden.[541] Die Unternehmensführung behält weiterhin die Kontrolle über das Unternehmen.[542] Trotz der Möglichkeit einer frühzeitigen Nutzung des CVA wird angemerkt, dass in der Praxis nicht selten erst dann von einem CVA Gebrauch gemacht werde, wenn die Krise eingetreten sei oder zumindest schwere finanzielle Schwierigkeiten drohen.[543]

532 *Burford Midland Properties Ltd. v Marley Extrusions Ltd.*, [1994] BCC 604 (611).
533 Vgl. *Re Leisure Study Group Ltd.*, [1994] 2 BCLC 65; *Re Bradley-Hole* [1995] BCC 418.
534 *Commissioners of Inland Revenue v Adam & Partners Ltd.*, [2001] 1 BCLC 222 (253); *Bewick/Fennessy/Marks* in: Caminal, Expedited Debt Restructuring, S. 159 (196); *Harner*, (2008–2009) 77 FLR 703 (744ff.).
535 Vgl. die Beispiele bei *Tribe*, (2009) 5 JBL 454 (466f.).
536 *Prudential Assurance Co Ltd v PRG Powerhouse Ltd.*, [2007] EWHC 1002, (Ch D).
537 Vgl. *Sladen*, (2011) 15(1) L & T Review 9.
538 Vgl. etwa *Nevins*, [2010] WL 2848369, S. 1 (10).
539 *Goode*, Corporate Insolvency Law, Rn. 10–106.
540 *Finch*, Corporate Insolvency Law, S. 488.
541 Vgl. *Baird/Ho*, (2007) 20(8) Insolv. Intel. 124.
542 *Hannigan*, Company Law, Rn. 22–3.
543 *Hannigan*, Company Law, Rn. 22–5.

a. *Das Verfahren der Implementierung*

Der Prozess des CVA kann überblicksartig als dreistufig beschrieben werden:[544] Zunächst muss ein Sanierungsplan (*proposal*) von dem Leitungsorgan der Gesellschaft (*director*) an die Gesellschaft und die Gläubiger zugeleitet werden, sec. 1(1) IA 1986. Als zweiter Schritt ist – soweit dieses Anwendung findet – die Frage eines Vollstreckungsverbots (*moratorium*) zu erörtern, sec. 1A IA 1986. Drittens muss das *proposal* mit der jeweiligen notwendigen Mehrheit angenommen werden, sec. 4 und 4A IA 1986.

1) Das *proposal* und sein Inhalt

Gemäß sec. 1(1) IA 1986 leitet der Geschäftsführer der Gesellschaft den Gläubigern, mit denen das CVA geschlossen werden soll, das von ihm erstellte *proposal* zu. Ferner hat er das *proposal* gem. sec. 1.4.(2) Insolvency Rule 1986 (nachfolgend IR 1986) einem *nominee* zuzuleiten, der das Verfahren des CVA überwacht.[545] Das *proposal* wird nach dem Wortlaut des sec. 1(1) IA 1986 durch einen Beschluss des *board meeting* gefasst.[546] Weder die Gläubiger noch die Anteilseigner haben das Recht, ein *proposal* zu initiieren.[547] Üblicherweise ziehen die Geschäftsführer, ohne dazu bereits verpflichtet zu sein, schon in diesem frühen Stadium die Unterstützung eines Insolvenzexperten (*insolvency practitioner*) hinzu.[548] Der *insolvency practitioner* ist als Experte des englischen Insolvenzrechts beim zuständigen Gericht registriert und ist gewöhnlich personenidentisch mit dem *nominee*, der das Verfahren überwacht, sec. 1(2) IA 1986.

Welche inhaltlichen Anforderungen das *proposal* zu erfüllen hat, bestimmt sich nach sec. 1.3. IR 86. Grundsätzlich wird das *proposal* mit einer Beschreibung der Gesellschaft und den relevanten Hintergründen für das CVA eingeleitet.[549] Im Rahmen dieser Beschreibungen müssen die Geschäftsführer gem. 1.3.(1) IR 1986 Gründe angeben, warum die Gläubiger dem *proposal* in seiner gegebenen Fassung zustimmen werden. Ferner soll es etwa die Aktiva, die Höhe und Art der Verbindlichkeiten sowie etwaige Schuldennachweise beinhalten, sec. 1.3.(2)(a) IR 1986. Auch muss dargestellt werden, welche Aktiva gerade nicht von dem CVA erfasst werden sollen. Gerade im Hinblick auf das Sanierungsszenario, in dem das CVA durchgeführt wird, wird die Darstellung weiterer Finanzierungsquellen einige Bedeutung zukommen, sec. 1.3.(2)(n) IR 1986. Darüber hinaus sollen verschieden Alternativen neben dem Weg, der durch das CVA vorgezeichnet wird, durchdacht und in dem *proposal* dargestellt werden.[550]

---

544 Vgl. *Bewick/Fennessy/Marks* in: Caminal, Expedited Debt Restructuring, S. 159 (197).
545 *Fletcher*, Insolvency Law, Rn. 15–011.
546 Vgl. *Bewick/Fennessy/Marks* in: Caminal, Expedited Debt Restructuring, S. 159 (199).
547 *Goode*, Corporate Insolvency Law, Rn. 10–106.
548 *Finch*, Corporate Insolvency Law, S. 489.
549 Vgl. *Bewick/Fennessy/Marks* in: Caminal, Expedited Debt Restructuring, S. 159 (206 f.).
550 Vgl. *Bewick/Fennessy/Marks* in: Caminal, Expedited Debt Restructuring, S. 159 (206).

Bei diesen Ausführungen ist jedoch stets im Hinterkopf zu behalten, dass es sich dabei nur um Minimalanforderungen an den Inhalt handelt. Der letztlich relevante Inhalt hinsichtlich der Restrukturierung mittels eines DES ist jedenfalls Gegenstand der Verhandlung mit den Beteiligten des CVA – denn letztlich sind sie es, die dem CVA zustimmen müssen. Um die notwendige Zustimmungsquote zu erreichen, verhandelt die Gesellschaft den Inhalt des *proposal* nicht selten hauptsächlich mit den Großgläubigern.[551]

Aus Sicht der verschiedenen an dem DES beteiligten Parteien ist es von großer Bedeutung, mit einiger Sicherheit zu wissen, welche Rechte jede Partei nach Durchführung eines DES erhält.[552] Dieses äußerst sensible Thema ist in der Regel Gegenstand von Verhandlungen, die dem DES vorausgehen.[553] Letztlich müssen sich die Interessen in dem *proposal* wiederfinden lassen, da nur dann eine hinreichend große Mehrheit diesem zustimmen wird. Demnach, so wird in der englischen Literatur das Vorgehen beschrieben, sollte die Höhe der Forderungen, die eingetauscht werden, die Höhe der Anteile, die ausgegeben werden und die Art der Einbringung[554] in einem möglichst frühen Stadium erörtert und verhandelt werden. Ebenso müssen die nach Durchführung des DES verbleibenden Gläubiger berücksichtigt werden und insbesondere ihre Sicherheiten mitsamt deren Durchsetzbarkeit verhandelt werden.[555] Auch erkennt das Gesetz in sec. 1.3.(2)(n) IR 1986 die grundsätzliche Notwendigkeit, dass restrukturierungsbedürftigen Gesellschaften neue Liquidität zugeführt werden muss; dies ist regelmäßig neben der Bilanzsanierung mittels DES unerlässlich. Sodann sollen die Details, wie neue Liquidität geschaffen werden kann, gem. sec. 1.3.(2)(n) IR 1986 in das *proposal* aufgenommen werden. Nicht zuletzt werden durch diese Sanierungsmaßnahmen die Gläubiger und andere Beteiligte ermutigt, den im CVA aufgezeigten Weg der Sanierung mitzutragen. Auch sollen weitere aussagekräftige Finanzkennzahlen bereitgestellt werden, um das Vertrauen der Beteiligten weiter zu stärken.[556]

Neben den Gläubigern müssen auch die Gesellschafter und die zukünftige Gesellschafterstruktur berücksichtigt werden. Nach englischem Recht können Anteile mit bestimmten Rechten (*preference shares*) an die Gläubiger im Rahmen der Umwandlung ihrer Forderungen ausgegeben werden.[557] Demnach können die Rechte dieser neuen Anteile einerseits eingeschränkt sein, beispielsweise können sie mit einem eingeschränkten Stimmrecht versehen werden, um die Stimmrechte bestehender Anteilseigener nicht zu beeinträchtigen.[558] Der Ausschluss bzw. die Verminderung

551 *Harner*, (2008–2009) 77 FLR 703 (745).
552 Vgl. *Cohen/Maclennan*, (2009) 3 CRI 91.
553 *Chatterji/Hedges*, Loan workouts, S. 279.
554 Vgl. *Chatterji/Hedges*, Loan workouts, S. 279.
555 Vgl. *Cohen/Maclennan*, (2009) 3 CRI 91.
556 Vgl. *Bewick/Fennessy/Marks* in: Caminal, Expedited Debt Restructuring, S. 159 (199).
557 *Kubiangha/Bon*, (2005) 155 (7162) NLJ 181.
558 Vgl. *Cohen/Maclennan*, (2009) 3 CRI 91.

des Stimmrechts wird regelmäßig dadurch kompensiert, dass in diesen Anteilen ein vorrangiger bzw. höherer Dividendenanspruch verbrieft ist.[559] Daneben ist es in der englischen Rechtspraxis möglich und üblich, dass diese Anteile mit einer festen Rückzahlungsvereinbarung (*fix redemption*) versehen werden, da dadurch den Gläubigern regelmäßig Rechtssicherheit hinsichtlich der Rückzahlung eingeräumt wird.[560] Es ist andererseits aber auch möglich und nicht unüblich, dass die neu ausgegebenen Anteile mit weitergehenden Rechten ausgestattet werden, so z.B. mit weitergehenden Stimmrechten, um den neuen Anteilseignern ein hinreichendes Stimmgewicht für weitere strategische Entscheidungen der Gesellschaft zu geben. Werden keine Anteile mit vollem Stimmrecht (*ordinary shares*) ausgegeben, so werden die Gläubiger regelmäßig das Recht verhandeln, die ausgegebenen Anteile in solche mit Stimmrecht versehenen Anteile umzutauschen, um somit ein hinreichendes Stimmengewicht in der Gesellschaft zu erlangen.[561] Letztlich ist es nach englischem Recht möglich, Bezugsscheine (*share warrant*) gem. sec. 779 CA 2006 anstatt oder zuzüglich der Anteile auszugeben, durch die die Gläubiger ebenfalls an dem zukünftigen Erfolg der Sanierung teilhaben können.[562]

Die konkrete rechtliche Ausgestaltung der Anteile ist stets Gegenstand von Verhandlungen des *proposal*. Die Verhandlung wird von den Geschäftsführern, normalerweise mit der Unterstützung des *nominee*, geführt.[563] Das Ergebnis der Verhandlungen kann entscheidend für das Zustandekommen des CVA sein, denn es sind die Beteiligten, die darüber abstimmen und demnach das CVA nur dann gewillt sind anzunehmen, wenn ihre Rechtsposition in dem *proposal* hinreichend konkret und sicher ausgestaltet ist.

2) Moratorium

Grundsätzlich sieht der Insolvency Act 1986 in sec. 1A vor, dass ein Moratorium beantragt werden kann, wenn ein CVA durchgeführt wird. Der Insolvency Act 1986 regelt, dass, wenn ein gesetzliches Vollstreckungsverbot (*moratorium*) einschlägig ist, die in Schedule A1 sec. 12 IA 1986 aufgelisteten Maßnahmen nicht durchgeführt werden dürfen.[564] Im Hinblick auf die Durchführung eines DES käme etwa zum Tragen, dass kein Beschluss über die Abwicklung der Gesellschaft getroffen werden darf, Schedule A1 sec. 12(1)(c) IA 1986. Auch wäre eine Vollstreckung von Sicherheiten gegen die betreffende Gesellschaft nicht möglich, Schedule A1 sec. 12(1)(g) IA 1986.[565]

559 *Wilson*, [2009] (June) CRI 103.
560 *Barham*, [2002] (Oct) PLC 21 (22).
561 *Wilson*, [2009] (June) CRI 103.
562 Vgl. *Kemp/Harris*, [1993] (Aug) PLC 19 (25).
563 Vgl. *Goode*, Corporate Insolvency Law, Rn. 10–116.
564 Vgl. *Bewick/Fennessy/Marks* in: Caminal, Expedited Debt Restructuring, S. 159 (201f.).
565 Vgl. auch *Rumberg*, RIW 2010, 358 (364).

Der Ausschluss jener Maßnahmen bedeutet für die sich an der Restrukturierung Beteiligenden eine gewisse Sicherheit, dass verschiedene Anteilseigner bzw. Gläubiger die Sanierung durch die genannten Maßnahmen nicht beeinträchtigen und gefährden.[566] Diese Gefahr könnte etwa durch die Vollstreckung von Sicherheiten seitens gesicherter Gläubiger, die mit der Sanierung zu den gegebenen Konditionen nicht einverstanden sind, realisiert werden.

Der gesetzliche Anwendungsbereich des Moratoriums ist jedoch beschränkt. Ein gesetzliches Moratorium findet gem. sec. 1A IA 1986 ausschließlich auf eine sog. „geeignete Gesellschaft" (*eligible company*) Anwendung. Die Voraussetzungen einer „geeigneten Gesellschaft" in diesem Sinne erfüllen nur wenige Gesellschaft in Großbritannien, so dass dem weitaus überwiegenden Teil das gesetzliche Moratorium in der Regel verschlossen bleibt.[567] Insbesondere findet gem. Schedule A1 sec. 3(2) (a) IA 1986 ein Moratorium auf sog. „kleine Gesellschaften" (*small companies*) Anwendung. Eine Gesellschaft ist „klein" in diesem Sinne, wenn mindestens zwei der Voraussetzungen aus sec. 382(3) CA 2006 vorliegen: (i) der Umsatz beträgt nicht mehr als £ 6.5 Millionen, (ii) die Bilanzsumme beträgt nicht mehr als £ 3.26 Millionen und (iii) die Gesellschaft beschäftigt nicht mehr als 50 Arbeitnehmer. Davon unberührt bleibt freilich die Möglichkeit, ein Moratorium auf dem Verhandlungswege zwischen den Parteien zu erreichen, so dass dadurch eine gewisse Sicherheit während den Verhandlungen über das CVA geschaffen werden kann.[568] Kommt ein einvernehmliches Moratorium nicht zustande und erfüllt die zu sanierende Gesellschaft jene gesetzlichen Anforderungen nicht, bleibt als einziger Ausweg zunächst das *administration*-Verfahren zu beantragen, das stets ein gesetzliches Moratorium gem. Schedule B1 sec. 42 ff. IA 1986 vorsieht.[569]

Da sich dieser Weg im Gegensatz zu der bloßen Anwendung des CVA außerhalb der *administration* als komplizierter darstellt, wurde in Großbritannien fortlaufend diskutiert, ob die Vorschriften zum Moratorium nicht auf sämtliche Gesellschaften ausgeweitet werden sollten.[570] Dazu hat der Gesetzgeber, namentlich *The Insolvency Service*, im Juni 2009 ein Diskussionspapier erstellt, aus dem das Ergebnis hervorgeht, dass die Mehrheit der Befragten Wissenschaftler, Praktiker und Verbände eine Ausweitung des Moratoriums auch auf mittlere und große Gesellschaften befürworten.[571] Unabhängig von der Befragung wurde seit längerem argumentiert, dass die nur zurückhaltende gesetzliche Anwendung des Moratoriums den praktischen Nutzen des CVA erheblich einschränke.[572] Daraus ergebe sich, dass die nur geringe

566 Vgl. *Finch*, (2005) (Sept) 68 MLR 713 (728).
567 Vgl. *Hannigan*, Company Law, Rn. 22–40.
568 Vgl. *Harner*, (2008–2009) 77 FLR 703 (746).
569 *Tribe*, (2009) 5 JBL 454 (473).
570 *Clowry*, (2010) 7(2) ECL 51 (54).
571 *The Insolvency Service*, Encouraging Company Rescue – A consultation, S. 4.
572 *Fletcher*, (2004) 5 EBOR 119 (130).

Anwendbarkeit des Moratoriums dazu führe, dass viele Gesellschaften eher die *administration* beantragen.[573]

Letztlich konnten sich die Reformbefürworter nicht durchsetzen – eine Ausweitung der Regelungen des Moratoriums scheiterte. Dies wurde nicht zuletzt auf die enorme Lobbyarbeit der „*City of London*" zurückgeführt, da eine Ausweitung des Moratoriums die Rechte der gesicherten Gläubiger beeinträchtigen würde.[574]

Demnach kann festgehalten werden, dass ein gesetzliches Moratorium nach wie vor nur auf eine „geeignete Gesellschaft" (*eligible companies*) i.S.d. Companies Act 2006 Anwendung findet und das auch nur zu dem Zeitpunkt, zu dem das *proposal* für das CVA bereits ausgehandelt und an das Gericht übersendet worden ist. Demnach bleibt die praktische Relevanz für das Moratorium für den Fall, dass das CVA ohne Antrag auf *administration* durchgeführt wird, gering und findet demnach auch in der einschlägigen Literatur nur wenig Beachtung.[575]

3) Notwendige Versammlungen

Gemäß sec. 2(2)(a)(aa) IA 1986 muss der *nominee* innerhalb von 28 Tage, nachdem er Kenntnis von dem *proposal* erhalten hat, einen Bericht an das Gericht senden, in dem er bestätigen muss, dass nach seiner Meinung das *proposal* ordnungsgemäß erstellt und begründet ist, so dass es angenommen und wirksam werden wird.[576] Ferner soll der Bericht einen Vorschlag enthalten, an welchem Ort und zu welcher Zeit sowohl die Eigentümer- als auch die Gläubigerversammlung einberufen werden soll, um über das *proposal* zu beraten und abzustimmen.

Gemäß sec. 4A(2)(a) IA 1986 muss das *proposal* sowohl von den Anteilseignern als auch von den betroffenen Gläubigern angenommen werden. Die Versammlungen der Anteilseigner und der Gläubiger sollen dem Gesetz nach von der Person geleitet werden, die den Bericht an das Gericht übersendet hat – dies ist regelmäßig der *nominee*, sec. 3(1) und sec. 2(2) IA 1986. Sie sollen gem. sec. 1.9. IR 1986 nicht später als 28 Tage einberufen werden, nachdem der Bericht an das Gericht übersendet worden ist. Zwischen Einladung und Abhalten der Versammlung müssen mindestens 14 Tage liegen. Der *nominee* hat gem. sec. 1.9.(2)(b) IR 1986 nach bestem Wissen sämtliche Anteilseigner über die Versammlung zu benachrichtigen. Darüber hinaus muss der *nominee* dem Wortlaut von sec. 1.9.(2)(a) IR 1986 nach auch alle Gläubiger über die Versammlung benachrichtigen, auch wenn Gläubiger ausdrücklich vom *proposal* ausgeschlossen worden sind.[577] Dadurch soll größtmögliche Transparenz in dem Verfahren ermöglicht werden. Dies betrifft insbesondere die Bereitstellung

---

573 *Tribe*, (2009) 5 JBL 454 (473).

574 Vgl. *Tribe*, (2009) 5 JBL 454 (473).

575 Vgl. *Calnan*, (2009) 8 JIBFL 443; *Grell/Houghton/Amengual*, (2004) (July) PPL 6 (7).

576 *Goode*, Corporate Insolvency Law, Rn. 10–118; *Fletcher*, Insolvency Law, Rn. 15–012.

577 Vgl. *Bewick/Fennessy/Marks* in: Caminal, Expedited Debt Restructuring, S. 159 (217).

von Informationen für die von dem CVA Betroffenen. Dies ist von Bedeutung, da aufgrund der bereitgestellten Informationen die Entscheidung über das *proposal* und demnach über das CVA getroffen wird. Jedoch gibt es keine konkreten gesetzlichen Vorgaben im Hinblick auf den Inhalt dieser Benachrichtigung seitens des *nominee*. Ausgehend vom Sinn und Zweck der Vorschrift, eben die größtmögliche Transparenz zu schaffen, wird befürwortet, dass die Benachrichtigung jedenfalls das *proposal* selbst, den Lagebericht der Gesellschaft (*statement of affairs*), der von den Geschäftsführern erstellt worden ist (sec. 1.5. IR 1986), weitere Anmerkungen, die der *nominee* gegebenenfalls zu dem *proposal* abgegeben hat, die Angaben der notwendigen Mehrheit in der jeweiligen Versammlung gem. sec. 1.19. und 1.20. IR 1986, eine Vollmachtsurkunde und eine Aufstellung der Kosten des *nominee* enthalten muss.[578]

4) Die Bestätigung des CVA

Nachdem die Versammlungen ordnungsgemäß einberufen und den Beteiligten die entsprechenden Informationen mitgeteilt worden sind, muss das CVA in den Versammlungen bestätigt werden. Grundsätzlich bedarf das CVA der Bestätigung in beiden Versammlungen, sec. 4A(2)(a) IA 1986. Die Anforderungen an die Bestätigung in der Versammlung der Eigentümer und der Gläubiger weisen jedoch Unterschiede auf.

a) Die notwendigen Mehrheiten

Gemäß sec. 1.20(1) IR 1986 bedarf es einerseits einer Mehrheit von mehr als 50% der bei der Beschlussfassung vertretenen Stimmrechte der Anteilseigner („*by more than one-half* [in value] *of the members present in person or by proxy and voting on the resolution. (The value of members is determined by reference to the number of votes conferred on each member by the company's articles.)*").[579]

Andererseits bedarf es zur Annahme des CVA einer Mehrheit von mehr als 75% der bei der Gläubigerversammlung vertretenen Forderungsrechte der Gläubiger gem. sec. 1.19(2) IR 1986. Die hohe Hürde einer Dreiviertelmehrheit wird mit der weitreichenden Bindungswirkung[580] des wirksamen Beschlusses begründet; die Wirkung des CVA erfasst sodann alle Gläubiger, die zur Abstimmung über das CVA berechtigt gewesen sind.[581] Dabei ist jedoch zu beachten, dass, soweit nichts Abweichendes in dem *proposal* geregelt ist, nur die ungesicherten Gläubiger zur Abstimmung berechtigt sind[582] und dass die Rechte der gesicherten Gläubiger gem.

578 Vgl. *Bewick/Fennessy/Marks* in: Caminal, Expedited Debt Restructuring, S. 159 (217).
579 Vgl. *Clowry*, (2010) 7(2) ECL 51 (53).
580 Siehe unten Teil 2, A., II., 1., c.
581 *Finch*, Corporate Insolvency Law, S. 512.
582 Vgl. *Bewick*, (2008) 5(2) ICR 103 (104); ein „secured creditor" ist in sec. 248 IA 86 definiert.

sec. 4(3) IA 1986 grundsätzlich nicht vom CVA berührt werden.[583] Ebenfalls haben solche Gläubiger kein Stimmrecht, die entweder gem. sec. 1.17(3) IR 1986 eine nicht festgestellte (*unliquidated claim*) oder eine unbestimmte Forderung (*unascertained claim*) haben, wenn der Versammlungsleiter (*chairman*) diese Ansprüche zurückweist.[584] Die Entscheidung des Versammlungsleiters kann gerichtlich überprüft werden.

Die ungesicherten Gläubiger bilden nur eine einzige Gläubigergruppe. Es bedarf keiner Gruppenbildung nach einzelnen Gläubigerrechten.[585]

Neben der qualifizierten Mehrheit muss gem. sec. 1.19(4)(c) IR 1986 als weitere Voraussetzung erfüllt sein, dass die ablehnenden Stimmen betragsmäßig mehr als 50% des Werts der Forderungen aller ordnungsgemäß geladenen und stimmberechtigten Gläubiger repräsentieren, die keine im Sinne der sec. 249 IA 1986 mit der Gesellschaft verbundenen Personen sind.[586] Dadurch soll den unabhängigen Gläubigern ein höheres Gewicht in dem Abstimmungsprozess eingeräumt werden.[587]

b) Kritische Ansicht: Einschränkung der Rechte der Anteilseigner?

Bei der Betrachtung der unterschiedlich hohen Zustimmungshürden wird teilweise in Frage gestellt, ob den Anteilseignern überhaupt ein Stimmrecht über das CVA zukommen soll, da das CVA doch eine Vereinbarung zwischen der Gesellschaft und den Gläubigern darstellt.[588] Seitens dieser kritischen Stimmen wird als Argument angeführt, dass zu dem Zeitpunkt, in dem die Gesellschaft finanzielle Schwierigkeiten habe und ein CVA durchgeführt werden solle, die Gesellschaftseigentümer ein, wenn überhaupt, nur noch reduziertes (wirtschaftliches) Interesse an der Gesellschaft hätten. Denn durch den hohen Schuldenstand der Gesellschaft gegenüber den Aktivposten werde sich der Wert der Gesellschaftsanteile regelmäßig (erheblich) reduziert haben.[589] Das Stimmrecht über das CVA räume den Anteilseignern in einer solchen Situation ein Vetorecht oder zumindest eine Blockademöglichkeit (*hold-out right*)[590] ein, die Einführung des CVA zu verhindern oder zumindest zu verzögern. Dies wird unter den Umständen der finanziellen Krise der Gesellschaft als ungerechtfertigt (*unjustifiable*)[591] angesehen. Eine weitergehende Ansicht in

---

583 Vgl. *Goode*, Corporate Insolvency Law, Rn. 10–120.

584 Vgl. *Goode*, Corporate Insolvency Law, Rn. 10–120; *Fletcher*, Insolvency Law, Rn. 15–019.

585 *Bewick/Fennessy/Marks* in: Caminal, Expedited Debt Restructuring, S. 159 (252); *Baird/Ho*, (2007) 20(8) Insolv. Intel. 124.

586 *Bewick/Fennessy/Marks* in: Caminal, Expedited Debt Restructuring, S. 159 (214); *Windsor/Müller-Seils/Burg*, NZI 2007, 7 (10).

587 *Windsor/Müller-Seils/Burg*, NZI 2007, 7 (10).

588 Vgl. *Bewick/Fennessy/Marks* in: Caminal, Expedited Debt Restructuring, S. 159 (198).

589 Vgl. *Finch*, Corporate Insolvency Law, S. 512.

590 Vgl. *Cohen/Maclennan*, (2009) 3 CRI 91.

591 *Phillips*, Administration Procedure, S. 24.

der der Literatur vertritt, dass die Rechte der Anteilseigner vollständig von dem Verfahren ausgeschlossen werden müssten; ihnen sollen weder Informationen über das Verfahren noch ein Stimmrecht zukommen.[592]

Das britische *Department of Trade and Industry* (das jetzt *Department for Business, Enterprise and Regulatory Reform* heißt) ist hingegen der Ansicht, dass die Anteilseigner zwar am Verfahren teilnehmen müssen, jedoch nur eingeschränkte Rechte haben sollten, das CVA zu bestätigen. Es soll ihnen konkret keine Möglichkeit zukommen, die Abstimmung der Gläubiger zu blockieren, wobei eine Grenzziehung dann erfolgen solle, wenn die Anteilseigner ungerechtfertigt benachteiligt (*unfair prejudiced*) würden.[593]

c) Gesetzgeber: Überstimmung der Anteilseigner durch Gläubiger grds. möglich

Der Gesetzgeber ist der kritischen Ansicht nicht gefolgt und hat im Rahmen der Insolvenzrechtsnovelle durch den Insolvency Act 2000 von einem vollständigen Ausschluss der Anteilseigner von dem CVA-Verfahren abgesehen. Vielmehr wurde die Regelung der sec. 4A(2)(b) IA 1986 eingeführt, wonach die Gläubigerversammlung allein, unbeachtlich des Abstimmungsergebnisses der Anteilseigner, das CVA bestätigen kann.[594] Ist dies der Fall, wird den Anteilseignern jedoch das Recht eingeräumt, innerhalb von 28 Tagen gem. sec. 4A(3) und (4) IA 1986 gerichtlich geltend zu machen, dass ihre Rechte als Anteilseigner durch das CVA unberechtigt benachteiligt (*unfair prejudiced*) werden.[595]

Eine unberechtigte Benachteiligung (*unfair prejudice*)[596] würde etwa dann angenommen werden, wenn die Anteilseigner darlegen und beweisen können, dass ihren Anteilen noch ein (wirtschaftlicher) Wert zukommt, der durch die Regelungen des CVA beeinträchtigt würde.[597] Gelingt dieser Nachweis, kann das Gericht wiederum gem. sec. 4A(6)(a) IA 1986 entscheiden, dass das Abstimmungsergebnis der Anteilseigner maßgeblich ist und es das Ergebnis der Gläubigerversammlung überstimmt.[598] Zusammenfassend wird dazu festgestellt, dass durch diese Regelung zwar das Risiko eines Blockade- oder gar eines Vetorechts seitens der Anteilseigener reduziert, jedoch die endgültige Entscheidung in die Hände des Gerichts

---

592 Vgl. *Finch*, Corporate Insolvency Law, S. 512 mit Verweis auf *Phillips*, Administration Procedure, S. 24.

593 Vgl. *Finch*, Corporate Insolvency Law, S. 513 mit Verweis auf Department of Trade and Industry (DTI),"Revised Proposals for a new Company Voluntary Arrangement Procedure: A Consultative Document", April 1995.

594 Vgl. *Clowry* in: Ben Larkin, Restructuring and Workouts, S. 39, Fn. 28.

595 Vgl. *Finch*, Corporate Insolvency Law, S. 512f.; *Fletcher*, Insolvency Law, Rn. 15–027.

596 Dazu auch unten Punkt Teil 2., A., II., 1., b., 2).

597 Vgl. *Re Pimlico Capital Ltd.*, [2002] WL 1039522, Rn. 40ff.; *Re Chesterfield Catering Co. Ltd.*, [1977] Ch. 373 (379).

598 *Bewick*, (2008) 5(2) ICR 103 (104).

gelegt werde.[599] Demnach besteht aus Sicht der Gläubiger das Risiko – obgleich das Abstimmungsergebnis ihrer Versammlung zunächst grundsätzlich maßgeblich ist –, dass das Gericht dennoch zu dem Ergebnis kommt, die Anteilseigner werden durch das CVA unberechtigterweise benachteiligt, so dass das CVA letztlich durch die gerichtliche Entscheidung abgelehnt wird.

d) Die gesetzgeberischen Folgen

Dass der Gesetzgeber die Gesellschaftseigentümer nicht vollumfänglich von dem CVA-Verfahren ausgeschlossen hat, kann damit begründet werden, dass in Zeiten der Krise, in der noch keine Insolvenz eingetreten ist, der (wirtschaftliche) Wert der Anteilseigner zwar vermindert, jedoch jedenfalls nicht völlig untergegangen sein wird.[600] Ihre daraus resultierenden Rechte können die Gesellschafter gem. sec. 4A(3) IA 1986 im Rahmen einer Klage, unberechtigt benachteiligt geworden zu sein (*unfair-prejudice application*), gerichtlich geltend machen und einer gerichtlichen Überprüfung unterziehen.[601] Unabhängig davon stellt die gesetzgeberische Entscheidung, die Bestätigung des CVA allein von den Stimmen der Gläubiger abhängig zu machen, regelmäßig die finanzielle Realität einer Gesellschaft, die sich in der Krise befindet, dar. Andererseits ist die grundsätzliche Beteiligung der Gesellschafter an dem Prozess als das Gegenstück zur Einflussnahme der Gläubiger zu erkennen. Dadurch soll, neben dem noch vorhandenen Interesse der Gesellschafter, auch der nicht unerheblichen Konsequenzen, die das CVA für die Rechte der Anteilseigner nach sich ziehen kann, Rechnung getragen werden. Denn nach einem DES, der mittels CVA durchgeführt wird, verlieren die Gesellschafter im Regelfall ihre Anteilsrechte und damit die potentielle Möglichkeit, von einer restrukturierten Gesellschaft wirtschaftlich profitieren zu können. Vor dem Hintergrund des möglichen Eingriffs in die Rechte der Anteilseigner mittels eines DES ist gewährleistet, dass diese durch Teilnahme an dem Verfahren die notwendigen Informationen erhalten und ein Forum haben, ihre Rechte geltend zu machen.[602] Mit der bloßen Begründung der wirtschaftlichen Krise der Gesellschaft können den Anteilseignern diese Möglichkeiten nicht ohne weiteres entzogen werden.

Auch die wirtschaftlichen Überlegungen können als Argument herangezogen werden, die Anteilseigner nicht grundsätzlich vollends vom Prozess des Zustandekommens des CVA auszuschließen. Die Beteiligten beabsichtigen, nach einer erfolgreichen Sanierung als Gesellschaftseigentümer an der Fortführung der Gesellschaft zu partizipieren.[603] Davon sollen auch die Unternehmenseigentümer nicht von vornherein pauschal ausgeschlossen werden. Ob ihnen noch ein wirtschaftlicher Wert im konkreten Fall zuteilwird, der die Teilnahme an der wirtschaftlichen Genesung der Gesellschaft rechtfertigen kann, muss im Rahmen der gerichtlichen Überprüfung

599 *Fletcher*, Insolvency Law, Rn. 15–025.
600 Vgl. *Finch*, Corporate Insolvency Law, S. 513.
601 Vgl. *Finch*, Corporate Insolvency Law, S. 513.
602 Vgl. *Finch*, Corporate Insolvency Law, S. 514.
603 Vgl. auch *Wilson*, [2009] (June) CRI 103.

der von den Gesellschaftern geltend gemachten unberechtigten Benachteiligung (*unfair prejudice*) überprüfbar sein.

Es kann zusammenfassend festgehalten werden, dass nach englischem Recht grundsätzlich sowohl die Anteilseigner als auch die Gläubiger das Recht haben, über das CVA abzustimmen. Jedoch ist es möglich, dass das CVA nur mit den Stimmen der Gläubiger zustande kommt; ein etwaiges ablehnendes Ergebnis der Gesellschafter bleibt dann unberücksichtigt. Die Gesellschafter können sodann aber gerichtlich überprüfen lassen, ob sie durch das CVA in ihren Rechten verletzt worden sind. Dieses Verfahren spiegelt einerseits den Wertverlust der Anteile der Gesellschaftseigentümer wider. Andererseits werden diese jedoch nicht gänzlich rechtlos gestellt.

5) Die Beteiligung des Gerichts

Es bedarf grundsätzlich keiner Beteiligung des Gerichts, damit das CVA wirksam wird.[604] Vielmehr wird das CVA allein durch die Abstimmung nach dem soeben vorgestellten Verfahren wirksam, sec. 4A(2) IA 1986. Lediglich zu informatorischen Zwecken hat der *nominee* seinen Bericht gem. sec. 2(2) IA 1986 dem Gericht vor der Zusammenkunft der Versammlungen zukommen zu lassen. Ebenfalls müssen die Versammlungsleiter ihren Bericht dem Gericht übersenden, sec. 4(6) IA 1986 und sec. 1.24(3) IR 1986.[605] Neben diesen Berichtspflichten und unter der Annahme, dass keine Partei das CVA gerichtlich überprüfen lässt, hat das Gericht keinen Einfluss auf das Zustandekommen des CVA.[606] Diese potentiell geringe Einflussmöglichkeit des Gerichts wird nicht zuletzt aufgrund der damit zusammenhängenden geringen Kosten[607] als klarer Vorteil des CVA angesehen. Auch dass das CVA weitaus unter Ausschluss der Öffentlichkeit implementiert werden kann, wird in England als vorteilhaft bewertet.[608] Denn das Risiko eines Wertverlustes des Unternehmens, das sich durch das Stigma eines notwendigen Restrukturierungsverfahrens realisieren kann, wird durch die Einführung eines CVA außerhalb der öffentlichen Wahrnehmung erheblich reduziert.[609] Die Verhandlungen werden allein zwischen den betroffenen Parteien geführt. Auch eine Veröffentlichung von Informationen oder Ergebnissen, etwa in der *London Gazette*, ist nicht erforderlich.[610] Obgleich zwar das Ergebnis der Versammlungen an das *Registrar of Companies* übersandt werden muss, sec. 1.24(5) IR 1986, erfolgt eine Eintragung des CVA nicht.

---

604 Vgl. *Hannigan*, Company Law, Rn. 22–19.

605 *Harner*, (2008–2009) 77 FLR 703 (745).

606 Vgl. *Bewick/Fennessy/Marks* in: Caminal, Expedited Debt Restructuring, S. 159 (198).

607 *Clowry*, (2010) 7(2) ECL 51 (53).

608 Vgl. *Calnan*, (2009) 8 JIBFL 443.

609 Vgl. *Nevins*, [2010] WL 2848369, S. 1 (3), der jedoch andererseits in diesem Zusammenhang befürchtet, dass durch den Einsatz eines *insolvency practitioners* die Gefahr des Stigmas der Restrukturierung doch wieder akut wird (S. 10).

610 *Bewick/Fennessy/Marks* in: Caminal, Expedited Debt Restructuring, S. 159 (217).

b. Anfechtung der Bestätigung

Grundsätzlich kommt gem. sec. 6 IA 1986 jeder Person, die für das CVA stimmberechtigt ist, das Recht zu, das CVA anzufechten. Die Anfechtung des CVA kann gem. sec. 6(1) IA 1986 auf zwei Gründe[611] gestützt werden: entweder wurde die betreffende Person durch das CVA unberechtigt benachteiligt (*unfair prejudiced*) oder in einer der Versammlungen kam es zu einem wesentlichen Verfahrensverstoß (*material irregularity*). Insbesondere können Beteiligte nicht von vornherein bloß aus dem Grund ausgeschlossen werden, sie hätten kein wirtschaftliches Interesse an der Gesellschaft.[612]

Die Geltendmachung eines Anfechtungsgrundes unterliegt gem. sec. 6(3) IA 1986 der Verjährung: dessen Geltendmachung muss innerhalb von 28 Tage beginnend mit Tag erfolgen, an dem der Versammlungsleiter gem. sec. 4(6) IA 1986 seinen Bericht an das Gericht übersandt hat.[613]

Aus Sicht der Gesellschaft zieht die Möglichkeit der Anfechtung des CVA die Gefahr nach sich, dass opponierende Gläubiger durch die Anfechtung die Implementierung des CVA hinauszögern oder gar insgesamt verhindern können.[614] Obgleich teilweise das Risiko von Anfechtungen eher für gering erachtet wird,[615] hat sich in den vergangenen Jahren dieses Risiko zunehmend realisiert.[616]

1) Wesentliche Verfahrensverstöße (*material irregularity*)

Ein wesentlicher Verfahrensverstoß müsste gem. sec. 6(1)(b) IA 1986 in einer der Versammlungen zur Abstimmung über das CVA auftreten. Auch geht daraus hervor, dass nicht jeder Verstoß einen Anfechtungsgrund begründet, sondern dieser muss gerade *wesentlich* in diesem Sinne sein.[617] Der Betroffene muss darlegen, dass durch den Verfahrensverstoß ein anderes Ergebnis der Abstimmung erzielt worden wäre als dies ohne den Verfahrensverstoß der Fall gewesen wäre – mit anderen Worten scheidet der Anfechtungsgrund aus, wenn auch bei Vorliegen des Verfahrensverstoßes das gleiche Ergebnis erzielt worden wäre.[618] Obgleich eine Vielzahl von Gründen in

---

611 *Rutstein/Johnson*, (2012) (Spring) Recovery 18 (19).

612 *Rutstein/Johnson*, (2012) (Spring) Recovery18; vgl. zur *economic interest doctrine* für das SoA unten Teil 2, A., II., 2., a., 4), c).

613 *Morse*, Company Law, S. 538.

614 *Fletcher*, Insolvency Law, Rn. 15–027f.; vgl. *Bewick/Fennessy/Marks* in: Caminal, Expedited Debt Restructuring, S. 159 (254).

615 Vgl. auch die Skepsis der Gerichte gegenüber dem taktischen Vorgehen einiger Gegner des CVA bei *Fletcher*, Insolvency Law, Rn. 15–028; vgl. auch *Jaffé* in: Kölner Schrift zur Insolvenzordnung, Kap. 23, Rn. 62.

616 Vgl. *Bugg/Windsor*, (2010) (Winter) Recovery 8 (9f.).

617 *HMRC v Portsmouth City Football Club Ltd. (In Administration)*, [2011] BCC 149 (151); siehe dazu auch *Sisu Capital Fund Ltd. v Tucker*, [2005] EWHC 2170 (Ch), Rn. 80; *Shearman & Sterling LLP*, (2010) 25(12) JIBLR N143 (N144).

618 *Bugg/Windsor*, (2010) (Winter) Recovery 8 (9).

Betracht kommen kann, die eine *material irregularity* zu begründen vermögen, haben sich zwei grundsätzliche Kategorien herausgebildet, auf die im Folgenden eingegangen werden soll.[619]

Demnach stellt ein solcher Grund einerseits das vollumfängliche Ausbleiben oder zumindest die unzureichende Bereitstellung von Informationen über das CVA in den entsprechenden Versammlungen dar.[620] Denn die Bereitstellung von Informationen ist von großer Bedeutung für die Teilnehmer der Versammlungen, stellt sie doch die Grundlage für die Entscheidungsfindung in dem Abstimmungsprozess dar.[621] Insbesondere das *proposal* (sec. 1.3. IR 1986) ist eine hauptsächliche Informationsquelle. Im Hinblick auf das *Individual Voluntary Arrangement*[622] wurde gerichtlich entschieden, dass das *proposal* die vollständigen und richtigen Informationen enthalten und diese transparent darstellen müsse.[623]

Daneben muss ebenfalls die *materiality* dargelegt werden. Dies wird insbesondere im Hinblick auf die Bereitstellung von Informationen als schwierig erachtet, da dargelegt werden muss, dass bei der rechtmäßigen Bereitstellung der Informationen anders entschieden worden wäre; dies ist insbesondere dann nahezu ausgeschlossen, wenn die im CVA eingekleidete Restrukturierungsmaßnahme die einzige in Betracht kommende Maßnahme ist.[624] Dazu bedarf es einiger Wahrscheinlichkeit (*substantial chance*), dass die Teilnehmer der Versammlung anders entschieden hätten, wobei eine Wahrscheinlichkeit von mehr als 50% nicht unbedingt überschritten werden muss.[625] Diese Untersuchung erfolgt für jeden konkreten Einzelfall.

Ein weiteres Feld, in dem der Anfechtungsgrund der *material irregularity* relevant werden kann, ist die rechtswidrige Berücksichtigung von Stimmrechten. Gemäß sec. 1.17(2) IR 1986 werden die Stimmrechte der Gläubiger in der Versammlung nach dem Wert ihrer Forderungen, die sie gegenüber der Gesellschaft haben, berechnet. Hat ein Gläubiger gem. sec. 1.17(3) IR 1986 lediglich Forderungen in nicht festgestellter Höhe (*unliquidated claim*) oder ist der Wert der Forderung unbestimmt (*unascertained claim*), ist der Gläubiger zwar grundsätzlich berechtigt, an der Abstimmung teilzunehmen.[626] Jedoch beträgt der Wert seiner Forderung £ 1, es sei denn, der Versammlungsleiter entscheidet, dass der betroffenen Forderung ein höherer Wert zukommen

619 Vgl. *Bugg/Windsor*, (2010) (Winter) Recovery 8 (9).

620 Vgl. *Re Cranley Mansions Ltd.*, [1994] 1 WLR 1610 (1622f.).

621 Dazu bereits oben Teil 2, A., II., 1., a), 1).

622 Dieser Gedanke soll ebenfalls für das CVA Anwendung finden, vgl. *Re Trident Fashions (No 2)*, [2004] 2 BCLC 35 Rn. 37f.

623 *Cadbury Schweppes plc. v Somji*, [2001] 1 WLR 615 (629); *Re Trident Fashions (No 2)*, [2004] 2 BCLC 35 Rn. 37f., in der auf die Grundsätze des *Individual Voluntary Arrangement* für die Beurteilung eines CVA zurückgegriffen wird.

624 *Bugg/Windsor*, (2010) (Winter) Recovery 8 (9).

625 *Re Trident Fashions (No 2)*, [2004] 2 BCLC 35 Rn. 46.

626 Hinsichtlich der Vorgängernorm zu 1.17(3) IR 86 und der dazu angewendeten Prüfung vgl. *Re Newlands (Seaford) Educational Trust*, [2007] BCC 195 (202) mit Verweis auf *Doorbar v Alltime Securities Ltd.* (No. 2), [1995] BCC 728.

soll, sec. 1.17(3) IR 1986. Wie der Versammlungsleiter die Stimmrechte der Gläubiger berücksichtigt, wird näher in sec. 1.17A(1) IR 1986 geregelt. Diese Entscheidung kann gerichtlich überprüft werden, sec. 1.17A(3) IR 1986.[627] In Anlehnung an die bereits beschriebene Anfechtung gem. sec. 6 IA 1986 gilt auch hier die Frist von 28 Tagen.

Zunächst prüft der Versammlungsleiter, ob eine Forderung überhaupt in nicht festgestellter Höhe oder in unbezifferter Höhe besteht. Wenn die Forderung in keine dieser Kategorien fällt, entscheidet der Versammlungsleiter gem. sec. 1.17A(1) IR86, ob der Gläubiger grundsätzlich mit der entsprechenden Höhe seiner Forderung zur Stimmabgabe berechtigt ist. Für den Fall, dass der Versammlungsleiter im Zweifel darüber ist, ob er einen Gläubiger zur Stimmabgabe zulassen soll, kann er sich den Widerruf des Stimmrechts vorbehalten, sec. 1.17A(4) IR 1986. Sodann ist der Gläubiger zwar zur Abgabe der Stimme in voller Höhe berechtigt, ihm kann im Nachhinein das Stimmrecht aber entzogen werden.

Wird die Forderung als nicht festgestellt bzw. unbeziffert angesehen, ist es die Entscheidung des Versammlungsleiters, der Forderungen einen höheren Wert als £ 1 zukommen zu lassen. Als Entscheidungsgrundlage darf der Versammlungsleiter einerseits keine unbegründeten Spekulationen anstellen ("*the chairman should not speculate*") andererseits ist er nicht verpflichtet, die Forderung von Amts wegen vollends zu überprüfen ("[not] *obliged to investigate the creditor's claim*").[628] Vielmehr ist es Sache der betroffenen Parteien darzulegen und zu beweisen, ob einer bestimmten Forderung ein höherer Wert als £ 1 zukommt.[629] Der Versammlungsleiter wird nur dann einen höheren Wert als £ 1 für die betroffene Forderung festsetzen, wenn dieser hinreichend bewiesen werden konnte.[630]

Ähnlich wie bei der unzureichenden bzw. ausbleibenden Bereitstellung von Informationen für die Teilnehmer der Versammlung muss ebenfalls für die zuletzt diskutierte Alternative der Bestimmung der Stimmrechte eine Erheblichkeit der Verletzung vorliegen. Mit anderen Worten muss durch die rechtswidrige Bestimmung der Stimmrechte ein unterschiedliches Abstimmungsergebnis zu verzeichnen sein.[631] Auch diesen Umstand haben die Parteien darzulegen. Beide Alternativen weisen die Gemeinsamkeit auf, dass sie eine nicht unerhebliche Unsicherheit für das Abstimmungsverfahren beinhalten, denn sog. *ransom creditors* können auf dieser Grundlage das Verfahren anfechten, um das Zustandekommen und Wirksamwerden des CVA zu verzögern bzw. zu verhindern.[632]

---

627 *Fletcher*, Insolvency Law, Rn. 15–019 m.w.N.
628 *Re Newlands (Seaford) Educational Trust*, [2007] BCC 195 (203).
629 *Re Newlands (Seaford) Educational Trust*, [2007] BCC 195 (203).
630 *Dilley*, (2006) 19(8) Insolv. Intel. 126 (127).
631 *Re Newlands (Seaford) Educational Trust*, [2007] BCC 195 (200); *Goldring*, (2009) (Autumn) Recovery 34 (35).
632 *Wallace/Bewick*, (2006) 3(2) ICR 69 (72).

2) Unberechtigte Benachteiligung (*unfair prejudice*)

Neben dem Grund der *material irregularity* kann eine Anfechtung auch darauf gestützt werden, dass seine unberechtigte Benachteiligung (*unfair prejudice*) vorliegt, sec. 6(1)(a) IA 1986. Eine Benachteiligung wird grundsätzlich angenommen, wenn jemand weniger erhält, als ihm in den jeweiligen Umständen tatsächlich zustünde.[633] Die Benachteiligung muss sich aus dem CVA ergeben und muss die Person in ihrer Eigenschaft entweder als Gläubiger oder als Gesellschaftsmitglied betreffen.[634] Ebenfalls müssen beide Elemente des Anfechtungsgrundes – *unfairness* und *prejudice* – erfüllt sein.[635]

Zunächst ist dazu festzustellen, dass es keine gesetzlichen Vorgaben für die Bestimmung von *unfairness* gibt.[636] Es muss eine Beurteilung im Einzelfall erfolgen.[637] Dazu müssen nach der einschlägigen Rechtsprechung sämtliche Umstände berücksichtigt werden.[638] Für die Überprüfung der Umstände haben sich die folgenden Vergleiche herausgebildet:

Der sogenannte vertikale Vergleich (*vertical comparison*) vergleicht das Ergebnis des jeweils gegenständlichen CVA mit dem Ergebnis, dass bei einer Liquidation eintreten würde.[639] Demnach ist ein CVA *unfair*, wenn der betreffende Beteiligte weniger durch das CVA als bei der Liquidation erhalten würde.[640]

Daneben wird ein horizontaler Vergleich (*horizontal comparison*) durchgeführt, bei dem die Interessen des Betroffenen mit dem der anderen Beteiligten verglichen werden.[641] Dabei wird eine bloße Ungleichbehandlung noch keine unberechtigte Benachteiligung in diesem Sinne darstellen.[642] Teilweise wird eine Ungleichbehandlung sogar notwendig sein, um die *fairness* und Gleichberechtigung unter den Beteiligten zu wahren.[643] Jedoch soll jede Ungleichbehandlung einer Untersuchung unterzogen werden, ob diese angemessen bzw. ob die Ungleichbehandlung noch gerechtfertigt ist.[644]

633 *Bugg/Windsor*, (2010) (Winter) Recovery 8 (9).
634 *Sea Voyager Maritime Inc. & Ors v Bielecki*, [1999] BCC 924 (936).
635 *Prudential Assurance Co Ltd. v PRG Powerhouse Ltd.*, [2007] BCC 500 (515).
636 *Re T&N Ltd.*, (2004) WL 2495805, Rn. 81 (= [2004] EWHC 2361 (Ch)); *Mulligan/Angel*, (2007) 23 ILP 110.
637 *Mulligan/Angel*, (2007) 23 ILP 110.
638 *Inland Revenue Commissioners v The Wimbledon Football Club Ltd. & Ors*, [2004] BCC 638 (645).
639 *Prudential Assurance Co Ltd. v PRG Powerhouse Ltd.*, [2007] BCC 500 (515).
640 Vgl. *Re T&N Ltd.*, (2004) WL 2495805, Rn. 82; vgl. *Prudential Assurance Co Ltd. v PRG Powerhouse Ltd.*, [2007] BCC 500 (521).
641 Vgl. *Hannigan*, Company Law, Rn. 22–26.
642 *Inland Revenue Commissioners v The Wimbledon Football Club Ltd. & Ors*, [2004] BCC 638 (645).
643 Vgl. *Chalkiadis*, (2007) 21 CoLN 1 (3).
644 *Mourant & Co Trustees Ltd. v Sixty UK Ltd. (in administration)*, [2010] BCC 882 (903); *Inland Revenue Commissioners v The Wimbledon Football Club Ltd. & Ors*, [2004] BCC 638 (645).

Ein dritter Vergleich wird zwischen einem CVA und einem SoA angestellt.[645] Im Rahmen dieses Vergleiches ist ein Beteiligter noch nicht unberechtigt benachteiligt in diesem Sinne, wenn er durch ein CVA in seinen Rechten stärker beeinträchtigt werden würde als durch ein SoA.[646] Insbesondere hat der Gesetzgeber mit dem CVA und dem SoA zwei unterschiedliche Verfahren mit unterschiedlichen Voraussetzungen geschaffen,[647] von denen die Parteien frei wählen können. Es muss vielmehr offensichtlich sein, wobei hohe Hürden zur Anwendung kommen, dass die Verwendung eines CVA gegenüber einem SoA gerade dazu verwendet werden sollte, den betroffenen Beteiligten zu benachteiligen.[648]

Letztlich ist es grundsätzlich möglich, einen Vergleich zwischen dem konkret vorliegenden CVA und eines solchen CVA, das gegebenenfalls fairer ist, zu ziehen.[649] Dabei darf das Gericht jedoch nicht hypothetisch und rein spekulativ ein faireres CVA als Vergleichsgrundlage heranziehen.[650] So wurde entschieden, dass dem Gericht kein Entscheidungsspielraum dahingehend zukomme, ob das zu beurteilende CVA die bestmöglichsten Ergebnisse für alle Beteiligten beinhalte.[651] Nur in Ausnahmefällen, wenn das Gericht auf der Grundlage der vorgebrachten Argumente davon überzeugt ist, dass ein für die Beteiligten faireres CVA zur Wahl stand, darf das Gericht dieses zu Vergleichszwecken heranziehen; anderenfalls darf der Vergleich nur zwischen dem konkret zu beurteilenden und der Situation des gänzlichen Fehlens eines CVA im Zeitpunkt der Abstimmung gezogen werden.[652]

Da nach der Rechtsprechung sämtliche Umstände bei der Beurteilung der unberechtigten Benachteiligung zu berücksichtigen sind, sollen die soeben vorgestellten Prüfungen regelmäßig kumulativ durchgeführt werden.[653]

3) Konsequenzen

Ist das Gericht davon überzeugt, dass ein Anfechtungsgrund vorliegt, kann es gem. sec. 6(4) IA 1986 die Bestätigung des CVA aussetzen oder widerrufen, Vorgaben für zukünftige Versammlungen machen oder sonstige Entscheidungen treffen, die es für richtig hält. Insbesondere wenn das Gericht zu dem Ergebnis kommt, dass Stimmrechte falsch berechnet worden sind, kann es unter anderem

---

645 *Mulligan/Angel*, (2007) 23 ILP 110; vgl. auch *Baird/Ho*, (2007) 20(8) Insolv. Intel. 124 (125).
646 *Chalkiadis*, (2007) 21 CoLN 1 (3); *Bugg/Windsor*, (2010) (Winter) Recovery 8 (10).
647 *Bugg/Windsor*, (2010) (Winter) Recovery 8 (10).
648 Vgl. *Bugg/Windsor*, (2010) (Winter) Recovery 8 (10).
649 *Inland Revenue Commissioners v The Wimbledon Football Club Ltd. & Ors*, [2004] BCC 638 (645).
650 *Bugg/Windsor*, (2010) (Winter) Recovery 8 (10).
651 *Sisu Capital Fund Ltd. v Tucker*, [2005] EWHC 2170 (Ch), Rn. 73.
652 *Sisu Capital Fund Ltd. v Tucker*, [2005] EWHC 2170 (Ch), Rn. 73.
653 *Inland Revenue Commissioners v The Wimbledon Football Club Ltd. & Ors*, [2004] BCC 638 (645).

die betreffenden Stimmen für ungültig erklären oder vorschreiben, dass eine weitere Abstimmung vorzunehmen ist, sec. 1.17A(5) IR 1986. Dadurch besteht die Gefahr, dass das gesamte Verfahren des CVA erst mit erheblicher Verspätung in Kraft treten kann.[654]

Diese möglichen Ergebnisse wurden in der englischen Literatur mit Sorge zur Kenntnis genommen. Sie werden als Kehrseite der großen Flexibilität des CVA bewertet.[655] Die damit einhergehenden Unsicherheiten ergeben sich einerseits aus der weitaus unklaren Grenzziehung der Voraussetzungen, wie der Anfechtungsgrund der unberechtigten Benachteiligung (*unfair prejudice*) zu bestimmen ist.[656] Zwar sind der einschlägigen Rechtsprechung Indizien zur näheren Bestimmung dieses Anfechtungsgrundes zu entnehmen; rechtssichere Voraussetzungen sind aber nicht ersichtlich.[657] Es bleibt im Ergebnis dabei, dass, obgleich den Initiatoren des CVA grundsätzlich ein weiter Ermessenspielraum hinsichtlich des Inhalts zukommt, das Gericht im Fall der Anfechtung über diesen entscheiden kann.[658] Aus Sicht der Beteiligten resultiert die Unsicherheit des CVA sowohl aus den wenig scharfen gesetzlichen Regelungen als auch aus dem dem Gericht zugesprochenen Ermessensspielraum für die Entscheidung, wenn das CVA angefochten worden ist.[659]

4) Maßnahmen zur Vermeidung der Anfechtung

Aufgrund dieser immanenten Risiken haben sich in der Praxis Maßnahmen herausgebildet, die die Anfechtung des CVA und die damit einhergehenden negativen Auswirkungen zu vermeiden suchen.

Demnach wurden etwa Gläubigergruppen in den Abstimmungsprozess eingeführt.[660] Obgleich es für die Abstimmung über das CVA grundsätzlich keiner verschiedenen Gläubigergruppen bedarf, wurde teilweise erfolgreich versucht, durch die verbindliche Einbringung von Gläubigergruppen die Akzeptanz des CVA von vornherein zu steigern. Konkret wurde als zusätzliche Voraussetzung für die Annahme des CVA verlangt, dass sämtliche vorher festgelegten Gläubigergruppen, z.B. Anleihegläubiger[661], dem CVA mit einer entsprechenden Mehrheit zustimmen müssen.

---

654 *Bewick/Fennessy/Marks* in: Caminal, Expedited Debt Restructuring, S. 159 (254f.).

655 *Sladen*, (2011) 15(1) L & T Review 9 (10).

656 *Mulligan/Angel*, (2007) 23 ILP 110.

657 Vgl. *Sladen*, (2011) 15(2) L & T Review 47 (48).

658 *Sladen*, (2011) 15(1) L & T Review 9 (10f.).

659 Vgl. *Chalkiadis*, (2007) 21 CoLN 1 (4).

660 Vgl. *Baird/Ho*, (2007) 20(8) Insolv. Intel. 124 (126).

661 *Baird/Ho*, (2007) 20(8) Insolv. Intel. 124 (126); in der konkreten Restrukturierung der *Schefenacker AG*, die im Rahmen der Restrukturierung in die *Schefenacker plc.* umgewandelt wurde, war bedeutsam, dass neben den gewöhnlichen Mehrheiten zur Annahme des CVA auch die Anleihegläubiger (*bondholder*) ihre Zustimmung mit einer 75%-Mehrheit erteilen mussten, vgl. *Bewick*, (2008) 5(2) ICR 103 (105).

Dabei darf nicht unberücksichtigt bleiben, dass die Einführung einer weiteren Zulässigkeitsvoraussetzung auch das Risiko birgt, dass die Bestätigung des CVA daran scheitert. Andererseits werden sodann die Gläubiger stärker an dem Entscheidungsprozess beteiligt, die ansonsten – nach dem gesetzlichen Leitbild – nur eine untergeordnete Rolle spielen würden.[662] Damit das CVA die Zustimmung einer breiteren Basis findet, sind häufig entsprechende Änderungen des Inhalts notwendig, damit auch die Interessen der nunmehr zustimmungspflichtigen Gruppen berücksichtigt werden. Sind die Änderungen jedoch mit der notwendigen Zustimmung aller Beteiligten vorgenommen worden, ist auch deren Zustimmung zum CVA nahezu sicher.[663] Nicht nur die Hürde der anschließenden Zustimmung wird somit herabgesetzt, sondern auch das Risiko, dass das CVA angefochten wird, wird reduziert,[664] da die Parteien bereits im Verhandlungsprozess ein stärkeres Mitwirkungsrecht erhalten haben.

Dass diese weitere Zustimmungsvoraussetzung in den Prozess eingefügt wird, zeigt die Sorge, vornehmlich des *nominee*, dass das CVA angefochten wird. Denn erfolgt eine Anfechtung des CVA nicht, wird dadurch gleichzeitig das rechtsunsichere Verfahren mitsamt dem Ermessensspielraum seitens des Gerichts über den Ausgang des CVA vermieden. Mit anderen Worten wird das Risiko einer umfangreicheren Verhandlungsphase und des Scheiterns an den Zustimmungshürden in Kauf genommen, wenn dadurch die immanenten Unsicherheiten im Anfechtungsverfahren abgebaut werden können.

c. Wirkung des CVA

Nachdem das CVA mit den notwendigen Mehrheiten angenommen worden ist und etwaige Anfechtungsgründe ausgeräumt worden sind, wird das CVA wirksam.[665] Die Durchführung des CVA wird dann von dem *supervisor* verantwortet, der üblicherweise personenidentisch mit dem bereits verantwortlichen *nominee* ist.[666] Um die Wirksamkeit des CVA herbeizuführen, bedarf es grundsätzlich keiner über die Notwendigkeit der Zusendung verschiedener Dokumente gem. sec. 1.24(5) IR 1986 hinausgehende Mitwirkung des Gerichts.[667]

Die Rechtsfolgen eines wirksamen CVA ergeben sich aus sec. 5(2)(b) IA 1986. Es entsteht eine Bindungswirkung gegenüber allen Anteilseignern und Gläubigern, die stimmberechtigt gewesen sind. Diese Wirkung tritt unabhängig davon ein, ob

---

662 Vgl. *Harner*, (2008–2009) 77 FLR 703 (722) ("[creditors, which] *were on the periphery of the reorganization negotiations*").
663 *Bewick*, (2008) 5(2) ICR 103 (105f.).
664 Vgl. *Goetker/Quenby*, (2007) 26 Int'l Fin. L. Rev. 48 (49); *Bewick*, (2008) 5(2) ICR 103 (106).
665 *Finch*, Corporate Insolvency Law, S. 489; *Clowry* in: Ben Larkin, Restructuring and Workouts, S. 40.
666 *Finch*, Corporate Insolvency Law, S. 489.
667 *Broude, ua*, Overview of Global Insolvency Regimes, S. 31 (42).

die Beteiligten tatsächlich ihre Stimme abgegeben haben oder gar Kenntnis von der Abstimmung hatten. Demnach enthält diese Norm zwei bedeutende Konsequenzen: erstens werden nicht nur die Beteiligten an das CVA gebunden, die gegen das CVA gestimmt haben.[668] Mit anderen Worten kann die Minderheit von bis zu 25% gegen ihren Willen an das CVA gebunden werden.[669]

Zweitens entfaltet das CVA die Bindungswirkung nicht nur gegenüber den Beteiligten, die bei der Abstimmung anwesend waren, sondern gegenüber allen Beteiligten, die zur Stimmabgabe berechtigt waren. Dies betrifft auch jene Beteiligten – vornehmlich Gläubiger – die überhaupt keine Kenntnis von der Abstimmung oder von denen auch der *nominee* keine Kenntnis hatte.[670] Diese weitreichende Bindungswirkung wurde mit der Reform durch den Insolvency Act 2000 eingeführt, um zu verhindern, dass dem *nominee* unbekannte Gläubiger die Möglichkeit haben, ihre Forderung individuell geltend zu machen und somit die Wirkung des CVA zu unterlaufen.[671] Die Interessen der abwesenden Beteiligten wurden zurückgestellt zugunsten einer effizienteren und beschleunigten Restrukturierung.[672]

Da jedoch die gesicherten Gläubiger nicht zur Abstimmung berechtigt sind, erfasst die Bindungswirkung des CVA diese grundsätzlich nicht, es sei denn, die Bindungswirkung wurde abweichend vereinbart.[673] Daraus folgt, dass die gesicherten Gläubiger nach wie vor die Möglichkeit haben, ihre Sicherheit und Forderung gegen die Gesellschaft durchzusetzen, wenn kein Moratorium besteht.[674] In diesem Umstand wird ein erheblicher Nachteil des CVA gesehen.[675]

d. Das CVA und der Debt-Equity-Swap

Nachdem das Verfahren des CVA nunmehr dargestellt worden ist, sollen im Folgenden auch dessen Auswirkung auf einen DES erläutert werden.

Aufgrund der nur schuldrechtlichen Wirkung des CVA kann dadurch nicht unmittelbar in die Rechte der Anteilseigner eingegriffen werden. Obgleich der Inhalt des CVA grundsätzlich frei zwischen den Beteiligten verhandelt werden kann, können ferner keine Maßnahmen getroffen werden, die über die gesetzliche Entscheidungskompetenz der Beteiligten hinausgehen.[676] Mit anderen Worten bedarf es für die Umsetzung eines DES der gesonderten Gesellschafterbeschlüsse für die

---

668 *Finch*, Corporate Insolvency Law, S. 489.

669 Vgl. *Tribe*, (2009) 5 JBL 454 (475).

670 *Clowry*, (2010) 7(2) ECL 51 (53).

671 *Hannigan*, Company Law, Rn. 22–17.

672 Vgl. *Tribe*, (2009) 5 JBL 454 (476).

673 *Finch*, Corporate Insolvency Law, S. 490.

674 *Goode*, Corporate Insolvency Law, Rn. 10–126f.; *Bewick/Fennessy/Marks* in: Caminal, Expedited Debt Restructuring, S. 159 (210); also vgl. *Mokal*, Corporate Insolvency Law, S. 253.

675 *Morse*, Company Law, S. 535f.

676 *Goode*, Corporate Insolvency Law, Rn. 10–122.

notwendigen Kapitalmaßnahmen und, soweit es sich um eine *public company* handelt, auch der gerichtlichen Zustimmung, sec. 641(1)(a)(b) CA 2006. Jedoch wird aufgrund des Umstandes, dass das *proposal* des CVA von der Gesellschaft gem. sec. 1(1) IA 1986 erstellt und demnach von den Anteilseignern beschlossen werden muss, sec. 2(2)(a)(aa) IA 1986, die vertragliche Bindungswirkung für im Grundsatz hinreichend erachtet, um einen DES umzusetzen;[677] weitergehende Schwierigkeiten werden in diesem Zusammenhang jedenfalls nicht erörtert.

Jedoch müssen die Vor- und Nachteile dieses Verfahren im jeweils konkreten Fall bei der Umsetzung eines DES berücksichtigt werden.

1) Gerichtliche Einflussnahme

Die Darstellung des Verfahrens des CVA hat ergeben, dass das Gericht im Grundsatz nur sehr geringfügig an der Umsetzung des CVA beteiligt ist. Das Verfahren ist grundsätzlich zügig und wenige kostenintensiv umsetzbar. Insbesondere ersterer Aspekt kann für Unternehmen wichtig sein, die sich in der Krise befinden und deswegen restrukturiert werden müssen.

Aber auch die zügige und vor allem abseits der Öffentlichkeit erfolgende Umsetzung eines DES kann von großer Bedeutung sein. Dadurch kann eine nachteilige Berichterstattung über finanzielle Schwierigkeiten der betroffen Gesellschaft und die damit häufig einhergehende stigmatisierende Wirkung vermieden werden. In diesem Zusammenhang wird etwa befürchtet, dass schon die bloße Unterstützung eines *insolvency practitioners* im Rahmen des CVA-Verfahrens das Stigma der Restrukturierung herbeiführen bzw. aufrechterhalten kann.[678]

Ein weiterer Vorteil der nur geringen gerichtlichen Einflussnahme ist für die Parteien darin zu erkennen, den Inhalt des CVA frei verhandeln zu können. Der Inhalt kann einzelfallgerecht an die Bedürfnisse der Parteien angepasst werden. Es obliegt also den Parteien zu entscheiden, wie viele Schulden in Eigenkapital umgewandelt werden sollen und welche Art von Anteilsrechten – *ordinary* oder *preference shares* – ausgegeben werden sowie welchen Inhalt diese haben sollen. Auch können weitergehende Rechte, die den neuen Anteilseignern zukommen sollen (sog. „*sweetener*“), grundsätzlich frei zwischen den Parteien verhandelt werden. Das betrifft letztlich auch die Stimmrechtsstruktur, wie sie nach dem DES bestehen soll. Bei der Verhandlung über den Inhalt des CVA müssen die Parteien jedoch beachten, dass das CVA die notwendigen Mehrheiten der stimmberechtigten Beteiligten findet und dass es nicht einen der bereits beschriebenen Anfechtungsgründe erfüllt.

---

677 Vgl. etwa *Nevins*, [2010] WL 2848369, S. 1 (10); vgl. auch *Tashiro/Beissenhirtz*, (2007) 4(4) ICR 171 (172), die auf erfolgreiche debt-to-equity Transaktionen mittel CVA aus der Praxis verweisen.

678 Vgl. *Nevins*, [2010] WL 2848369, S. 1 (10).

2) Bestätigungsverfahren

Auch das Verfahren zur Bestätigung des CVA bringt Vorteile für die Umsetzung eines DES mit sich. Zunächst ist zu nennen, dass es grundsätzlich nur eine Gruppe von Gläubigern gibt, die dem CVA zustimmen muss. Die Bildung mehrerer Gruppen ist für das CVA von Gesetzes wegen nicht vorgesehen.[679] Ferner sieht das Gesetz grundsätzlich vor, dass die Gläubiger unabhängig von der Abstimmung der Anteilseigner das CVA beschließen können.[680] Der Möglichkeit, dass die Anteilseigner durch Vermeidungsstrategien (*hold-out-rights*)[681], die einem Zustimmungserfordernis immanent wäre, das Verfahren verhindern oder zumindest verzögern, kann somit entgegengewirkt werden. Neben der Bindungswirkung gegenüber jenen Anteilseignern umfasst diese all jene Beteiligten, die berechtigt waren, ihre Stimme abzugeben. Die Bindungswirkung des DES betrifft demnach auch solche Beteiligten, die gegen das CVA gestimmt haben. Mit anderen Worten findet der DES auch auf solche Minderheitsgläubiger- und Mehrheitsanteilseigner Anwendung, die sich gegen die Umwandlung ihrer Forderungen gewehrt haben; sie können gegen ihren Willen unter die Vorgaben eines DES gezwungen werden (*cram down*). Die Bindungswirkung des DES geht jedoch noch weiter, so dass auch diejenigen Stimmberechtigten von dem DES betroffen sind, die gar keine Kenntnis von den Abstimmungsversammlungen hatten. Dadurch wird verhindert, dass sich Minderheiten dem DES entziehen können. Das Risiko einer Verzögerung bzw. einer Verhinderung wird gemindert. Damit einhergehend wird das Drohpotenzial von Minderheiten reduziert, welches sie sich anderenfalls durch die Vereinbarung besonderer Konditionen von den restrukturierungswilligen Beteiligten würden „abkaufen“ lassen. Insbesondere derartiges opportunistisches Verhalten der Anteilseigner im Rahmen eines DES wird durch den Umstand eingedämmt, dass ihr Abstimmungsergebnis gegenüber dem der Gläubiger nachrangig ist; letztere können demnach grundsätzlich den DES mittels eines CVA alleine umsetzen.

3) Anfechtungsmöglichkeiten

Ein potentielles Risiko bei der Umsetzung eines DES mittels CVA besteht in der Anfechtungsmöglichkeit gem. sec. 6 IA 1986. Die dadurch eintretende Verzögerung hinsichtlich des Fortgangs des Verfahrens betrifft auch die Umsetzung eines DES. Jedenfalls ist das Gericht aber nicht berechtigt, ein völlig neues *proposal* nach seinen eigenen Vorstellungen zur Abstimmung zu stellen.[682]

Neben den allgemeinen Anfechtungsgründen aus sec 6 IA 1986 bestehen weitere, speziell für die Anteilseigner zugeschnittene Anfechtungsgründe in sec. 4A(3) IA 1986. Diese beziehen sich auf den Fall, dass das Abstimmungsergebnis der Anteilseigner dem der Gläubigerversammlung nachrangig ist und die

679 Im Gegensatz zum Verfahren des SoA, dazu unten Teil 2, A., 2., a., 1), a).

680 Oben Teil 2, A., II., 1., a), 4).

681 Vgl. *Cohen/Maclennan*, (2009) 3 CRI 91.

682 *McCormack*, Corporate Rescue Law, S. 69.

Anteilseigner das Ergebnis sodann anfechten. Sobald eine Anfechtung bei Gericht erhoben worden ist, entfällt gleichzeitig der genannte Vorteil eines nur geringen Einflusses durch das Gericht. Nunmehr steht dem Gericht nämlich das Recht zu, das CVA mitsamt dem DES vollumfänglich zu überprüfen und auch Entscheidungen zu treffen, die von den Parteien nicht verhandelt wurden. Nicht selten sind diese Konsequenzen für die Beteiligten nur schwer vorhersehbar. Ferner kann durch die Anfechtung des CVA die zeitliche Planung eines DES, eine mitunter entscheidende Komponente in dem Restrukturierungsprozess, zunichte gemacht werden. Der ebenfalls bereits benannte Vorteil einer zügigen Umsetzung wäre dann gefährdet.

4) Die Rolle der gesicherten Gläubiger

Ein nicht unerheblicher Nachteil in der Verwendung des CVA wird darin gesehen, dass die gesicherten Gläubiger grundsätzlich nicht in dessen Bindungswirkung einbezogen werden. Die gesicherten Gläubiger haben weder ein Stimmrecht bei der Abstimmung über das *proposal* noch werden sie durch dieses in ihren Rechten berührt, sec. 4(3) IA 1986. Vielmehr haben die gesicherten Gläubiger nach wie vor das Recht, ihre Forderung und insbesondere ihre Sicherheit gegen die Schuldnerin durchzusetzen. Ähnlich wie für den Fall, dass ein DES nur auf der Grundlage einer bloßen einvernehmlichen Vereinbarung durchgeführt wird und opponierenden Minderheiten ein Blockadepotenzial zukommen kann, gilt ähnliches für die gesicherten Gläubiger.[683] Neben der Notwendigkeit, den gesicherten Gläubigern dieses Blockadepotenzial „abzukaufen" kann insbesondere die Durchsetzung der Sicherheit vor dem Hintergrund der laufenden Sanierung zu erheblichen Problemen für die betroffene Gesellschaft führen. Diese Probleme können so weitreichend sein, dass die Gesellschaft daran gehindert ist, ihr Unternehmen fortzuführen, wenn etwa eine Sicherheit, die für den Geschäftsbetrieb notwendig ist, verwertet werden müsste. Dieses Risiko trifft auch und insbesondere die sich an dem DES beteiligenden Gläubiger, da dadurch ihre Investition, namentlich der Tausch ihrer Forderung gegen die Gesellschafterstellung, an Wert verlieren oder komplett erfolglos werden kann.

Aber nicht nur nach der Umwandlung der Forderung (*post-swap*), sondern auch im Stadium davor, sind die gesicherten Gläubiger in der Lage, massiven Einfluss auf die ungesicherten, tauschwilligen Gläubiger zu nehmen, indem sie die Durchsetzung ihrer Sicherheit als Druckmittel einsetzen.[684] Dieser Einfluss kann derart groß werden, dass sich die Beteiligten des CVA gezwungen sehen, auch die gesicherten Gläubiger an dem Abstimmungsprozess teilnehmen zu lassen, obgleich sie nicht unmittelbar von dem CVA betroffen sind. Somit besteht grundsätzlich die Möglichkeit, dass die gesicherten Gläubiger, vor dem Hintergrund der beschriebenen Einflussmöglichkeit, das *proposal* zu ihren Gunsten beeinflussen.

---

683 Vgl. *Cohen/Maclennan*, (2009) 3 CRI 91.

684 Dies wurde etwa in der *Schefenacker*-Restrukturierung ersichtlich, in der ein DES mittels einem CVA umgesetzt worden ist, dazu *Harner*, (2008–2009) 77 FLR 703 (722).

Zusammenfassend ist festzuhalten, dass die Freiheit der Beteiligten, das *proposal* eines CVA frei zu verhandeln, von der nicht unerheblichen Einflussmöglichkeit der gesicherten Gläubiger im Stadium vor der Umwandlung beeinträchtigt werden kann. Zudem drohen Probleme, wenn die Sicherheiten im Restrukturierungsstadium durchgesetzt werden und dadurch das Fortbestehen des Unternehmens gefährdet wird. Dieser Zustand bedeutet eine Unsicherheit sowohl für die Gesellschaftseigner, als auch für die Gläubiger, die sich an dem DES und an der geplanten Fortführung des Unternehmens beteiligen.

e. *Zwischenergebnis*

Die Analyse des CVA als ein Instrument zur Umsetzung des DES hat beides zum Vorschein gebracht: Vor- und Nachteile. Es konnte gezeigt werden, dass vordergründige Vorteile des CVA durch spezifische Regelungen beeinträchtigt werden können, die einerseits Minderheiten – Anteilseignern wie Gläubigern – andererseits aber den gesicherten Gläubigern nicht unerhebliche Einflussmöglichkeiten bieten. Neben diesen Unwägbarkeiten im Entscheidungsprozess wird ebenfalls das Fehlen eines umfassend anwendbaren Moratoriums von der englischen Literatur kritisiert. Wägt man die Vor- und Nachteile miteinander ab, so kommt man zu dem Ergebnis, dass die zahlreichen Vorteile durch die potentiellen Nachteile weitestgehend aufgehoben werden können. Die angesprochenen Nachteile ziehen für die Beteiligten Unsicherheiten und die Situation nach sich, dass sie sich dem Druck der Minderheiten ausgesetzt sehen. Hinzu kommt die große Einflussmöglichkeit des Gerichts, die dann zum Tragen kommt, wenn das CVA angefochten worden ist. Insbesondere die sodann zu treffende gerichtliche Entscheidung ist für die Beteiligten kaum vorhersehbar. Aufgrund dieser schwerwiegenden Nachteile und Unsicherheit und die damit einhergehenden Risiken für die Beteiligten wird das CVA als eher weniger geeignet für die Umsetzung eines DES gehalten.[685] Es wird von der englischen Literatur suggeriert, dass das CVA deswegen auch weniger häufig zur Umsetzung eines DES herangezogen wird.[686] Andererseits soll dies jedoch nicht heißen, dass das CVA als vollkommen ungeeignet für die Umwandlung von Schulden in Eigenkapital gilt; insbesondere dann nicht, wenn die beschriebenen Nachteile für einen konkreten Fall nicht erkennbar sind.[687] Demnach ist stets eine Einzelfallentscheidung vorzunehmen, in der die potentiellen Vorteile des CVA mit den konkreten Nachteilen abzuwägen sind.[688]

685 *Nevins*, [2010] WL 2848369, S. 1 (10).
686 *Clowry*, (2010) 7(2) ECL 51 (54).
687 Dazu etwa die *Deutsche Nickel-* oder *Schefenacker*-Restrukturierung, vgl. *Nevins*, [2010] WL 2848369, S. 1 (10).
688 Vgl. *Fletcher*, (2004) 5 EBOR 119 (133).

2. The Scheme of Arrangement

Die ersten Ideen zum heutigen SoA gehen auf den Joint Stock Companies Act 1870 zurück. Damals fungierte es als eine vergleichsähnliche Vereinbarung zwischen den Gläubigern einer sich in der Krise befindlichen Gesellschaft.[689] Das SoA in der heutigen Fassung besteht erst seit Beginn des 20. Jahrhunderts im damaligen Deeds of Arrangement Act 1914.[690] Das SoA selbst stellt kein originäres Instrument des Insolvenz- und Sanierungsrechts dar und kann in jeder wirtschaftlichen Lage der Gesellschaft zur Anwendung kommen. Es wird aber, ähnlich wie das CVA, in krisennahen Situationen und in der Insolvenz herangezogen und gilt auch als positiv rechtliche Umsetzung der schon angesprochenen „*rescue culture*".[691] Ob das CVA oder das SoA zur Anwendung kommt, hängt von Umständen des Einzelfalls ab, wobei namentlich die jeweilige wirtschaftliche Lage und potentiell bestehende Einwendungen der Beteiligten als Differenzierungsmerkmale genannt werden.[692] Auf der Rechtsfolgenseite bestehen Unterschiede in der effektiveren Bindungswirkung gegenüber den Gläubigern durch das SoA, das jedoch aufgrund von gerichtlichen Überprüfungen weniger zügig und wohl auch nur zu höheren Kosten umgesetzt werden kann.[693] Ferner wird als relevanter Unterschied genannt, dass im Zusammenhang mit der Anwendung des SoA kein Schutz durch ein Moratorium für den Schuldner besteht.[694] Zusammenfassend kann festgehalten werden, dass das SoA in seiner Anwendbarkeit gleichwertig neben dem CVA steht und es letztlich auf die konkreten Umstände des Einzelfalls ankommt, welches der beiden Verfahren zur Sanierung angewendet wird.

Ähnlich wie das CVA wird auch das SoA als Kompromiss (*compromise*) oder Vereinbarung (*arrangement*) beschrieben, das zwischen der Gesellschaft und ihren Gläubigern oder den Anteilseignern abgeschlossen wird.[695] Die Rechtsnatur des SoA wird weniger als vertragliche Vereinbarung, sondern mehr als ein gesetzlich vorgegebenes Verfahren definiert.[696] Auch das Merkmal der „Vereinbarung" (*arrangement*) wird grundsätzlich weit ausgelegt,[697] da der Gesetzgeber an dieser Stelle keine weiteren Einschränkungen vorgesehen hat.[698]

---

689 *Finch*, Corporate Insolvency Law, S. 479.
690 *Milman*, (2003) 21/22 CoLN 1.
691 *Tribe*, (2009) 5 JBL 454 (457).
692 *Tribe*, (2009) 5 JBL 454 (457).
693 *Harner*, (2008–2009) 77 FLR 703 (746f.).
694 *Tribe*, (2009) 5 JBL 454 (461).
695 *Morse, ua*, Palmer's Company Law, S. 669; vgl. auch *Re Cape plc.*, [2009] Bus L R 109 (111).
696 Vgl. *Re Cape plc.*, [2009] Bus L R 109 (134); *Wen/Zhao*, (2010) 3(3) Bankers' Law 20 (21).
697 *Goode*, Corporate Insolvency Law, Rn. 1–25; *Bewick/Fennessy/Marks* in: Caminal, Expedited Debt Restructuring, S. 159 (175).
698 *Hannigan*, Company Law, Rn. 26–101.

Das gesetzliche Verfahren zum SoA ist in Kapitel 26, sec. 895–901 CA 2006 geregelt. Es muss wiederum kein förmliches Insolvenzverfahren über das Vermögen der Gesellschaft eröffnet worden sein, um von dem SoA als Sanierungsinstrument Gebrauch zu machen.[699] Bei der Durchführung eines SoA bleibt die Geschäftsführung der Gesellschaft im Amt.[700] Dies bietet Anreiz dafür, ein SoA in einem frühen Stadium der Krise eines Unternehmens für dessen Sanierung zu verwenden. Es ist insbesondere zur allgemeinen Bilanzsanierung mittels eines DES geeignet.[701] Jedoch findet beim SoA unter keinen Umständen ein gesetzliches Moratorium Anwendung. Ein solches kann entweder nur durch eine vertragliche Abrede zwischen den Beteiligten oder durch eine Verknüpfung des SoA mit der Beantragung der *administration* erreicht werden.

Zunächst soll nunmehr auf das Verfahren des SoA eingegangen werden und anschließend darauf, ob und inwiefern es geeignet ist, die Umwandlung von Schulden in Eigenkapital effizient durchzuführen.

a. Die Umsetzung des SoA

Voraussetzung für die Umsetzung des SoA ist der Entwurf einer Vereinbarung (*compromise* oder *arrangement*) im Sinne von sec. 895(1) CA 2006 (nachfolgend Scheme). Dabei ist die Gesellschaft grundsätzlich frei in der Entscheidung, mit wem sie diese Vereinbarung eingehen möchte. Jedoch sollten diejenigen Parteien, deren Rechte durch das Scheme betroffen werden, auch darin einbezogen werden, da anderenfalls diese das Scheme im Verlauf des Verfahrens anfechten können.[702]

Der Prozess der Umsetzung eines SoA kann in drei Schritte unterteilt werden:[703] Zuerst muss beim Gericht beantragt werden, die notwendigen Versammlungen zur Bestätigung des Scheme einzuberufen. Nachdem die Versammlungen vom Gericht einberufen worden sind, müssen diese im zweiten Schritt zusammenkommen und das Scheme nach den gesetzlichen Vorgaben bestätigen. Im dritten und letzten Schritt muss das Gericht das von den Versammlungen angenommene Scheme ebenfalls bestätigen.

Noch bevor der erste Schritt – der Antrag bei Gericht – gemacht werden kann, ist ein Entwurf des Scheme zu erstellen. Es gibt keine gesetzlichen Vorgaben, von wem das Scheme erstellt werden muss. Der Rechtsprechung zufolge muss das Scheme jedoch von der Geschäftsleitung (*board*) bestätigt werden und sodann für die Gesellschaft eingereicht werden; alternativ dazu kann auch die Gesellschafterversammlung

---

699 Vgl. *Re The British Aviation Insurance Co. Ltd.*, [2006] BCC 14; *Finch*, Corporate Insolvency Law, S. 482.

700 *Nevins*, [2010] WL 2848369, S. 1 (9).

701 *Finch*, Corporate Insolvency Law, S. 482; *Harner*, (2008–2009) 77 FLR 703 (746); *Lombers/Bardell*, (2008) (March) PLC 23 (24); *Bannister/Mathison*, (2009) (Autumn) Recovery 8.

702 Vgl. *Davies*, Company Law, Rn. 29–7.

703 Vgl. *Re BTR plc.*, [1999] WL 1953241.

ein Scheme mit einfacher Mehrheit verabschieden,[704] wobei dieser letztere Weg im Hinblick auf den größeren Aufwand als schwierig erachtet wird.[705]

Im einschlägigen Kapitel 16 des Companies Act 2006 lassen sich nur wenige Angaben hinsichtlich des notwendigen Inhalts finden. Das SoA wird vielmehr als äußerst flexibles Verfahren geschätzt, das speziell auf den Einzelfall zugeschnitten werden kann.[706] Das Scheme kann eine Vielzahl von Maßnahmen und Regelungen enthalten, die für die betroffene Gesellschaft in der Restrukturierung besonders vorteilhaft wirken können. Für den relevanten Fall, dass ein SoA zur Umsetzung eines DES verwendet wird, müssen die bereits im Zusammenhang mit dem CVA genannten Aspekte[707] über den Inhalt der Entwurfsvereinbarung auch an dieser Stelle berücksichtigt werden. Dies betrifft insbesondere die sich aus der Situation eines DES ergebenden Grenzen für den Inhalt eines Scheme. Demnach darf die Vereinbarung nicht das Element von „geben und nehmen" („*give and take*")[708] mit der Folge ausschließen, dass das Scheme letztlich wie eine Enteignung wirkt.[709] Hat das Scheme die Umwandlung von Schulden in Eigenkapital zum Gegenstand, wird diese Anforderung regelmäßig erfüllt sein, da die Gläubiger für die Einbringung ihrer Forderungen Anteile an der Gesellschaft erhalten. Der konkrete Inhalt des *swap* ist Gegenstand der Verhandlung zwischen den Beteiligten. Abgesehen von diesen Vorgaben muss der Inhalt des Scheme möglichst so gestaltet sein, das die notwendigen Mehrheiten zustimmen werden.[710] Damit einhergehend wird es als notwendig, wenn nicht als unabdingbar angesehen, einen transparenten Einblick in die Finanzlage der Gesellschaft zu ermöglichen und einen Ausblick zu geben, wie die sich daraus ergebenen wirtschaftlichen Schwierigkeiten durch den DES lösen lassen. Andererseits muss dabei beachtet werden, dass die Bereitstellung von sensiblen (Finanz-)Daten nicht zu unnötigen öffentlichen Irritationen über die betreffende Gesellschaft führt. Unter Berücksichtigung dieser Maßgaben wird argumentiert, dass die Details der Forderungsumwandlung zu einem frühen Stadium mitgeteilt werden sollten, um ein möglichst transparentes Verfahren zu gewährleisten.[711]

1) Die erste gerichtliche Prüfung

Als erster von drei Schritten zur Umsetzung eines SoA ist ein Antrag (*application*) beim Gericht zu stellen. Gemäß sec. 896(2) CA 2006 sind grundsätzlich die Gesellschaft, ihre Anteilseigner oder die Gläubiger berechtigt, den Antrag bei Gericht

---

704 *Re Savoy Hotel Ltd.*, [1981] Ch. 351 (365); *Hannigan*, Company Law, Rn. 26–100.
705 *Davies*, Company Law, Rn. 29–5.
706 *Collins*, (2010) 7(6) ICR 382.
707 Vgl. oben Teil 2, A., II., 1., a., 1).
708 *Re Savoy Hotel Ltd.*, [1981] Ch. 351 (359); vgl. auch *Morse, ua*, Palmer's Company Law, S. 663.
709 *Re Equitable Life Assurance*, [2002] BCC 319 (336).
710 *Collins*, (2010) 7(6) ICR 382.
711 *Purcell/Boyce*, (2010) 10(10) ICR 1 (4).

einzureichen. Mit dem Antrag wird vom Gericht begehrt, die jeweils notwendigen Versammlungen der Gläubiger und der Anteilseigner bzw. deren unterschiedliche Gruppen einzuberufen, sec. 896(1) CA 2006. Der Antrag muss von einem Zeugen (*witness statement*), für gewöhnlich ist dies der Geschäftsführer (*director*) der Gesellschaft, unterschrieben werden.[712]

Gleichzeitig stellt dieser erste Schritt den ersten von zwei Schritten dar, in dem das Gericht bei der Durchführung eines SoA zu beteiligen ist.[713] Das Gericht überprüft an dieser Stelle den eingereichten Antrag insbesondere im Hinblick auf die einzuberufenden, zur Bestätigung des Scheme notwendigen Versammlungen.[714] Jene für die Bestätigung des Scheme (sec. 895(1), 899(1) CA 2006) notwendigen Versammlungen müssen in dem Scheme vermerkt und begründet identifiziert werden. Wenn die notwendigen, verschiedenen Gruppen der Beteiligten nicht richtig eingeteilt worden sind, wird das Gericht eine etwaige Annahme des Scheme durch die Gruppen als nicht rechtmäßig ansehen und die anschließende eigene Bestätigung des Scheme verweigern.[715] Demnach sollte der Antrag alle relevanten Umstände des Scheme aufführen, etwa die Gründe für dessen Umsetzung, den Ort und Zeitpunkt zur Durchführung der Versammlungen und, dies wird als besonders wichtig angesehen, die Einteilung der verschiedenen Gruppen von Anteilseignern bzw. Gläubigern, die zu Versammlungen einberufen werden müssen.[716] Auf dieser Grundlage beurteilt das Gericht, ob es die Einberufung der verschiedenen Gruppen und deren Abstimmung über das Scheme für zulässig erachtet.[717]

a) Die Identifikation der unterschiedlichen Gruppen

Die Notwendigkeit der Darstellung verschiedener Gruppen der Anteilseigener und/oder der Gläubiger setzt voraus, dass der Antragsteller diese Einteilung vorweg vornimmt. Die Identifikation verschiedener notwendiger Gruppen ist von großer Relevanz, da eine fehlerhafte Unterteilung zur Anfechtung des Scheme führen kann.[718] Grundsätzlich kann davon ausgegangen werden, dass je mehr Gruppen gebildet werden (müssen), desto höher das Risiko ist, dass die Zustimmung des Scheme nicht erreicht wird;[719] denn wenn nur eine Gruppe die Zustimmung verweigert, scheitert das gesamte SoA-Verfahren.[720] Andererseits könnte durch eine zu lockere Einteilung in nur wenige Gruppen den dadurch vernachlässigten Minderheiten ein

712 *Lombers/Bardell*, (2008) (March) PLC 23 (24).
713 Vgl. *Finch*, Corporate Insolvency Law, S. 485.
714 Vgl. *Lombers/Bardell*, (2008) (March) PLC 23 (28).
715 Vgl. *Re Hawk Insurance Co. Ltd.*, [2002] BCC 300 (305).
716 *Nevins*, [2010] WL 2848369, S. 1 (18).
717 *Bewick/Fennessy/Marks* in: Caminal, Expedited Debt Restructuring, S. 159 (161).
718 Vgl. *Re Hawk Insurance Co. Ltd.*, [2002] BCC 300 (310).
719 *Davies*, Company Law, Rn. 29-6; vgl. auch *Re Telewest Communications plc.*, [2004] EWHC 924 (Ch.), Rn. 18.
720 *Eidenmüller/Frobenius*, WM 2011, 1210 (1211).

Anfechtungsrecht eingeräumt werden.[721] Eine sorgfältige Abwägung der Chancen und Risiken bei der Gruppeneiteilung ist demnach angezeigt.

Den gesetzlichen Regelungen ist nicht zu entnehmen, wie die Gruppeneinteilung zu erfolgen hat. Jedoch gibt es zu dieser Problematik einige gerichtliche Entscheidungen, die es zu beachten gilt.

(1) The classic definition

Der zuständige Richter *Bowen* stellte in der Entscheidung *Sovereign Life Assurance Co v Dodd* eine seitdem grundsätzlich gültige Definition für die Einteilung der verschiedenen Gruppen (*classes*) auf. Demnach sei das Wort *class* ohnehin vage und darunter seien jeweils diejenigen Personen zu fassen, deren Rechte am SoA nicht derartig unterschiedlich seien, dass es ihnen unmöglich sei, einen einheitlichen Willen zu bilden und einheitlich zu handeln („*it must be confined to those persons whose rights are not so dissimilar as to make it impossible for them to consult together with a view to acting in their common interest*")[722]. Diese Regel ist demnach in der englischen Literatur als *classic definition* der Gruppeneinteilung[723] anerkannt und ist als allgemeine Rechtsansicht verankert.[724] Ebenso wurde deutlich, dass diese Definition zwar richtungsweisend ist, jedoch nach wie vor Unsicherheiten bestehen lässt und im Einzelfall nicht hinreichend detailliert vorgibt, wie die Gruppen ordnungsgemäß zu bilden sind. Diese für die Initiatoren des SoA bestehende Lücken haben auch die Gerichte erkannt; aber auch die potentiell opponierenden Minderheiten haben in der Zusammensetzung der Gruppen einen möglichen Anfechtungsgrund ausgemacht.[725]

(2) Die weitere Entwicklung der Gruppenidentifizierung

Als eine erste Entwicklung der ursprünglichen *classic definition* wurde zunächst das Argument abgelehnt, nicht (nur) auf die unterschiedlichen Rechte der Beteiligten abzustellen, sondern auch auf deren unterschiedlichen Interessen.[726] Mit anderen Worten sind die Beteiligten, denen grundsätzlich die gleichen Rechte zustehen, nicht in separate Gruppen einzuteilen, nur weil sie aufgrund ihrer subjektiven Interessenlage ihr Stimmrecht in unterschiedliche Richtung einzusetzen beabsichtigen.[727]

Ferner soll zum Schutz der Minderheiten die Prüfung, ob durch die konkrete Gruppeneinteilung Minderheiten diskriminiert werden, zu einem späteren Verfahrenszeitpunkt vorgenommen werden, nämlich dann, wenn das Gericht über die

---

721 *Morse, ua,* Palmer's Company Law, S. 664.
722 *Sovereign Life Assurance Co v Dodd*, [1982] 2 QB 573, 583.
723 *Hannigan*, Company Law, Rn. 26–104.
724 *Re Hawk Insurance Co. Ltd.*, [2002] BCC 300 (310) mit Nachweisen zu weiteren Gerichtsentscheidungen.
725 *Hannigan*, Company Law, Rn. 26–104.
726 *Re BTR plc.*, [1999] WL 1457319.
727 *Re BTR plc.*, [1999] WL 1457319.

Bestätigung des Scheme entscheidet.[728] Hinsichtlich des Prüfungsmaßstabes wurde diese Rechtsprechung auch durch nachfolgende Gerichtsentscheidungen bestätigt, wobei wiederum ergänzt worden ist, dass eine Einteilung nicht an einem zu feinen Maßstab gemessen werden sollte.[729]

Diese zuletzt genannte Marschroute setzte sich fort, so dass ein eher pragmatischer Ansatz der Gruppeneinteilung verfolgt wurde, weil eine zu restriktive Prüfung nicht im Interesse der Beteiligten sei.[730] Auf Grundlage der eingangs vorgestellten *classic definition* entschied der *Court of Appeal* in dem Verfahren *Re Hawk Insurance Co. Ltd.*, dass eine Unterteilung nicht nur zwischen denjenigen Beteiligten zu erfolgen habe, deren Rechte hinreichend unterschiedlich seien, sondern auch zwischen solchen, deren Rechte untereinander hinreichend ähnlich (*sufficiently similar*) gegenüber anderen Beteiligten seien.[731] Diesen Umstand haben die Scheme-Initiatoren nunmehr zu berücksichtigen.

Die soeben genannte Entscheidung *Re Hawk Insurance Co. Ltd.* enthält noch einen weiteren neuen Aspekt, der zwar weniger auf die Gruppeneinteilung abzielt, als vielmehr auf die zeitliche Umsetzung des SoA. Hinsichtlich der zeitlichen Umsetzung wurde bereits erwähnt, dass der Zeitdruck im Zusammenhang mit der Sanierung für gewöhnlich groß ist und jede weitere Unwägbarkeit die Sanierung gefährden könnte. Vor dem Hintergrund dieser Problematik urteilte Richter *Chadwick*, dass die bis dahin gängige Praxis[732], wonach die Gruppeneinteilung vom Gericht inhaltlich erst im Rahmen der zweiten gerichtlichen Prüfung des Scheme erfolgt, revidiert werden müsse.[733] Vielmehr müsse die Überprüfung der Gruppeneinteilung während der ersten gerichtlichen Prüfung stattfinden und bereits dann verbindlich beurteilt werden, ob die Gruppeneinteilung rechtmäßig erfolgt sei.[734] Dieser Vorschlag von Richter *Chadwick* wurde in das aktuelle *Practice Statement: Schemes of Arrangements with Creditors* (nachfolgend Practice Statement)[735] aufgenommen, wonach nunmehr die Prüfung der ordnungsgemäßen Gruppeneinteilung im Rahmen der ersten gerichtlichen Prüfung stattfinden soll.[736] Diese Änderung bringt den Vorteil mit sich, dass nunmehr zu einem frühen Zeitpunkt verbindlich geklärt wird, ob die Gruppeneinteilung nach Ansicht des Gerichts ordnungsgemäß erfolgt ist und

---

728 *Re BTR plc.*, [1999] WL 1457319.

729 *Re Anglo American Insurance Co. Ltd.*, [2000] WL 1720318, S. 15.

730 *O'Dea,* (2009) 10 JIBFL 583 (585).

731 *Re Hawk Insurance Co. Ltd.*, [2002] BCC 300 (301); vgl. auch *McCormack*, Corporate Rescue Law, S. 282.

732 *Re Hawk Insurance Co. Ltd.*, [2002] BCC 300 (305f.), mit Verweise auf die alte Fassung der *Practice Note* bei *Eve*, [1934] WN 142.

733 *Re Hawk Insurance Co. Ltd.*, [2002] BCC 300 (306).

734 *Re Hawk Insurance Co. Ltd.*, [2002] BCC 300 (306); vgl. auch *Lombers/Bardell*, (2008) (March) PLC 23 (26).

735 *Morritt*, [2002] BCC 355, Rn. 5.

736 Beispielsweise *Re Equitable Life Assurance*, [2002] BCC 319 (320); *Re Telewest Communications plc.*, [2004] EWHC 924 (Ch.), Rn. 11.

dass folglich, zumindest was diesen Punkt betrifft, die gerichtliche Genehmigung des Scheme bei der zweiten gerichtlichen Prüfung erteilt werden wird. Etwaige notwendige Änderungen in der Gruppeneinteilung können sodann frühzeitig vorgenommen werden. Sollte dies aus Gründen im Einzelfall nicht möglich sein, können die Beteiligten schon zu diesem früheren Zeitpunkt andere Wege zur Restrukturierung in Erwägung ziehen. Denn, so wurde argumentiert, es wäre sinnlos und sehr unbefriedigend, wenn die bloße Vornahme der Gruppeneinteilung bei der ersten gerichtlichen Prüfung im Grundsatz bestätigt werden würde, das Gericht aber im Rahmen seiner zweiten Überprüfung dazu käme, dass die Einteilung inhaltlich fehlerhaft erfolgt sei. Dies sei sodann aus Sicht der Beteiligten lediglich eine Verschwendung von Geld und Zeit ("*time and money would have to be devoted to proceeding on the false basis*").[737]

b) Die gerichtliche Überprüfung

Nachdem dargestellt wurde, wie sich die grundsätzliche Überprüfung der Gruppeneinteilung entwickelt hat und insbesondere, zu welchem Zeitpunkt im Verfahren diese durchgeführt wird, sollen im Folgenden die jeweiligen Voraussetzungen für eine ordnungsgemäße Identifizierung der unterschiedlichen Gruppen erläutert werden.

Ausgehend von der *classic definition* ist auf die einzelnen Rechte und nicht auf die unterschiedlichen Interessen abzustellen. Dies gilt sowohl für die Anteilseigner[738] als auch für die Gläubiger[739].

Bezüglich der Anteilseigner, die an dem SoA beteiligt werden sollen, überprüft das Gericht, welche Rechte ihnen aufgrund der gehaltenen Anteile zustehen.[740] Unterschiedliche Anteilsrechte können einerseits aus der unterschiedlichen Anteilsgattung resultieren,[741] aber auch dadurch, dass Anteile etwa noch nicht vollständig eingezahlt worden sind.[742] Es darf daraus aber nicht geschlossen werden, dass bereits jedwede Abweichung der Anteilsrechte erfordert, die betreffenden Anteilseigner in eine separate Gruppe zu unterteilen.[743] Dem Gericht steht vielmehr ein Ermessensspielraum zu, unter welchen Umständen – auf Grundlage der *classic definition* – Rechte derartig unterschiedlich sind, dass es für die Beteiligten unmöglich ist, eine grundsätzliche einheitliche Meinung in dem Abstimmungsprozess zu bilden.

---

737 *Re Equitable Life Assurance*, [2002] BCC 319 (320).

738 Die konkrete Anwendbarkeit dieser Regel wurde von Richter *Tempelman* in *Re Hellenic & General Trust Ltd.*, [1976] 1 WLR 123 bestätigt.

739 Vgl. *Bewick/Fennessy/Marks* in: Caminal, Expedited Debt Restructuring, S. 159 (177f.).

740 Vgl. *Bewick/Fennessy/Marks* in: Caminal, Expedited Debt Restructuring, S. 159 (178).

741 *Finch*, Corporate Insolvency Law, S. 483.

742 Vgl. *Re United Provident Assurance Company, Limited*, [1910] 2 Ch. 477 (480).

743 Vgl. *Moss/Bayfield/Al-Attar*, Restructuring in the UK and US, Rn. 7.78.

Andererseits ergibt sich hinsichtlich der Überprüfung der Gläubigerrechte sowohl aus der einschlägigen Literatur als auch aus der Rechtsprechung, dass eine umfangreichere Überprüfung Platz greift. Das Gericht berücksichtigt nämlich sowohl die Rechte, die hypothetisch ohne ein Scheme bestehen würden, als auch die (neuen) Rechte, die die Gläubiger erst durch das Scheme zugesprochen bekommen sollen.[744] Sind in einer der beiden Szenarien die einzelnen Rechte derart unterschiedlich, dass es für die betroffenen Gläubiger unmöglich ist, einen grundsätzlich einheitlichen Willen zu bilden, müssen sie in verschiedene Gruppen unterteilt werden.[745] Diese Beurteilung obliegt wiederum dem Gericht.

Für die Überprüfung der durch das Scheme berührten Rechte der Gläubiger muss zunächst festgestellt werden, welche Umstände für die Beurteilung der Gläubigerrechte herangezogen werden können.[746] Dabei kommt es darauf an, ob die Gesellschaft hypothetisch ohne das Scheme fortgeführt werden könnte oder stattdessen liquidiert werden müsste – es bedarf also stets der Bestimmung eines angemessenen Bezugspunktes (*appropriate comparator*)[747]. Das Gericht hat dahingehend zu untersuchen, ob die Gesellschaft abgewickelt werden müsste oder ob sie das Unternehmen (noch) fortführen könnte.[748]

Diese Unterscheidung findet sich in der Anwendung der *classic definition* durch Richter *Bowen* in der Entscheidung *Sovereign Life Assurance Co v Dodd* wieder, wonach die unterschiedlichen Gläubigerrechte von der Solvenz der Schuldnerin abhängen.[749] Die Gerichte stellen auf die objektive Alternative (*realistic alternative*) ab.[750] Es wird demnach zu Prüfungszwecken unterstellt, dass eine Gesellschaft, die insolvent ist, auch das Insolvenzverfahren (*insolvent liquidation*) durchlaufen muss, wenn hypothetisch kein SoA vorhanden wäre. Die Eröffnung eines formalen Insolvenzverfahrens ist jedoch keine Voraussetzung dafür, dass die Gerichte als realistische Alternative annehmen können, dass die Forderungen der Gläubiger nicht vollständig befriedigt werden.[751] Das Verfahren *Re Telewest Communication plc.* hatte etwa eine Gesellschaft zum Gegenstand, die insolvent (*heavily insolvent*) gewesen ist, jedoch war ein Insolvenzverfahren über ihr Vermögen noch nicht eröffnet worden.[752] Unter solchen Umständen, so wurde argumentiert, können die Forderungen der Gläubiger höchstwahrscheinlich nicht mehr vollständig befriedigt werden, so

744 *In Re T & N Ltd. and others (No 4)*, [2007] Bus LR 1411, Rn. 86.

745 Vgl. *Re Telewest Communications plc.*, [2004] EWHC 924 (Ch.), Rn. 20f.; *Re Hawk Insurance Co. Ltd.*, [2002] BCC 300 (308); *Re Anglo American Insurance Co. Ltd.*, [2000] WL 1720318, S. 13.

746 Vgl. *Hannigan*, Company Law, Rn. 26–113.

747 *Re The British Aviation Insurance Co. Ltd.*, [2006] BCC 14 (16).

748 *Re The British Aviation Insurance Co. Ltd.*, [2006] BCC 14 (16).

749 *Sovereign Life Assurance Co v Dodd*, [1982] 2 QB 573 (583).

750 Vgl. *Re Hawk Insurance Co. Ltd.*, [2002] BCC 300 (301); *Re The British Aviation Insurance Co. Ltd.*, [2006] BCC 14 (16); *Re Cape plc.*, [2009] Bus L R 109 (120).

751 E.g. *Re Telewest Communications plc.*, [2004] EWHC 924 (Ch.), Rn. 29.

752 *Re Telewest Communications plc.*, [2004] EWHC 924 (Ch.), Rn. 7 und 29.

dass die in dem Scheme vorgesehenen Rechte mit denen, die bei einem Insolvenzverfahren (*insolvent liquidation*) bestehen würden, verglichen werden müssten – ob ein formales Insolvenzverfahren bereits eröffnet wurde, sei unerheblich.[753]

Zusammenfassend kann das Gericht unter Berücksichtigung des angemessenen Vergleichsmaßstabs die Prüfung durchführen, inwieweit der Vergleich (i) der Rechte, die unter dem Scheme verändert bzw. aufgehoben oder (ii) der (neuen) Rechte, die durch das Scheme bereitgestellt werden sollen, mit der jeweiligen hypothetischen Möglichkeit, dass gerade kein Scheme besteht, dazu führt, dass die Gläubiger nach der *classic definition* in unterschiedliche Gruppen eingeteilt werden müssen.[754]

c) Zwischenergebnis

Nachdem nunmehr der erste von drei Schritten zur Umsetzung eines SoA vorgestellt worden ist, sollen die wichtigsten Aspekte zusammengefasst werden:

Es hat sich gezeigt, dass im SoA die Identifizierung und Einteilung der unterschiedlichen Gruppen einen hohen Stellenwert einnehmen. Section 896(1) CA 2006 beinhaltet die gerichtliche Befugnis, die notwendigen Versammlungen der unterschiedlichen Gruppen anzuberaumen. Es muss bereits zu einem frühen Verfahrensstadium, nämlich dann, wenn der Antrag über ein Scheme bei Gericht gestellt wird, die Gruppeneinteilung in dem Antrag festgesetzt sein. Obgleich es keine detaillierten positiv gesetzlichen Regelungen gibt, wie die Gruppeneinteilung zu erfolgen hat, haben sich in der Rechtsprechung einige Voraussetzungen dazu herausgebildet; nichtsdestotrotz verbleibt einige Rechtsunsicherheit.

In der englischen Literatur wurde es begrüßt, dass nunmehr die Frage der Gruppeneinteilung zu einem frühen Zeitpunkt im SoA-Verfahren behandelt wird. Denn insbesondere wenn sich die Gesellschaft in wirtschaftlichen Schwierigkeiten befindet, sind kurzfristige Maßnahmen notwendig. Dies gilt auch für eine Restrukturierung mittels eines DES. Somit können Schwierigkeiten bzw. Unstimmigkeiten bezüglich der Gruppeneinteilung zu einem frühen Zeitpunkt herausgestellt und – soweit dies überhaupt möglich ist –bereits in diesem frühen Stadium behoben werden. Dieser Umstand gilt in England als besonders erwähnenswerter Vorteil gegenüber der früheren Handhabung, als die Gruppeneinteilung erst später bei der gerichtlichen Bestätigung des Scheme berücksichtigt worden ist. Kam das Gericht in seiner Überprüfung zu dem Ergebnis, dass die Gruppen fehlerhaft gebildet worden sind, musste es die Genehmigung des Scheme ablehnen.[755] Nicht selten bedeutet eine solche ablehnende Entscheidung, dass die Restrukturierung, zumindest mittels DES, gescheitert war.

---

753 Vgl. *Re Telewest Communications plc.*, [2004] EWHC 924 (Ch.), Rn. 29.

754 *Re Hawk Insurance Co. Ltd.*, [2002] BCC 300 (310 a.E.).

755 *Re The British Aviation Insurance Co. Ltd.*, [2006] BCC 14 (37); *Segal*, (2007) 20(4) Insol. Intel. 49 (50); *Bewick/Fennessy/Marks* in: Caminal, Expedited Debt Restructuring, S. 159 (178).

Jedoch bleibt es auch nach dem aktuellen Practice Statement[756] dabei, dass der Antragsteller die rechtmäßige Gruppeneinteilung vorzunehmen und diese zu belegen und wenn nötig auch zu beweisen hat.

Auch muss nach wie vor stets beachtet werden, dass die Gruppeneinteilung noch im Rahmen der gerichtlichen Bestätigung angefochten werden kann.[757] Zwar mag sich aus Sicht der Schuldnerin das Risiko einer erfolgreichen Anfechtung durch eine gerichtliche Überprüfung der Gruppeneinteilung bei der Antragstellung reduziert haben, sie ist aber nicht ausgeschlossen. Diesbezüglich wird in der englischen Literatur argumentiert, dass auch die potentiellen Kritiker eines Scheme ihre Einwendungen bereits früh im Zeitpunkt der ersten gerichtlichen Befassung mit dem Scheme – mithin bei der Antragstellung – darlegen[758] bzw. weitere Gründe (*good reasons*) vorbringen müssten, warum die erst später geltend gemachten Gründe nicht bereits bei der Antragstellung vorgetragen worden seien.

Vor diesem Hintergrund muss die Ansicht, die die Einteilung der Gruppen des SoA als allgemein anerkannt (*settled law*) beschreibt,[759] wohl zumindest differenziert betrachtet werden. Obgleich nämlich die Rechtsprechung eine sinnvolle Handhabung zur Gruppeneinteilung vorgibt, obliegt sie doch stets einer Einzelfallentscheidung.[760] Die damit einhergehenden Risiken und die grundsätzliche Anfechtungsmöglichkeit stellen nach wie vor potentielle Unwägbarkeiten dar, die nicht ignoriert werden dürfen. Die gilt umso mehr in Restrukturierungsszenarien, in denen der Zeitdruck für gewöhnlich hoch ist.

2) Die Bestätigung des Scheme

Nachdem das Gericht die notwendigen Gruppen zusammengestellt hat, müssen diese in verschiedenen Versammlungen zusammenkommen. In diesem zweiten Schritt muss das Scheme durch die Gruppen mit der notwendigen Mehrheit bestätigt werden. Gemäß sec. 899(1) CA 2006 in Verbindung mit sec. 896 CA 2006 muss eine Kopfmehrheit von mehr als 50%, die 75% der Rechte der Gläubiger bzw. der Anteilseigner in der jeweiligen Gruppen darstellen und bei der Abstimmung anwesend sind bzw. sich vertreten lassen, dem Scheme zustimmen. Sind mehrere Gruppen unterteilt worden, müssen sämtliche Gruppen dem Scheme mit dieser Mehrheit zustimmen.[761] Nur kurz sei angemerkt, dass die kritischen Stellungnahmen in der Literatur, wonach auf das Erfordernis einer Summenmehrheit verzichtet werden solle,[762] keinen Eingang in das Gesetz gefunden hat.

---

756 *Morritt*, [2002] BCC 355, Rn. 4.
757 Siehe dazu unten, Teil 2, A., II., 2., a., 3), c).
758 *Hannigan*, Company Law, Rn. 26–112.
759 Vgl. *Ereira*, (2010) (April) PLC 23 (24).
760 *Lombers/Bardell*, (2008) (March) PLC 23 (26).
761 *Harner*, (2008–2009) 77 FLR 703 (747).
762 *The Company Law Steering Group*, Reconstructions, Mergers and Jurisdictional Migration, Rz. 11.9 und 11.34; vgl. auch *Davies*, Company Law, Rn. 29–7, Fn. 44.

Zwar kommt dem Gericht die Befugnis zu, die Versammlungen der verschiedenen Gruppen einzuberufen, es kann aber keinen Einfluss auf die Durchführung der Versammlung nehmen.[763] Jedoch kommt dem Gericht eine weitgehende Ermessensentscheidung zu, noch bevor es die einzelnen Gruppen zu ihren Versammlungen einberuft: es kann nämlich entscheiden, ob das Scheme eine Aussicht auf erfolgreiche Annahme durch die Versammlungen hat. Stellt das Gericht dem Scheme ein solches Ergebnis nicht in Aussicht, wird es von vornherein die Versammlungen nicht einberufen.[764] Letztlich sieht das Gericht auch dann von der Einberufung einer Gruppe ab, wenn die Rechte der Gruppenmitglieder nicht von dem Scheme berührt werden; sie also kein wirtschaftliches Interesse (*economic interest*) an dem Scheme haben.[765] Dieser Ansatz ist, wie noch zu zeigen sein wird,[766] dem Grunde nach als sinnvoll zu erachten.

Nachdem die Versammlungen vom Gericht anberaumt worden sind, hat ein Hinweis seitens des Gerichts zur Einberufung der Versammlungen zu ergehen. Dieser muss eine Stellungnahme zur Erläuterung des Scheme beigefügt werden, sec. 897(1) CA 2006.[767] Nicht jeder Verstoß gegen die Bereitstellung von Informationen gem. sec. 898(1) CA 2006 führt gleich zur Unwirksamkeit des Scheme, wenn der Verstoß oder die konkrete Unterlassung unverschuldet (*accidental*) erfolgt ist.[768] Jedoch kann das Gericht im Rahmen seiner Abwägung bei der Bestätigung des Scheme solche Umstände der möglichweise unzureichenden Informationsweitergabe berücksichtigen.[769]

3) Die zweite gerichtliche Prüfung

Nachdem die notwendigerweise einzuberufenden Versammlungen das Scheme mit den entsprechenden Mehrheiten angenommen haben, hat in einem dritten Schritt das Gericht gem. sec. 899(1) CA 2006 über die Bestätigung des Scheme zu entscheiden. Im Rahmen dieser Prüfung ist das Gericht in keiner Weise an die vorherige Annahme des Scheme seitens der Beteiligten gebunden, sondern hat einen von dieser Entscheidung losgelösten Ermessensspielraum.[770] Jedoch hat das Gericht

---

763 *Bewick/Fennessy/Marks* in: Caminal, Expedited Debt Restructuring, S. 159 (183).

764 *Re Savoy Hotel Ltd.*, [1981] Ch. 351 (361f.).

765 *Bewick/Fennessy/Marks* in: Caminal, Expedited Debt Restructuring, S. 159 (184).

766 Unten Teil 2, A., II., 2., a., 3), c).

767 *Hannigan*, Company Law, Rn. 26–115; zu dieser Erläuterung des Scheme vgl. *Re Allied Domecq plc.*, [2000] BCC 582 (589); *Re PT Garuda Indonesia*, [2001] WL 1171948.

768 Vgl. dazu *Re Peninsula and Oriental Steam Navigation Company*, [2006] WL 421903, Rn. 86f. (= [2006] EWHC 289 (Ch)) und *Re Equitable Life Assurance*, [2002] BCC 319 (336) wonach, *inter alia*, "*technical problems*" bei der Bereitstellung von hinreichenden Informationen als *accidental* gelten. Ferner *Re The British Aviation Insurance Co. Ltd.*, [2006] BCC 14 (29).

769 *Re The British Aviation Insurance Co. Ltd.*, [2006] BCC 14 (38).

770 *Re BTR plc.*, [1999] WL 1457319; *Nevins*, [2010] WL 2848369, S. 1 (19).

keine Befugnis, das Scheme nach seiner Wirtschaftlichkeit bzw. Sinnhaftigkeit für die Beteiligten zu beurteilen, denn diese Beurteilung obliegt allein den Beteiligten selbst; das Gericht darf sich nicht zum besseren Planinitiator aufschwingen.[771]

Bei seiner Entscheidung über die Bestätigung des Scheme berücksichtigt das Gericht vielmehr die Interessen der einzelnen beteiligten Gruppen, indem einerseits das Scheme einzelne Gruppen nicht unberechtigt benachteiligt,[772] andererseits aber das Scheme auch nicht ohne hinreichende Gründe von Minderheiten blockiert wird. Bei dieser Abwägung berücksichtigt das Gericht eine Reihe von Aspekten. Dabei haben sich drei bei *Buckley on the Companies Act*[773] genannten Umstände herausgestellt, die grundsätzlich Berücksichtigung finden: (i) das Scheme muss im Einklang mit dem positiv gesetzlichen Recht stehen (*compliance of the statutes' provision*), (ii) die verschiedenen Gruppen müssen bei den jeweiligen Versammlungen angemessen repräsentiert sein (*fair representation of the different classes at the meetings*), und (iii) ein objektiver Dritter als Mitglied einer Gruppe müsste das Scheme bestätigt haben (*an objective test whether an honest man as a member of the classes might reasonably have approved the arrangement*). Da diese Aspekte schon in früheren Gerichtsentscheidungen zu finden sind,[774] aber auch in aktuelleren Entscheidungen herangezogen werden,[775] kann von einer ständigen Rechtsprechung (*well settled*) ausgegangen werden.[776] Dies bedeutet jedoch nicht, dass der Ermessensspielraum des Gerichts dadurch eingeschränkt werden würde.[777] Im Folgenden wird näher untersucht, welche Aspekte das Gericht bei Ausübung seines Ermessensspielraums heranzieht.

a) Beachtung der gesetzlichen Regelungen

Prüfungsmaßstab sind zunächst die Regelungen, die das SoA unmittelbar betreffen: die sec. 895–901 CA 2006. In diesem Zusammenhang wurde bereits angemerkt,[778] dass aber nicht jeder Verstoß gegen eine Norm gleich die Unwirksamkeit des SoA bedeutet. Daneben untersucht das Gericht jedoch auch noch die Einhaltung weiterer gesetzlicher Regelungen. Insbesondere für den hier interessierenden Fall, dass ein DES durch das SoA durchgeführt werden soll, ist eine vorherige Kapitalherabsetzung

771 Vgl. *Godfrey*, (2009) (Winter) Recovery 7 (8) mit Verweis auf das Restrukturierungsverfahren der *Countrywide Properties plc.*; vgl. aber auch die Entscheidungen *Re Castle Holdco 4 Ltd.*, [2009] EWHC 1347, Rn.16; *Re T&N Ltd.*, (2004) WL 2495805, Rn. 76.

772 *Milman*, (2003) 21/22 CoLN 1 (2).

773 Vgl. den Verweis bei *Hannigan*, Company Law, Rn. 26–118.

774 Etwa *Re Alabama, New Orleans, Texas and Pacific Junction Railway Company*, [1891] 1 Ch. 213 (247); *Re National Bank Ltd.*, [1966] 1 WLR 819 (829).

775 Etwa *Re Allied Domecq plc.*, [2000] BCC 582 (588); *Re RAC Motoring Services Ltd.*, [2000] 1 BCLC 182 (188).

776 *Re BTR plc.*, [1999] WL 1457319.

777 *Bewick/Fennessy/Marks* in: Caminal, Expedited Debt Restructuring, S. 159 (186).

778 Vgl. dazu oben Teil 2, A., II., 2., a., 2).

notwendig, um die Bilanz von den Schulden zu bereinigen und die Kapitalerhöhung für die Gläubiger erst attraktiv zu machen.[779] Die vorherige Kapitalherabsetzung wird demnach Teil des SoA und somit auch Gegenstand der gerichtlichen Überprüfung. Daraus folgt schließlich, dass das Gericht auch die gesetzlichen Regelungen über die Kapitalherabsetzung und auch die der anschließenden Kapitalerhöhung im Rahmen der Bestätigung des Scheme überprüft.[780] Insgesamt wird die Überprüfung der relevanten gesetzlichen Regelung durch das Gericht als für die Beteiligten gut vorhersehbar eingeschätzt.[781]

b) Angemessene Repräsentierung der beteiligten Gruppen

Der zweite (ii) und dritte (iii) Aspekt, den das Gericht berücksichtigt, verbindet die Gemeinsamkeit, dass sie die grundsätzliche Angemessenheit (*fairness*) des Scheme betreffen. Dabei hat der zweite Aspekt, die angemessene Repräsentierung der beteiligten Gruppen, vornehmlich das Verfahren innerhalb der Versammlungen zum Gegenstand. Dies betrifft einerseits die hinreichende Bereitstellung von Informationen für die Beteiligten, andererseits aber auch das treumäßige Verhalten (*bona fide acting*) der jeweiligen Mehrheiten gegenüber den Gruppenminderheiten.[782]

Der einschlägigen Rechtsprechung ist diesbezüglich zu entnehmen, dass sorgfältig geprüft wird, ob den Versammlungen die hinreichenden Informationen zur Verfügung gestellt worden sind.[783] Daneben prüft das Gericht ebenfalls, ob bei der Abstimmung eine Mehrheit in der Gruppe treugemäß abstimmt und nicht die Minderheit ungerechtfertigt beeinträchtigt.[784] Dieser Umstand wird etwa dann relevant, wenn ein Beteiligter berechtigt ist, in mehr als einer Gruppe abzustimmen und demnach in anderen Gruppen gegenüber diesen Beteiligten treuwidrig abstimmt.[785] Ein anderer Grund für etwaiges treuwidriges Verhalten könnte darin zu sehen sein, dass bestimmte Beteiligte in weitergehenden vertraglichen Verbindungen zu der Gesellschaft stehen. Diese könnten Anlass dazu geben, weitergehende Ziele zu verfolgen und dementsprechend im Hinblick auf die Interessen der entsprechenden Gruppe treuwidrig abzustimmen.[786]

---

779 Dazu oben Einleitung, B.

780 Vgl. *Re Anglo-Continental Supply Co. Ltd.*, [1922] 2 Ch 723 (732f.).

781 *Milman*, (2003) 21/22 CoLN 1 (2).

782 Vgl. *O'Dea*, (2009) 10 JIBFL 583 (587).

783 Vgl. etwa *Re Dorman Long and Co. Ltd.*, [1934] Ch 635 (656f.); *Re Equitable Life Assurance*, [2002] BCC 319 (343f.); *Re The British Aviation Insurance Co. Ltd.*, [2006] BCC 14 (37f.).

784 etwa *Re Hickman*, (1884) LR 25 Ch. D. 266; vgl. *Davies*, Company Law, Rn. 29–8.

785 Vgl. *Re Alabama, New Orleans, Texas and Pacific Junction Railway Company*, [1891] 1 Ch. 213 (229, 239, 244f.); *Re Cape plc.*, [2009] Bus L R 109 (118); vgl. auch *Re Madras Irrigation and Canal Co.*, (1883) 23 ChD 248 (249).

786 Vgl. *Re The British Aviation Insurance Co. Ltd.*, [2006] BCC 14 (41f.), wobei der zuständige Richter *Lewison* von dem Argument im konkreten Fall nicht überzeugt war.

Neben jenen Umständen, die die Abstimmung betreffen, berücksichtigt das Gericht auch, dass in der der Abstimmung vorangehenden Phase die Gleichberechtigung der Beteiligten gewährleistet ist. Mit anderen Worten müssen etwaige Rechte, die einigen wenigen Beteiligten einer Gruppe gewährt werden, auch allen anderen Beteiligten der Gruppe gewährt werden, so z.B. die Teilnahme von Gläubigern an etwaigen Gesprächen über den Wert ihrer Forderungen.[787]

c) *The economic interest doctrine*

Ein weiterer Aspekt, auf den detaillierter einzugehen ist, ist die so genannte "*economic interest doctrine*". Kurzum besagt sie, dass ein Scheme auch dann als angemessen (*fair*) zustande gekommen anzusehen ist, obgleich eine oder mehrere Gruppe(n), die kein wirtschaftliches Interesse (*economic interest*) an dem Scheme hatten, ihre Bestätigung verweigert haben.[788] Wie eingangs erwähnt, entscheidet im Grundsatz die Gesellschaft darüber, mit wem sie das Scheme abzuschließen beabsichtigt und dabei kann sie grundsätzlich Personen unberücksichtigt lassen, die kein wirtschaftliches Interesse an der Gesellschaft haben.[789] Jedoch haben solche Personen, die nicht in das Scheme einbezogen worden sind, das Recht, das Scheme vor dem Hintergrund dieser potentiellen Benachteiligung (*on the grounds of unfairness*) anzufechten.[790] Obgleich die zusammenfassende Darstellung der *economic interest doctrine* auf den ersten Blick einleuchtend erscheint, bringt sie einige Fragestellungen mit sich.

(1) Der grundlegende Zweck der *economic interest doctrine*

Die grundlegende Idee der *economic interest doctrine* geht zurück auf die Entscheidung *Re Tea Corporation*[791] aus dem Jahre 1903. Der Entscheidung lag die Restrukturierung einer Gesellschaft mittels eines SoA nach dem *Joint Stock Companies Arrangement Act 1870* zugrunde. Ein Schwerpunkt der Entscheidung war die Anfechtung des Scheme durch Stammaktionäre (*ordinary shareholders*), die über das Scheme abgestimmt hatten. Jene Stammaktionäre bildeten eine separate Gruppe im Abstimmungsprozess und diese Gruppe verpasste die notwendige Mehrheit. Nichtsdestotrotz bestätigte das Gericht das Scheme, obgleich diese Gruppe gegen das Scheme gestimmt hatte. Die Begründung der anfechtenden Stammaktionäre war zunächst einleuchtend: ein Scheme kann nur dann vom Gericht bestätigt und sodann bindend werden, wenn *alle* Gruppen mit der notwendigen Mehrheit

787 Vgl. *Re The British Aviation Insurance Co. Ltd.*, [2006] BCC 14 (39).

788 Vgl. *Re Tea Corporation*, [1904] 1 Ch. 12 (23f.); vgl. *Ereira*, (2010) (April) PLC 23 (24) und auch *Katz/Wood*, (2009) 6 CRI 247.

789 Vgl. *Collins*, (2010) 7(6) ICR 382 (383).

790 Z.B. *Re MyTravel Group plc.*, [2005] 2 BCLC 123 (160 und 166); *Re Bluebrook Ltd.*, [2010] BCC 209 (218); vgl. auch *Nevins*, [2010] WL 2848369, S. 1 (7); vgl. *O'Dea*, (2009) 10 JIBFL 583 (588).

791 *Re Tea Corporation*, [1904] 1 Ch. 12.

zustimmen.[792] Aus dem Lager der Gesellschaft wurde entgegengesetzt argumentiert: es wurde dargelegt, dass, wenn die Gesellschaft abgewickelt und die Unternehmensgegenstände (*assets*) veräußert werden würden, ihr Vermögen zwar die Schulden übersteigen würde und demnach die Forderungen der Gläubiger vollständig befriedigt werden würden.[793] Jedoch würde der Wert der liquidierten Vermögensgegenstände nicht die Forderungen und Rechte der Vorzugsaktionäre (*preferential shareholders*) übersteigen. Diese würden anteilig und insbesondere vorrangig aus dem Überschuss der Vermögenswerte nach Abzug der Gläubigerforderungen befriedigt werden. Die Stammaktionäre würden letztlich bei der Verteilung der Vermögenswerte leer ausgehen ("*Consequently there is nothing left for the ordinary shareholders.*").[794]

Das Gericht schloss sich dieser Ansicht an. Die Richter *Vaughan Williams*, *Romer* und *Stirling* stellten maßgeblich darauf ab, dass das Abstimmungsergebnis derjenigen Gruppen, die kein Interesse an dem Scheme haben, irrelevant sei ("*you are to divide the contributories into classes and to call meetings of each class, and if you have the assent to the scheme of all those classes who have an interest in the matter, you ought not to consider the vote of those classes who have really no interest at all.*").[795] Weiter führten sie aus, dass eine andere Vorgehensweise sehr zu bedauern sei, da sodann diejenigen Beteiligten, die kein Interesse an dem Scheme hätten, über dessen Zustandekommen entscheiden könnten und ihre Zustimmungsbereitschaft nur für eine Gegenleistung zu ihren Gunsten erklärten ("*it would be very unfortunate if a different view had to be taken, for if there were ordinary shareholders who had really no interest in the company's assets, and a scheme had been approved by the creditors, and all those were really interested in the assets, the ordinary shareholders would be able to say that it should not be carried into effect unless some terms were made with them.*").[796]

Diese erste Gerichtsentscheidung zum wirtschaftlichen Interesse macht sehr deutlich, dass die Beteiligten, deren Rechte aufgrund von unzureichenden Vermögensgegenständen nicht mehr befriedigt werden können, keinen Einfluss auf das Zustandekommen des Scheme haben – ihre ablehnende Haltung ist irrelevant.[797] Wenn die betreffende Gesellschaft demnach bilanziell überschuldet ist, ist das Eigenkapital auf Null reduziert.[798] Davon sind nicht nur diejenigen Gesellschafter mit Stammanteilen berührt, deren Ansprüche letztrangig befriedigt werden, sondern auch alle weiteren Ränge der Gläubiger und Gesellschafter, deren Rechte nicht mehr befriedigt werden können, vgl. sec. 107 IA 1986 und 4.181 IR 1986. Demnach

---

792 *Re Tea Corporation*, [1904] 1 Ch. 12 (19f.).
793 *Re Tea Corporation*, [1904] 1 Ch. 12 (20f.).
794 *Re Tea Corporation*, [1904] 1 Ch. 12 (21).
795 *Re Tea Corporation*, [1904] 1 Ch. 12 (23).
796 *Re Tea Corporation*, [1904] 1 Ch. 12 (23f.).
797 *Re Tea Corporation*, [1904] 1 Ch. 12 (23); bestätigt durch die jüngere Entscheidung *Re MyTravel Group plc.*, [2005] 2 BCLC 123 (147).
798 *Chatterji/Hedges*, Loan workouts, S. 247, 285; vgl. auch *Cohen/Maclennan*, (2009) 3 CRI 91; und *Re MyTravel Group plc.*, [2005] 2 BCLC 123 (139).

beinhaltet die *economic interest doctrine* die grundsätzliche Idee, dass diejenigen Beteiligten, entsprechend ihrem Rang zur Befriedigung ihrer Rechte gegenüber der Gesellschaft, nicht an dem Prozess über die Bestätigung des Scheme beteiligt werden dürfen, wenn diese kein wirtschaftliches Interesse an dem Scheme haben.

Der Sinn und Zweck dieser Regel kann am besten vor dem Hintergrund der Motivation seitens der Beteiligten erklärt werden, die kein Interesse an dem Scheme haben: in der soeben erläuterten Entscheidung *Re* Tea *Corporation* hatten die Beteiligten der betreffenden Gruppe, die kein Interesse an dem Scheme hatte, dagegen gestimmt. Sodann wäre, würde eine Beurteilung bloß nach dem positiven Gesetzesrecht und ohne Berücksichtigung ihres wirtschaftlichen Interesses erfolgen, die Annahme des Scheme gescheitert. Die gesetzlich notwendige Mehrheit wäre nicht erreicht worden. Folglich würde auch eine Restrukturierung mittels einem im SoA vorgesehenen DES scheitern. Die Gesellschaft müsste sodann stattdessen liquidiert werden, was die schlechteste Alternative darstellen würde.[799]. Da jedoch das Eigenkapital regelmäßig erheblich im Wert vermindert sein wird, erfahren die Gesellschafter im Liquidationsverfahren häufig keine sehr großen finanziellen Einbußen;[800] ähnliches wird für letztrangige Gläubiger gelten. Dennoch wäre die Unterstützung dieser Gruppen notwendig, um das Scheme durchzusetzen und die ungünstige Alternative der Liquidation zu verhindern. Aus dieser Abhängigkeit heraus versuchen die entsprechenden Beteiligten sodann, obgleich sie kein wirtschaftliches Interesse an dem Scheme haben, doch noch einen Vorteil zu ziehen (sog. *hold-out-value*), indem sie die übrigen Beteiligten mit der Drohung unter Druck setzen, ihre notwendige Zustimmung zu verweigern.[801]

Ein derartiges Erzwingen eines *hold-out-value* ist nicht nur unbillig, sondern steht auch in Widerspruch zu den in den Insolvency Rules 1986 und im Insolvency Act 1986 normierten Regelungen hinsichtlich des Rangverhältnisses der Forderungsinhaber. Diese Regelungen finden zweifelsohne Anwendung, wenn das SoA im Rahmen eines Insolvenzverfahrens durchgeführt wird. Es ist aber daran zu erinnern, dass ein SoA auch außerhalb eines förmlichen Insolvenzverfahrens durchgeführt werden kann,[802] so dass dann die Regelungen der Insolvency Rules 1986 und Insolvency Act 1986 nicht unmittelbar anwendbar sind und vielmehr grundsätzlich jeder Gläubiger seine Forderung gegen die Gesellschaft individuell durchsetzen kann. Jedoch sollen die Grundsätze über die Rangverhältnisse der Gläubiger und Anteilseigner jedenfalls dann zum Tragen kommen, wenn als Alternative zu dem SoA die Liquidation einschlägig wäre.[803] Und auch nur in diesem Szenario, in dem, als Alternative zum SoA, die Gesellschaft liquidiert werden müsste, stellt sich die Problematik des *hold-out-value* überhaupt – nur dann würden einige Beteiligte

799 Vgl. *Re British & Commonwealth Holdings plc. (No. 3)*, [1992] 1 WLR 672 (674).
800 *Chatterji/Hedges*, Loan workouts, S. 285.
801 *Ereira*, (2010) (April) PLC 23 (24).
802 Siehe oben Teil 2, A., II., 2.
803 Vgl. *Re MyTravel Group plc.*, [2005] 2 BCLC 123 (147f.).

mit ihren nachrangigen Forderungen ausfallen. Der Verstoß gegen die Regelungen der Insolvency Rules 1986 und Insolvency Act 1986 verwirklicht sich konkret in dem Verstoß gegen das *pari pasu principle*, das ein fundamentales Recht des Unternehmensinsolvenzrechts darstellt.[804] Es besagt, dass die ungesicherten Gläubiger *pro rata* aus der noch verfügbaren Vermögensmasse nach Abzug der vorrangig zu befriedigenden Gläubigern zu befriedigenden sind.[805] In diesem Zusammenhang sind gem. sec. 175 IA 1986 und sec. 4.181 IR 1986 höherrangige Forderungen (sec. 386 IA 1986) gegenüber den nachrangigen Forderungen vorrangig zu bedienen. Section 115 IA 1986 beinhaltet den Vorrang der Verfahrenskosten. Die grundsätzliche *pari pasu* Regelung und seine Ausnahmen ergeben demnach das folgende Rangverhältnis:[806]

- Verfahrenskosten (*expenses of liquidation*)
- bevorrechtigte Gläubiger (*preferential debts*)
- *the prescribed part of the not property subject to a floating charge*
- ungesicherte Gläubiger (*ordinary unsecured creditors*)
- andere nachrangige Gläubiger (*deferred creditors*)

Die Anteilseigner stehen grundsätzlich hinter den jeweiligen Fremdkapitalgebern auf dem letzten Rang.[807]

Dieses gesetzlich vorgegebene Rangverhältnis der Gläubiger und Anteilseigner muss beachtet werden. Nimmt man an, dass Anteilseigner bzw. nachrangige Gläubiger, die nach dem gesetzlichen Rangverhältnis keine Aussicht auf eine Befriedigung ihrer Rechte haben, dennoch einen *hold-out-value* geltend machen könnten, würde dies ein Verstoß gegen das gesetzlich vorgegebene Rangverhältnis bedeuten. Der *hold-out-value* kann nur auf die Weise erlangt werden, indem die Betroffenen mit der Ablehnung des Scheme drohen und für ihre Zustimmung eine Gegenleistung verlangen. Gerade diese Gegenleistung findet jedoch keine Grundlage in dem diesen Beteiligten zustehenden Rechten und den damit zusammenhängenden gesetzlichen Rangvorschriften.

Ein weiterer Grund gegen die Geltendmachung eines *hold-out-value* ist in dem Nachteil für den Restrukturierungsprozess der Gesellschaft zu sehen. Denn die Mittel zur Erbringung einer solchen Gegenleistung an die Beteiligten fehlen folglich bei der Sanierung. Weiter könnten dadurch sanierungswillige Beteiligte, insbesondere Gläubiger, die ihre Forderungen in Eigenkapital umtauschen wollen, abgeschreckt werden, wenn solche Beteiligte einen Anteil erhalten, der ihnen von Gesetzes wegen

804 *Finch,* Corporate Insolvency Law, S. 599.
805 Vgl. *Goode,* Corporate Insolvency Law, Rn. 7–02; *Finch,* Corporate Insolvency Law, S. 599.
806 Vgl. *Goode,* Corporate Insolvency Law, Rn. 7–42.
807 Vgl. *Fletcher,* Insolvency Law, Rn. 24–009 und 24–020; vgl. *Kershaw,* Company Law, S. 642.

gar nicht zusteht. Dies könnte dazu führen, dass der gesamte Restrukturierungsprozess in Gefahr gerät.

Die Nachteile für einzelne Beteiligte, aber auch für den gesamten Restrukturierungsprozess verdeutlichen sehr anschaulich, dass ein berechtigtes Interesse an der Vermeidung eines *hold-out-value* besteht. Durch die *economic interest doctrine* wird ermöglicht, dass Minderheiten innerhalb einer Gruppe unterdrückt (*cramdown*) werden können, wenn sie kein wirtschaftliches Interesse an dem Scheme haben,[808] indem ihre Stimmen nicht berücksichtigt werden.[809] Es wird mit anderen Worten gewährleistet, dass die Entscheidung über das Zustandekommen des Scheme denjenigen Beteiligten überlassen wird, die in Wirklichkeit ein Interesse daran haben. Insbesondere wegen diesem Umstand wird das SoA als ein äußerst taugliches Restrukturierungsinstrument angesehen;[810] dies gilt auch und gerade für die Umsetzung eines DES.[811]

(2) Bewertung der Gesellschaft in der Krise

Um festzustellen, ob eine Partei ein wirtschaftliches Interesse hat, ist eine Bewertung der Gesellschaft bzw. ihrer Vermögensgegenstände vorzunehmen.[812] Erst dann kann festgestellt werden, ob und wenn ja in welchem Umfang, die Beteiligten ihre Rechte geltend machen können.[813] Dies ist nach dem soeben Gesagten nur dann der Fall, wenn die konkrete Bewertung zu dem Ergebnis kommen würde, dass hinreichende Vermögenswerte unter Berücksichtigung der Rangverhältnisse für sämtliche Rechte der Beteiligten zur Verfügung stünden. Stellt sich nach der Unternehmensbewertung jedoch heraus, dass nur unzureichende Vermögensgegenstände zur Verfügung stehen und die Rechte der Betroffenen nicht befriedigt werden können, haben diese Beteiligten kein wirtschaftliches Interesse an dem Scheme. Ihre Stimmabgabe bleibt unberücksichtigt.[814] Aus diesem Grund ist die Unternehmensbewertung regelmäßig in den Fokus zu rücken.[815]

Allgemein kann eine Unternehmensbewertung in den unterschiedlichsten Stadien des Bestehens eines Unternehmens vorgenommen werden. Zum Beispiel dann, wenn ein Unternehmen verkauft oder mit einer anderen Gesellschaft verschmolzen werden soll, wird deren Bewertung relevant. Dabei haben sich bestimmte Bewertungsstandards herausgebildet. Die Bewertungsstandards unterscheiden sich

---

808 *Ereira*, (2010) (April) PLC 23 (24); *O'Dea*, (2009) 10 JIBFL 583 (585), vgl. auch *Ellis/Dusic*, (2009) 22(10) Insolv. Intel. 157 (158).

809 *Purcell/Boyce*, (2010) 10(10) ICR 1.

810 *Nevins*, [2010] WL 2848369, S. 1 (4); *Ellis/Dusic*, (2009) 22(10) Insolv. Intel. 157.

811 *Mallon/Pilkington/van der Zwaan*, England and Wales, 57 (70).

812 Vgl. *Godfrey*, (2009) (Winter) Recovery 7; vgl. *Parry*, (2009) 18 Nottingham L J 42 (52).

813 *Purcell/Boyce*, (2010) 10(10) ICR 1.

814 Vgl. *Clowry*, (2010) 7(2) ECL 51 (56); *Bannister/Mathison*, (2009) (Autumn) Recovery 8 (9).

815 Vgl. *O'Dea*, (2009) 10 JIBFL 583 (587).

etwa danach, welcher Zweck mit der Bewertung konkret verfolgt wird. Soll etwa ein Unternehmen veräußert oder an die Börse gebracht werden, können andere Bewertungsverfahren und -standards herangezogen werden, als wenn, und das ist der hier interessierende Fall, sich eine Gesellschaft in der Krise befindet und saniert werden soll.[816] Sodann sind nach englischem Recht einige Modifikationen vorzunehmen.[817] Die Eigenarten resultieren aus den Unsicherheiten, die aufgrund der Krise einer zu bewertenden Gesellschaft bestehen.[818] Denn schon bei der Bewertung einer wirtschaftlich gesunden Gesellschaft sind Annahmen hinsichtlich der zukünftigen Entwicklung zu treffen, was für sich genommen schon Unsicherheiten birgt.[819] Notwendige Vorhersagen sind noch mit weiteren Unsicherheiten behaftet, wenn sich die Gesellschaft in der Krise befindet.[820] Dies gilt insbesondere, aber nicht ausschließlich, für den Umstand, dass eine Gesellschaft, die (noch) kein förmliches Insolvenzverfahren eingeleitet hat, dies eventuell nachholen muss und dieses Insolvenzrisiko ebenfalls eingepreist werden muss.[821] Ein weiterer Aspekt, der bei der Bewertung einer krisenbehafteten Gesellschaft berücksichtigt werden muss, ist die Umstellung und Anpassung der allgemeinen Finanzstruktur an den krisenbedingt abgewandelten Businessplan.[822] Ein eindeutiger Ansatz, wie die Bewertung einer Gesellschaft in der Krise in England vorgenommen wird, ist nicht erkennbar.[823] Auch geben die gesetzlichen Regelungen keinen Hinweis darauf, wie die Unternehmensbewertung vorzunehmen ist.[824] In der Praxis haben sich allerdings drei Methoden herausgebildet, wie der Wert eines krisenbehafteten Unternehmens zu bestimmen ist:[825]

(a) Die Discounted Cash-Flow Methode

Die DCF-Methode stellt auf die zukünftige Leistungsfähigkeit eines Unternehmens ab.[826] Das Ziel der DCF-Methode ist es, darzustellen, welchen Cash-Flow die Gesellschaft zukünftige zu generieren in der Lage ist, der potentiell für Investoren nach Abschluss der Sanierung zur Verfügung stehen wird.[827] Dabei wird regelmäßig eine

816 Vgl. *Bancel/Rérolle*, [2009] FW 1f.; *Purcell/Boyce*, (2010) 10(10) ICR 1 (2).
817 *Lurvey/O'Brien/Schultze*, Hidden Treasures, S. 1; *Purcell*, (2009) 10(10) ICR 1.
818 Vgl. *O'Rourke*, [2005] Col. Bus. L. Rev. 403 (414f.).
819 *Bancel/Rérolle*, [2009] FW 1;, [2005] Col. Bus. L. Rev. 403 (415f.).
820 *Crystal/Mokal*, The Valuation of Distressed Companies, S. 5f.
821 *Purcell/Boyce*, (2010) 10(10) ICR 1 (2); *Beveridge/Hemming/Smith* in: Ben Larkin, Restructuring and Workouts, S. 83, 87f.
822 *Bancel/Rérolle*, [2009] FW 1.
823 *Parry*, (2009) 18 Nottingham L J 42 (51).
824 *O'Dea*, (2009) 10 JIBFL 583 (587).
825 *Beveridge/Hemming/Smith*, in: Ben Larkin, Restructuring and Workouts, S. 75; vgl. *Bancel/Rérolle*, [2009] FW 1; *Crystal/Mokal*, The Valuation of Distressed Companies, S. 7.
826 *Ferran*, Corporate Finance, S. 60; vgl. *O'Rourke*, [2005] Col. Bus. L. Rev. 403 (421).
827 *Purcell*, (2009) 10(10) ICR 1 (4).

mittelfristige zukünftige Betrachtung herangezogen, die üblicherweise eine Periode von fünf Jahren umfasst; anschließend wird diese Prognose auf den aktuellen Wert abgezinst.[828] Die Prognose indiziert gleichzeitig die Notwendigkeit, dass die Unternehmung der Gesellschaft fortgeführt wird (*going concern*). Das damit zusammenhängende krisenbedingte Risiko, dass die Gesellschaft nicht fortgeführt wird, wird regelmäßig über die Anwendung eines höheren Abzinsungszinssatzes (*discount rate*) als bei einer wirtschaftlich intakten Gesellschaft berücksichtigt.[829]

(b) Der Marktvergleich (*comparable market approach*) und der Transaktionsvergleich (*comparable transaction approach*)

Der Marktvergleich (*comparable market approach*) basiert auf der Annahme, dass Multiplikatoren für die Bewertung ähnlicher Unternehmen oder solcher, die im gleichen Markt tätig sind, angewendet werden können.[830] Der Wert des konkreten Unternehmens ergibt sich demnach aus dem Vergleich preisbildender Parameter anderer Unternehmen.[831] Dazu müssen in einem ersten Schritt Verhältniskennzahlen (wie etwa das EBIT bzw. das EBITA) der konkret zu bewertenden Gesellschaft ermittelt werden, was gleichzeitig voraussetzt, dass diese Zahlen von der betreffenden Gesellschaft geliefert werden können.[832] Ferner ist ein Kapitalisierungssatz zu berechnen, durch den zu bestimmen ist, welche Rückflüsse ein Investor potentiell erwarten kann. Der Kapitalisierungssatz wird regelmäßig durch den Vergleich verschiedener Finanzkennzahlen von börsennotierten Unternehmen der gleichen Branche wie das zu bewertende Unternehmen ermittelt.[833] Da der anzustellende Vergleich eine Benchmark für die Bewertung eines Unternehmens darstellt, müssen die Vergleichsunternehmen sorgfältig ausgewählt werden.[834] Der konkrete Vergleichsmaßstab der Unternehmen und der angemessene Abzinsungssatz ist letztlich das Ergebnis einer Entscheidung des konkreten Einzelfalls.[835] Der Kapitalisierungssatz, der dadurch letztlich gewonnen wird, ist der sog. *market multiple*.[836]

Auf ähnliche Weise kann der sog. *transaction multiple* ermittelt werden. Dieser resultiert aus dem gezahlten Preis für ein vergleichbares Unternehmen, das zuvor verkauft worden ist.[837]

---

828 *O'Rourke*, [2005] Col. Bus. L. Rev. 403 (421).

829 Vgl. *Purcell*, (2009) 10(10) ICR 1 (5); *Beveridge/Hemming/Smith*, in: Ben Larkin, Restructuring and Workouts, S. 86.

830 *Beveridge/Hemming/Smith*, in: Ben Larkin, Restructuring and Workouts, S. 83.

831 *O'Rourke*, [2005] Col. Bus. L. Rev. 403 (420).

832 *Beveridge/Hemming/Smith*, in: Ben Larkin, Restructuring and Workouts, S. 83.

833 *Purcell*, (2009) 10(10) ICR 1f.

834 *Purcell/Boyce*, (2010) 10(10) ICR 1 (4).

835 *Beveridge/Hemming/Smith*, in: Ben Larkin, Restructuring and Workouts, S. 83.

836 *Purcell*, (2009) 10(10) ICR 1 (2).

837 *O'Rourke*, [2005] Col. Bus. L. Rev. 403 (420).

Diese beiden Bewertungsmethoden weisen, ähnlich wie die DCF-Methode, die Gemeinsamkeit auf, dass das zu bewertende Unternehmen fortgeführt werden muss.

(c) Die Substanzwertmethode (*The Asset Value Method*)

Der Unternehmenswert auf Basis der Substanzwertmethode (*asset value method*) umfasst den Wert aller Unternehmensgegenstände zum Buch- oder Marktwert.[838] Diese Bewertungsmethode wird dann für sinnvoll erachtet, wenn zuverlässige Vorhersagen hinsichtlich der wirtschaftlichen Entwicklung der Gesellschaft nicht gemacht werden können.[839] Es bestehen in diesem Zusammenhang zwei Unterscheidungen, wie die Unternehmensgegenstände, die in der Summe den Unternehmenswert ergeben, bewertet werden: soll die Gesellschaft restrukturiert und fortgeführt werden, können die Gegenstände mit einem Fortführungswert angesetzt werden, der den Mehrwert ausdrückt, dass die Gesellschaft fortgeführt wird.[840] Soll die Gesellschaft vielmehr abgewickelt werden, findet der entsprechende Liquidationswert Anwendung.[841] Bei letzterer Möglichkeit ist die weitere Unterscheidung zu treffen, ob die Gegenstände durch einen Notverkauf (*fire sale*) veräußert werden müssen oder ob eine ordnungsgemäße Veräußerung stattfinden kann, was letztlich einen geringeren Abschlag auf den Gegenstandswert nach sich zieht.[842]

(d) Die Anwendung durch die Rechtsprechung

Die Entscheidung *Re Bluebrook Ltd.*[843] hat sich ausführlich mit den verschiedenen Bewertungsmethoden bei der Umsetzung eines SoA auseinander gesetzt und gilt in England als äußerst wichtig ("*groundbreaking court decision*")[844].

Im Grunde hatte die Entscheidung zwei Gläubigergruppen zum Gegenstand: die bevorrechtigten Gläubiger (*senior creditors*) und die nachrangigen Gläubiger (*subordinated creditors*). Der gesamte Schuldenstand der Gesellschaft belief sich auf £ 313 Millionen und die Forderungen der nachrangigen Gläubiger beliefen sich auf £ 119 Millionen. Es bestand Einstimmigkeit darüber, dass eine Sanierung der Finanzen unausweichlich war.[845] Mittels eines SoA wurden die Schulden letztlich in Eigenkapital umgewandelt.[846] Die vorrangigen Gläubiger begehrten die gerichtliche Bestätigung des Scheme, das zuvor nur von der Gruppe der vorrangigen Gläubiger bestätigt und den nachrangigen Gläubigern das Scheme nicht zur Abstimmung

---

838 *Ferran*, Corporate Finance, S. 60.
839 *Beveridge/Hemming/Smith*, in: Ben Larkin, Restructuring and Workouts, S. 90.
840 Vgl. *Beveridge/Hemming/Smith*, in: Ben Larkin, Restructuring and Workouts, S. 90.
841 Vgl. *Purcell*, (2009) 10(10) ICR 1 (6).
842 Vgl. *Lurvey/O'Brien/Schultze*, Hidden Treasures, S. 5.
843 *Re Bluebrook Ltd.*, [2010] BCC 209, dieser Fall wurde auch als "*IMO Car Wash case*" bekannt.
844 *Bancel/Rérolle*, [2009] FW 1.
845 *Re Bluebrook Ltd.*, [2010] BCC 209.
846 *Re Bluebrook Ltd.*, [2010] BCC 209 (215).

vorgelegt worden war.[847] Die vorrangigen Gläubiger argumentierten, dass das Vermögen der Gesellschaft nicht ausreiche, um die nachrangigen Gläubiger zu befriedigen, so dass diese folglich kein wirtschaftliches Interesse (*economic interest*) an der Gesellschaft hätten.[848]

Zu dieser Argumentation legten die vorrangigen Gläubiger drei Bewertungsgutachten von drei unterschiedlichen Gutachtern vor. Jene drei Gutachter zogen jeweils verschiedene Bewertungsmethoden heran: die DCF-Methode, eine simulierte Veräußerung an einen Dritten und die Substanzwertmethode. Die drei Bewertungsgutachten kamen jeweils zu einem Unternehmenswert, der hinter den Schulden in Höhe von £ 313 Millionen zurückblieb.[849]

Auch die nachrangigen Gläubiger beauftragten eine Unternehmensberatung mit der Begutachtung des Unternehmenswertes. Auch dieses Gutachten stützte sich, ähnlich wie das der vorrangigen Gläubiger, auf die DCF-Methode. Jedoch kam dieses Gutachten zu dem Ergebnis, dass der Unternehmenswert mehr als £ 320 Millionen betrage. Die notwendigen Werte für die Unternehmensbewertung wurden durch eine sog. "*Monte Carlo simulation*" gewonnen.[850] Es wurden dabei unterschiedliche Basiswerte und Annahmen zu Grunde gelegt, die sodann zu Annäherungswerten im Hinblick auf den abschließenden Unternehmenswert führten.[851] Zusätzlich führten die von den nachrangigen Gläubigern beauftragten Gutachter zwei weitere Bewertungsmethoden durch: einerseits den Transaktionsvergleich (*Comparable Transactions Valuation*), andererseits den Marktvergleich (*Comparable Multiples Valuation*). Als Ergebnis stand letztlich eine Spannweite des Unternehmenswertes von £ 300 Millionen bis circa £ 385 Millionen fest. Mit anderen Worten kamen auch diese beiden Bewertungsmethoden zu einem Unternehmenswert, der über die Schulden gegenüber den vorrangigen Gläubigern hinausging.

Nachdem die beiden von den verschiedenen Gläubigergruppen vorgetragenen Bewertungsmethoden zu unterschiedlichen Ergebnissen kamen, lag es bei dem Gericht zu entscheiden, welchen Unternehmenswert es ansetzten würde. Das Gericht machte sehr deutlich, dass es eine Beweisfrage sei, welcher Bewertungsmethode es den Vorrang einräumen würde.[852] Dabei stellte das Gericht klar, dass auf die objektiven, lebensnahen Umstände bei der Bewertung des Unternehmens abzustellen seien ("[...] *real world judgment(s) as to what is likely to happen* [...]").[853] Ferner stellte das Gericht fest, dass die "*Monte Carlo simulation*", obgleich sie zwar selten zur Anwendung komme, nicht grundsätzlich ausgeschlossen sei, die aus ihr gewonnenen Werte aber eher eine Bandbreite von möglichen Unternehmenswerten ("*range of value*") als einen konkreten Unternehmenswert ("*single point value*") darstellen

---

847 Vgl. *Katz/Wood*, (2009) 6 CRI 247.
848 *Re Bluebrook Ltd.*, [2010] BCC 209 (215).
849 *Re Bluebrook Ltd.*, [2010] BCC 209 (217).
850 *Re Bluebrook Ltd.*, [2010] BCC 209 (218).
851 Vgl. *Doran/Singh*, (2010) 3(2) Bankers' Law 4 (7).
852 *Re Bluebrook Ltd.*, [2010] BCC 209 (222).
853 *Re Bluebrook Ltd.*, [2010] BCC 209 (223).

würden. Das Gericht sah ein, dass jede Bewertung bis zu einem gewissen Grad auf Annahmen beruhe. Jedoch machte es seine Unterscheidung dort, wo einerseits die Annahmen auf der Grundlage von professionellen, fundierten Beurteilungen ("*professional and expert judgments*") getroffen werden und wo andererseits auf statistische, vom Computer berechnete Analysen, die lediglich statistisch häufige Ergebnisse darstellen ("*statistical analysis, conducted by a computer, in order to assess the statistically most likely outputs* [...]"), abgestellt werde.[854]

Das Gericht kam zu dem Ergebnis, dass es der Argumentation und dem Bewertungsansatz der nachrangigen Gläubiger nicht folgte, da er nicht mehr mit einer entsprechenden lebensnahen und objektiven Bewertung übereinstimme. Es sah diesen Ansatz als zu ungenau und vage an, als dass er im konkreten Fall hätte für eine zuverlässige Unternehmensbewertung herangezogen werden können. Vielmehr bevorzugte das Gericht den von den vorrangigen Gläubigern gewählte Ansatz, da dieser auf wissenschaftlich fundierten Erkenntnissen basiere. Dabei machte das Gericht insbesondere deutlich, dass das Ergebnis in Form eines konkreten Unternehmenswertes, im Gegensatz zu einer Spannbreite eines Wertes, von großer Bedeutung sei.[855]

(e) Zwischenergebnis

Als Zwischenergebnis kann demnach festgehalten werden, dass sämtliche zuvor erläuterten Bewertungsmethoden grundsätzlich anwendbar sind, um den Wert eines Unternehmens im Krisenstadium festzustellen. Aus der angeführten Gerichtsentscheidung in Sachen *Re Bluebrook Ltd.* ist jedoch deutlich geworden, dass die Darlegung von mehr als einer und die Kombination verschiedener Bewertungsmethoden entscheidend für die Überzeugung des Gerichts sein kann.[856] Gerade im Hinblick auf die Bewertung eines Unternehmens in der Krise können dadurch verschiedene Faktoren in den unterschiedlichen Bewertungsansätzen berücksichtigt werden, was letztlich ein deutlicheres Bild des Unternehmenswertes ermöglicht.[857] Weiterhin können durch die Berücksichtigung mehrere Bewertungen etwaige zu positiv oder zu negativ gemachte Ansätze ausgeglichen werden. Im Ergebnis wird dadurch ein durchaus angemessener Unternehmenswert festgestellt werden können.

Jedoch wurde ebenfalls deutlich, dass, obgleich die Heranziehung von Annahmen zwar zulässig, wenn nicht sogar unabdingbar ist, diese aber auf der Grundlage von wissenschaftlich fundierten Analysen erzielt werden müssen. Ferner müssen aktuelle Marktgegebenheiten berücksichtigt und eingepreist werden. Letztlich wurde

---

854 *Re Bluebrook Ltd.*, [2010] BCC 209 (222f.).

855 *Re Bluebrook Ltd.*, [2010] BCC 209 (223).

856 Es kommt damit nicht nur auf einen ermittelten Preis an, den ein potentieller Käufer zu zahlen bereit wäre, so aber wohl *Rumberg*, RIW 2010, 358 (366f.). Diese Größe ist vielmehr nur einer von mehreren Parametern, auf den das Gericht bei der Preisfindung abstellt.

857 *Bancel/Rérolle*, [2009] FW 1.

deutlich, dass sich der Unternehmenswert auf der Grundlage von lebensnahen und objektiv nachvollziehbaren Faktoren ergeben muss und dass er insbesondere verständlich auf die verwendeten Kennzahlen zurückzuführen ist.[858]

(3) Unternehmensfortführungsansatz (*going concern approach*) gegen Liquidationsansatz (*liquidation approach*)

Ebenso wenig wie der Companies Act 2006 bzw. der Insolvency Act 1986 Regelungen zur Durchführung einer Unternehmensbewertung beinhaltet, sind Regelungen ersichtlich, auf welcher Grundlage diese zu erfolgen hat.[859] Auch in der Rechtsprechung und Literatur gibt es bis dato keinen eindeutigen Ansatz dazu, wie ein Unternehmen in der Krise zu bewerten ist[860] – die Grundlage der Bewertung bleibt unklar.

Grundsätzlich wird danach unterschieden, ob die Bewertung vor dem Hintergrund einer Unternehmensfortführung oder einer Liquidation zu erfolgen hat.[861] Diese Unterscheidung hängt maßgeblich davon ab, ob das Unternehmen der Gesellschaft noch überlebensfähig ist.[862] Die Überlebensfähigkeit wird dann als gegeben angesehen, wenn der Wert des Unternehmens in seiner Fortführung höher ist als das Vermögen bei der Einzelverwertung.[863]

(a) Die Unterscheidung in der Literatur

Wenn der Wert des von der Gesellschaft betriebenen Unternehmens in seiner Fortführung geringer ist als die Summe ihrer Vermögensgegenstände bei der Einzelverwertung, gilt die Gesellschaft als *economically distressed* bzw. *operational distressed*.[864] Diese Arten von *distress* resultieren für gewöhnlich aus einem erheblichen Rückgang des Umsatzes bzw. einem Anstieg der Kosten, die regelmäßig auf ungünstige Bedingungen im Markt zurückzuführen sind.[865] In solchen Krisenszenarien, in denen die Gesellschaft *economical distress* bzw. *operational distress* erfährt, ist das Unternehmen nicht mehr existenzfähig und ein Mehrwert durch dessen Fortführung kann nicht mehr erzielt werden[866] – das Unternehmen ist operativ nicht mehr

858 Vgl. *Stewart*, [2005] (Spring) Recovery 6 (7); vgl. auch *Bancel/Rérolle*, [2009] FW 1.
859 *O'Dea*, (2009) 10 JIBFL 583 (587).
860 Vgl. *Parry*, (2009) 18 Nottingham L J 42 (51).
861 *Parry*, (2009) 18 Nottingham L J 42 (51); vgl. auch *Allen & Overy LLP*, Life after Lehman, S. 24.
862 *Crystal/Mokal*, The Valuation of Distressed Companies, S. 1; auch *Mokal*, Corporate Insolvency Law, S. 194f.
863 *Crystal/Mokal*, The Valuation of Distressed Companies, S. 1f.
864 *Crystal/Mokal*, The Valuation of Distressed Companies, S. 2; vgl. auch *Baird/Jackson*, (1984) 51 U Ch L Rev 97 (109); *Baird/Rasmussen*, (2002–2003) 55 Stan L Rev 751 (758).
865 *Beveridge/Hemming/Smith*, in: Ben Larkin, Restructuring and Workouts, S. 78.
866 *Crystal/Mokal*, The Valuation of Distressed Companies, S. 2; *Beveridge/Hemming/Smith*, in: Ben Larkin, Restructuring and Workouts, S. 78.

profitabel. Vielmehr wird in diesen Situationen nicht selten durch die Fortführung des Unternehmens die Schuldenlast weiter erhöht.[867] Blendet man andere in Betracht kommende Restrukturierungsmaßnahmen aus, müsste man, um die Erhöhung der Schuldenlast zu verhindern, die Unternehmensgegenstände veräußern. Bei einer möglichen Veräußerung kommt es auf das Ausmaß der Krise an, ob der Verkauf auf gewöhnliche Weise erfolgen kann, etwa wenn die Krise noch nicht weit fortgeschritten ist, oder ob die Unternehmensassets durch einen kurzfristigen Zwangsverkauf (*fire sale*) veräußert werden müssen.[868] Grundsätzlich kann aber davon ausgegangen werden, dass unter den beschriebenen Umständen der Marktwert für die Unternehmensgegenstände nicht mehr erzielt werden kann, da erheblicher Zeitdruck besteht, diese zu veräußern, um weitergehende Verluste zu verhindern. Ferner können in diesen Krisenzeiten auch die anderen Marktteilnehmer als potentielle Erwerber den jeweiligen Marktpreis nicht mehr aufbringen, sondern verlangen einen zum Teil erheblichen Abschlag auf den Marktpreis.[869]

Im Gegensatz dazu wird ein Unternehmen als grundsätzlich überlebensfähig erachtet, wenn es (lediglich) („*only be in*") *financial distress*[870] bzw. *balance-sheet distress*[871] erfährt. Mit anderen Worten kann das Unternehmen seine Verbindlichkeiten nicht mehr begleichen, wenn diese fällig werden (sog. *cash-flow-test*[872]).

Jedoch wird im Hinblick auf die zuerst genannten Krisensituationen – *economical distress* bzw. *operational distress* – unterschieden, dass die Unternehmensgegenstände in der Situation des *financial distress* operativ und profitabel eingesetzt werden.[873] Mit anderen Worten ist das Unternehmen nach wie vor im Grundsatz profitabel, und kann – anders bei für den Fall des *economical* bzw. *operational distress* – grundsätzlich am Markt bestehen. Die bestehenden Liquiditätsprobleme, die letztlich zu (vorübergehenden) Zahlungsschwierigkeiten führen, werden also vom Bestehen grundsätzlicher Profitabilität am Markt unterschieden.[874] Die Veräußerung der Unternehmensgegenstände in einem solchen Szenario, wohlmöglich noch durch einen Zwangsverkauf (*fire sale*), liege, so wird argumentiert, weder im Interesse der Gesellschaft noch in jenem der Gläubiger, da die Verwendung der Unternehmensgegenstände in der operativen Einheit in dieser Situation den größtmöglichen Wert für die Beteiligten erzielen würde.[875]

Demnach kann zusammenfassend festgehalten werden, dass die grundlegende Bewertungsbasis danach differenziert wird, welche Art Krise bzw. welches

---

867 Vgl. *Crystal/Mokal*, The Valuation of Distressed Companies, S. 2.
868 Vgl. *Crystal/Mokal*, The Valuation of Distressed Companies, S. 2.
869 *Crystal/Mokal*, The Valuation of Distressed Companies, S. 2.
870 *Crystal/Mokal*, The Valuation of Distressed Companies, S. 2.
871 *Beveridge/Hemming/Smith*, in: Ben Larkin, Restructuring and Workouts, S. 78.
872 *Mallon/Pilkington/van der Zwaan*, England and Wales, 57 (60); *Crystal/Mokal*, The Valuation of Distressed Companies, S. 2.
873 Vgl. *Westbrook*, (2003–2004) 82 Tex L R 795, S. 811f.
874 *Crystal/Mokal*, The Valuation of Distressed Companies, S. 2.
875 *Crystal/Mokal*, The Valuation of Distressed Companies, S. 2.

Krisenstadium das Unternehmen gerade erfährt: für den Fall des *operational distress* oder *economical distress* müssten Liquidationswerte angesetzt werden, besteht (nur) *financial distress* oder *balance-sheet distress*, sind Fortführungswerte anzusetzen.[876]

(b) Die Unterscheidung in der Rechtsprechung

Des Weiteren soll untersucht werden, ob eine Unterscheidung auch in Gerichtsentscheidungen erkennbar geworden ist. Jedoch sind öffentlich zugängliche Gerichtsentscheidungen über die Forderungsbewertung rar. Als Ursache dafür wird angeführt, dass üblicherweise die Großgläubiger die Bewertungsmechanismen als Grundvoraussetzung für ein Stillhalten über die Ausübung ihre Rechte machen und demnach überhaupt nur wenige Fälle vor Gericht gebracht werden.[877]

Wie bereits angemerkt, wird die frühe Entscheidung in *Re Tea Corporation* als die ursprüngliche Idee der *economic interest doctrine* bezeichnet.[878] Jedoch ging diese Entscheidung nicht auf Bewertungsgesichtspunkte jedweder Art ein. Als in dem Fall das Gericht zur Bestätigung des Scheme angerufen worden ist, befand sich die betroffene Gesellschaft in Liquidation.[879] Nach den dargelegten Beweisen wurde entschieden, dass der Unternehmenswert nicht über den Wert der Forderungen der Vorzugsgesellschafter (*preferential shareholders*) hinausging, so dass die Stammgesellschafter (*ordinary shareholder*) kein wirtschaftliches Interesse (*economic interest*) an der Gesellschaft hatten.[880] Insbesondere, so wurde entschieden, sei nicht dargelegt worden, dass der Wert der Unternehmensgegenstände den Wert der Verbindlichkeiten übersteige („*no evidence* [was provided] *that the value of the company's assets did not exceed the amount of debts*").[881] Allerdings wurde in der Entscheidung seitens des Gerichts nicht detailliert auf die vorgebrachten Beweise eingegangen. Demnach bestehen nicht einmal Anzeichen dafür, ob der Unternehmenswert auf Grundlage der Annahme eines Zwangsverkaufs (*fire sale*) oder einer gewöhnlichen Veräußerung erfolgt ist – einzig geht aus der Entscheidung hervor, dass auf die Veräußerung der Unternehmensgegenstände abgestellt wurde („*But then it is said that here it is common ground that, if the company's assets were realized, something would be left for the preference shareholders,*[...].).[882]

In der Entscheidung *Re Maxwell Communications Corporation plc.* war die betroffene Gesellschaft insolvent, wobei weitere Angaben etwa zu Gründen der Insolvenz nicht dargelegt worden sind. Die Frage der Bewertung war zwischen denjenigen Gläubigern, die an dem Scheme beteiligt werden sollten und jenen ungesicherten

876 Vgl. *Crystal/Mokal*, The Valuation of Distressed Companies, S. 2, Fn. 4.
877 *Collins*, (2010) 7(6) ICR 382 (383); *O'Dea*, (2009) 10 JIBFL 583 (587).
878 Siehe dazu oben Teil 2, A. II., 2., a., 3), c).
879 *Re Tea Corporation*, [1904] 1 Ch. 12.
880 *Re Tea Corporation*, [1904] 1 Ch. 12 (24).
881 *Re Tea Corporation*, [1904] 1 Ch. 12 (21).
882 *Re Tea Corporation*, [1904] 1 Ch. 12 (22).

Gläubigern, die nicht Teil des Scheme werden sollten, streitig.[883] Das Gericht war, ohne Details zu den angeführten Beweisen darzulegen, von den vorgebrachten Beweisen seitens der Parteien überzeugt, dass die Vermögenswerte der Gesellschaft unzureichend waren, um die Forderungen der ungesicherten Gläubiger zu befriedigen. Demnach wurde entschieden, dass sie kein wirtschaftliches Interesse an der Gesellschaft hatten.[884] Da dieser Entscheidung keine weiteren Einwände gegen das Bewertungsverfahren zu entnehmen sind, ist davon auszugehen, dass das Verfahren von allen Seiten akzeptiert worden ist.

Auch in der Entscheidung *McCarthy & Stone plc.* war die Bewertung des Unternehmens zwischen den vorrangigen (*senior creditors*) und nachrangigen Gläubigern (*subordinated creditors*) relevant. Die finanzielle Ausgangssituation des Unternehmens war ernst: es konnte seine laufenden Verbindlichkeiten nicht mehr begleichen. Würde keine Sanierung durchgeführt, wäre die Eröffnung des Insolvenzverfahrens unausweichlich gewesen.[885] Die angestrebte Sanierung sah die Durchführung eines SoA vor, mit dem ein teilweiser DES implementiert werden sollte.[886] Eine Unternehmensberatung führte die Unternehmensbewertung durch. Sie kam zu dem Ergebnis, dass der Wert des Unternehmens die Forderungen der vorrangigen Gläubiger nicht überstieg, so dass folglich die nachrangigen Gläubiger erst gar nicht an dem Scheme beteiligt worden sind.[887] Jene nachrangigen Gläubiger hielten das Unternehmen jedoch für unterbewertet und fochten unter anderem aus diesem Grund das Scheme an.[888] Sie beauftragten ein anderes Beratungsunternehmen, das ebenfalls eine Bewertung vornahm. Diese Bewertung ergab letztlich einen niedrigeren Unternehmenswert als jener, der durch die erste Bewertung festgestellt worden war. Auch wurde ein Verkaufsprozess durch eine Investmentbank simuliert, wobei der dadurch ermittelte Unternehmenswert nicht über die Forderungen der vorrangigen Gläubiger hinausging.[889] Vor dem Hintergrund dieser Bewertungsverfahren stellte Richter *Lewison* fest, dass ein die Forderungen der vorrangigen Gläubiger übersteigender Unternehmenswert nicht festgestellt werden konnte. Die anfechtenden, nachrangigen Gläubiger konnten in der Gesamtschau der vorgenommenen Bewertungsverfahren nicht darlegen, dass das Unternehmen unterbewertet worden war – das Gericht bestätigte folglich, dass sie kein wirtschaftliches Interesse an der Gesellschaft hatten.[890]

---

883 *Re Maxwell Communications Corporation plc.*, [1993] 1 WLR 1402 (1404).
884 *Re Maxwell Communications Corporation plc.*, [1993] 1 WLR 1402 (1405).
885 *McCarthy & Stone Plc*, [2009] WL 1403748 Rn. 8.
886 *McCarthy & Stone Plc*, [2009] WL 1403748 Rn. 3; vgl. *Bannister/Mathison*, (2009) (Autumn) Recovery 8 (9).
887 Vgl. *McCarthy & Stone plc.*, [2009] WL 1403748 Rn. 15.
888 *McCarthy & Stone plc.*, [2009] WL 1403748 Rn. 13.
889 *McCarthy & Stone plc.*, [2009] WL 1403748 Rn. 2.
890 *McCarthy & Stone plc.*, [2009] WL 1403748 Rn. 15.

(i) Insbesondere: *Re MyTravel Group plc.*

Neben den zuvor genannten Entscheidungen setzten sich insbesondere zwei gerichtliche Verfahren detailliert mit den Bewertungsfragen auseinander. Die eine Entscheidung ist *Re MyTravel Group plc.*[891] aus dem Jahre 2004. Dieser Entscheidung lag eine Gesellschaft zugrunde, aus deren Bilanz sich eine Nettoverschuldung von £ 877.6 Millionen ergab, wobei ein förmliches Insolvenzverfahren noch nicht beantragt worden war.[892] Da der zuständige Richter *Mann* es für unnötig erachtete, näher auf die Details des Insolvenzzustandes einzugehen,[893] sind diese der Entscheidung wiederum nicht zu entnehmen.

In der Entscheidung nimmt Richter *Mann* insbesondere Bezug auf die Entscheidungen *Re Tea Corporation*[894], *Re British and Commonwealth Holdings plc. (No 3)*[895], *Re Telewest Communications plc. (No 1)*[896] sowie *Re Hawk Insurance Company*[897]. Jene Entscheidungen, und darauf stellt Richter *Mann* ab, teilen die gemeinsame Fragestellung, ob mehrere Gruppen zur Abstimmung über das SoA gebildet werden mussten oder ob die Bestätigung durch eine einzige Gruppe ausreichte.[898] Diese Frage wurde bereits oben erörtert,[899] wonach es entscheidend auf den Vergleich der neuen Gläubigerrechte, die das Scheme mit sich bringt und der Rechte ankommt, die für den hypothetischen Fall bestehen würden, wenn kein Scheme bestünde.[900] Diese Prüfung wurde ebenfalls der Entscheidung *Re MyTravel Group plc.* zugrunde gelegt. Dabei führte das Gericht aus, dass die Forderungen der Gläubiger entweder mit dem Liquidations- oder dem Fortführungswert anzusetzen seien, was wiederum davon abhänge, ob das Unternehmen für den hypothetischen Fall, dass kein Scheme bestehen würde, fortgeführt oder abgewickelt werden würde.[901] Mithin müsse das jeweilige Szenario als Alternative zu dem konkreten Scheme ermittelt werden.[902] Dazu müsse nach Ansicht des zuständigen Richters *Mann* auf die objektiv-realen Umstände ("*This involves looking at reality.*") abgestellt werden.[903] Ein vorgelegtes

891 *Re MyTravel Group plc.*, [2005] 2 BCLC 123.

892 *Re MyTravel Group plc.*, [2005] 2 BCLC 123; vgl. dazu auch *Crystal/Mokal*, The Valuation of Distressed Companies, S. 10.

893 Vgl. *Re MyTravel Group plc.*, [2005] 2 BCLC 123 (127).

894 *Re Tea Corporation*, [1904] 1 Ch. 12.

895 *Re British & Commonwealth Holdings plc. (No. 3)*, [1992] 1 WLR 672.

896 *Re Telewest Communications plc.*, [2004] EWHC 924 (Ch.).

897 *Re Hawk Insurance Co. Ltd.*, [2002] BCC 300.

898 Vgl. *Re MyTravel Group plc.*, [2005] 2 BCLC 123 (147).

899 Siehe oben Teil 2, A., II., 2., a., 1), a).

900 Vgl. etwa *Re Hawk Insurance Co. Ltd.*, [2002] BCC 300 (301).

901 *Re MyTravel Group plc.*, [2005] 2 BCLC 123 (147); siehe dazu auch die Argumentation bei *Re The British Aviation Insurance Co. Ltd.*, [2006] BCC 14 (32); anderer Ansicht sind *Crystal/Mokal*, The Valuation of Distressed Companies, S. 13f.; *Collins*, (2010) 7(6) ICR 382 (384).

902 Vgl. *Re MyTravel Group plc.*, [2005] 2 BCLC 123 (150).

903 *Re MyTravel Group plc.*, [2005] 2 BCLC 123 (150).

Bewertungsgutachten einer Unternehmensberatung geht von der Annahme aus, dass die Gesellschaft als Alternative zu dem Scheme nicht hätte fortgeführt werden können.[904] Dem Urteil sind demnach drei Hauptgründe zu entnehmen, die zu dieser Annahme führen:

Erstens wäre es dann, wenn das Unternehmen keiner Restrukturierung unterzogen werde würde, sehr wahrscheinlich gewesen, dass die zuständige Flugaufsichtsbehörde – die *Civil Aviation Authority* – die Flugrechte entzogen hätte, was letztlich zur unmittelbaren Einstellung des Geschäftsbetriebs geführt hätte. Die Liquidation wäre dann unausweichliche Folge gewesen.[905] Zweitens litt das Unternehmen unter großen Problemen beim Cash-Flow, so dass es höchstwahrscheinlich mittelfristig nicht mehr fortgeführt werden konnte, da auch eine weitere Finanzierung unter den vorliegenden Gegebenheiten nicht in Betracht kam.[906] Als dritter Aspekt spielte der Umstand eine Rolle, dass das Unternehmen bereits technisch insolvent war (*because the company is currently insolvent*), als das SoA initiiert worden war.[907]

Vor diesen Hintergründen kam das Gericht zu der Entscheidung, dass die einzige Alternative zum SoA ein förmliches Insolvenzverfahren war und es wendete Liquidationswerte an. Nachdem diese Unterscheidung einmal getroffen worden war, konnte ermittelt werden, dass der Wert der Forderungen der Gläubiger den Wert des Unternehmens um etwa £ 435 Millionen überstieg. Die Forderungen der betreffenden Gläubiger wurden demnach mit null bewertet[908]. Ihnen kam kein wirtschaftliches Interesse an der Gesellschaft zu.

(ii) Insbesondere: *Re Bluebrook Ltd.*

Die zweite wichtige Entscheidung,[909] die sich mit dem Wert der Forderungen auseinandersetzt, ist *Re Bluebrook Ltd.*. Obgleich die dieser Entscheidung zugrunde liegende Gesellschaft bilanziell überschuldet war, konnte sie noch profitabel am Markt bestehen. Im Grundsatz bestand zwischen den Gläubigern Einigkeit darüber, dass eine Restrukturierung unumgänglich war, jedoch, und das war streitig, sollten die nachrangigen Gläubiger an dem durchzuführenden SoA nicht beteiligt werden.[910] Als Grund führten die vorrangigen Gläubiger an, die nachrangigen Gläubiger hätten kein wirtschaftliches Interesse an der Gesellschaft da der Unternehmenswert nicht ausreiche, um die vorrangigen Gläubiger vollständig zu befriedigen und demnach müssten die Rechte der nachrangigen Gläubiger vom Scheme unberührt bleiben.[911]

---

904 *Re MyTravel Group plc.*, [2005] 2 BCLC 123 (152).
905 *Re MyTravel Group plc.*, [2005] 2 BCLC 123 (144).
906 *Re MyTravel Group plc.*, [2005] 2 BCLC 123 (152).
907 *Re MyTravel Group plc.*, [2005] 2 BCLC 123 (150).
908 *Re MyTravel Group plc.*, [2005] 2 BCLC 123 (153).
909 Siehe *Rumberg*, RIW 2010, 358 (359), der die Entscheidung einen „Präzedenzfall" nennt.
910 *Re Bluebrook Ltd.*, [2010] BCC 209 (210).
911 Vgl. *Re Bluebrook Ltd.*, [2010] BCC 209 (210f.).

Die nachrangigen Gläubiger fochten das Scheme auf Grundlage seiner ihnen gegenüber ungerechten Gestaltung (*on the basis of unfairness*) an. Sie führten dazu an, dass der Unternehmenswert sehr wohl über den Wert der Forderungen der vorrangigen Gläubiger hinausginge, so dass auch sie an dem Bestätigungsprozess des Scheme zu beteiligen gewesen seien.[912] Es oblag also der Entscheidung des Gerichts, ob der Wert des Unternehmens über den Wert der vorrangigen Forderungen hinausging – wenn dem so wäre, hätten die nachrangigen Gläubiger auch ein wirtschaftliches Interesse an der Gesellschaft. Das Gericht wendete die für Zivilverfahren übliche Beweiswürdigung ("*normal civil standards apply*") an.[913] Demnach mussten die Parteien wiederum darlegen, ob der Unternehmenswert den Wert der vorrangigen Forderungen überstieg. Die gegenüberstehenden Gläubigergruppen war sich noch darüber einig, dass eine Bewertung zu Fortführungswerten zu erfolgen hatte.[914] Auch der zuständige Richter *Mann* akzeptierte diese Bewertungsgrundlage, so dass dieser Umstand unstreitig war.[915] Jene einvernehmliche Ansichtsweise ergab sich aus den Umständen des Falles: zwar hat ein *director* des Unternehmens bestätigt, dass die liquiden Mittel nicht ausreichend seien, um die Gesellschaft fortzuführen, wenn keine Sanierungsmaßnahmen ergriffen werden würden.[916] Jedoch stand fest, dass zumindest kurzfristig hinreichend liquide Mittel für die Fortführung des Unternehmens zur Verfügung standen.[917] Aus diesem Grund akzeptierte das Gericht, obgleich das Unternehmen technisch insolvent war, die Prognose einer Restrukturierung unter Fortführung des Unternehmens.[918] Das Gericht ist zu dieser Überzeugung gelangt, einerseits aufgrund des Inhalts des konkreten Scheme[919] und andererseits, weil zumindest auf kurzfristiger Sicht auch hinreichend Liquidität vorhanden war, um das Unternehmen fortzuführen. Insbesondere letzterer Aspekt konnte nur deswegen erreicht werden, weil Stillhaltevereinbarungen mit den vorrangigen und nachrangigen (Mezzaninen-) Gläubigern abgeschlossen wurden – es floss folglich keine weitere Liquidität ab. Der bloße Umstand, dass umfangreiche Finanzierungsvereinbarungen nicht eingehalten werden konnten, gab dem Gericht keinen Anlass, Bedenken gegen die Fortführung des Unternehmens zu haben.[920] Demnach basierten sämtliche Unternehmensbewertungen, die von den Parteien vorgetragen worden sind, auf Fortführungswerten.

---

912 Vgl. *Re Bluebrook Ltd.*, [2010] BCC 209 (215).
913 *Re Bluebrook Ltd.*, [2010] BCC 209 (219).
914 *Re Bluebrook Ltd.*, [2010] BCC 209 (211); vgl. auch *Latham & Watkins*, The IMO Car Wash Decision, S. 2.
915 *Re Bluebrook Ltd.*, [2010] BCC 209 (222); dazu auch *Pointing/Rooney*, (2008–2010) Int'l Fin. L. Rev. 50.
916 *Re Bluebrook Ltd.*, [2010] BCC 209 (221f.).
917 *Re Bluebrook Ltd.*, [2010] BCC 209 (221).
918 *Re Bluebrook Ltd.*, [2010] BCC 209 (222).
919 Vgl. *Latham & Watkins*, The IMO Car Wash Decision, S. 3.
920 *Re Bluebrook Ltd.*, [2010] BCC 209 (221).

(c) Zwischenergebnis

Da das englische Gesetzesrecht keine Vorgabe dazu macht, ob die Unternehmensbewertung auf der Grundlage der Fortführung des Unternehmens oder dessen Liquidation vorzunehmen ist, bedurfte es einer Beurteilung der einschlägigen Literaturmeinungen und der veröffentlichten Gerichtsentscheidungen.

Nach der Ansicht in der Literatur muss die Frage nach der Anwendbarkeit von Liquidations- oder Fortführungswerten (des *liquidation-* or *going-concern-approach*) danach beantwortet werden, ob das Unternehmen noch existenzfähig (*viable*) ist. Demnach soll der *liquidation-approach* einschlägig sein, wenn das Unternehmen operativ nicht mehr selbstständig überleben kann (*economic distress* oder *operational distress*). Hingegen soll der *going-concern-approach* Anwendung finden, wenn es lediglich *financial distress* erfährt, also seine Schulden nicht bezahlen kann, wenn sie fällig werden, aber dennoch grundsätzlich profitabel am Markt bestehen kann. Letztere Form der Unternehmenskrise betrifft demnach die Zahlungsfähigkeit (*liquidity*) des Unternehmens und nicht, wie die andere Form, zwischen der die englische Literatur unterscheidet, die Existenzfähigkeit (*viability*).

Ob diese in der Literatur vorgenommene Unterscheidung auch letztlich in der Rechtsprechung vorgenommen wird, kann nicht abschließend beurteilt werden. Dies ist dem Umstand geschuldet, dass überhaupt nur wenige Streitigkeiten den Weg zum Gericht finden und jene Entscheidungen für gewöhnlich keine Details darüber enthalten, ob der *liquidation-* oder *going-concern-approach* angewendet worden ist.

Jedoch ist den wenigen Entscheidungen zu entnehmen, dass es grundsätzlich an den Parteien gelegen ist, hinreichende Beweise darzulegen, um ihre Argumentation hinsichtlich der Bewertung zu stützen. Daraus kann geschlossen werden, dass die Gerichte zunächst einmal grundsätzlich unvoreingenommen hinsichtlich dieser Bewertungsfrage sind. Hingegen werden seitens der Gerichte wiederum nur sehr sporadisch Angaben dazu gemacht, in welchem Umfang Tatsachen für und gegen die eine oder andere Bewertungsgrundlage vorgebracht werden müssen. Es wurde lediglich deutlich, dass die Darlegung einer bloßen theoretischen Möglichkeit für und gegen eine Bewertungsgrundlage nicht ausreicht. Vielmehr ist deutlich geworden, dass die Rechtsprechung den Beweis für eine Wahrscheinlichkeit der Fortführung des Unternehmens verlangt, um den *going-concern-approach* zur Anwendung kommen zu lassen.

Die beiden wohl bis dato wichtigsten Gerichtsentscheidungen zu dieser Frage wurden ebenfalls untersucht – sie kamen jedoch einzelfallabhängig zu unterschiedlichen Ergebnissen. In der Entscheidung *Re MyTravel plc.* hat das Gericht genau die gleiche Prüfung wie für die Identifizierung unterschiedlicher Gläubiger- und Anteilseignergruppen angewendet: es war entscheidend, ob für den hypothetischen Fall, dass kein Scheme vorhanden wäre, die Gesellschaft liquidiert oder doch fortgeführt werden könnte. Es wurden in der konkreten Entscheidung Beweise dafür vorgebracht, dass dann, wenn kein SoA durchgeführt werden würde, über das Vermögen der Gesellschaft ein Insolvenzverfahren eröffnet werden müsste.

Demnach fand der *liquidation-approach* Anwendung, so dass eine Bewertung vor dem Hintergrund der Liquidation der Gesellschaft erfolgte. Im Ergebnis wurden die nachrangigen Forderungen als wertlos erachtet. Diese Entscheidung stieß in der Folge in der Literatur auf heftige Kritik.[921] Die Kritik zielt auf den falschen Ansatzpunkt seitens des Gerichts zur Bestimmung des Unternehmenswertes ab. Der angeführte Vergleich zur wirtschaftlichen Lage ohne ein SoA sage nichts über den Unternehmenswert aus.[922] Vielmehr müsse das konkrete Sanierungsinstrument – hier also der DES – in die Beurteilung des Unternehmenswertes einbezogen werden, da anderenfalls die bezweckte Fortführung und damit ein Fortführungswert (*going-concern surplus*) unberücksichtigt bleiben.[923]

Die zweite wichtige Entscheidung in diesem Zusammenhang war *Re Bluebrook Ltd.*. In dieser Entscheidung war die Anwendung der Bewertungsgrundlage eigentlich unstreitig, denn es bestand die einhellige Auffassung unter den Beteiligten und auch beim zuständigen Richter, der übrigens personenidentisch mit jenem in der Entscheidung *Re MyTravel plc.* war, dass Fortführungswerte (*going-concern-approach*) Anwendung finden müssen. Demnach sind die Gründe für diese übereinstimmende Ansicht von Interesse: die Gesellschaft war *balance sheet insolvent*, sie war also bilanziell überschuldet. Darüber hinaus wurde angeführt, dass durch verschiedene Stillhalteabkommen mit den Gläubigern hinreichend Liquidität für die Fortführung des Unternehmens vorhanden sei. Die Barreserven, so wurde zur Überzeugung des Gerichts argumentiert, seien ausreichend für eine zumindest mittelfristige Fortführung des Unternehmens gewesen.

Diese unterschiedlichen Ansätze, wie das Gericht die Bewertungsgrundlage in den Entscheidungen *Re MyTravel plc.* und *Re Bluebrook Ltd.* vorgenommen hat, können demnach wie folgt zusammengefasst werden: in *Re MyTravel plc.* hat das Gericht den hypothetischen Wert des Unternehmens, der sich danach bestimmen würde, wenn kein Scheme vorliegt, herangezogen. In *Re Bluebrook Ltd.* wurde hingegen deutlich, dass die konkrete finanzielle Situation der Gesellschaft, ohne dass dabei auf hypothetische Gegebenheiten abgestellt wurde, relevant ist. Dabei ist noch nicht absehbar, welche dieser beiden Vorgehensweisen sich in Zukunft durchsetzen wird.[924] Es bleibt demnach im Einzelfall, wie eingangs bereits erwähnt, den Beteiligten überlassen, hinreichend Argumentationsgrundlage für die Bewertung beizubringen. Den untersuchten Entscheidungen kann entnommen werden, dass ein gescheiterter Versuch der Unternehmensveräußerung deutlich dafür spricht, dass die Fortführung des Unternehmens eher unwahrscheinlich ist.[925] Ferner ist

---

921 Vgl. *Crystal/Mokal*, The Valuation of Distressed Companies, S. 13f.; vgl. *Parry*, (2009) 18 Nottingham L J 42 (51); *Collins*, (2010) 7(6) ICR 382 (384); vgl. *O'Dea*, (2009) 10 JIBFL 583 (587f.); *Segal*, (2007) 20(4) Insol. Intel. 49 (51).

922 *Crystal/Mokal*, The Valuation of Distressed Companies, S. 15.

923 *O'Dea*, (2009) 10 JIBFL 583 (588); *Parry*, (2009) 18 Nottingham L J 42 (51).

924 Vgl. *O'Dea*, (2009) 10 JIBFL 583 (587).

925 Vgl. auch *Nevins*, [2010] WL 2848369, S. 1 (7); und auch *Purcell/Boyce*, (2010) 10(10) ICR 1 (4).

den Entscheidungen hinsichtlich der anzuführenden Beweise zu entnehmen, dass Bewertungen unter Verwendung von *multiples* und eines daraus entstehenden Unternehmenswertes eine verlässliche Begründung für einen konkreten Unternehmenswert bietet.[926] Überdies wurde in der Entscheidung *Re Bluebrook Ltd.* deutlich, dass dann, wenn der *going-concern-approach* Anwendung findet, mithin ein höherer Unternehmenswert anzusetzen ist als beim *liquidation-approach*,[927] und selbst dann der Unternehmenswert die Forderungen der vorrangigen Gläubiger nicht übersteigt, das Gericht davon überzeugt sein wird, dass das wirtschaftliche Interesse der nachrangigen Beteiligten null beträgt.

Dieser Befund kann für die Beteiligten eines SoA einen erheblichen Unsicherheitsfaktor bedeutet, ob das Gericht die vorgebrachten Argumente als hinreichend für die eine oder andere Bewertungsgrundlage anerkennt. Eine gefestigte Rechtsprechung ist nicht ersichtlich. Jene Unsicherheit in der Unternehmenskrise erhöht die Unsicherheit in Zusammenhang mit den allgemeinen Risiken gerichtlicher wie außergerichtlicher Streitigkeiten über die korrekte Bewertung des Unternehmens.[928] Je nachdem, wie intensiv und umfangreich der konkrete Streit geführt wird, kann dadurch das gesamten Verfahren des SoA erheblich verzögert werden.[929]

(4) Relevanz der *economic interest doctrine* – im *convening hearing* oder im *sanction hearing*?

Es wurde bereits oben festgestellt, dass im Rahmen der ersten Gerichtsanhörung, dem sog. *convening hearing*, entschieden werden soll, ob die Einberufung *einer* Gruppe ausreichend ist oder ob es mehrerer Gruppen bedarf, um das Scheme zu bestätigen.[930] Dieses Vorgehen wird als gefestigt angesehen. Streitig ist jedoch, ob das Gericht bereits in dieser ersten Anhörung die Grundsätze der *economic interest doctrine* berücksichtigt und würdigt oder ob dies erst in der zweiten Anhörung, dem sog. *sanction hearing*, erfolgt.[931] Dieses Thema ist weder in der Rechtsprechung noch in der Literatur übereinstimmend geklärt.

In der Entscheidung *Re Telewest Communication plc.* gab der zuständige Richter *Richards* zu bedenken, dass es wichtig sei, die Funktion der gerichtlichen Würdigung auf jeder Stufe des Prozesses zu berücksichtigen.[932] Demnach sei es ausdrücklich nicht die Aufgabe des Gerichts, den sachlichen Gehalt eines Scheme und dessen *fairness* im Rahmen der ersten Anhörung zu würdigen.[933] Ähnlich wurde in der

926 Vgl. *Clowry*, (2010) 7(2) ECL 51 (56).
927 Vgl. *Frisby*, (2004) 67 Mod. L. Rev. 247 (266).
928 Vgl. *Whiter*, (2010) 7(1) ICR 3 (6); vgl. *Clowry*, (2010) 7(2) ECL 51 (56).
929 Vgl. *Bannister/Mathison*, (2009) (Autumn) Recovery 8 (9).
930 Siehe oben Teil 2., A., II., 2., a., 2).
931 Vgl. *Segal*, (2007) 20(4) Insol. Intel. 49 (51): "*Is it a stage one or stage two issue?*".
932 *Re Telewest Communications plc.*, [2004] EWHC 924 (Ch.), Rn. 14.
933 *Re Telewest Communications plc.*, [2004] EWHC 924 (Ch.), Rn. 14.

Entscheidung *Re The British Aviation Insurance Co. Ltd.*[934] argumentiert, die etwa ein Jahr später ergangen ist. Auch in den Entscheidungen *McCarthy & Stone plc.*[935] und *Re Bluebrook Ltd.*[936] wurden die Grundsätze der *economic interest doctrine* erst in der zweiten Anhörung untersucht.

Es wurde allgemein argumentiert, dass kein Grund dafür ersichtlich sei, auf das Scheme bereits in der ersten Anhörung einzugehen, wenn bereits dann feststehe, dass das Gericht in der späteren Anhörung nicht bestätigen werde („[t]*here is no point in the court convening meetings to consider the scheme if it can be seen now that it will lack the jurisdiction to sanction it later*")[937]. Das Gericht müsse nämlich dann die Bestätigung des Scheme verweigern, wenn die Gruppen fehlerhaft identifiziert und eingeteilt worden seien. Vielmehr sollte das Gericht demnach nicht bereits in der ersten Anhörung über die *fairness* des Scheme entscheiden und folglich dann schon darüber entscheiden, ob es das Scheme bestätige oder nicht.[938] Gerade diese Prüfung könne erst im Rahmen der Angemessenheit (*reasonableness*) des Schemes in der zweiten Anhörung vorgenommen werden.[939] Demnach unterscheidet diese Ansicht streng zwischen den Umständen der Gruppeneinteilung, die die erste Anhörung betreffen und jene Umstände, die die *fairness* des Scheme berühren, worunter auch die *economic interest doctrine* zu zählen sei.

Der zuständige Richter *Mann* war in der Entscheidung *Re MyTravel Group plc.* von gegensätzlicher Ansicht überzeugt: wenn es darauf ankomme, ob Beteiligte ein wirtschaftliches Interesse (*economic interest*) an der Gesellschaft hätten, und, wenn ein solches nicht bestehe und diese nicht an dem Scheme beteiligt würden, dann sollte der Umstand der *economic interest* im Rahmen der ersten Anhörung (*convening hearing*) beurteilt werden.[940] Dazu wurde auf die Entscheidung *Re British & Commonwealth Holdings plc. (No. 3)* verwiesen. Diesem Fall lag der Umstand zugrunde, dass der Antragsteller die gerichtliche Klärung begehrte, ob diverse Beteiligte als Parteien des Scheme berücksichtigt werden mussten.[941] Obgleich das Gericht davon ausging, dass dies grundsätzlich eine Frage war, die es bei der zweiten Anhörung zu beurteilen habe, hielt es das Gericht für angemessen, diesen Aspekt bereits in der ersten Anhörung zu prüfen. Als Begründung führte das Gericht die erlangte Überzeugung an, dass der Antragsteller, ein *administrator*, nicht gewillt sei, die Kosten des Scheme-Verfahrens zu tragen, wenn am Ende herauskomme, dass die Bestätigung des Scheme ausbleibe, weil die Gruppen nicht rechtmäßig

---

934 *Re The British Aviation Insurance Co. Ltd.*, [2006] BCC 14 (28).
935 *McCarthy & Stone Plc*, [2009] WL 1403748 Rn. 4, siehe aber auch *Bannister/Mathison*, (2009) (Autumn) Recovery 8 (9).
936 *Re Bluebrook Ltd.*, [2010] BCC 209 (209).
937 *Re Telewest Communications plc.*, [2004] EWHC 924 (Ch.), Rn. 14.
938 Vgl. *Re Telewest Communications plc.*, [2004] EWHC 924 (Ch.), Rn. 14.
939 *Segal*, (2007) 20(4) Insol. Intel. 49 (51); vgl. auch die Argumentation in *Re Bluebrook Ltd.*, [2010] BCC 209 (216).
940 *Re MyTravel Group plc.*, [2005] 2 BCLC 123 (146).
941 *Re British & Commonwealth Holdings plc. (No. 3)*, [1992] 1 WLR 672 (673).

zustande gekommen seien[942] – und dazu zähle auch die Bestimmung des *economic interest*. Demnach war das Gericht mit anderen Worten davon überzeugt, dass auch eine Beurteilung des wirtschaftlichen Interesses bereits zu einem frühen Zeitpunkt stattfinden sollte. Damit können unnötige Kosten, die durch das Scheme-Verfahren entstehen, obgleich das Scheme am Ende doch mangels ordnungsgemäßer Gruppeneinteilung nicht bestätigt werde, von vornherein vermieden werden. In die gleiche Richtung argumentierte auch Richter *Chadwick* in der *appeal* zu *Re MyTravel Group plc.*, wonach es zu einer bloßen Verschwendung von Zeit und Geld komme ("*waste of time and expanse*"), wenn das Gericht die Frage nach dem wirtschaftlichen Interesse einiger Beteiligten bis zur zweiten Anhörung offen ließe.[943] Ein weiterer Grund für eine frühzeitige Berücksichtigung des wirtschaftlichen Interesses innerhalb des Scheme-Verfahrens liegt darin, genügend Zeit zu haben, auch die Versammlungen von nachrangigen Gläubigern einzuberufen, wenn es das Gericht zu jenem frühen Zeitpunkt für notwendig erachtet.[944] Die frühzeitige Einbeziehung sämtlicher beteiligter Gruppen erhöht auch die Seriosität des Scheme-Verfahrens und der damit zusammenhängenden Restrukturierungsmaßnahmen.[945]

Aufgrund der abweichenden Ansichten ist eine einheitliche Marschroute in dieser Frage nicht erkennbar. Dem Antragsteller eines Scheme stehen keine verbindlichen Maßstäbe zur Verfügung, an welcher Stelle des Verfahrens Tatsachen und Beweise hinsichtlich des wirtschaftlichen Interesses bezüglich potentieller Beteiligter vorgebracht werden müssen – bereits in der ersten oder erst in der zweiten Anhörung? Daraus resultieren wiederum Unsicherheiten für die beteiligten Parteien.

Immerhin befürwortet mittlerweile auch das aktuelle Practice Statement die Berücksichtigung von Aspekten im Zusammenhang mit der Gruppeneinteilung zu einem frühestmöglichen Zeitpunkt („*The purpose is to enable issues concerning the composition of classes of creditor and the summoning of meetings to be identified and if appropriate resolved early in the proceedings.*").[946] Aus dem übergeordneten Zweck dieses Practice Statement ergibt sich nämlich, dass eine Verschwendung von Zeit und Kosten verhindert werden sollen.[947] Es behandelt demnach die Frage nach dem wirtschaftlichen Interesse eines potentiellen Beteiligten als einen Teilaspekt der Gruppeneinteilung. Daraus ergibt sich, dass, wenn ein Beteiligter kein wirtschaftliches Interesse an dem Scheme hat, er an diesem und dessen Verfahren nicht beteiligt werden muss. Vielmehr kommt dem Beteiligten sodann keinerlei

942 *Re British & Commonwealth Holdings plc. (No. 3)*, [1992] 1 WLR 672 (675); vgl. auch *In Re T & N Ltd. and others (No 4)*, [2007] Bus L R 1411, Rn. 19.
943 Vgl. *Re MyTravel Group plc.*, [2005] 2 BCLC 123 (160).
944 Vgl. *Underhill/Edwards*, (2005) 24 Int'l Fin. L. Rev. 33 (34).
945 *Purcell/Boyce*, (2010) 10(10) ICR 1 (4).
946 Vgl. *Morritt*, [2002] BCC 355, Rn. 1; vgl. dazu auch die Ausführungen von Richter *Chadwick* in *Re MyTravel Group plc.*, [2005] 2 BCLC 123 (160).
947 *Morritt*, [2002] BCC 355, Rn. 1; vgl. *Stewart*, [2005] (Spring) Recovery 6 (7).

Mitwirkungsrecht an der Bestätigung des Scheme zu.[948] Aus den untersuchten Gerichtsentscheidungen wurde deutlich, dass grundsätzlich das Bedürfnis des Antragstellers des Scheme besteht, zu wissen, ob eine bestimmte Partei in das Scheme einzubeziehen ist und zwar bevor die Beteiligten zu den Versammlungen einberufen werden, um das Scheme zu bestätigen. Diese Fragestellung betrifft sodann regelmäßig die rechtmäßige Identifizierung und Einteilung der Gruppen. Würde das Gericht die Behandlung dieser Frage während der ersten Anhörung nicht zulassen, kann es sein, dass Parteien in das Verfahren einbezogen werden müssen und über das Scheme abstimmen, obgleich sich bei der Beurteilung ihres wirtschaftlichen Interesses im Rahmen der zweiten Anhörung herausstellt, dass ihnen ein solches fehlt. Vor diesem Hintergrund wird argumentiert, dass zur Beurteilung der verschiedenen Gruppen auch der Aspekt einzubeziehen sei, mit welchen potentiellen Beteiligten das Scheme überhaupt geschlossen werden müsse[949] und gerade dieser Aspekt sei demnach bereits in der ersten gerichtlichen Anhörung zu behandeln.[950] Wäre dem nicht so, wären Verzögerungen und weitere Kosten die Konsequenz, die ja gerade durch das Practice Statement vermieden werden sollen.[951]

(5) Zwischenergebnis

Der Ursprung der *economic interest doctrine* geht zurück auf die Entscheidung *Re Tea Corporation* aus dem Jahre 1903. Im Kern besagt sie, dass eine Partei kein Recht an einem SoA und demnach auch kein Recht zur Abstimmung über dieses zukommt, wenn sie kein wirtschaftliches Interesse an der Gesellschaft hat. Diese Regel betrifft sämtliche potentielle Beteiligte eines Scheme – Gläubiger wie Anteilseigner. Dadurch soll die Entstehung eines sog. *hold-out-value* vermieden werden. Es wurde deutlich, dass die Entstehung eines *hold-out-value* einerseits gegen die gesetzlich vorgesehene Rangfolge der Beteiligten verstoßen würde und andererseits den gesamten Restrukturierungsprozess gefährden kann. Insbesondere letzterer Nachteil ist grob unbillig. Denn es werden somit Werte für Beteiligte geschaffen, denen diese Werte von Gesetztes wegen gar nicht zustehen. Jedoch können sie im Gegenzug die Restrukturierung als Ganzes scheitern lassen. Durch die *economic interest doctrine* soll vielmehr das Scheme auch gegen den Willen derjenigen Beteiligten durchgesetzt werden können (*cram down*), die gerade kein wirtschaftliches Interesse daran haben.

---

948 Vgl. *Bewick/Fennessy/Marks* in: Caminal, Expedited Debt Restructuring, S. 159 (184).

949 Vgl. *Re Hawk Insurance Co. Ltd.*, [2002] BCC 300 (301).

950 Vgl. auch die Stellungnahme von Richter *Chadwick* in *Re MyTravel Group plc.*, [2005] 2 BCLC 123 (160); vgl. auch *Morse, ua*, Palmer's Company Law, S. 663.

951 Vgl. auch *McCormack*, Corporate Rescue Law, S. 277f.

Die notwendige Bestimmung des wirtschaftlichen Interesses geht einher mit der Bewertung der betreffenden Gesellschaft.[952] Diesbezüglich wurden drei typische Bewertungsmethoden erörtert, die allesamt in der englischen Praxis Anwendung finden. Es obliegt den Parteien, hinreichende Umstände und Beweise für und wider der einen oder anderen Bewertungsmethode darzulegen. Obgleich sich herausgestellt hat, dass nur wenige Details zur Bestimmung der beizubringenden Tatsachen und Beweise ersichtlich sind, wurde deutlich, dass aus Sicht der Gerichte die Darstellung eines bestimmten Wertes im Gegensatz zu einer Bandbreite von möglichen Unternehmenswerten notwendig ist. Ferner ist es zwar unerlässlich, mit Annahmen bei der Ermittlung des Unternehmenswertes zu arbeiten, diese müssen jedoch stets einen objektiv-lebensnahen Wert („*real world value*") ergeben, der durch wissenschaftliche Methodik nachgewiesen werden kann. Im Umkehrschluss müssen bloße theoretische Annahmen vermieden werden, da diese nicht die Zustimmung des Gerichts finden werden. Da jedoch den zur Verfügung stehenden Entscheidungen nur sehr sporadisch entnommen werden können, welche Anforderungen an die hinreichende Beibringung von Tatsachen und Beweisen bestehen, besteht für die Akteure eine nicht unerhebliche Unsicherheit.[953]

Unabhängig von jener Frage der Unternehmensbewertung im Restrukturierungsszenario bestehen weitergehende Unsicherheiten hinsichtlich der Frage, auf welcher Grundlage – einer Unternehmensfortführung oder einer Liquidation – die Bewertung erfolgt. Gesetzliche Regelungen dazu existieren nicht. Die in der Literatur vorgenommene Unterscheidung, ob die Gesellschaft (lediglich) *financial distress* bzw. *balance sheet distress* erfährt oder aber operativ nicht mehr profitable am Markt bestehen kann (*operational distress* bzw. *economic distress*) kann in der spärlichen Rechtsprechung, die zu diesem Thema ergangen ist, nicht eindeutig wiedererkannt werden. Insbesondere zwei jüngere Entscheidungen, die zu diesem Thema öffentlich geworden sind, kommen zu unterschiedlichen Ergebnissen. In der Entscheidung *Re MyTravel plc.* wurde danach differenziert, welche Rechte den Parteien hypothetisch zukommen würden, wenn kein Scheme durchgeführt werden würde. In der konkreten Entscheidung wurde demnach der *liquidation approach* angewendet, da das Gericht zu der Überzeugung gelangt ist, dass, wenn kein Scheme vorliegen würde, eine Fortführung des Unternehmens ausscheide. Hingegen stellte das Gericht in der Entscheidung *Re Bluebrook Ltd.* nicht auf die hypothetischen Rechte der Parteien ab, sondern berücksichtigte vielmehr den aktuellen Unternehmenswert mitsamt den Regelungen in dem konkreten Scheme. Aufgrund der geringen Anzahl an vergleichbaren Gerichtsentscheidungen und ihrer konträren Entscheidungen ist eine

952 *O'Dea,* (2009) 10 JIBFL 583 (588).

953 *Allen & Overy LLP,* Life after Lehman, S. 26, wo argumentiert wird, dass die Unsicherheit bei der Bewertung häufig dazu führt, dass den Beteiligten ein sog. "*sweetener*" angeboten wird.

rechtssichere Aussage über die Bewertungsgrundlage nicht möglich – es verbleiben also weitere Unsicherheiten.

Ferner muss auch die Frage, zu welchem Zeitpunkt innerhalb des SoA-Verfahrens die Berücksichtigung und Prüfung eines wirtschaftlichen Interesses der Beteiligten erfolgt, nach wie vor mit einem Fragezeichen versehen bleiben. Es wurde aufgezeigt, dass sowohl in der Literatur als auch in der Rechtsprechung jeweils Stimmen für und wider der beiden Möglichkeiten der Behandlung dieser Frage entweder in der ersten oder in der zweiten Anhörung bestehen. Zwar sprechen die besseren Argumente für eine Berücksichtigung im Rahmen der Gruppenbildung während des *convening hearing*. Da eine gesicherte Rechtsprechung jedoch nicht besteht, verbleiben weiterhin Rechtsunsicherheiten.

Es kann abschließend also festgehalten werden, dass die Bestimmung und Überprüfung des wirtschaftlichen Interesses eines Beteiligten mitsamt der notwendigen Bewertung des Unternehmens zu einer ganzen Reihe von Quellen der Unsicherheit führen können. Diese können zu Streitigkeiten führen – sowohl außergerichtlicher Natur als auch vor Gericht. Jedenfalls bringen solche Streitigkeiten regelmäßig nicht unerhebliche Verzögerungen der Durchsetzung eines SoA mit sich. Der gesamte Restrukturierungsprozess kann gefährdet werden.

d) *Overall fairness*

Als einen vierten Aspekt beurteilt das Gericht die *overall fairness* des Scheme. Nach einer zumindest auf den ersten Blick gradlinige Regel dazu wird ein Scheme dann als *fair* bezeichnet,[954] wenn ein objektiver, durchschnittlich denkender, ehrlicher Dritte als Mitglied einer betroffenen Gruppe, der in seinem Interesse handelt, dem Scheme zustimmen würde („*an intelligent and honest man, a member of the class concerned and acting in respect of his interest, might reasonable approve*").[955] Freilich muss diese Regel als solche mit Inhalt gefüllt werden. Dabei ist problematisch, dass die Bestimmung von *fairness* selbst unklar und vieldeutig ist. Jedoch haben sich einige Fallgruppen in Rechtsprechung und Literatur zur Bestimmung der *overall fairness* eines Scheme herausgebildet.

(1) Zusammenhang zwischen der *fairness* und dem Abstimmungsergebnis

Als eine erste Fallgruppe, die das Gericht bei der Bestimmung der *fairness* heranzieht, ist das Abstimmungsergebnis, mit dem die Gruppen über das Scheme abgestimmt haben, zu nennen. Diesbezüglich ist das Gericht zurückhaltend, ein Scheme wegen mangelnder *fairness* zurückzuweisen, wenn es mit erheblichen Mehrheiten (*substantive majorities*) in den einzelnen Gruppen angenommen

954 Vgl. etwa *Re Linton Park plc.*, [2008] BCC 17 (18).

955 Vgl. *Castle Holdco 4 Ltd.*, [2009] EWHC 1347, Rn. 15; vgl. *Re Abbey National plc.*, [2004] WL 2935842, Rn. 15; vgl. *Nevins*, [2010] WL 2848369, S. 1 (19).

worden ist.[956] Dies soll beispielsweise bei einer Annahme des Scheme mit einer Mehrheit von 97% – 98% der Fall sein.[957] Eine derart große Zustimmung veranlasst das Gericht zu der Annahme, dass das Scheme auch von einem objektiven, durchschnittlich denkenden, ehrlichen Dritten als Mitglied einer Gruppe angenommen werden würde.[958]

Jedoch auch diese Regel hat ihre Ausnahmen. Gerichte haben ihre Genehmigung für das Scheme verweigert, auch wenn dieses mit großer Mehrheit[959] oder gar einstimmig[960] angenommen worden ist. Diese ablehnenden Entscheidungen werden in der Literatur jedoch als „seltene Beispiele" oder „Ausnahmen" bezeichnet.[961] Allgemein steht in diesem Zusammenhang fest, dass eine noch so große Zustimmungsmehrheit nicht andere notwendige Voraussetzungen für das Zustandekommen des Scheme heilen der gar obsolet werden lassen kann. Dies betrifft insbesondere den Fall, dass die Identifizierung und Einberufung der verschiedenen Gruppe nicht rechtmäßig erfolgt ist – das Gericht ist sodann nicht berechtigt, das Scheme zu genehmigen, auch wenn es mit großer Mehrheit angenommen worden ist.[962] Dieses Ergebnis ist nicht überraschend, muss doch schon von Gesetzes wegen erst die Annahme des Schemes durch die rechtmäßig einberufenen Versammlungen erfolgen, bevor das Gericht berechtigt ist, das Scheme zu genehmigen, sec. 896, 899 CA 2006. Die gesetzlichen Vorgaben stehen nicht zur Disposition der Beteiligten – auch dann nicht, wenn sie das Scheme mit großer Mehrheit annehmen. Waren ihre Gruppen unrechtmäßig zusammengesetzt, hat das Gericht keine Befugnis, das Scheme zu bestätigen. Dies berücksichtigend besteht dennoch im Grundsatz eine hohe Wahrscheinliche für die *fairness* des Scheme, wenn dieses mit einer großen Mehrheit in den jeweiligen Gruppen angenommen worden ist.[963]

(2) Bedingungen und nachträgliche Änderungen

Ein weiterer Aspekt, der bei der Prüfung der *fairness* des Scheme von den Gerichten berücksichtigt wird, sind solche Klauseln in dem Scheme, die eine Änderung des Inhalts ermöglichen, nachdem bereits über das Scheme abgestimmt worden ist. Die Gerichte prüfen in derartigen Fällen, ob die Gesellschaft sodann die Befugnis erhält, unabhängig von der weiteren Genehmigung der Beteiligten Änderungen

956 Vgl. *Hannigan*, Company Law, Rn. 26–119; *Milman*, (2003) 21/22 CoLN 1 (2).
957 *Re Equitable Life Assurance*, [2002] BCC 319 (351).
958 *Re Equitable Life Assurance*, [2002] BCC 319 (351, 353).
959 *Re Hawk Insurance Co. Ltd.*, [2001] 2 BCC 57(79), in der die betreffende Gruppe das Scheme mit einer Mehrheit von 85% angenommen hat. Das ist die erstinstanzliche Entscheidung zur *appeal* in *Re Hawk Insurance Co. Ltd.*, [2002] BCC 300.
960 *Re N.F.U. Development Trust Ltd.*, [1972] 1 WLR 1548.
961 Etwa *Hannigan*, Company Law, Rn. 26–119 Fn. 257.
962 Vgl. *Re Hawk Insurance Co. Ltd.*, [2001] 2 BCC 57 (79f.).
963 Vgl. auch *Bewick/Fennessy/Marks* in: Caminal, Expedited Debt Restructuring, S. 159 (188).

an dem Scheme vorzunehmen.[964] In der Literatur geht die Tendenz dahin, dass die Gerichte die *fairness* in solchen Fällen ablehnen und die Genehmigung des Scheme verweigern sollten.[965] Dies wird mit der fehlenden Klarheit und Sicherheit solcher Klauseln für die Beteiligten begründet.[966]

Die Rechtsprechung nimmt eine umfangreiche Abwägung des Einzelfalls vor. So wurde etwa in *Re Cape plc.* diese Thematik ausführlich behandelt, die einzelnen Argumente abgewogen und im Ergebnis hat der zuständige Richter *Richards* das Scheme genehmigt.[967]

(3) Verspätetes Vorbringen *(late submissions)*

Im Hinblick auf die erste gerichtliche Anhörung, in der das Gericht insbesondere die Identifizierung und Anberaumung der Gruppen überprüft, wurde bereits erörtert,[968] dass nach dem aktuellen Practice Statement eine frühzeitige Geltendmachung etwaiger Einwendungen gegen die Gruppeneinteilung angezeigt ist. Diese Vorgaben wurden teilweise, wie dargelegt, von den Gerichten übernommen.

Werden die Umstände der Gruppeneinteilung in der ersten Anhörung von dem Gericht behandelt, können aber grundsätzlich auch Einwendungen gegen diese in der zweiten gerichtlichen Anhörung, dem *sanction hearing*, erhoben werden.[969] Jedoch hat das aktuelle Practice Statement auch diesen Umstand erkannt und verlangt für das Erheben solcher Einwendungen gute Gründe, warum diese Einwendungen nicht bereits in der ersten Anhörung erhoben worden sind („*good reasons for not doing so*").[970]

Daraus wurde in der Literatur geschlossen, dass, wenn sich das Gericht einmal einen Eindruck von der rechtmäßigen Gruppenbildung in der ersten Anhörung gebildet hat, es für etwaige diese anfechtenden Beteiligten schwierig sein wird, das Gericht durch Beibringung weiterer Umstände erst in der zweiten Anhörung von etwaigen Einwendungen zu überzeugen ("*it may prove difficult to challenge that conclusion at the sanction stage*").[971] Diese Ansicht spricht also zugunsten der Beteiligten, die in der ersten Anhörung bereits eine Gruppenbildung nach ihren Vorstellungen durchgesetzt haben. Mit anderen Worten tragen die Beteiligten, die Einwendungen zu erheben beabsichtigen, das Risiko, dass verspätete Einwendungen

964 Vgl. *Hannigan*, Company Law, Rn. 26–120.
965 Vgl. *Nevins*, [2010] WL 2848369, S. 1 (19); *Bewick/Fennessy/Marks* in: Caminal, Expedited Debt Restructuring, S. 159 (188).
966 *Hannigan*, Company Law, Rn. 26–120.
967 *Re Cape plc.*, [2009] Bus L R 109 (132).
968 Zur *class identification* siehe bereits oben Teil 2, A., II., 2., a., 1), a).
969 *Lombers/Bardell*, (2008) (March) PLC 23 (26).
970 Vgl. *Morritt*, [2002] BCC 355, Rn. 7.
971 *Hannigan*, Company Law, Rn. 26–112.

nicht berücksichtigt werden, wenn sie nicht hinreichend „gute Gründe" für die Darlegung in der zweiten Anhörung präsentieren.

Jedoch, so wird gegen dieses Vorgehen vorgebracht, gehe die gewonnene Sicherheit zulasten des Minderheitenschutzes.[972] Ob diese zuletzt genannten Befürchtungen zutreffend sind, muss abgewartet werden, da insbesondere noch keine konkreten Bedingungen dafür ersichtlich sind, wann eine Einwendung als verspätet zurückzuweisen ist.

(4) *Human Rights Issues*

Ein weiterer Aspekt, der unter der *fairness* des Scheme behandelt wird, ist eine mögliche Verletzung des Eigentumsrechts etwaiger überstimmter Minderheiten gem. Art. 1 of the First Protocol to the European Convention on Human Rights. Dieses stellt kraft des Human Rights Act 1998, dort sec. 1.1(b), positiv englisches Gesetzesrecht dar.[973] Es garantiert jedem Menschen den freien Umgang mit seinem Eigentum ("*peaceful enjoyment of his possessions*").

Jedoch hat der zuständige Richter *Lloyd* in *Re Equitable Life Assurance Society* entschieden, dass ein Verstoß gegen Art. 1 of the First Protocol to the European Convention on Human Rights nicht in Betracht komme, wenn und soweit dem potentiell Betroffenen sein Eigentumsrecht nicht zugunsten eines Dritten entzogen werde.[974] Der zuständige Richter *Lloyd* geht sogar weiter und argumentiert, dass durch die bloße Bestätigung eines Scheme keine Beeinträchtigung des Eigentumsrechts im Sinne des Art. 1 of the First Protocol to the European Convention on Human Rights vorliegen könne. Er begründet dies damit, dass nach der Rechtsnatur des Scheme stets eine Gegenleistung (*consideration*) zu erbringen sei; eine Entziehung (*confiscation*) sei demnach nicht möglich.[975] Die Literatur hat sich – soweit ersichtlich – mit dieser Thematik nicht weiter auseinandergesetzt.

Nach dieser Rechtsprechung scheint die Einwendung der Verletzung von Eigentumsrechten entsprechender Minderheiten, die in den Anwendungsbereich des Scheme gedrängt werden (*cram-down*), nach englischem Recht nicht erfolgsversprechend zu sein.

(5) Zwischenergebnis

Es kann nach alledem festgestellt werden, dass, obgleich die Bestimmung der *fairness* eines Scheme mehrdeutig und demnach schwierig ist, dennoch einige Anhaltspunkte ersichtlich sind, wie eine nähere Bestimmung erfolgen könnte. Eine finale Entscheidung bleibt jedenfalls dem Gericht und dem diesem zustehenden Ermessenspielraum vorbehalten. Kommt das Gericht zu dem Ergebnis, dass das konkrete

---

972 *Hannigan*, Company Law, Rn. 26–112.
973 *Morse, ua*, Palmer's Company Law, S. 667.
974 *Re Equitable Life Assurance*, [2002] BCC 319 (348).
975 Vgl. *Re Equitable Life Assurance*, [2002] BCC 319 (348).

Scheme nicht *fair* in diesem Sinne ist, kann es dieses entweder unter Bedingungen dennoch genehmigen oder aber die Genehmigung vollumfänglich verweigern.[976]

b. Inkrafttreten des Scheme

Nachdem das Scheme vom Gericht genehmigt worden ist, muss es, um wirksam zu werden, im *Registrar of Companies*[977] eingetragen werden, sec. 899(4) CA 2006. Ferner muss eine Kopie des Scheme zu dem jeweiligen Gesellschaftsstatut gelegt werden.[978]

Gemäß sec. 899(3) CA 2006 ist das Scheme sodann für alle Gruppenmitglieder und die Gesellschaft verbindlich. Von dieser Bindungswirkung sind demnach auch solche Beteiligte erfasst, die innerhalb ihrer Gruppe gegen das Scheme gestimmt haben.[979] Gerade diese *cram down*-Wirkung wird in England für äußerst wichtig („*of great importance*")[980] gehalten und stellt ein Alleinstellungsmerkmal („*unique*")[981] dar.

c. Das Scheme und der DES

Wie bereits an mehreren Stellen angeführt, wurde das SoA regelmäßig genutzt, um einen DES durchzuführen. Demnach soll nunmehr der Anreiz für die Einbettung eines DES in ein SoA dargelegt werden.

Ein Scheme kann sämtliche Kapitalmaßnahmen beinhalten, die für die Umwandlung von Schulden in Eigenkapital notwendig sind[982] – also die Kapitalherabsetzung und die anschließende Kapitalerhöhung mitsamt Ausschluss der Bezugsrechte.[983] Über die konkrete prozedurale Umsetzung sind jedoch weder der Literatur noch der Rechtsprechung Anhaltspunkte zu entnehmen.[984] Jedenfalls sieht sec. 895(1)(b) CA 2006 ausdrücklich vor, dass auch die Anteilseigner Teil des SoA werden können. In der englischen Literatur wird das SoA – trotz seines bloßen vertraglichen Charakters – als effektives Mittel zur Umsetzung eines DES angesehen.[985]

---

976 *Nevins*, [2010] WL 2848369, S. 1 (19).

977 *Finch*, Corporate Insolvency Law, S. 485; vgl. *The Company Law Steering Group* Reconstructions, Mergers and Jurisdictional Migration, Rz. 11.7; vgl. *Clowry*, (2010) 7(2) ECL 51 (53); *Nevins*, [2010] WL 2848369, S. 1 (20).

978 *Davies*, Company Law, Rn. 29–8.

979 Vgl. *Davies*, Company Law, Rn. 29–8; vgl. auch *Goode*, Corporate Insolvency Law, Rn. 10–134.

980 *Tribe*, (2009) 24(7) BJIB&FL 386 (390); vgl. auch *Whiter* (2010) 7(1) ICR 3 (4).

981 *Purcell/Boyce*, (2010) 10(10) ICR 1.

982 Vgl. *Re Halcrow Holdings Ltd.*, (2011) WL 5105184, Rn. 1; *Re Allied Domecq plc.*, [2000] BCC 582 (588f.); vgl. auch *Morse, ua*, Palmer's Company Law, S. 662f.; vgl. *Goode*, Corporate Insolvency Law, Rn. 10–135.

983 Diese bereits oben dargestellt Teil 1, A., I., II. und III.

984 Vgl. auch *Bork*, Sanierungsrecht in Deutschland und England, Rn. 15.27.

985 Vgl. *Clowry* (2010) 7(2) ECL 51 (53), der auf die bloße vertragliche Wirkung des SoA hinweist.

Als größten Vorteil des SoA können zwei Aspekte genannt werden, die jedoch in gegenseitiger Beziehung stehen. Grundsätzlich ist die Möglichkeit eines *cram-down*, mit anderen Worten die Möglichkeit der Durchsetzung eines Mehrheitswillens gegenüber Minderheiten innerhalb einer Gruppe, als wichtigster Vorteil des SoA zu nennen.[986] Etwaige Minderheiten werden somit den Details eines DES, etwa die Rate des Umtausches der Forderungen gegen Eigenkapital, unterworfen, wenn eine Mehrheit von 75% in jeder Gruppe dem Scheme zustimmt. Damit einhergehend kann der DES für alle Beteiligte verbindlich durchgesetzt werden, so dass die Chancen auf eine erfolgreiche Sanierung entsprechend steigen. Im Vergleich zu der Bindungswirkung des CVA gilt dies insbesondere hinsichtlich der Gläubiger, da unter dem SoA, im Gegensatz zum CVA, auch gesicherte Gläubiger gebunden werden können.[987] Opponierende Beteiligte können keinen Druck mehr auf die zu restrukturierende Gesellschaft ausüben, indem sie eine Gegenleistung (*hold-out-value*) für ihre Zustimmung zu dem Scheme verlangen.[988] Besteht im konkreten Einzelfall ein potentielles Risiko, dass Minderheiten – sowohl auf Seiten der Gläubiger als auch auf Seiten der Anteilseigner – das Scheme zu blockieren beabsichtigen, stellt das SoA ein machtvolles Werkzeug dar, um diese Blockadehaltung zu beseitigen.[989]

Der zweite damit im Zusammenhang stehende Vorteil entsteht durch die Anwendung der *economic interest doctrine*. Kann demnach überzeugend dargelegt werden, dass bestimmte Minderheiten kein wirtschaftliches Interesse an dem Scheme haben, haben diese Minderheiten kein Recht zur Abstimmung über das Scheme. Durch diesen Ausschluss reduziert sich die Anzahl der Beteiligten bzw. der Gruppen, deren Zustimmung für das Scheme notwendig ist. Und je weniger Beteiligte bzw. Gruppen für die Bestätigung des Scheme notwendig sind, desto geringer ist das Risiko, dass die erforderliche Mehrheit für die Zustimmung nicht erreicht wird. Dadurch wird eine effizientere Umsetzung der Restrukturierung mittels eines DES gewährleistet.

Neben diesen Vorteilen bestehen auch Nachteile im Hinblick auf die Umsetzung eines DES. Aufgrund der erheblichen Einflussnahme des Gerichts – insbesondere durch die beiden notwendigen Anhörungen (*convening hearing* und *sanctioning hearing*) – kann die Umsetzung eines DES mehrere Monate lang dauern.[990] Es wird demnach in England nicht zu Unrecht als eher relativ langsames und schwerfälliges Verfahren bezeichnet („*slow and cumbersome process*")[991]. An dieser Stelle sieht das CVA das schlankere Verfahren vor, da es im Grundsatz der gerichtlichen Überprüfung und Bestätigung nicht bedarf.[992] Darüber hinaus bestehen nicht unerhebliche Risiken um Zusammenhang mit der regelmäßig vorzunehmenden Bewertung des

---

986 Vgl. *Clowry*, (2010) 7(2) ECL 51 (53); vgl. aus deutscher Sicht *Römermann*, GmbHR 2012, 421.
987 Vgl. *Rumberg*, RIW 2010, 358 (364).
988 Vgl. *Lürken/Plank*, Cross-Border Restructuring, 255 (258).
989 Vgl. *Pilkington, ua*, (2011) (March) PLC 27 (32).
990 Vgl. *Clowry*, (2010) 7(2) ECL 51 (53).
991 *Finch*, Corporate Insolvency Law, S. 488.
992 Vgl. *Rumberg*, RIW 2010, 358 (364).

Unternehmens zur Bestimmung eines wirtschaftlichen Interesses der Beteiligten.[993] Die damit einhergehenden gerichtlichen Auseinandersetzungen werden als reine Geldverschwendung („*waste of money*") angesehen, die das gesamte SoA-Verfahren in die Länge ziehen.[994] Dies kann im Ergebnis sogar so weit gehen, dass, insbesondere für den Fall der Restrukturierung, wenn die Zeit ohnehin knapp bemessen ist, das SoA-Verfahren als zu zeitaufwendig eingeschätzt und von diesem Abstand genommen wird.

Auch ist der allgemeine Beurteilungsspielraum des Gerichts, ob es das Scheme überhaupt genehmigt, als eine Quelle der Unsicherheit für die Umsetzung eines DES ausfindig gemacht worden.[995]

Zusammenfassend kann demnach festgehalten werden, dass das SoA grundsätzlich geeignet ist, einen DES umzusetzen; unter gewissen Voraussetzungen wird das SoA in England auch als unerlässlich anerkannt. Dies bestätigt auch die Praxis, sowohl in der Beratung als auch von Seiten der Gerichte, da in der Vergangenheit erfolgreich Restrukturierungsverfahren mittels eines DES im Rahmen des SoA durchgeführt worden sind. Jedoch ist im Auge zu behalten, dass die zweifelsohne bestehenden Vorteile durch höhere Transaktionskosten und den zeitlichen Mehraufwand, die dem komplexen Verfahren geschuldet sind, zunichte gemacht werden können.

B. Deutsches Recht

Auch in Deutschland stellt die Umwandlung von Schulden in Eigenkapital ein bedeutendes und wichtiges Sanierungsinstrument dar. Die gesellschaftsrechtlichen Grundlagen dieses Verfahrens wurden bereits erläutert.[996] Im Zusammenhang dieser Analyse traten jedoch Hindernisse zu Tage, die eine Durchführung des DES nicht selten scheitern lässt. Sollte ein DES dennoch einmal gelingen, wird dies regelmäßig nur unter Zugeständnissen seitens derjenigen Gesellschafter und insbesondere Gläubiger Erfolg haben, die tauschbreit sind. Mit anderen Worten können obstruierende Parteien nicht ohne weiteres zur Mitwirkung an der Sanierung mittels eines DES gezwungen werden. Gerade wenn der Gesellschaft das „Wasser bis zum Hals steht" und schnelles Handeln zur Sanierung erforderlich ist, werden obstruierende Parteien erst recht ihre Blockademöglichkeiten aufrecht erhalten und ausspielen, um einen möglichst hohen individuellen Mehrwert zu erzielen. Dies kann sowohl volkswirtschaftlich als auch betriebswirtschaftlich nicht gewollt sein. Eine wirtschaftlich sinnvolle Lösung vor dem Hintergrund einer konkreten Krisensituation darf nicht an der Blockade einiger Weniger scheitern, insbesondere dann nicht,

---

993 Vgl. *Underhill/Edwards*, (2005) 24 Int'l Fin. L. Rev. 33 (36); diesbezüglich auch *Segal*, (2007) 20(4) Insol. Intel. 49 (52).

994 Vgl. *Collins*, (2010) 7(6) ICR 382 (384).

995 *Weil*, Comparative Guide to Restructuring Proceedings, S. 24.

996 Siehe oben Teil 1, B., I., II., und III.

wenn diese ein nur geringes (wirtschaftliches) Interesse an dem Unternehmen haben.[997]

Folglich wurde in der jüngeren Vergangenheit intensiv die Frage diskutiert, ob und wie weit die Durchführung eines DES als Sanierungsinstrument effizienter gestaltet und genutzt werden kann, um derartige Durchführungshindernisse zu vermeiden bzw. diese in ihrer hemmenden Wirkung zumindest einzuschränken.

I. Das Insolvenzrecht und die Sanierung

Die wissenschaftliche Diskussion drehte sich hauptsächlich um die Möglichkeit, die beschriebenen gesellschaftsrechtlichen Maßnahmen in das Insolvenzverfahren zu integrieren, um somit die Sanierung des Unternehmensträgers – im Gegensatz zur Veräußerung der *assets* als sog. übertragende Sanierung – mittels eines DES zu ermöglichen.

Schon vor Inkrafttreten des ESUG wurde das deutsche Insolvenzrecht seit der Einführung der Insolvenzordnung im Jahre 1999 als grundsätzlich sanierungsfreundlich angesehen.[998] Diese Aussage lässt sich sowohl mit dem Grundbekenntnis der Insolvenzordnung in § 1 InsO zur Möglichkeit der Sanierung, als auch durch einige Maßnahmen zur „Sanierung während des Insolvenzverfahrens"[999] belegen. Im Detail wird dazu die umstrittene Frage uneinheitlich beantwortet, ob die Sanierung und damit der Erhalt des Unternehmens ein (indirekt) erklärtes Ziel der InsO ist oder sogar eine zentrale Bedeutung einnimmt.[1000]

Ausgehend vom Wortlaut des § 1 S. 1 InsO ist immerhin festzustellen, dass stets die gemeinschaftliche Gläubigerbefriedigung (*par conditio creditorum*) oberstes Ziel des Insolvenzverfahrens ist.[1001] Diese ist laut § 1 S. 1 1. HS. InsO zum einen durch die Verwertung und der Verteilung des Vermögens des Schuldnerunternehmens zu erreichen. Als zweite Alternative normiert § 1 S. 1 2. HS InsO aber auch die Möglichkeit, eine abweichende Regelung zu treffen, insbesondere zum Erhalt des Unternehmens. Letzteres betrifft u.a. die Sanierung unter Beibehaltung („Erhalt") des Unternehmens, wozu die Loslösung (der *assets*) des Unternehmens vom Unternehmensträger, die sog. übertragende Sanierung, einerseits und andererseits die Sanierung des Unternehmensträgers selbst zählen.[1002] Letztere Möglichkeit wird aber nicht selten erforderlich machen, dass auch die Eigentümer des Unternehmensträgers in die Pflicht genommen werden müssen, um dem Zweck der bestmöglichen Gläubigerbefriedigung nachzukommen.[1003] Einen Vorrang für die

997 Vgl. *Landfermann*, WM 2012, 821 (823).

998 *Westpfahl/Janjuah*, Beilage zu ZIP 3/2008, S. 2.

999 *Undritz* in: Kölner Schrift, Kap. 29, Rn. 6; *Ehlers*, BB 2013, 1539 (1541f.).

1000 Vgl. dazu *Ganter/Lohmann* in: MüKo, InsO, § 1, Rn. 85; die Unternehmenserhaltung als zentrales insolvenzrechtliches Ziel ablehnend *Eidenmüller*, ZIP 2010, 649 (650).

1001 Vgl. *Kießner* in: Braun, InsO, § 1, Rn. 2.

1002 *Undritz* in: Kölner Schrift, Kap. 29, Rn. 5.

1003 Vgl. *Bitter*, ZGR 2010, 147 (186).

Zerschlagung oder hinsichtlich einer etwaigen Sanierungsart räumt das Gesetz jedenfalls nicht ein.[1004] Welcher Weg letztlich gewählt wird, um die bestmögliche gemeinschaftliche Gläubigerbefriedigung zu erreichen, ist eine Frage des konkreten Einzelfalls.[1005]

Um das Ziel der einheitlichen Gläubigerbefriedigung zu wahren, sind mit Eröffnung des Insolvenzverfahrens gem. § 89 InsO Zwangsvollstreckungen einzelner Insolvenzgläubiger unzulässig.[1006] Das Vollstreckungsverbot wird gem. § 88 InsO zeitlich auch auf den Monat vor Stellung des Antrags auf Eröffnung des Insolvenzverfahrens erweitert. Demnach sind erlangte Sicherungen mit Eröffnung des Insolvenzverfahrens unwirksam. Folglich wird die Gläubigergleichbehandlung im Insolvenzverfahren auch auf die Zeit unmittelbar vor Antragstellung erstreckt, da zu diesem Zeitpunkt bereits die kritische Phase der Insolvenz der Gesellschaft als eingeläutet gilt.[1007] Massegläubiger können nach wie vor in die zur Insolvenzmasse gehörenden Gegenstände vollstrecken. Eine Ausnahme dazu bildet § 90 InsO für sog. oktroyierte Masseforderungen, mithin solche, die ohne Mitwirkung des Insolvenzverwalters begründet wurden. Für diese Forderungen gilt ein Vollstreckungsverbot für sechs Monate seit der Eröffnung des Insolvenzverfahrens. Sinn und Zweck dieser Regelung ist die Vermeidung des Verlustes von Mitteln, die gegebenenfalls für eine Unternehmensfortführung benötigt werden.[1008] Darüber hinaus stellt § 259a InsO die Möglichkeit bereit, dass Zwangsvollstreckungsmaßnahmen solcher Gläubiger, die ihre Forderungen nicht angemeldet hatten, nach Aufhebung des Insolvenzverfahrens für höchstens drei Jahre vom Gericht untersagt werden können. Voraussetzung ist, dass dadurch die Durchführung eines Insolvenzplans gefährdet werden würde. Damit wird der oben genannte Sanierungszweck auch auf die Zeit nach Aufhebung des Insolvenzverfahrens verlegt, so dass die im Insolvenzplan festgesetzten Sanierungsmaßnahmen durchgeführt werden können, ohne dass eine Beeinträchtigung durch individuelle Zwangsvollstreckungsmaßnahmen droht.[1009] Diesen Regelungen kommt also auch eine sanierungsfördernde Funktion zu,[1010] die es so, ohne eine einvernehmliche Vereinbarung mit den betroffenen Gläubigern, außerhalb des Insolvenzverfahrens nicht gibt.

1004 *Bork*, Einführung Insolvenzrecht, Rn. 5.

1005 *Ganter/Lohmann* in: MüKo, InsO, § 1, Rn. 45.

1006 *Kuleisa* in: HambKomm, InsO, § 89, Rn. 1; *Eckardt* in: Gottwald, Insolvenzrechts-Handbuch, § 33, Rn. 11f.

1007 Vgl. *Eckardt* in: Gottwald, Insolvenzrechts-Handbuch, § 33, Rn. 51.

1008 Vgl. *Nerlich* in: Nerlich/Kreplin, Münch. Anwaltshdb. Sanierung und Insolvenz, § 30, Rn. 84.

1009 Vgl. *Thies* in: HambKomm, InsO, § 259a, Rn. 1.

1010 Vgl. *Madaus* in: MüKo, InsO, § 259a, Rn. 1, 3.

Die grundlegende gesetzliche Entscheidung in § 1 InsO, dass dem Insolvenzrecht auch eine „Sanierungsaufgabe“ zukommt,[1011] wird darüber hinaus durch weitere insolvenzrechtliche Normen flankiert:[1012]

Gemäß § 22 Abs. 1 S. 2 Nr. 2 InsO hat der vorläufige Insolvenzverwalter etwa den vorgefundenen Betrieb grundsätzlich fortzuführen. Das Nettoentgelt der Arbeitnehmer wird für drei Monate von der Agentur für Arbeit gezahlt und kann vorfinanziert werden (sog. Insolvenzgeld), §§ 165 ff. SGB III. Ferner ist es gem. §§ 157 f. InsO grundsätzlich untersagt, das Unternehmen ohne die Zustimmung der Gläubigerversammlung bzw. des Insolvenzgerichts stillzulegen. Andererseits können für den Schuldner unrentable Verträge vom Insolvenzverwalter beendet (§ 103 InsO) bzw. Miet- und Pachtverhältnisse vom Insolvenzverwalter gekündigt werden (§ 109 Abs. 1 InsO). Auch steht dem Insolvenzverwalter ein besonderes Kündigungsrecht für Arbeitsverhältnisse zu, wonach jedes Arbeitsverhältnis gem. § 113 InsO innerhalb einer Kündigungsfrist von drei Monaten gekündigt werden kann. Letztlich sieht die Insolvenzordnung in §§ 217 ff. InsO das bereits in § 1 InsO erwähnte Insolvenzplanverfahren als eigenes Sanierungsverfahren vor. Mittels Insolvenzplan kann von den gesetzlichen Regelungen der InsO abgewichen werden, so dass die Sanierung der Privatautonomie der Beteiligten überantwortet wird – die Insolvenzordnung bildet dann einen gesetzlichen Rahmen dazu.[1013]

Es wird also deutlich, dass der Insolvenzordnung die Sanierung des Schuldnerunternehmens bzw. seines Trägers nicht fremd ist. Im Gegenteil, die Unternehmenssanierung wird durch das Gesetz gefördert, um seinem Sinn und Zweck, namentlich der optimalen Gläubigerbefriedigung, nachzukommen.

II. Pre-ESUG: gesellschaftsrechtliche Abstinenz in der Insolvenzordnung

Die aufgeführten Sanierungsmaßnahmen teilen die Gemeinsamkeit, dass sie jeweils das *Vermögen* des Schuldners betreffen. Der Rechtsträger des Unternehmens und demnach der Träger des Vermögens bleibt von den Sanierungsmaßnahmen stets unberührt. Dies galt vor Inkrafttreten des ESUG auch und insbesondere für das Insolvenzplanverfahren gem. §§ 217 ff. InsO a.F.

Die Unternehmenseigentümer wurden aus der Schlagweite des Insolvenzplanverfahrens herausgehalten. Während die Gläubiger, wenn überhaupt, eine Planquote erhielten und auf den Rest in der Regel verzichten mussten, blieben die Unternehmenseigentümer von dieser Folge unberührt.[1014] Die rechtstechnische Ursache lag darin begründet, dass die Anteilsinhaber nicht als Beteiligte i.S.d. § 217 InsO a.F.

1011 *Rattunde*, ZIP 2003, 2103 (2104) mit Verweis auf BT-Drucks. 12/2443, S. 77.

1012 Vgl. dazu *Westpfahl/Janjuah*, Beilage zu ZIP 3/2008, S. 2; *Rattunde*, ZIP 2003, 2103 (2104); *ders.* GmbHR 2012, 455 (456).

1013 *Braun/Frank* in: Braun, InsO, Vorb vor §§ 217–269, Rn. 1.

1014 *Günther*, ZInsO 2012, 2037 (2038).

in den Insolvenzplan einbezogen worden sind und demnach die Rechtskraft des bestätigten Insolvenzplans sich auch nicht gem. § 254 Abs. 1 InsO a.F. auf die Anteilsinhaber bezog.[1015] Zwar werden die mit der Mitgliedschaft zusammenhängenden Teilhaberechte der Anteilsinhaber durch die Verfahrenseröffnung modifiziert,[1016] ein unmittelbarer Eingriff in die Rechte der Anteilsinhaber gegen deren Willen mittels eines Insolvenzplans war aber nicht möglich. Freilich blieb es den Planinitiatoren unbenommen, die Wirksamkeit des Insolvenzplans von gesellschaftsrechtlichen Restrukturierungsmaßnahmen abhängig zu machen, § 249 InsO.[1017] Jedoch werden dadurch die oben beschriebenen Hindernisse[1018] der Durchführung eines DES allein auf Grundlage der gesellschaftsrechtlichen Kapitalmaßnahmen nicht ausgeräumt. Deren erfolgreiche Durchführung – außerhalb des Insolvenzplanverfahrens – konnten ja gerade nur zur Bedingung des Plans gemacht werden (§ 249 InsO).[1019] Im Ergebnis blieb es dabei vielmehr bei einer strikten Trennung von gesellschaftsrechtlichen Rekapitalisierungsmaßnahmen und dem Insolvenzplanverfahren[1020] – vor dem Hintergrund der damit zusammenhängenden Hindernisse ein für die Sanierung nicht zufriedenstellendes Ergebnis.

Schon vor Einführung der Insolvenzordnung fand eine lebhafte Diskussion über die Einbeziehung der Rechte von Anteilseignern in das Insolvenzverfahren statt. Bereits in dem Mitte der 1990er Jahre veröffentlichten Bericht der Kommission für Insolvenzrecht wurde vorgeschlagen, *„Eingriffe* [...] *in die gesellschaftsrechtlichen Verhältnisse des Unternehmens“* vorzusehen.[1021] Dazu soll in dem Plan *„jede nach materiellem Gesellschaftsrecht zulässige Maßnahme, die geboten erscheint, um das Ziel der Reorganisation zu erreichen“* zugelassen werden.[1022] Darüber hinaus sollten für den Fall der Wertlosigkeit der Anteile dessen Inhaber per Gerichtsbeschluss aus der Gesellschaft ausgeschlossen werden können.[1023] Diese Vorschläge sind jedoch seinerzeit massiv kritisiert worden – insbesondere würden sie einer verfassungsrechtlichen Überprüfung nicht standhalten.[1024] Nicht zuletzt aufgrund dieser weitläufigen Abneigung gegenüber den Reformbemühungen hat der Gesetzgeber davon Abstand genommen, gesellschaftsrechtliche Verhältnisse im Insolvenzverfahren zu regeln. Salopp wurde dies mit *„den allgemeinen Prinzipien der Wirtschaftsverfassung“*

1015 *Sassenrath*, ZIP 2003, 1517 (1518).
1016 Vgl. *Haas*, NZG 2012, 961 (963).
1017 *Wuschek*, ZInsO 2012, 1768 (1770); *Sassenrath*, ZIP 2003, 1517 (1518); *H.F. Müller*, Der Verband in der Insolvenz, S. 376ff.
1018 Siehe oben Teil 1, B., IV.
1019 Vgl. *K. Schmidt*, BB 2011, 1603 (1608); *ders.*, JZ 2010, 125 (129).
1020 *Eidenmüller/Engert*, ZIP 2009, 541 (542).
1021 Erster Bericht der Kommission für Insolvenzrecht, 1985, S. 16.
1022 Erster Bericht der Kommission für Insolvenzrecht, 1985, S. 278, Leitsatz 2.4.9.2.
1023 Erster Bericht der Kommission für Insolvenzrecht, 1985, S. 282, Leitsatz 2.4.9.5.
1024 Vgl. *Uhlenbruck*, KTS 1981, 513 (563); *K. Schmidt*, Gutachten D zum 54. Deutschen Juristentag, S. D 83; *Stürner*, ZIP 1982, 761 (764f.); *Ulmer*, ZHR 149 (1985), 541 (547).

begründet.[1025] „*Eingriffe in die gesellschaftsrechtlichen Verhältnisse der Schuldners*" wurden demnach nicht mehr vorgesehen, sondern stattdessen wurde – wollten die Gläubiger den Fortführungswert der Gesellschaft realisieren – auf die übertragende Sanierung verwiesen.[1026] Es blieb also bei der „*gesellschaftsrechtlichen Enthaltsamkeit und Neutralität der Insolvenzordnungen*"[1027].

III. Post-ESUG: Symbiose von Gesellschaftsrecht und Insolvenzrecht

Die Diskussion ist seit dieser ablehnenden Haltung des Gesetzgebers nicht verstummt.[1028] Insbesondere in der jüngeren Vergangenheit und im Vorfeld der Insolvenzrechtsreform durch das ESUG bestand und besteht eine lebhafte Debatte in Lehre und Praxis über die Gestaltung eines DES. Unverändert blieb die allgemeine Ansicht, dass die Mitgliedschaft der Gesellschafter an der Gesellschaft nicht der Insolvenzmasse und demnach auch nicht dem unmittelbarem Verwertungsrecht des Insolvenzverwalters automatisch zufällt.[1029]

Vielmehr verfolgten die Vorschläge *in concreto*, die Rechte der Anteilseigner in den Insolvenzplan einzubeziehen, um somit zu ermöglichen, dass auch gesellschaftsrechtliche Maßnahmen, wie etwa im Ergebnis die Durchführung eines DES, mit Bestätigung des Insolvenzplans – im Zweifel gegen den Willen der Anteilseigner – wirksam erfolgen können.[1030]

Der Gesetzgeber hat mit dem ESUG nunmehr knapp 20 Jahre nach den ersten Reformüberlegungen diese Forderungen seitens der Wissenschaft und Praxis aufgegriffen und sie Einzug in die Insolvenzordnung nehmen lassen.

1. *Überblick: Neuerungen im ESUG*

Bevor *en détail* auf die Einbeziehung der Gesellschafterrechte in das Insolvenzverfahren eingegangen wird, sollen die Neuerungen durch das ESUG kurz allgemein vorgestellt werden. Das ESUG sieht grundsätzlich Änderungen in fünf Bereichen

---

1025 BT-Drucks. 12/2443, S. 91; vgl. dazu *Verse*, ZGR 2010, 299 (304).

1026 Diskussionsentwurf, Gesetz zur Reform des Insolvenzrechts, Bundesministerium der Justiz (Hrsg.), S. A.33.

1027 *Uhlenbruck* in: FS Lüer, S. 461 (463).

1028 Vgl. etwa *Sassenrath*, ZIP 2003, 1517 (1517); auch *Bitter*, ZGR 2010, 147 (189f. m.w.N.).

1029 Vgl. *Haas*, NZG 2012, 961 (963) mit Verweis auf teils davon abweichenden Meinungen von *Braun* in: FS Fischer, S. 53 (70); *Bitter*, ZGR 2010, 147 (195), der für ein Verwertungsrecht des Insolvenzverwalters plädiert, was die Zugehörigkeit der Anteilsrecht zur Insolvenzmasse intendiert.

1030 Vgl. etwa *Verse*, ZGR 2010, 299 (324); *Spetzler*, KTS 2010, 433 (435); *Sassenrath*, ZIP 2003, 1517 (1528); *Simon/Merkelbach*, NZG 2012, 121; *Kresser*, ZInsO 2010, 1409; *Wuschek*, ZInsO 2012, 1768; *Schelo*, DB 2010, 2209 (2210).

vor[1031]: der Stellung des Insolvenzantrags, dem Eröffnungsverfahren, der Einführung eines Schutzschirmverfahrens, der Eigenverwaltung und dem Insolvenzplanverfahren. Im Hinblick auf die Sanierung sind insbesondere die Einführung eines Schutzschirmverfahrens und die Stärkung der Eigenverwaltung sowie des Insolvenzplanverfahren zu nennen.

Die Eigenverwaltung fristete bislang ein Schattendasein – nur in weniger als 2% der Insolvenzfälle wurde von ihr Gebrauch gemacht.[1032] Sie soll demnach durch das ESUG gestärkt werden. Die Eigenverwaltung ist nunmehr nur noch dann abzulehnen, wenn gem. § 270 Abs. 2 Nr. 2 InsO Nachteile für die Gläubiger zu befürchten sind. Folglich ist dem Antrag auf Eigenverwaltung stets stattzugeben, wenn der vorläufige Gläubigerausschuss dem einstimmig zustimmt, § 270 Abs. 3 S. 2 InsO. Ferner soll gemäß § 270a Abs. 1 S. 1 InsO das Gericht im Eröffnungsverfahren davon absehen, dem Schuldner ein allgemeines Verfügungsverbot oder einen Zustimmungsvorbehalt aufzuerlegen, wenn der Antrag auf Eigenverwaltung nicht offensichtlich aussichtslos ist.

In enger, nicht nur systematischer Verbindung mit der Eigenverwaltung hat der Gesetzgeber in § 270b InsO ein neues Instrument zur Sanierung zur Verfügung gestellt, das unter dem Begriff „Schutzschirmverfahren" bekannt geworden ist. Zentrale Motivation für dieses Verfahren war die frühzeitige Antragstellung seitens des Schuldners einhergehend mit der größeren Chance auf Sanierung, ohne dass dieser zu befürchten hat, die Kontrolle über das Unternehmen zu verlieren.[1033] Insbesondere hat das Gericht Zwangsvollstreckungsmaßnahmen zu untersagen, wenn der Schuldner dies beantragt, §§ 270b Abs. 2 S. 3 i.V.m. 21 Abs. 2 Nr. 3 InsO, so dass der Insolvenzplan, ohne Einzelvollstreckungsmaßnahmen bestimmter Gläubiger befürchten zu müssen, vorbereitet werden kann.[1034]

Letztlich hat sich das ESUG die Modernisierung des Insolvenzplanverfahrens auf die Fahne geschrieben. In diesem Zusammenhang stellt die bedeutendste Neuerung die Einbeziehung der Gesellschafter mitsamt ihren Rechten als "Beteiligte" des Insolvenzplans dar, § 217 S. 2 InsO. Rechtssicherheit wurde ferner dahingehend geschaffen, dass nunmehr der Insolvenzplan auch bei Masseunzulänglichkeit durchführbar ist, § 210a InsO.[1035]

1031 Vgl. *Wälzholz*, GmbH-StB 2012, 313 (314).
1032 Vgl. *Wälzholz*, GmbH-StB 2012, 313 (317).
1033 BT-Drucks. 17/5712, S. 60.
1034 *Dahl*, NJW-Spezial 2012, 21 (22).
1035 Vgl. *Vallender*, MDR 2012, 125 (127); zum alten Recht war dies mit Rechtsunsicherheit behaftet, vgl. die ablehnende Haltung des LG Dresden, ZIP 2005, 1607f.

2. Der DES im Insolvenzplan

Die soeben angesprochene Einbeziehung der Gesellschafter in den Wirkungsbereich des Insolvenzplans und die damit einhergehende Möglichkeit, die Umwandlung von Schulden in Eigenkapital zu gestalten, gilt als das „Kernstück" des ESUG.[1036]

Um die Einbeziehung des DES in den Insolvenzplan zu veranschaulichen, sollen zunächst jedoch die Grundlagen des Insolvenzplans dargestellt werden. Sodann kann auf die rechtstechnische Umsetzung des DES darin eingegangen werden.

a. Grundzüge des Insolvenzplans

Der Insolvenzplan steht zur Sanierung im Insolvenzverfahren seit der Einführung der Insolvenzordnung im Jahr 1999 zur Verfügung. Obgleich das Insolvenzplanverfahren als Sanierungsverfahren deklariert wird, kann darin etwa auch die Liquidation des Unternehmensträgers im Insolvenzplan vereinbart werden.[1037]

1) Darstellender und gestaltender Teil

Inhaltlich wird der Insolvenzplan gem. § 219 S. 1 InsO in einen darstellenden und einen gestaltenden Teil gegliedert. Im darstellenden Teil ist gem. § 220 Abs. 1 InsO zu beschreiben, welche Maßnahmen getroffen werden, um die geplante Gestaltung der Rechte der Beteiligten umzusetzen. Mit anderen Worten: es ist das Sanierungskonzept vorzustellen.[1038] Ferner schreibt § 220 Abs. 2 InsO vor, dass Informationen bereitzustellen sind, die für die Entscheidung über die Zustimmung des Plans erheblich sind. Überdies sind die Ursachen der Insolvenz sowie die aktuelle Lage und insbesondere die Planziele darzustellen.[1039] Der darstellende Teil wird auch regelmäßig eine Vergleichsrechnung enthalten, wonach den Beteiligten verdeutlicht wird, was sie ohne den Plan erhalten würden.[1040]

Im gestaltenden Teil werden gem. § 221 InsO die Veränderungen der Rechtsstellungen der Beteiligten festgelegt. Für den DES bedeutet das, dass die notwendig durchzuführenden Kapitalmaßnahmen anzugeben ist, welchen Wert eine einzulegende Forderung (noch) hat und wem ein Bezugsrecht zusteht.[1041] Um diese Änderungen genauestens umzusetzen, bedarf es einer präzisen Formulierung, die einem Urteilstenor bzw. einer zivilprozessualen Vergleichsvereinbarung entspricht.[1042]

1036 *Heckschen* in: Reul/Heckschen/Wienberg, Insolvenzrecht in der Gestaltungspraxis, Kap. N, Rn. 206; *K. Schmidt*, BB 2011, 1603 (1607).

1037 Zu weiteren üblichen Gestaltungsmöglichkeiten im Insolvenzplan vgl. *Braun/Frank* in: Braun, InsO, Vorb vor §§ 217–269, Rn. 12 ff.

1038 Vgl. dazu das Beispiel bei *Horstkotte/Martini*, ZInsO 2012, 557 (559).

1039 Dazu *Foerste*, Insolvenzrecht, Rn. 478.

1040 *Bork*, Einführung Insolvenzrecht, Rn. 372.

1041 Vgl. *Hirte* in: Uhlenbruck, InsO, § 225a, Rn. 23.

1042 *Rattunde*, GmbHR 2012, 455 (456).

2) Erste gerichtliche Überprüfung des Plans

Die ordnungsgemäße Vorlage und der vorausgesetzte Inhalt des Plans sowie die rechtmäßige Gruppenbildung sind Gegenstand der Überprüfung durch das Insolvenzgericht gem. § 231 InsO i.V.m. § 18 Abs. 1 Nr. 2 RPflG und wird durch den zuständigen Richter im Anschluss an die Einreichung des Plans vorgenommen.

3) Die Abstimmung in den Gruppen und das Obstruktionsverbot

Die Abstimmung erfolgt gesondert in den durch den Insolvenzplan festgelegten Gruppen, § 243 InsO. Der Insolvenzplan muss in jeder Gruppe der Gläubiger gem. § 244 Abs. 1 Nr. 1 InsO eine Kopf- und gem. § 244 Abs. Nr. 2 InsO eine Summenmehrheit auf sich vereinen. Sind Anteilseigner zu einer Gruppe zusammengefasst, so bedarf es gem. § 244 Abs. 3 InsO lediglich einer Summenmehrheit nach den jeweiligen Beteiligungen der Anteilseigner; auf die Kopfmehrheit wurde bewusst in Anlehnung an die gesellschaftsrechtlichen Regelungen verzichtet.[1043] Werden die notwendigen Mehrheiten in den jeweiligen Gruppen nicht erreicht, können diese innerhalb einer Gruppe fingiert werden, wenn die Voraussetzungen des § 245 InsO für die entsprechende Gruppe vorliegen. Im Kern soll das dort normierte Obstruktionsverbot verhindern, dass ein wirtschaftlich sinnvoller Insolvenzplan an obstruierenden Beteiligten scheitert, obgleich diese durch den Plan nicht schlechter gestellt werden, als sie voraussichtlich stünden, wenn kein Plan bestünde.[1044]

Da – je nach Regelung des Insolvenzplans – auch die nachrangigen Insolvenzgläubiger und jedenfalls stets der Schuldner selbst am Insolvenzplan beteiligt sind, bedarf es gegebenenfalls auch deren Zustimmung gem. § 246 InsO bzw. § 247 InsO.[1045]

4) Minderheitenschutz, § 251 InsO

Gemäß § 251 InsO kann beantragt werden, die Bestätigung des Insolvenzplans zu versagen. Dazu hat der Antragsteller glaubhaft zu machen, durch den Plan schlechter gestellt zu werden als bei der Regelabwicklung.[1046] Gemäß § 251 Abs. 3 InsO ist der Antrag abzuweisen, wenn hinreichend Mittel in dem Plan bereitgestellt wurden, um dem Antragsteller eine Kompensation zu leisten, wenn sich eine Schlechterstellung bewahrheitet. Für letzte Frage verweist § 251 Abs. 3 S. 2 InsO auf das Verfahren vor den ordentlichen Gerichten.[1047]

1043 *Braun/Frank* in: Braun, InsO, § 244, Rn. 12.

1044 Vgl. *Bork*, Einführung Insolvenzrecht, Rn. 395; *Braun* in: Nerlich/Römermann, InsO, § 245, Rn. 1.

1045 Vgl. *Braun/Riggert/Herzig*, Schwerpunkte des Insolvenzverfahrens, S. 201.

1046 *Braun/Frank* in: Braun, InsO, § 251, Rn. 6.

1047 *Braun/Frank* in: Braun, InsO, § 251, Rn. 7.

5) Zweite gerichtliche Überprüfung und Bestätigung des Plans

Nichtsdestotrotz hat das Gericht letztlich über die Bestätigung des Insolvenzplans durch Beschluss zu entscheiden, § 248 InsO. Dabei muss das Gericht ein zweites Mal den Insolvenzplan überprüfen, ob die Vorschriften über das Verfahren eingehalten worden sind[1048]: konkret prüft es, ob die Stimmrechte ordnungsgemäß vergeben worden sind, ob die Stimmabgabe gültig erfolgt ist und ob sämtliche Gruppen mit der notwendigen Mehrheit zugestimmt haben bzw. ihre Zustimmung fingiert wird.[1049] Liegen alle Voraussetzungen vor, hat das Gericht den Plan zu bestätigen; ein Ermessen steht ihm nicht zu.[1050]

6) Sofortige Beschwerde, § 253 InsO

Gegen den Beschluss ist die sofortige Beschwerde gem. § 253 InsO zulässig. Dies jedoch nur dann, wenn dem Plan spätestens im Abstimmungstermin widersprochen worden ist und der Beschwerdeführer gegen den Plan gestimmt hat, § 253 Abs. 2 Nr. 1, 2 InsO. Ferner muss glaubhaft gemacht werden, dass der Beschwerdeführer durch den Plan wesentlich schlechter gestellt wird und diese Schlechterstellung nicht mit den gem. § 251 Abs. 3 InsO bereitgestellten Mitteln ausgeglichen werden können, § 253 Abs. 2 Nr. 3 InsO. Durch die Voraussetzung der formellen Beschwer im Zusammenspiel mit der Erheblichkeitsschwelle soll verhindert werden, dass missbräuchliche Beschwerden das Sanierungsverfahren verzögern.[1051] Mit dem Verfahren gem. § 253 Abs. 4 InsO beabsichtigte der Gesetzgeber, der Beschleunigung des Planbestätigungsverfahrens weiter Vorschub zu leisten. Kommt das Gericht zu dem Entschluss, die Beschwerde zurückzuweisen, wird der Beschwerdeführer gem. § 253 Abs. 4 S. 3 InsO auf Schadensersatzersatzansprüche verwiesen, die außerhalb des Planbestätigungsverfahrens geltend zu machen sind – der Bestandskraft des Plans steht die Beschwerde bzw. die Schadensersatzklage jedenfalls nicht mehr entgegen.[1052]

b. Rechtstechnische Umsetzung eines DES im Insolvenzplan

Nachdem die Grundzüge des Insolvenzplanverfahren erläutert worden sind, ist in einem nächsten Schritt auf die rechtstechnische Umsetzung des DES im Insolvenzplan einzugehen.

1048 *Braun* in: Nerlich/Römermann, InsO, § 248, Rn. 1.

1049 *Koch/de Bra* in: Gottwald, Insolvenzrechts-Handbuch, § 68, Rn. 99ff.; *Sinz* in: MüKo, InsO, § 248, Rn. 18.

1050 *Andres* in: Andres/Leithaus, InsO, § 248, Rn. 4.

1051 *Weber/Schneider*, ZInsO 2012, 374 (382) mit Verweis auf BT-Drucks. 17/5712, S. 52f.

1052 *Madaus*, NZI 2012, 597 (598); vgl. schon die Gedanken bei *Verse*, ZGR 2010, 299 (322).

Rechtlicher Ausgangspunkt für den DES im Insolvenzplan sind § 217 InsO und § 225a InsO.[1053] § 217 S. 2 InsO stellt fest, dass die Gesellschafter als „Beteiligte" von der Wirkung des Insolvenzplans erfasst werden können. Gemäß § 225a Abs. 1 InsO, wonach die Recht der Anteilsinhaber grundsätzlich unberührt bleiben, es sei denn, etwas anderes wird durch den Plan bestimmt, wird deutlich, dass die Rechte durch den Insolvenzplan modifiziert werden können.[1054] Ausdrücklich im Hinblick auf den DES normiert § 225a Abs. 2 S. 1 InsO, dass mittels Insolvenzplan Forderungen der Gläubiger in Anteilsrechte am Schuldner umgewandelt werden können. Ermöglicht § 225a Abs. 3 1. HS InsO die Vereinbarung jeder Regelung im Insolvenzplan, die gesellschaftsrechtlich zulässig ist, geht aus § 225a Abs. 2 S. 3 InsO hervor, dass insbesondere eine Kapitalherabsetzung und eine Kapitalerhöhung mitsamt einem Bezugsrechtsausschluss sowie die Zahlung einer Abfindung für ausscheidende Gesellschafter in dem Insolvenzplan aufgenommen werden können.[1055] Weder die Aufzählungen in § 225a Abs. 2 InsO noch jene in § 225a Abs. 3 2. HS. InsO sind abschließend.

1) Beachtung der gesellschaftsrechtlichen Voraussetzungen?

Da § 225a Abs. 3 InsO aber die allgemeinere Norm gegenüber § 225a Abs. 2 S. 3 InsO ist, stellt sich auch für den DES die Frage, wie das Merkmal der „gesellschaftsrechtlichen Zulässigkeit" gem. § 225a Abs. 3 1. HS. InsO zu verstehen ist. Die Antwort darauf fällt in der Literatur unterschiedlich aus.

a) Gesellschaftsrechtliche Maßnahmen nur nach insolvenzrechtlichen Voraussetzungen

Eine Ansicht vertritt die Meinung, der Verweis in § 225a Abs. 3 1. HS. InsO beziehe sich bloß auf den Schutz des Typenzwangs des Gesellschaftsrechts und soll verhindern, dass im Insolvenzplan Formen der Mitgliedschaft geschaffen werden, die das Gesellschaftsrecht nicht kenne.[1056] Darüber hinaus fänden die außerhalb des Insolvenzrechts geltenden gesellschaftsrechtlichen Regelungen über den Schutz von Individual- und Minderheitsrechten keine Anwendung.[1057] Begründet wird diese Ansicht mit der Folge der Eröffnung des Insolvenzverfahrens, da damit die Gesellschaft gem. § 262 Abs. 1 Nr. 3 InsO aufgelöst sei. Folglich erstreckten sich die Mitgliedschaftsrechte der Gesellschafter nicht mehr auf die Fortführung der Gesellschaft, sondern verengten sich auf die Abstimmung über den Insolvenzplan und auf den Vermögensschutz eines Restwertes der Mitgliedschaft.[1058]

1053 Vgl. *Bunte/von Kaufmann*, DZWIR 2011, 359 (363).
1054 BT-Drucks. 17/5712, S. 46.
1055 Vgl. dazu oben Teil 1, B., I., II. und III.
1056 *Haas*, NZG 2012, 961 (965); vgl. auch *Hölzle*, ZIP 2014, 1819 (1821).
1057 *Decher/Voland*, ZIP 2013, 103 (106); *Spliedt*, GmbHR 2012, 462 (466); speziell bezogen auf den Bezugsrechtsausschluss, aber mit ähnlicher Argumentation *Eidenmüller* in: MüKo, InsO, § 225a, Rn. 49f.
1058 *Decher/Voland*, ZIP 2013, 103 (106).

b) Gesellschaftsrechtliche Maßnahmen nur nach gesellschaftsrechtlichen Voraussetzungen

Dagegen lassen die Vertreter der Gegenansicht die gesellschaftsrechtlichen Regelung nicht gänzlich unbeachtlich, wenn eine der in § 225a Abs. 2 S. 3 bzw. § 225a Abs. 3 InsO genannten Maßnahmen mittels Insolvenzplan umgesetzt werden soll. Denn die Reichweite des § 225a Abs. 3 InsO richte sich nach dem materiell-rechtlichen Gesellschaftsrecht.[1059]

c) Stellungnahme

Dem Gesetzeswortlauf ist nicht eindeutig zu entnehmen, ob das Merkmal der „gesellschaftsrechtlichen Zulässigkeit“ als bloßer Schutz des *numerus clausus* des Gesellschaftsrechts zu verstehen ist oder ob ein Verständnis richtig ist, wonach auch die materiell-rechtlichen Voraussetzungen der jeweiligen gesellschaftsrechtlichen Maßnahme vorliegen müssen. Sicherlich hat der Gesetzgeber mit der Neufassung des § 225a InsO bezweckt – und darüber herrscht Einigkeit –, dass gesellschaftsrechtliche Maßnahmen in dem Insolvenzplan gefasst werden können. Die Gesetzesbegründung dazu ist eindeutig, wenn sie konstatiert, dass der Absatz 3 von § 225a InsO die grundlegende Umgestaltung von gesellschaftsrechtliche Strukturen der Schuldnerin im Rahmen des Insolvenzplans ermöglicht. Die Rechte der am Schuldner beteiligten Personen seien geschützt, da diese nach dem ESUG eine eigene Gruppe gem. § 222 Abs. 1 S. 2 Nr. 4 InsO bildeten.[1060] Mit diesen Ausführungen in der Gesetzesbegründung ist jedoch noch nicht geklärt, unter welchen Voraussetzungen die relevante gesellschaftsrechtliche Umstrukturierung im Insolvenzplan erfolgen soll. Vielmehr ist allein der Begründung zu entnehmen, dass überhaupt die Möglichkeit der gesellschaftsrechtlichen Umstrukturierung im Insolvenzplan ermöglicht wird.

Jedoch spricht eine weitere, durch das ESUG neu eingeführte Regelung dafür, dass bei der Umsetzung von gesellschaftsrechtlichen Regelungen im Insolvenzplan grundsätzlich auch die gesellschaftsrechtlichen Vorgaben Berücksichtigung finden müssen. Denn der Gesetzgeber hat in § 238a Abs. 1 S. 2 InsO ausdrücklich geregelt, dass sich das Stimmrecht der Anteilseigener im Insolvenzplan abweichend von den gesellschaftsrechtlichen Regelungen bestimmt. Nach dieser Norm bleiben Stimmrechtsbeschränkungen, Sonder- und Mehrstimmrechte außer Betracht. Solche Stimmrechtsbeschränkungen, Sonder- und Mehrstimmrechte resultieren aus den entsprechenden Anteilsrechten, z.B. stimmrechtslose Vorzugsaktien, oder aus den jeweiligen Gesellschaftsstatuten.[1061] Die Stimmrechte der Anteilseigner sollen

1059 Vgl. *Hirte* in: Uhlenbruck, InsO, § 225a, Rn. 41; *Schäfer*, ZIP 2013, 2237 (2242); insb. zur Beachtung der gesellschaftsrechtlichen Voraussetzungen des Bezugsrechtsausschlusses *Simon/Merkelbach*, NZG 2012, 121 (125).

1060 BT-Drucks. 17/5712, S. 32.

1061 Vgl. *Hirte* in: Uhlenbruck, InsO, § 238a, Rn. 1.

sich in Abweichung vom gesellschaftsrechtlichen Grundsatz im Insolvenzplanverfahren ausschließlich nach der Beteiligung am Kapital oder Vermögen der Schuldnerin bestimmen.[1062] Damit sind etwa im Insolvenzplanverfahren, abweichend von den gesellschaftsrechtlichen Vorgaben, auch Inhaber von stimmrechtslosen Vorzugsaktien stimmberechtigt.[1063] Der Gesetzgeber hat also ausdrücklich eine Regelung in Bezug für die Stimmrechte der Anteilsinhaber getroffen, die von den gesellschaftsrechtlichen Vorgaben abweicht. Wenn die eine Ansicht, die die gesellschaftsrechtlichen Vorgaben schon nach § 225a Abs. 3 InsO für gänzlich unbeachtet hält, richtig wäre, dann wäre die Regelung in § 238a Abs. 1 S. 2 InsO überflüssig, da sich das Stimmrecht der Anteilseigner bereits nach den insolvenzrechtlichen Vorschriften ergeben würde und schon demnach gesellschaftsrechtliche Mehr- und Sonderstimmrechte außer Betracht bleiben müssten. Mit anderen Worten spricht die ausdrückliche Regelung in § 238a Abs. 1 S. 2 InsO gegen diese Ansicht, wonach bereits die Formulierung der gesellschaftsrechtlichen Zulässigkeit gem. § 225a Abs. 3 InsO zur Unanwendbarkeit der materiell-gesellschaftsrechtlichen Regelungen führt.

Zwar könnte dieser Argumentation entgegengehalten werden, dass § 238a Abs. 1 S. 2 InsO erst durch das ESUG und als Folge der Einbeziehung der Anteilseigner in das Abstimmungsverfahren notwendig geworden ist. Damit würden die Stimmrechte der Anteilseigner erstmalig für das Insolvenzplanverfahren bestimmt werden und dies sei nun einmal in Abweichung der gesellschaftsrechtlichen Regelung erfolgt. Dennoch weicht diese Regelung von der grundsätzlichen insolvenzrechtlichen Bestimmung der Stimmrechte für die Insolvenzgläubiger bzw. absonderungsberechtigte Gläubiger gem. §§ 237, 238 InsO ab, für die das „Forderungsfeststellungsverfahren" i.S.d. § 77 Abs. 1, 2 InsO gilt.[1064] Für die Stimmrechte der Anteilseigner ist der Gesetzgeber jedoch ausdrücklich von einer Feststellung der Stimmrechte nach den Besonderheiten des Gesellschaftsrechts bzw. der konkreten Statuten der Schuldner-Gesellschaft abgerückt, indem pauschal auf die bloße Kapitalbeteiligung abgestellt wird. Damit liegt im Ergebnis eine ausdrückliche gesetzgeberische Entscheidung vor, dass punktuell für die Stimmrechte der Anteilseigner andere Vorgaben gelten sollen, als bei der Abstimmung nach den gesellschaftsrechtlichen Vorgaben. Dieser Umstand spricht gegen eine pauschale Verdrängung der materiell-gesellschaftsrechtlichen Vorschriften allein auf Grundlage des § 225a Abs. 3 InsO.

Daneben wurde ebenfalls abweichend vom Gesellschaftsrecht ausdrücklich in § 254a Abs. 2 S. 2 InsO geregelt, dass die Erfüllung der besonderen Informationspflichten von Vorstand und Geschäftsführer sowie übrige Formalien zur Beschlussfassung fingiert werden. Daran wird erkennbar, dass der Gesetzgeber nur die formalen Anforderungen des Gesellschaftsrechts durch das Insolvenzrecht

1062 *Braun/Frank* in: Braun, InsO, § 238a, Rn. 1.

1063 *Madaus* in: MüKo, InsO, § 238a, Rn. 10.

1064 Vgl. *Braun/Frank* in: Braun, InsO, § 238a, Rn. 1.

überlagert wissen wollte; für die materiell rechtlichen Anforderungen des Gesellschaftsrechts gilt das nicht.[1065]

Es ist damit klarzustellen, dass die Implementierung des Gesellschaftsrechts in die Insolvenzordnung durch § 225a InsO grundsätzlich nicht die einschlägigen positiv rechtlichen Normen des Gesellschaftsrechts für obsolet erklärt; diese bleiben vielmehr grundsätzlich unberührt.[1066] Die Regelung in § 238a Abs. 1 S. 2 InsO stellt dazu eine ausdrücklich geregelte Ausnahme dar. Die in § 225a InsO genannten Maßnahmen müssen demnach grundsätzlich unter Berücksichtigung der dafür vorgesehenen Normen des Gesellschaftsrechts erfolgen. Dies gilt aber nur insoweit, wie insolvenzrechtliche Regelungen die des Gesellschaftsrechts nicht überlagern und somit verdrängen. Dies gilt etwa für die bereits erwähnten Stimmrechte (§ 238a InsO) oder die Einhaltung der Formalien (§ 254a Abs. 2 S. 2 InsO), aber auch beispielsweise für etwaige Rechtsschutzmöglichkeiten (§§ 251, 253 InsO) gegen den Insolvenzplan.

2) Der gestaltende Teil des Insolvenzplans

Im gestaltenden Teil des Insolvenzplans werden gem. § 221 InsO die Rechtsänderungen festgelegt, die durch den Insolvenzplan realisiert werden sollen. Insbesondere kann nunmehr gem. § 225a Abs. 2 S. 1 InsO die Umwandlung von Schulden in Eigenkapital im gestaltenden Teil der DES vorgesehen werden.

a) Gruppenbildung

(1) Die gesetzlich statuierten Gruppen

Die Gruppenbildung betrifft hauptsächlich den gestaltenden Teil des Insolvenzplans und hat durch den Planinitiator zu erfolgen.[1067] Sie stellt ein besonders wichtiges Element der Planerstellung dar, da damit bereits der Grundstein für die Planbestätigung in der nachfolgenden Abstimmung (§§ 243, 244 InsO) gelegt werden kann.[1068]

Gemäß § 222 Abs. 1 S. 2 InsO sind die dort genannten Beteiligten zwingend in Gruppen einzuteilen, wenn die jeweiligen Voraussetzungen vorliegen, wobei eine notwendige Gruppeneinteilung stets voraussetzt, dass in die Rechte der Beteiligten eingegriffen wird bzw. den nachrangigen Insolvenzgläubigern etwas geboten wird.[1069] Diejenigen Gläubiger hingegen, deren Forderungen durch den Insolvenzplan nicht berührt werden, haben gem. § 237 Abs. 2 InsO kein Stimmrecht. Dasselbe gilt gem. § 238 Abs. 2 InsO für die absonderungsberechtigten Gläubiger, in deren Rechte durch den Plan nicht eingegriffen wird.

1065 So wohl auch *H.F. Müller*, KTS 2012, 419 (441).

1066 *Silcher* in: FA-Kommentar Insolvenzrecht, InsO, § 225a, Rn. 8.

1067 *Thies* in: HambKomm, InsO, § 222, Rn. 2.

1068 Vgl. *Braun/Riggert/Herzig*, Schwerpunkte des Insolvenzverfahrens, S. 164; vgl. *Braun/Frank* in: Braun, InsO, 222, Rn. 11; zu strategischen Überlegungen bei der Gruppengestaltung *Riggert*, WM 1998, 1521.

1069 *Braun* in: Nerlich/Römermann, InsO, § 222, Rn. 6.

Eine Gruppe für die nachrangigen Insolvenzgläubiger gem. § 222 Abs. 1 S. 2 Nr. 2 InsO wird stets zu bilden sein, da ein Eingriff in deren Rechte stets vorgenommen werden wird.[1070]

Für die nachrangigen Gläubiger sind Gruppen zu bilden, wenn gem. § 225 InsO die Forderungen nicht als erlassen gelten, wobei der Erlass fingiert wird, wenn im Insolvenzplan nichts anderes bestimmt ist. Dies gilt auch für diejenigen Gesellschafter, die der Gesellschaft ein (Gesellschafter-) Darlehen gegeben haben, das grundsätzlich Gegenstand einer Sacheinlage im DES sein kann,[1071] aber gem. § 39 Abs. 1 Nr. 5 InsO eine nachrangige Forderung darstellt. Im Grundsatz gelten die nachrangigen Forderungen aber als erlassen und erlöschen demnach vollständig, so dass folglich eine Gruppen für die nachrangigen Gläubiger nur ausnahmsweise notwendig ist.[1072] Dies gilt umso mehr für Forderungen aus Gesellschafterdarlehen gerade im Hinblick auf die Durchführung eines DES.[1073]

Davon zu unterscheiden ist der Eingriff in die Gesellschafterrechte selbst, in die, wird im Insolvenzplanverfahren ein DES geregelt, stets eingegriffen werden wird. Für die an dem Schuldner beteiligte Personen ist dann eine Gruppe zu bilden, § 222 Abs. 1 S. 2 Nr. 4 InsO. Gemäß § 222 Abs. 3 S. 2 2. Alt. InsO besteht die Möglichkeit, für Anteilsinhaber mit einem Anteil von weniger als 1% oder EUR 1.000,00 eine gesonderte Gruppe zu bilden. Diese fakultative Unterteilung der Anteilseignergruppen bringt jedoch für den DES mehr Risiko als Nutzen: wird das Gesellschaftskapital beim DES mittels Kapitalherabsetzung (auf Null) reduziert, bleibt für die Kleinbeteiligten ohnehin keine Aussicht auf eine Auszahlung.[1074] Andererseits besteht das Risiko, dass, wenn die Gruppe der Kleinbeteiligten durch den Plan bessergestellt wird, die andere(n) Gruppe(n) mit rechtlich gleichstehenden Anteilseignern dem Plan nicht zustimmen und deren Zustimmung wegen § 245 Abs. 3 Nr. 2 InsO auch nicht fingiert werden könnte, da die ansonsten gleichberechtigten Kleinbeteiligten eine Besserstellung erfahren.[1075]

(2) Die fakultativen Gruppen

Neben den obligatorischen Gruppen können gem. § 222 Abs. 2 InsO auch fakultativ Beteiligte mit gleicher Rechtstellung und gleichartigen wirtschaftlichen Interessen in Gruppen zusammengefasst werden. Dabei muss die Einteilung sachgerecht voneinander abgegrenzt werden, § 222 Abs. 2 S. 2 InsO und die Kriterien dafür sind in dem Plan anzugeben, § 222 Abs. 2 S. 3 InsO. Dem Gesetz sind keine einheitlichen, verbindlichen Leitlinien zur Bestimmung der „gleichartigen wirtschaftlichen Interessen" zu

---

1070 Vgl. *Foerste*, Insolvenzrecht, Rn. 481.
1071 Vgl. oben Teil 1, B., II., 2., a., 1).
1072 *Lüer/Streit* in: Uhlenbruck, InsO, § 225, Rn. 5.
1073 So wohl auch *K. Schmidt*, BB 2011, 1603 (1608).
1074 Vgl. dazu *Thies* in: HambKomm, InsO, § 222, Rn. 28.
1075 Darauf weist schon der Gesetzgeber in BT-Drucks. 17/5712, S. 34 hin; auch *Thies* in: HambKomm, InsO, § 222, Rn. 28; *Weber/Schneider*, ZInsO 2012, 374 (381); wohl auch *Braun/Riggert/Herzig*, Schwerpunkte des Insolvenzverfahrens, S. 166.

entnehmen.[1076] Die wirtschaftlichen Interessen sind vor dem Hintergrund des „ultimativen insolvenzbezogenen Interesses“ zu bestimmen, wonach die jeweiligen Beteiligten einen möglichst hohen Rückfluss ihrer Forderungen erwarten können.[1077] Sie bestimmen sich aber auch und insbesondere nach dem jeweiligen Planziel im konkreten Fall.[1078] Vor diesem Hintergrund besteht eine Vielzahl von möglichen Anknüpfungspunkten, die zur Bestimmung eines „wirtschaftlichen Interesses“ in diesem Sinne herangezogen werden können. So kann etwa die rechtliche Struktur des Anspruchs, die Werthaltigkeit des Rechts, insbesondere des die Forderung sichernde Absonderungsrechts, die Fälligkeit des betreffenden Rechts oder etwa die Person des Berechtigten und dessen Beziehung zum Schuldner bzw. auch zu anderen Berechtigten herangezogen werden.[1079] Insbesondere ist im Rahmen der Durchführung eines DES zu beachten, dass häufig nicht alle Gläubiger an diesem teilnehmen und demnach diejenigen Gläubiger, deren Forderungen als Sacheinlage eingebracht werden, in eine gesonderte Gruppe einzugliedern sind.[1080] Für die Gruppierung der in den Insolvenzplan einbezogenen Anteilseigner kann es auf die Art der Beteiligung (Mehrheits- oder Minderheitsbeteiligung; Sperrminorität)[1081] oder auf die allgemeine Bereitschaft, die Sanierung mittragen zu wollen,[1082] ankommen. Trotz der zahlreichen Anknüpfungspunkte ist aber zu beachten, dass die fakultative Gruppenunterteilung stets einzelfallbezogen erfolgen muss, um durch die Wahrung der unterschiedlichen wirtschaftlichen Interessen die wirtschaftliche Effizienz des Planes zu steigern.[1083]

Teilweise wird aufgrund dieser hohen Flexibilität befürchtet, dass der Planinitiator eine zu weitreichende Auslegung des Merkmals der „gleichartigen wirtschaftlichen Interessen“ zugrunde legt, um die Gruppeneinteilung zu manipulieren und um dadurch letztlich eine günstigere Planbestätigung zu erreichen.[1084] Um dem entgegenzuwirken, wird vorgeschlagen, nur die „wichtigsten insolvenzbezogenen wirtschaftlichen Interessen“ als Differenzierungsmerkmal heranzuziehen.[1085] Letztlich

---

1076 Vgl. *Lüer/Streit* in: Uhlenbruck, InsO, § 222, Rn. 28.

1077 *Eidenmüller* in: MüKo, InsO, § 222, Rn. 87.

1078 *Lüer/Streit* in: Uhlenbruck, InsO, § 222, Rn. 29; *Thies* in: HambKomm, InsO, § 222, Rn. 17; *Braun/Riggert/Herzig*, Schwerpunkte des Insolvenzverfahrens, S. 164; a.A. wohl *Eidenmüller* in: MüKo, InsO, § 222, Rn. 85.

1079 Vgl. dazu *Eidenmüller* in: MüKo, InsO, § 222, Rn. 81ff.; vgl. auch *Lüer/Streit*, in: Uhlenbruck, InsO, § 222, Rn. 29.

1080 Vgl. *Weber/Schneider*, ZInsO 2012, 374 (380).

1081 *Thies* in: HambKomm, InsO, § 222, Rn. 17.

1082 Vgl. *Wertenbruch*, ZIP 2013, 1693 (1701).

1083 BT-Drucks. 12/2443, S. 199; vgl. auch Lüer/Streit in: Uhlenbruck, InsO, § 222, Rn. 29.

1084 Vgl. die Kritik bei *Koch/de Bra* in: Gottwald, Insolvenzrechts-Handbuch, § 67, Rn. 48; auch *Jaffé* in: FK-InsO, § 222, Rn. 14; zu Missbrauch und effektiver Gestaltung der Gruppen vgl. *Hingerl*, ZInsO 2007, 1337 (1338ff.).

1085 So *Eidenmüller* in: MüKo, InsO, § 222, Rn. 79; vgl. auch *Silcher* in: FA-Kommentar Insolvenzrecht, InsO, § 222, Rn. 13, der auf die Überprüfung durch das LG Neuruppin, Az. 2 T 233/13, verweist.

eröffnet diese Differenzierung jedoch auch wieder einen gewissen – wenn auch eingeschränkten – Ermessensspielraum, der eine gewisse aktiv lenkende Planerstellung nicht unterbinden vermag.

Vielmehr ist eine Korrektur des weit gefassten Merkmals der „gleichartigen wirtschaftlichen Interessen" in einem kumulativ zu prüfenden Umstand zu suchen. Neben diesem Erfordernis fordert der Gesetzgeber nämlich auch, dass die unterschiedlichen wirtschaftlichen Interessen „sachgerecht voneinander abgegrenzt" werden müssen, § 222 Abs. 2 S. 2 InsO. Demzufolge ist zu fordern, dass sachlich gerechtfertigte Gründe dargelegt werden, um die konkrete Gruppenbildung auf Grundlage wirtschaftlicher Interessen rechtfertigen zu können.[1086] Die jeweilige Darstellung sachlicher Gründe ist vom Insolvenzgericht überprüfbar gem. § 231 Abs. 1 S. 1 Nr. 1 InsO.[1087] Hinzu kommt, dass aufgrund der Grenzziehung des § 245 Abs. 2 InsO eine beliebig weite Auslegung des Merkmals der „gleichartigen wirtschaftlichen Interessen" seitens des Planinitiators einen Riegel vorgeschoben wird.[1088] Die Kumulation von gerichtlicher Überprüfung mitsamt der Möglichkeit der gesetzmäßigen Obstruktion wird im Regelfall einen hinreichenden Anreiz für eine ordnungsgemäße Gruppenbildung geben. Auch in der Praxis bestehen Tendenzen hin zu einem schmaleren Insolvenzplan mit wenigen Gruppen bzw. nur einer Gruppe.[1089] Dadurch wird das Risiko gebannt, dass es bei mehreren Gruppen auch ein höheres Risiko gibt, die Mehrheit innerhalb einer Gruppe zu verfehlen – dann wäre der Plan nicht angenommen. Der Planinitiator wird dies also stets zu bedenken haben, so dass eine zu weitgehende (unrechtmäßige) Differenzierung der Gruppen zu erheblichen Risiken bei der Planbestätigung und folglich zu Verzögerungen in der Planumsetzung sowie letztlich bei der gesamten Sanierung führen kann.[1090]

b) Kapitalherabsetzung

Zur Durchführung eines DES im Insolvenzplanverfahren ist zunächst die vereinfachte Kapitalherabsetzung gem. §§ 229 ff. AktG bzw. §§ 58a ff. GmbHG festzusetzen.[1091] Hinsichtlich des Verfahrens bestehen keine Besonderheiten gegenüber den oben gemachten Ausführungen.[1092]

1086 *Thies* in: HambKomm, InsO, § 222, Rn. 18; auch *Eidenmüller* in: MüKo, InsO, § 222, Rn. 100f.

1087 *Foerste*, Insolvenzrecht, Rn. 483; *Thies* in: HambKomm, InsO, § 222, Rn. 29.

1088 Vgl. *Braun* in: Nerlich/Römermann, InsO, § 222, Rn. 53; *Silcher* in: FA-Kommentar Insolvenzrecht, InsO, § 222, Rn. 13; so wohl auch *Jaffé* in: FK-InsO, § 222, Rn. 20.

1089 Vgl. *Bilgery*, DZWIR 2001, 316 (317); *Silcher* in: FA-Kommentar Insolvenzrecht, InsO, § 222, Rn. 13; vgl. aber auch den Erläuterungen zur bewussten Gruppenmehrheit bei *Hingerl*, ZInsO 2007, 1337 (1338).

1090 Vgl. *H.F. Müller*, Der Verband in der Insolvenz, S. 291 und 295; *Henckel*, KTS 1989, 477 (491).

1091 Vgl. zur beispielhaften Darstellung im Insolvenzplan *Horstkotte/Martini*, ZInsO 2012, 557 (562).

1092 Siehe oben Teil 1, B., I.

c) Kapitalerhöhung

Ebenfalls unverändert bleibt es im Insolvenzplan bei der aus dem Gesellschaftsrecht resultierenden Notwendigkeit, im Anschluss an die vereinfachte Kapitalherabsetzung (auf Null), das Kapital wieder auf jeweils die gesetzliche Mindestkapitalziffer durch Bareinlage zu erhöhen, §§ 228, 229 AktG bzw. § 58a Abs. 4 GmbHG. Bei der darüber hinausgehenden Kapitalerhöhung wird die Forderung als Sacheinlage in die Gesellschaft eingelegt und die Gläubiger erhalten als Gegenleistung Anteile an der Gesellschaft im entsprechenden Wert ihrer eingelegten Forderungen.

Wie bereits oben erwähnt,[1093] gilt dies grundsätzlich auch für Forderungen der Gesellschafter gegen die Gesellschaft. Dass diese „Gesellschafterdarlehen" gem. § 39 Abs. 1 Nr. 5 InsO in der Insolvenz nachrangig sind, ändert an der grundsätzlichen Einlagefähigkeit nichts.[1094] Denn nach der gesetzgeberischen Entscheidung in §§ 217, 225 InsO werden die nachrangigen Gläubiger, mithin auch die Gesellschafter in ihrer Funktion als Darlehensgeber, in den Wirkungskreis des Insolvenzplans einbezogen.[1095] Der Umstand der Nachrangigkeit ist vielmehr bei der konkreten Bewertung und dem dann ggf. vorzunehmenden Abschlag zu berücksichtigen,[1096] was letztlich dazu führen kann, dass auf die Forderung der Gesellschafter nur der Wert Null fällt oder jene Forderung gem. § 225 Abs. 1 InsO als erlassen gilt.[1097]

(1) Nach wie vor streitig: Einbringung der Forderung zum Nennwert oder zum wirtschaftlichen Wert?

Wie schon bei der Kapitalerhöhung außerhalb des Insolvenzverfahrens ist auch für einen DES im Insolvenzplanverfahren streitig, mit welchem Wert die Forderung angesetzt werden soll. Der Gesetzgeber hat mit dem ESUG im Stadium der Insolvenz der Nennwertbetrachtung eine Absage erteilt und ist vielmehr dem Vollwertigkeitsprinzip gefolgt.[1098] Nunmehr sei nur noch die Quotenerwartung relevant, woraus eindeutig hervorgeht, dass eine Forderung nicht zum Nennwert eingebracht werden kann.[1099] Trotz der Begründung seitens des Gesetzgebers ist in der Literatur nach wie vor strittig, ob auch nach der Eröffnung des Insolvenzverfahrens eine

1093 Siehe oben Teil 1, B., II., 2., a., 1).

1094 *K. Schmidt*, BB 2011, 1603 (1608); *Eidenmüller* in: MüKo, InsO, § 225a, Rn. 30; a.A. *Hölzle* in: Kübler, HRI, § 31, Rn. 61, was nach seiner Ansicht konsequent ist, da er den hier abzulehnenden Nennwertansatz zur Bewertung der Forderungen befürwortet.

1095 *Lüer/Streit* in: Uhlenbruck, InsO, § 225, Rn. 3; *Eidenmüller* in: MüKo, InsO, § 217, Rn. 63.

1096 So auch *Habersack* in: FS Kübler, S. 219 (221f.).

1097 Siehe schon oben Teil 2, B., III., 2., b., 2), a), (1); vgl. auch *Spliedt* in: K. Schmidt, InsO, § 225a, Rn. 21.

1098 Dies zwar nicht positiv gesetzlich verankert, aber in der Begründung des Gesetzgebers in BT-Drucks. 17/5712, S. 32 festgesetzt.

1099 Vgl. *Thies* in: HambKomm, InsO, § 225a, Rn. 22.

Bewertung der Forderung notwendig ist oder ob die Nennwertanrechnung der einzulegenden Forderung maßgeblich ist.

(a) Stimmen zur Einbringung zum Nennwert

Wie schon in der Diskussion über den Wertansatz außerhalb des Insolvenzplanverfahrens ist eine Ansicht in der Literatur nach wie vor der Meinung, die Forderung könne stets zum Nennwert eingebracht werden.[1100] Dabei werden nahezu die gleichen Argumente angeführt wie schon bei der Frage nach der Forderungsbewertung außerhalb des Insolvenzplanverfahrens.[1101]

Ergänzend wird von dieser Ansicht argumentiert, eine Bewertung der Forderung in Stadium der Insolvenz sei mit erheblichen Unsicherheiten und Kosten verbunden und könne aufgrund ihrer Rechtsmittelanfälligkeit verfahrensverzögernd wirken. Ferner bestünden nach dem Vollwertigkeitserfordernis steuerliche Risiken, die die Sanierung belasten könnten.[1102]

Ein weiteres angeführtes Argument versucht die geplante Möglichkeit fruchtbar zu machen, dass gem. §§ 192, 194 AktG eine sog. umgekehrte Wandelanleihe gesetzlich vorgesehen werden soll, die es auch der Gesellschaft ermöglicht, Anleiheforderungen in Unternehmensanteile umzutauschen.[1103] Damit habe der Gesetzgeber die Möglichkeit geschaffen, einen DES durchzuführen, bei dem die Forderungen ebenfalls ohne vorherige Wertüberprüfung zum Nennwert eingebracht würden.[1104] Dies spreche dafür, die Einbringung der Forderung zum Nennwert auch bei einem DES außerhalb der Sonderregelungen zur Wandelschuldverschreibung zuzulassen.[1105]

(b) Stimmen zur Einbringung zum wirtschaftlichen Wert

Die Gegenansicht lehnt, wie schon bei der streitigen Frage nach der Forderungsbewertung außerhalb des Insolvenzverfahrens, die Einbringung der Forderung zu Nennwerten ab.[1106] Neben den zu diesem Streit angeführten Argumenten[1107] bezieht

1100 Etwa *Spliedt* in: K. Schmidt, InsO, § 225a, Rn. 24; *Thies* in: HambKomm, InsO, § 225a, Rn. 24; *Eidenmüller* in: MüKo, InsO, § 225a, Rn. 53 jeweils mit weiteren Nachweisen.

1101 Vgl. etwa *Thies* in: HambKomm, InsO, § 225a, Rn. 24; zu den Argumenten dieser Ansicht siehe oben Teil 1, B., II., 2., c., 1), a), (1).

1102 *Eidenmüller* in: MüKo, InsO, § 225a, Rn. 53.

1103 Siehe zu dieser Novellierung BT-Drucks. 18/4349, S. 27ff.

1104 Vgl. *Seibert/Böttcher*, ZIP 2012, 12 (15f.); davon geht auch die Begründung zum Regierungsentwurf in BT-Drucks. 18/4349, S. 29 aus.

1105 *Hirte* in: Uhlenbruck, InsO, § 225a, Rn. 37; *Hirte/Knof/Mock*, Das neue Insolvenzrecht, S. 40f.; vgl. auch *Spliedt* in: K. Schmidt, InsO, § 225a, Rn. 24.

1106 Etwa *Jaffé* in: FK-InsO, § 225a, Rn, 14.

1107 Siehe dazu oben Teil 1, B., II., 2., c., 1), a), (2).

sie sich auf die Entscheidung des Gesetzgebers, der der Nennwertanrechnung nicht gefolgt ist, sondern stets eine Bewertung voraussetzt.[1108]

(c) Stellungnahme

Ebenso wie bei der Einbringung der Forderung als Sacheinlage außerhalb des Insolvenzverfahrens ist diese auch im Insolvenz(plan)verfahren nicht zu ihrem Nennwert, sondern nur zu ihrem wirtschaftlichen Wert einzubringen. Dazu wurde bereits oben Stellung bezogen, worauf an dieser Stelle verwiesen wird.[1109]

Es ist darüber hinaus zu ergänzen, dass die etwaige Komplexität, Unsicherheit und Kostenintensität einer Forderungsbewertung im Stadium der Insolvenz kein stichhaltiges Argument sein kann, von einer Bewertung abzusehen. Denn einerseits kann eine Forderungsbewertung nicht aus bloßen pragmatischen Gründen entfallen. Andererseits sind auch in anderen Konstellationen komplexe Bewertungen vorzunehmen, etwa bei der Bewertung von Unternehmen vor einem Unternehmenskauf aus der Insolvenz (*Distressed M&A*). Ebenso kann sich die Bewertung einer Forderung gegen Dritte als schwierig gestalten;[1110] sie wird dennoch vorgenommen werden müssen.

Das steuerrechtliche Problem der Behandlung von Sanierungsgewinnen besteht seit längerem.[1111] Dieses Sanierungshindernis ist jedoch durch gesetzgeberische Maßnahmen zu begegnen und nicht als Argument gegen eine notwendige Forderungsbewertung anzuführen. Außerdem wird dieses Gegenargument in der Praxis dadurch entschärft, dass die Steuerschuld auf einen etwaigen Sanierungsgewinn vom sog. „Sanierungserlass“[1112] erfasst werden kann, wonach Steuerschulden zum Zwecke der Sanierung aus Billigkeitsgründen gem. § 227 AO erlassen werden können.[1113] Zwar ist zu bedauern, dass eine gesetzliche Regelung nach dem Wegfall des § 3 Nr. 66 EStG a.F. fehlt, der BFH hat aber den Erlass von Steuern auf Sanierungsgewinne als grundsätzlich zulässig erachtet.[1114]

Dem Argument der Vergleichbarkeit mit den Regelungen zur Wandelschuldverschreibung gem. §§ 192, 194 AktG wurde bereits oben begegnet.[1115] Insbesondere der Ausnahmecharakter des § 194 Abs. 1 S. 2 AktG und die strenge Äquivalenzkontrolle bei der Ausgabe von Wandelschuldverschreibungen sprechen gegen die Vergleichbarkeit mit dem DES. Daran ändert auch die in der Aktienrechtsnovelle 2016

1108 Vgl. *Haas* in: Heidelberger Kommentar InsO, § 225a, Rn. 19.

1109 Siehe oben Teil 1, B., II., 2., c., 1), a), (3).

1110 Vgl. *H.F. Müller*, KTS 2012, 419 (447).

1111 Vgl. dazu nur *Schwenker/Fischer*, DStR 2010, 1117 (1119).

1112 BMF-Schreiben vom 27.3.2003 – IV A 6-S 2140-08/03, BStBl. I 2003, 240.

1113 Dazu *Buth/Hermanns* in: Buth/Hermanns, Restrukturierung, Sanierung, Insolvenz, § 35, Rn. 65ff.; vgl. auch *H.F. Müller*, KTS 2012, 419 (450f.).

1114 BFH Urteil vom 14.7.2010, X R 34/08, DB 2010, 2033; vgl. *Theiselmann*, GmbH-StB 2013, 150 (153).

1115 Siehe oben Teil 1, B., II., 2., c., 1), a), (3).

umgesetzte Möglichkeit einer sog. umgekehrten Wandelanleihe nichts. Die Wandelanleihe unterliegt, wie bereits oben festgestellt, anderen Voraussetzungen, die mit denen der bloßen Kapitalherabsetzung und anschließender Kapitalerhöhung eines DES nicht vergleichbar sind. Auf die gesetzgeberische Entscheidung der Änderung des § 194 Abs. 1 S. 2 AktG soll nicht näher eingegangen werden.[1116] Der Gesetzgeber hat jedoch gesehen, dass die geplante Novellierung des AktG den DES im Insolvenzplanverfahren gem. § 225a InsO nicht berührt, sondern vielmehr eine eigenständige Regelung darstellt, die neben den Regelungen zum Insolvenzplanverfahren steht.[1117] Demnach greift die Gegenseite einen aktuellen gesetzgeberischen Gedanken auf, der jedoch nicht mit der Regelung eines DES im Insolvenzplanverfahren vergleichbar ist und auch aus Sicht des Gesetzgebers so nicht verstanden werden soll. Die Idee einer Wandlungsmöglichkeit von Anleiheforderungen zu Nennwerten ist nicht neu und wurde bereits im Referentenentwurf zur letztlich im Jahr 2016 umgesetzten Aktienrechtsnovelle vom 2. November 2010 vorgesehen.[1118] Im Zeitpunkt des Gesetzgebungsverfahrens des ESUG war dem Gesetzgeber diese Ratio also schon bewusst. Folglich hätte der ESUG-Gesetzgeber, hätte er eine Nennwertanrechnung auch für den DES im Insolvenzplanverfahren für richtig erachtet, diese bereits schon mit dem ESUG im Jahr 2012 positiv gesetzlich vorschreiben können – dies ist jedoch gerade nicht erfolgt. Vielmehr ist der Gesetzgeber für den Fall der Umwandlung von Schulden in Eigenkapital außerhalb der Wandelanleihe richtigerweise nicht dem Nennwertansatz gefolgt, sondern setzt voraus, dass die Forderung stets (nur) mit ihrem wirtschaftlichen Wert eingebracht werden kann.[1119]

(2) Notwendige Forderungsbewertung

Demnach spielt auch bei der Kapitalerhöhung, die in das Insolvenzplanverfahren eingebettet ist, die Bewertung der Forderung eine große Rolle. Insoweit bestehen also keine Unterschiede zu der Kapitalerhöhung außerhalb des Insolvenzplanverfahrens. Fraglich ist jedoch, ob sich hinsichtlich des Bewertungsmaßstabes Unterschiede auftun.

Da, wie bereits erwähnt,[1120] gesellschaftsrechtliche Maßnahmen, und damit auch die Kapitalerhöhung, gem. § 225a Abs. 3 InsO danach getroffen werden können, was „gesellschaftsrechtlich zulässig" ist, könnten sich bereits aus den einschlägigen gesellschaftsrechtlichen Vorschriften Anhaltspunkte zur Forderungsbewertung

---

1116 Obgleich die Möglichkeit der Umwandlung von Anleiheforderung gegen Eigenkapital zum Nennwert ohne vorherige Bewertung auch auf Kritik gestoßen ist, *Drygala*, WM 2011, 1637 (1639ff.).

1117 BT-Drucks. 17/8989, S. 17f.

1118 Siehe zur Diskussion auch schon *Holland/Goslar*, NZG 2006, 892 (895).

1119 Dies wurde mittlerweile auch von Teilen der den Nennwertansatz außerhalb des Insolvenzverfahrens befürwortenden Ansicht eingesehen, vgl. *Simon/Merkelbach*, NZG 2012, 121 (123).

1120 Dazu oben Teil 2, B., III., 2., b., 1).

ergeben. Die einschlägigen gesellschaftsrechtlichen Normen über die Bewertung der Sacheinlage, insbesondere § 183 Abs. 3 i.V.m. § 34 Abs. 1 Nr. 2 AktG bzw. § 56 Abs. 2 i.V.m. § 9 GmbHG, schreiben lediglich vor, dass der Wert der Sacheinlage nicht unterhalb des geringsten Ausgabebetrags der Aktien bzw. des Nennbetrags des Geschäftsanteils liegen darf. Ferner wird der Stichtag der Bewertung einheitlich auf den Tag der Anmeldung der Kapitalerhöhung zur Eintragung in das Handelsregister festgelegt.[1121] Unverändert bleibt es aber dabei, dass sich die Werthaltigkeit der Forderung nach der Leistungsfähigkeit der insolventen Schuldnerin richtet. Es bedarf demnach, wie auch schon bei der Bewertung außerhalb des Insolvenzverfahrens, einer Unternehmensbewertung. Ein pauschaler Verweis auf die oben gemachten Ausführungen zur Gesellschaft in der Krise,[1122] die sich aber nicht in der Insolvenz befindet, verbietet sich. In der Krise ist die Gesellschaft zwar finanziell angeschlagen, ein Insolvenzgrund liegt aber gerade (noch) nicht vor. Soll hingegen ein DES im Insolvenzplanverfahren durchgeführt werden, liegt ein Insolvenzantragsgrund vor. Dieser Umstand ist nun bei der Forderungsbewertung zu berücksichtigen.

In der Literatur ist – wie auch schon zur Rechtslage außerhalb des Insolvenzverfahrens – streitig, wie die Forderung im Rahmen der Durchführung eines DES im Insolvenzverfahren zu bewerten ist. Grundsätzlich bestehen zwei Ansicht: ein Ansicht befürwortet, die Forderungen stets mit dem Liquidationswert zu bewerten, der anderen Ansicht zufolge sollen Fortführungswerte angesetzt werden.[1123]

(a) Stimmen für die Einbringung zu Liquidationswerten

Nach Meinung einer Ansicht in der Literatur sind strikt Liquidationswerte anzusetzen.[1124] Damit sei der Zerschlagungswert gemeint, bei dem das Sanierungsszenario außer Betracht gelassen werde.[1125] Dies sei auch die Entscheidung des Gesetzgebers gewesen, der den Wert der einzubringenden Forderung ebenfalls nur noch mit der Quotenerwartung ansetze und demnach nichts anderes als den Zerschlagungswert meine.[1126] Darüber hinaus habe der Gesetzgeber bei der Frage der Entschädigungshöhe für im Nachgang eines DES ausscheidende Gesellschafter in § 225 Abs. 5 S. 1 InsO klar geregelt, dass für die Abfindungshöhe ebenfalls Liquidationswerte maßgeblich seien.[1127]

1121 *Pentz* in: MüKo, AktG, § 27, Rn. 38; *Schwandtner* in: MüKo, GmbHG, § 5, Rn. 144.

1122 Siehe oben Teil 1, B., II., 2., c., 1).

1123 Vgl. *Wälzholz*, GmbH-StB 2012, 313 (318); vgl. zum Streit auch *Schäfer/Wüstemann*, ZIP 2014, 1757.

1124 So *Simon/Merkelbach*, NZG 2012, 121 (124); *Simon*, CFL 2010, 448 (452); wohl auch *Hagemann*, Debt Equity Swaps nach englischem und deutschem Recht, S. 91f.; immerhin skeptisch *Hirte/Knof/Mock*, DB 2011, 632 (643) und auch *Wälzholz*, GmbH-StB 2012, 313 (318).

1125 *Simon/Merkelbach*, NZG 2012, 121 (124).

1126 Ausdrücklich *Simon/Merkelbach*, NZG 2012, 121 (124) und die dahingehende Vermutung bei *Hirte/Knof/Mock*, DB 2011, 632 (643).

1127 *Simon*, CFL 2010, 448 (452); *Simon/Merkelbach*, NZG 2012, 121 (124).

Auch ergebe sich aus der Anwendung gesellschaftsrechtlicher Grundregeln nichts anderes, wonach gem. § 9 GmbHG das Stichtagsprinzip gelte, mithin die Forderungsbewertung sich auf den Tag der Anmeldung der Kapitalmaßnahme zur Eintragung in das Handelsregister beziehe. Dieser Umstand schließe aus, dass prognostische Werte wie ein Hoffnungswert, der durch die Sanierung erreicht werde, in die Bewertung miteinbezogen werden könnten.[1128]

In der Konsequenz sehen die Vertreter dieser Ansicht erhebliche Durchführungsschwierigkeiten für den DES: aufgrund der Heranziehung von Liquidationswerten müssen erhebliche Abschläge vom Nennwert der Forderung vorgenommen werden. Für diese reduzierten Forderungen erhalten die am DES teilnehmenden Gläubiger ebenfalls nur Anteile zu geringem Wert, so dass sie folglich nur ein geringes Stimmengewicht in der Gesellschaft erlangen.[1129] Da dies den Motiven der Gläubiger zuwiderlaufe, werde die Umwandlung mitunter äußerst unattraktiv.[1130]

(b) Stimmen für die Einbringung zu Fortführungswerten

Dieser Ansicht wird entgegnet, dass bei der Bewertung sehr wohl grundsätzlich Fortführungswerte angesetzt werden könnten.[1131] Mit anderen Worten soll die konkrete Sanierungsmaßnahme, also der DES, bei der Bewertung der einzulegenden Forderungen berücksichtigt werden. Ausgehend von der Rechtsprechung zur Bewertung einer Forderung richte sich der Wert der Forderung nach der Leistungsfähigkeit der Gesellschaft.[1132] Die Leistungsfähigkeit der Gesellschaft umfasse jedoch stets das zukünftige bzw. prognostische Element, die Forderungen ganz oder zumindest in Teilen befriedigen zu können.[1133] Ferner wird von dieser Gegenansicht angeführt, dass der Gesetzgeber mit der Entscheidung in § 254 Abs. 4 InsO, eine Differenzhaftung des Inferenten wegen Überbewertung der Sacheinlage nach der Planbestätigung auszuschließen, deutlich gemacht habe, das Risiko einer Überbewertung und der damit zusammenhängenden Differenzhaftung (§ 9 GmbHG) durch die Berücksichtigung der zukünftigen Sanierungsmaßnahmen im Fortführungswert zu reduzieren.[1134] Müssten nach dem angeblichen Willen des Gesetzgebers stets Liquidationswerte anzusetzen sein, so bestehe das Problem der Differenzhaftung erst gar nicht.[1135] Die dadurch geschaffene Anreizwirkung für die Gläubiger, die Sanierung mittels DES durchzuführen, stehe ferner im Einklang mit der Gesamtmotivation des ESUG, nunmehr Gesellschafterrechte in den Insolvenzplan

1128 *Simon*, CFL 2010, 448 (451).
1129 Vgl. *Simon/Merkelbach*, NZG 2012, 121 (124).
1130 *Hirte/Knof/Mock*, DB 2011, 632 (643).
1131 Etwa *Schäfer*, ZIP 2013, 2237 (2239f.).
1132 Vgl. BGH NJW 1990, 982 (985).
1133 *Weber/Schneider*, ZInsO 2012, 374 (378); vgl. auch *Günther*, ZInsO 2012, 2037 (2041); *Horstkotte/Martini*, ZInsO 2012, 557 (563 Fn. 47).
1134 *Weber/Schneider*, ZInsO 2012, 374 (379).
1135 *Weber/Schneider*, ZInsO 2012, 374 (379).

miteinzubeziehen, diese zu modifizieren und ausdrücklich einen DES durchführen zu können (§ 225a Abs. 2 S. 1 InsO).[1136] Demnach wird argumentiert, dass dieses zentrale Anliegen des Gesetzgebers konterkariert werde, wenn man die einzubringenden Forderungen zu Liquidationswerten ansetze. Denn dadurch sei der Wert der Forderungen drastisch reduziert und der Anreiz, sich an dem DES zu beteiligen, sei verloren.[1137]

(c) Stellungnahme

Die Bewertung dieser konträren Argumentationslinien soll ausgehen von der zuletzt angesprochenen Zwecksetzung des Gesetzgebers. Gesetzliche Vorgaben hinsichtlich der Bewertung der Forderung werden nicht gemacht. Jedoch gibt der Gesetzgeber in der Gesetzbegründung an, dass die Forderung nur noch mit ihrer „Quotenerwartung" in die Gesellschaft eingebracht werden könne.[1138] Die daraus soeben dargestellte Ansicht von Teilen der Literatur, es sei stets auf den anteiligen Wert der Forderung abzustellen, der bei der Liquidation übrig bliebe,[1139] kann daraus aber nicht gefolgert werden. Vielmehr geht aus der Gesetzesbegründung lediglich hervor, dass der Gesetzgeber sich dafür ausgesprochen hat, dem Werthaltigkeitserfordernis nachzukommen und den Nennwertansatz zu verwerfen. Dabei wurde vom Gesetzgeber nicht verkannt, dass im Stadium der Insolvenz die Forderungen gegen die Schuldnerin nicht mehr voll werthaltig sind. Daraus jedoch zu schlussfolgern, diese Quote berechne sich nach den Liquidationswerten, geht zu weit.[1140] Es kommt letztendlich auf die angewendeten Annahmen bzw. Grundlagen bei der Bewertung an, aus der die entsprechende Quote zu berechnen ist. Über diese anzuwendende Bewertungsmethode ist der entsprechenden Gesetzesbegründung jedoch nichts zu entnehmen. Die den Liquidationsansatz befürwortende Ansicht verkennt darüber hinaus, wie auch von der Gegenseite angemerkt wurde, dass dies in Wirklichkeit mit dem normenübergreifenden Motiv, die Sanierung aus der Insolvenz heraus durch den DES weiter zu stärken, im Widerspruch steht. Denn wäre die Ansicht der Bewertung zu Zerschlagungswerten richtig, dann würde dieser Umstand den DES für die Gläubiger nicht nur unattraktiv, sondern in vielen Fällen erst gar nicht durchführbar machen.[1141] Dies wäre mit Sicherheit nicht im Sinne des ESUG-Gesetzgebers gewesen.

1136 Der Gesetzgeber sieht den DES als „*zentrales Mittel für ein attraktives Sanierungsverfahren*", BT-Drucks. 17/5712, S. 31; vgl. auch *Wimmer*, ESUG-Reform, S. 4ff.

1137 *Willemsen/Rechel*, Kommentar zum ESUG, § 225a, Rn. 60; so auch *Schäfer/Wüstemann*, ZIP 2014, 1757 (1763).

1138 BT-Drucks. 17/5712, S. 32.

1139 So *Simon/Merkelbach*, NZG 2012, 121 (124).

1140 So auch *Willemsen/Rechel*, Kommentar zum ESUG, § 225a, Rn. 61.

1141 Vgl. *Horstkotte/Martini*, ZInsO 2012, 557 (563, Fn. 47); vgl. *Schäfer/Wüstemann*, ZIP 2014, 1757 (1763).

Darüber hinaus ist richtig, dass sich die Bewertung auf den Tag der Anmeldung der Kapitalmaßnahmen in das Handelsregister beziehen muss – dies gilt auch für den im Insolvenzplan implementierten DES. Die Stichtagsbewertung schließt jedoch nicht aus, eine Bewertungsmethode heranzuziehen, die auf eine zukünftige Betrachtung gerichtet ist. In Wirklichkeit wird bei der Bewertung eines Unternehmens im Zusammenhang mit § 9 GmbHG sehr wohl auch etwa auf die in die Zukunft gerichtete Ertragswertmethode abgestellt.[1142] Eine Bewertung unter Berücksichtigung von gesicherten Prognosen verstößt also nicht gegen das Stichtagsprinzip – eine solche ist vielmehr grundsätzlich zulässig.[1143] Auch werden zum relevanten Stichtag, namentlich der Anmeldung der Kapitalmaßnahmen zur Eintragung in das Handelsregister (vgl. § 254a Abs. 2 S. 3 InsO),[1144] für die einzubeziehenden Sanierungsmaßnahmen tatsächlich Anhaltspunkte vorliegen und dessen Durchführung wird rechtlich gesichert sein.[1145] Denn der Insolvenzplan wurde zu diesem Zeitpunkt bereits gerichtlich geprüft, von den Beteiligten mit den entsprechenden Mehrheiten angenommen und ist zum Zeitpunkt der Anmeldung mitsamt den darin beschlossenen Kapitalmaßnahmen bereits vom Gericht bestätigt worden (§ 248 InsO). Folglich sind auch die Gläubiger an ihr Einlageversprechen in Form der Einbringung ihrer Forderungen rechtlich gebunden.

Letztlich steht auch eine in die Zukunft gerichtete Bewertung, insbesondere nach der Ertragswertmethode bzw. der DCF-Methode, dem Sinn und Zweck der Sanierung nicht entgegen. Es wird teilweise kritisiert, dass das Ertragswertverfahren in dieser Situation zur Wertermittlung nicht geeignet sei, da damit nicht der Wert des Eigenkapitals, sondern der Wert des ausschüttbaren Altkapitals im Fortführungsfall berechnet werde.[1146] Dies sei für die an der Sanierung beteiligten Gläubiger nicht von Interesse, so dass diese Art der Unternehmensbewertung nicht zielführend sei.[1147] Dagegen ist jedoch für den Fall der Umwandlung von Schulden in Eigenkapital einzuwenden, dass dann die Gläubiger im Gewand der neuen Anteilseigner sehr wohl ein Interesse an dem zukünftig auszuschüttenden Kapital haben, wie es von der Ertragswertmethode bestimmt werden kann. Dieses Vorgehen ist zur Bestimmung eines Unternehmenswertes allgemein anerkannt. Folglich ist dieses

---

1142 OLG Köln, GmbHR 1998, 42; *Veil* in: Scholz, GmbHG, § 9, Rn. 12; *ders.* in: Scholz, GmbHG, § 5, Rn. 57; *Bayer* in: Lutter/Hommelhoff, GmbHG, § 9, Rn. 4; *Fastrich* in: Baumbach/Hueck, GmbHG, § 9, Rn. 3 mit Verweis auf *ders* in: Baumbach/Hueck, GmbHG, § 5, Rn. 34; *Schwandtner* in: MüKo, GmbHG, § 5, Rn. 149; vgl. auch *Richter/Pernegger*, BB 2011, 876 (879), die für die Unternehmensbewertung *IDW S1* heranziehen wollen, der ebenfalls auf Zukunftswerte abstellt.

1143 Vgl. auch *Weber/Schneider*, ZInsO 2012, 374 (378 a.E.).

1144 *Thies* in: HambKomm, InsO, § 225a, Rn. 22; *Weber/Schneider*, ZInsO 2012, 374 (378).

1145 Vgl. dazu oben Teil 1, B., II., 2., c., 1), b), (3); und auch *Schäfer/Wüstemann*, ZIP 2014, 1757 (1759f.).

1146 Vgl. *Frieß*, DStR 2004, 654 (655), der wohl nicht die Sanierung mittels der Umwandlung von Schulden in Eigenkapital berücksichtigt hatte.

1147 *Frieß*, DStR 2004, 654 (658).

Verfahren nicht gänzlich ungeeignet, sondern kann – zumindest für den Fall eines DES – sinnvollerweise herangezogen werden.[1148]

Was folgt nunmehr aus dieser Abwägung für die Bewertung der Forderungen im Insolvenzplanverfahren? Klar ist, eine Bewertung hat stattzufinden – eine Anrechnung zum Nennwert scheidet schon aufgrund des Verstoßes gegen das allgemein-gesellschaftsrechtliche Vollwertigkeitserfordernis der Sacheinlage aus. Darüber hinaus sprechen die besseren Gründe dafür, den Wert der Forderung zu Fortführungswerten und nicht zu Liquidations- oder Zerschlagungswerten zu bestimmen. Damit wird der Nennwert der Forderung den maximalen Grenzwert der Forderungshöhe darstellen. Andererseits wird der Minimalwert der Forderung das sein,[1149] was die Gläubiger auch bei der Regelabwicklung erhalten würden – dies ist stimmig im Hinblick auf § 245 Abs. 1 Nr. 1 InsO. Wie hoch die anzusetzende Quote der Nennwertforderung ist, ist letztlich eine Frage der konkreten Unternehmensbewertung im Einzelfall. Es steht jedoch fest, dass sie nicht unerheblich über der Quote, wie sie sich nach der Regelabwicklung ergeben würde, liegen dürfte. Dieser Wert wird einerseits Anreiz für die Gläubiger sein, ihre Forderungen in hinreichend wertvolle Anteile an der Gesellschaft zu tauschen und somit die Sanierung per DES voranzutreiben. Andererseits bewegt sich dieser Bewertungsansatz im Rahmen der rechtlichen Vorgaben – sowohl in gesellschaftsrechtlicher als auch in insolvenzrechtlicher Hinsicht.

d) Bezugsrecht und dessen Ausschluss

Aus Sicht der an dem DES teilnehmenden Gläubiger ist der Ausschluss des Bezugsrechts auch im Insolvenzverfahren regelmäßig notwendig. Sie verfolgen nämlich damit den Zweck, die Gesellschaft nach ihren Vorstellungen zu sanieren und zudem an dem Sanierungserfolg in größtmöglichem Umfang zu profitieren.[1150]

In Zusammenhang mit dem Bezugsrecht wurde einerseits im Vorfeld der Novelle kritisch argumentiert, ob ein solches grundsätzlich bestehen müsse. Nach der Umsetzung des ESUG sind andererseits die Voraussetzungen des Bezugsrechtsausschlusses streitig.

(1) Bestehen eines generellen Bezugsrechts?

In der Diskussion um die Einführung des ESUG wurden konträre Ansichten hinsichtlich der Notwendigkeit eines Bezugsrechts vertreten.

Der Ansicht, wonach das ESUG einen generellen Ausschluss des Bezugsrechts für die Alt-Gesellschafter hätte regeln sollen, ist der Gesetzgeber nicht gefolgt.[1151]

1148 vgl. auch *Drukarczyk/Schüler*, Unternehmensbewertung, S. 387ff.; *Henselmann*, Stb 2000, 386 (388, 393).

1149 So auch *Weber/Schneider*, ZInsO 2012, 374 (378).

1150 Vgl. *Bay/Seeburg/Böhmer*, ZInsO 2011, 1927 (1930).

1151 So noch die ersten Vorschläge zur Einbeziehung eines DES in das Insolvenzplanverfahren bei *Eidenmüller/Engert*, ZIP 2009, 541 (549).

Dem entgegen wurde jedoch auch die Ansicht vertreten, dass den Aktionären generell ein gesetzlich verankertes Recht zur Teilnahme an der Kapitalerhöhung und demnach zum pauschalen Bezug neuer Anteile einzuräumen sei.[1152] Dagegen spricht jedoch, dass sich daraus wiederum eine Blockadeposition der Alt-Gesellschafter konkretisieren könnte.[1153] Das Ziel der Gläubiger, die Sanierung nach ihren Vorstellungen durchzuführen, wäre nicht erreichbar. Entweder müssten sie nämlich den Eigentümern dieses pauschale Recht auf finanzielle Beteiligung „abkaufen" oder die Sanierung würde im Ergebnis scheitern. Beides würde für die Gläubiger eine schlechtere Alternative gegenüber der Sanierung bedeuten. Eine solche Blockadeposition würde dem Gesetzeszweck des ESUG weitestgehend zuwiderlaufen. Der Gesetzgeber hat gut daran getan, ein pauschales Recht zur Beteiligung der Alt-Gesellschafter an der Sanierung nicht zu normieren.

(2) Streitig: Voraussetzungen für den Bezugsrechtsausschluss

Wird eine Kapitalerhöhung im Insolvenzplan festgesetzt, steht den bestehenden Anteilseignern grundsätzlich, wie auch außerhalb des Insolvenzverfahrens, ein Recht zum Bezug der neuen Anteile zu. Dies geht zumindest mittelbar aus § 225a Abs. 2 S. 3 InsO hervor, wonach im Insolvenzplan auch das Bezugsrecht ausgeschlossen werden kann, so dass im Umkehrschluss ein Bezugsrecht grundsätzlich besteht.[1154]

Es ist jedoch streitig, unter welchen Voraussetzungen das Bezugsrecht der Alt-Gesellschafter ausgeschlossen werden kann.

(a) Eine Ansicht: Verhältnismäßigkeitsprüfung ist nicht notwendig

Einer Ansicht in der Literatur zufolge ist der Ausschluss des Bezugsrechts im Insolvenzplanverfahren stets möglich, ohne die gesellschaftsrechtlichen Voraussetzungen, insbesondere die Verhältnismäßigkeitsprüfung, zu beachten.[1155]

Begründet wird diese Ansicht einerseits mit der gesetzgeberischen Entscheidung, die gesellschaftsrechtliche Wirkung nicht mehr kraft verbandsrechtlicher Willensbildung, sondern aufgrund der Ersetzung der Gesellschafterbeschlüsse durch den Plan entstehen zu lassen, da die Mitgliedschaftsrechte in diesen einbezogen werden.[1156] Dadurch sei das Mitgliedschaftsrecht an die insolvenzrechtliche Gestaltungswirkung gebunden und diese Gestaltungswirkung ersetze die materiell-gesellschaftsrechtlichen Akte.[1157]

1152 Vgl. etwa *Hölzle*, NZI 2011, 124 (128); *Brinkmann*, WM 2011, 97 (101).
1153 Vgl. *Heinrich*, NZI 2012, 235 (240).
1154 Vgl. auch die Gesetzesbegründung in BT-Drucks. 17/5712, S. 32; vgl. etwa auch *Gehrlein*, NZI 2012, 257 (260).
1155 *Eidenmüller*, NJW 2014, 17 (18); *ders.* in: MüKo, InsO, § 225a, Rn. 49f.; *Fischer*, NZI 2013, 823 (826f.); vgl. auch allgemeiner *Decher/Voland*, ZIP 2013, 103 (106).
1156 *Fischer*, NZI 2013, 823 (826).
1157 *Fischer*, NZI 2013, 823 (827).

Ferner wird argumentiert, dass die insolvenzrechtlichen Regelungen hinsichtlich einer gesellschaftsrechtlichen Materie im Insolvenzplanverfahren speziellerer Natur seien und demnach den allgemeineren gesellschaftsrechtlichen Regelungen vorgingen.[1158] Die insolvenzrechtlichen Regelungen seien deswegen spezieller und demnach vorrangig anzuwenden, weil der Insolvenzplan nach §§ 217 ff. InsO ein Vertrag zwischen den verschiedenen Beteiligten über die Verwertung des haftenden Schuldnervermögens darstelle, in dem jede Regelung getroffen werden dürfe, die nicht gegen zwingende gesellschaftsrechtliche Normen verstoße.[1159]

(b) Andere Ansicht: Bezugsrechtausschluss muss verhältnismäßig sein

Dagegen wird angeführt, dass für die Frage der Zulässigkeit des Bezugsrechtsausschlusses auch die gesellschaftsrechtlichen Minderheitenrechte berücksichtigt werden müssten.[1160] Diese Ansicht führt ihren Standpunkt auf die Reichweite des Merkmals „gesellschaftsrechtlich zulässig" i.S.d. § 225a Abs. 3 InsO zurück. Es sei nicht schon dann gegeben, wenn die Maßnahme nur mit zwingendem Gesellschaftsrecht im Einklang stehe.[1161] Mit anderen Worten gehe aus diesem Merkmal nicht hervor, dass gesellschaftsrechtliche Regelungen nur deswegen obsolet seien, da die konkrete gesellschaftsrechtliche Maßnahme mittels eines Insolvenzplanverfahrens umgesetzt werde und nicht bloß gegen zwingende gesellschaftsrechtliche Regelungen verstoße. Über die Voraussetzungen, mit denen die gesellschaftsrechtliche Maßnahme, also auch der Ausschluss des Bezugsrecht, im Insolvenzplan gefasst werden könne, sagen die §§ 217 ff., 225a Abs. 2, S. 3, Abs. 3 InsO gerade nichts aus.[1162] Es sei damit lediglich geregelt worden, dass überhaupt gesellschaftsrechtliche Maßnahmen Gegenstand des Insolvenzplans werden könnten. Vielmehr habe der Gesetzgeber ausdrücklich in § 254a Abs. 2 S. 2 InsO geregelt, dass die Formalien nach Gesellschaftsrecht mit der Wirksamkeit des Insolvenzplans als bewirkt gelten. Dies sei die Grenze dessen, was der Insolvenzplan zu regeln vermag: nämlich die Formwirksamkeit der dort abgegebenen Willenserklärungen, so dass es der gesellschaftsrechtlichen Beschlussfassung nicht mehr bedürfe.[1163]

(c) Stellungnahme

Richtiger Ansatzpunkt zur Lösung des Streits, ob die besondere gesellschaftsrechtlich geprägten Voraussetzungen für den Bezugsrechtsausschluss vorliegen müssen, ist der Blick auf die Regelungen der §§ 225a Abs. 2 S. 3, Abs. 3 InsO. Konkret

---

1158 *Eidenmüller* in: MüKo, InsO, § 225a, Rn. 77.

1159 *Eidenmüller* in: MüKo, InsO, § 225a, Rn. 76.

1160 Etwa *Hirte* in: Uhlenbruck, InsO, § 225a, Rn. 41; *Brünkmans*, ZIP 2014, 1857 (1861f.); *Madaus*, ZIP 2012, 2133 (2137, Fn. 33); *H.F. Müller*, KTS 2012, 419 (442); *Hess* in: Hess, InsO, § 225a, Rn. 76ff.

1161 *Hirte* in: Uhlenbruck, InsO, § 225a, Rn. 41.

1162 *Brünkmans*, ZIP 2014, 1857 (1861).

1163 Vgl. *Madaus*, ZIP 2012, 2133 (2137f.).

muss die Frage beantwortet werden, ob eine gesellschaftsrechtliche Regelung schon dann im Insolvenzplanverfahren getroffen werden kann, wenn diese nicht nur gegen zwingendes Gesellschaftsrecht verstößt, mithin zwischen den Parteien des Insolvenzplans disponibel ist. Der Wortlaut des § 225a Abs. 3 InsO gibt über die Voraussetzungen, mit denen die gesellschaftsrechtlichen Maßnahmen wirksam werden, keine weitere Auskunft. Wie bereits oben erwähnt,[1164] soll diese Norm nach hier vertretener Ansicht so verstanden werden, dass die gesellschaftsrechtlichen Maßnahmen grundsätzlich innerhalb des Insolvenzplans vereinbart werde können. Allein die Umsetzung erfolgt dann nach den insolvenzrechtlichen Vorgaben der §§ 217 ff. InsO. Das heißt, eine separate Beschlussfassung ist nicht notwendig, sondern die konkreten Maßnahmen werden bereits mit der Wirksamkeit des Plans umgesetzt. Die Mehrheitsverhältnisse nach Gesellschaftsrecht werden durch solche des Insolvenzrechts ersetzt. Wie noch zu zeigen sein wird[1165], findet insbesondere das Obstruktionsverbot gem. § 245 InsO Anwendung, so dass die Umsetzung der im Plan enthaltenen gesellschaftsrechtlichen Maßnahmen gegebenenfalls auch gegen die Stimmen der Gruppe der Anteilseigner umgesetzt werden können. Diese verfahrensrechtliche Umsetzung stellt einen erheblichen Vorteil gegenüber der Umsetzung der Maßnahmen nach bloßem Gesellschaftsrecht dar, da Minderheiten ein unrechtmäßiges Blockadepotential genommen wird.[1166] Nicht richtig ist hingegen, dass der Gesetzgeber über diese verfahrensrechtliche Gewährleistung der Umsetzung von gesellschaftsrechtlichen Maßnahmen hinaus auch Modifikationen der inhaltlichen Voraussetzungen vornehmen wollte. Vielmehr hat er jene Regelungen, die abweichend vom Gesellschaftsrecht Geltung finden sollen, ausdrücklich geregelt: etwa die Stimmrechte der Anteilseigner, § 238a Abs. 1 S. 2 InsO, die Fiktion der formell ordnungsgemäßen Beschlüsse, § 254a Abs. 2 S. 1 InsO oder die Fiktion der ordnungsgemäßen Formalien im Vorfeld der Beschlussfassung, § 254a Abs. 2 S. 2 InsO. Darüberhinausgehende Abweichungen von den gesellschaftsrechtlichen Erfordernissen sind den Änderungen durch das ESUG nicht zu entnehmen.

Letztlich ist zu erwähnen, dass die Verhältnismäßigkeitskontrolle des Bezugsrechtsausschlusses ihre Grundlage in der Rechtsprechung hat.[1167] Der bloße Umstand, dass die Beteiligten eines Insolvenzplans im Rahmen ihrer Dispositionsfreiheit multilateral mittels Insolvenzplan das Bezugsrecht ausschließen, kann jedoch nicht bedeuten, dass die einschränkende Rechtsprechung über den in der Vereinbarung (Insolvenzplan) festgelegten Inhalt, namentlichen den Bezugsrechtsausschluss, unbeachtlich bleibt.[1168] Vielmehr müssen die „Vertragsparteien" die einschlägige

---

1164 Siehe oben Teil 2, B., III., 2., b., 1).

1165 Siehe unten Teil 2, B., III., 2., b., 4), b).

1166 Die Ansicht von *Pleister/Tholen*, ZIP 2015, 414 (417), wonach anderenfalls im Insolvenzverfahren keine wirksameren Instrumente bestünden als außerhalb des Insolvenzverfahrens, ist dadurch widerlegt.

1167 Grundlegend die Entscheidung BGH NJW 1978, 1316 – *Kali + Salz*.

1168 Anders wohl *Eidenmüller*, NJW 2014, 17 (18); *ders.* in: MüKo, InsO, § 225a, Rn. 49f., 76f.

Rechtsprechung über den Regelungsinhalt einer Vereinbarung beachten, damit diese der gerichtlichen Überprüfung (§§ 248, 250, 251, 253 InsO) standhält. Der Insolvenzplan stellt das bloße Vehikel der Umsetzung des Bezugsrechtsausschlusses dar. Dessen inhaltliche Voraussetzungen werden durch bloße Nutzung des Insolvenzplanverfahrens jedoch nicht berührt.

Im Ergebnis werden beide Ansichten aber wohl regelmäßig zu dem gleichen Ergebnis kommen, nämlich dass das Bezugsrecht für die Alt-Gesellschafter nicht mehr besteht. Bei der nach bevorzugter Ansicht notwendigerweise durchzuführenden Verhältnismäßigkeitsprüfung können die gleichen Kriterien herangezogen werden, wie diese für den Fall der außerinsolvenzlichen Sanierung mittels DES allgemein anerkannt sind:[1169] Der DES wird im Rahmen des Insolvenzplans zum Zweck der Sanierung durchgeführt. Dieser Umstand liegt grundsätzlich im Interesse der Gesellschaft und ihrer Gläubiger (vgl. § 1 InsO). Um diesem Zweck nachzukommen, wird man bei der Interessenabwägung ferner berücksichtigen müssen, dass die Gläubiger-Investoren ihre Teilnahme am DES regelmäßig vom Erreichen einer Mindestanteilshöhe abhängig machen,[1170] die wohl mindestens eine einfache, wenn nicht sogar eine qualifizierte Mehrheit betragen wird. Lässt sich demnach die Sanierung nur mittels eines Sanierungsbeitrags der Gläubiger, also etwa dem DES, durchführen, ist deren Begehren nach einer Mindestanteilshöhe ein entsprechend hohes Gewicht zuzusprechen. Hingegen kann vor diesem Hintergrund eine Abwägung zugunsten der bestehenden Anteilseigner dann in Betracht kommen, wenn deren Sanierungskonzept mindestens ebenso erfolgsversprechend ist als jenes, das dem Bezugsrechtsauschluss zugrunde liegt.[1171] Dazu müssen sie ein alternatives Sanierungskonzept vorstellen und eine etwaige verbindliche Finanzierungs- und Sanierungsbereitschaft hinreichend konkret bekunden. Außerhalb des Insolvenzverfahrens ist die Darlegung und Dokumentation einer solchen verbindlichen Zeichnungs- und Finanzierungsbereitschaft wegen § 186 Abs. 1 S. 2 AktG, der die Entscheidung über die Ausübung des Bezugsrechts erst nach dessen Entstehung verlangt,[1172] schwierig. Etwaige alternative Sanierungsoptionen durch die Alt-Anteilseigner können in diesem Stadium nur auf freiwilliger Basis im Bericht des Vorstands festgehalten werden. Da im Insolvenzplanverfahren die Erstellung eines Vorstandsberichts gem. § 254a Abs. 2 S. 2 InsO hinfällig geworden ist,[1173] ist aber im Gegensatz dazu im Insolvenzplanverfahren ein anderer Weg gangbar: die Anteilseigner

1169 Siehe dazu oben Teil 1, B., III., 2. b.

1170 Vgl. *Pleister*, GWR 2013, 220 (221f.) zur Restrukturierung der *Pfleiderer AG*, in der eine Mindestbeteiligungshöhe von 100% vorausgesetzt worden ist.

1171 ähnlich auch *Wertenbruch*, ZIP 2013, 1693 (1697); auch *Peifer* in: MüKo, AktG, § 186, Rn. 95, der eine Zuteilung von neuen Anteilen *en bloc* als hinreichenden Grund für die Angemessenheit des Bezugsrechtsausschluss ansieht, wenn das erforderliche Kapital von den Aktionären nicht zu erlangen ist. Eine für die Gläubiger wohlwollendere Ansicht vertritt *Brünkmans*, ZIP 2014, 1857 (1862).

1172 *Ekkenga*, ZGR 2009, 581 (613).

1173 Dazu auch unten Teil 2, B., III., 2., b., 3), c).

könnten entweder bei der Planerstellung, § 218 InsO, auf informellen Verhandlungswege oder spätestens bei der Stellungnahme zum Insolvenzplan, § 232 InsO, ihr Sanierungskonzept verbindlich vorstellen.

e) Fortführungsbeschluss

Da die Gesellschaft mit Eröffnung des Insolvenzverfahrens aufgelöst ist, § 262 Abs. 1 Nr. 3 AktG bzw. § 60 Abs. 1 Nr. 4 GmbHG, muss ein Fortsetzungsbeschluss durch die Gesellschafter gefasst werden, wenn die Gesellschaft als werbend fortgesetzt werden soll.[1174] Dies ist bei der Sanierung mittels eines DES stets der Fall. Als gesellschaftsrechtliche Maßnahme kann auch der Fortsetzungsbeschluss gem. § 225a Abs. 3 InsO im Insolvenzplan einbezogen werden.[1175] Eines Gesellschafterbeschlusses bedarf es sodann nicht mehr.

3) Erste Prüfung des Insolvenzgerichts

Nachdem der Insolvenzplan erstellt worden ist, ist er gem. § 218 InsO dem Insolvenzgericht vorzulegen. Dadurch wird das Planverfahren eingeleitet.[1176] Unmittelbar danach prüft das Gericht den vorgelegten Plan zum ersten Mal.

a) Prüfungsumfang: Evidenzkontrolle

Dieser ersten Prüfung kommt demnach seit jeher die Funktion der Verfahrensbeschleunigung zu.[1177] Jenes Motiv wurde seitens des Gesetzgebers nochmals unterstrichen, indem durch das ESUG in § 231 Abs. 1 S. 2 InsO eine Soll-Vorschrift integriert worden ist, wonach die Prüfung innerhalb von zwei Wochen erfolgen soll. Obgleich diese Frist nicht zwingend, und gerade in komplexeren Planverfahren eine längere Prüfungszeit zulässig ist, hat der Gesetzgeber damit bewusst das Verfahren grundsätzlich beschleunigen wollen, um die Sanierungschancen des Unternehmens zu erhöhen.[1178] Dieser Zweck darf auch nicht bei der Frage nach dem Umfang und Gegenstand der Untersuchung aus den Augen verloren werden, so dass sich der Prüfungsumfang auf wesentliche Verstöße beschränkt (Evidenzkontrolle).[1179]

1174 Für die AG: *Drescher* in: Henssler/Strohn, Gesellschaftsrecht, AktG, § 274, Rn. 2ff.; für die GmbH: *Haas* in: Baumbach/Hueck, GmbHG, § 60, Rn. 92.

1175 Vgl. dazu *Spetzler*, KTS 2010, 433 (435).

1176 *Koch/de Bra* in: Gottwald, Insolvenzrechts-Handbuch, § 68, Rn. 6.

1177 *Braun* in: Nerlich/Römermann, InsO, § 231, Rn. 3.

1178 BT-Drucks. 17/5712, S. 33.

1179 So *Andres* in: Andres/Leithaus, InsO, § 231, Rn. 1; *Braun* in: Nerlich/Römermann, InsO, § 231, Rn. 4; a.A. und für eine Detailprüfung *Breuer* in: MüKo, InsO, § 231, Rn. 17.

b) Insbesondere: Überprüfung der Gruppenbildung

Durch die beispielhafte Hervorhebung in § 231 Abs. 1 Nr. 1 InsO durch das ESUG wurde darauf hingewiesen, dass insbesondere auf die Überprüfung der Gruppenbildung besonderen Wert zu legen ist.[1180] Durch die Einbeziehung der Anteilseigner als Gruppe in den Insolvenzplan ist die Möglichkeit geschaffen worden, in deren Rechte einzugreifen. Der Eingriff wird letztlich durch die Annahme des Plans in den Gruppen realisiert. Demnach bedarf es für die Zusammensetzung der Gruppen einer besonderen Aufmerksamkeit des Gerichts.[1181]

Im Hinblick auf die Zusammensetzung der übrigen Gruppen[1182] hat das Gericht insbesondere die im Plan festgelegte sachgerechte Abgrenzung der „gleichartigen wirtschaftlichen Interessen" zu begutachten, so dass eine willkürliche (manipulative) Gruppenbildung der Planinitiator unterbunden wird. Andererseits ist nicht aus dem Blickwinkel zu verlieren, dass die Gruppenbildung gerade die Planzustimmung zum legitimen Ziel hat. Der dem Planinitiator dabei eingeräumte Ermessenspielraum[1183] ist zu berücksichtigen. Somit ist an dieser Stelle, ganz im Einklang mit dem Telos des § 231 InsO, eine Überprüfung auf evidente Falschgruppierung beschränkt. Immerhin besteht im Verlauf des Planverfahrens noch die Möglichkeit der detaillierteren Geltendmachung eines Verstoßes.[1184]

c) Insbesondere: Überprüfung der gesellschaftsrechtlichen Maßnahmen

Neben der Gruppenbildung besteht noch ein weiteres Spezifikum der Überprüfung eines Plans, der einen DES zum Inhalt hat: gem. § 225a Abs. 3 InsO können diejenigen Regelungen Bestandteil des Insolvenzplans werden, die gesellschaftsrechtlich zulässig sind, § 231 Abs. 1 S. 1 Nr. 1 InsO.[1185]

Besonders bedeutsam dürfte dies für die rechtmäßige Bewertung der Forderungen sein, da die einschlägigen gesellschaftsrechtlichen Regelungen eine ordnungsgemäße Bewertung verlangen[1186] und jene gesellschaftsrechtliche Regelungen im Insolvenzplanverfahren zu beachten sind.[1187] Die Überprüfung der Forderungsbewertung an sich hat vor diesem Hintergrund einige Relevanz, da sie gerade im Insolvenzverfahren mit Unwägbarkeiten behaftet ist, die eine rechtssichere Aussage erschweren. Allerdings ist zu berücksichtigen, dass gem. § 254 Abs. 4 InsO ein Anspruch wegen Überbewertung nicht mehr geltend gemacht werden kann, wenn der Insolvenzplan bestätigt worden ist. Dem Gesetz nach kommt einer Überbewertung

---

1180 BT-Drucks. 17/5712, S. 32f.

1181 Vgl. *Willemsen/Rechel*, Kommentar zum ESUG, §§ 231, 232, Rn. 4.

1182 Siehe dazu oben Teil 2, B., III., 2., b., 2), a).

1183 Dies wurde vom Gesetzgeber ausdrücklich beabsichtigt, vgl. BT-Drucks. 12/2443, S. 93.

1184 Vgl. *Breuer* in: MüKo, InsO, § 231, Rn. 12.

1185 Vgl. *Fischer*, NZI 2013, 823 (825).

1186 Dazu oben Teil 2, B., III., 2., b., 2), c).

1187 Vgl. *Haas*, NZG 2012, 961 (967).

im Insolvenzplan kein zu hoher Stellenwert mehr zu.[1188] Auch können die Beteiligten selbst im Laufe des Verfahrens gegen die Bewertung der Forderung vorgehen.[1189] Folglich wird das Gericht nur dann einen Verstoß annehmen dürfen, wenn evidente Bewertungsfehler zu Tage treten.[1190]

Das Insolvenzgericht hat darüber hinaus auch die gesellschaftsrechtlichen Kapitalmaßnahmen eines DES zu prüfen. Gemäß der Evidenzprüfung beschränkt sich dabei jedoch der Umfang der gerichtlichen Prüfung auf den Umstand, dass überhaupt die entsprechenden Kapitalmaßnahmen für den DES im Plan festgesetzt worden sind.[1191] Soll das Bezugsrecht der bestehenden Anteileigner ausgeschlossen werden, prüft das Gericht, ob dieser Bezugsrechtsausschluss überhaupt festgesetzt worden ist. Im Hinblick auf die notwendige materielle Begründung des Bezugsrechtsausschlusses[1192] könnte fraglich sein, ob überhaupt und wenn ja wie das Gericht diese zu überprüfen hat. Originär hat der Vorstand die Abwägung nämlich in seinem Bericht gem. §§ 186 Abs. 4 S. 2, 203 Abs. 2 S. 2 Akt G darzulegen.[1193] Gerade die Erstellung eines Vorstandsberichts wird gem. § 254a Abs. 2 InsO aber obsolet. Das darf jedoch nicht zur Folge haben, dass die Ausführungen für eine materielle Begründung der gerichtlichen Kontrolle entzogen werden. Denn nach der hier vertretenen Ansicht bestimmt sich das, was im Insolvenzplan in gesellschaftsrechtlich zulässiger Weise geregelt werden kann (§ 225a Abs. 3 InsO), unverändert nach originärem Gesellschaftsrecht.[1194] Deshalb müssen jene Ausführungen in den gestaltenden Teil des Insolvenzplans einbezogen werden, um einer gerichtlichen Prüfung zugänglich gemacht zu werden. Der konkrete Umfang der gerichtlichen Prüfung erstreckt sich wiederum nur auf eine Schlüssigkeitsprüfung, ob die Ausführungen zur materiellen Begründung des Bezugsrechtsausschlusses nicht evident fehlerhaft sind.

Letztlich hat das Gericht die Vollständigkeit und Wirksamkeit der Anlagen gem. § 230 InsO zu kontrollieren.[1195] Für den Fall der Durchführung eines DES ist insbesondere § 230 Abs. 2 InsO relevant, wonach es für die Übernahme der Anteils- und Mitgliedschaftsrechte stets der ausdrücklichen Erklärung der Gläubiger bedarf, die dem Plan beizufügen ist.[1196]

1188 Vgl. *Spliedt*, GmbHR 2012, 462 (467).
1189 Etwa im Rahmen des Minderheitenschutzes nach § 245 InsO, vgl. dazu *Drukarczyk* in: MüKo, InsO, § 245, Rn. 1ff. und 16.
1190 *Spliedt*, GmbHR 2012, 462 (467).
1191 Vgl. *Simon/Merkelbach*, NZG 2012, 121 (127).
1192 Vgl. dazu soeben Teil 2, B., III., 2., b., 2), d).
1193 So schon BGH NJW 1982, 2444.
1194 Vgl. dazu oben Teil 2, B., III., 2., b., 1).
1195 Vgl. *Silcher* in: FA-Kommentar Insolvenzrecht, InsO, § 231, Rn. 4.
1196 Näher zu der Übernahmeerklärung seitens der Gläubiger unten Teil 2, B., III., 2., b., 4), c).

d) Konsequenzen bei Feststellung von Fehlern

Sind etwaige vom Gericht ausgemachte Mängel behebbar, so hat es dem Planinitiator unter Auflistung der Mängel aufzugeben, die Mängel zu beheben und den Plan dadurch zu retten.[1197] Scheitert dies, ist der Plan endgültig zurückzuweisen.

Gemäß § 231 Abs. 1 S. 1 Nr. 2 InsO ist der Plan zurückzuweisen, wenn er offensichtlich nicht angenommen oder vom Gericht bestätigt werden wird. Der entsprechende Umstand muss demnach mit an Sicherheit grenzender Wahrscheinlichkeit vorliegen.[1198] Aufgrund der hohen gesetzlichen Hürde („*offensichtlich keine Aussicht auf Annahme*") sollte das Gericht in Zweifelsfällen von der Annahme bzw. von der Bestätigung des Plans ausgehen.[1199] Hängt etwa die Sanierung, wie dies beim DES nicht selten der Fall sein wird, nicht unerheblich von dem Erlass von Steuerschulden aufgrund von entstehender Sanierungsgewinne ab, und wird von der Finanzbehörde „nur" eine wohlwollende Prüfung in Aussicht gestellt, ist dieser Umstand allein noch nicht hinreichend offensichtlich, dass der Sanierungs-Insolvenzplan scheitern wird.[1200]

Die Nichterfüllbarkeit der Ansprüche der Beteiligten des Plans muss gem. § 231 Abs. 1 S. 1 Nr. 3 InsO ebenfalls offensichtlich sein. Für die Durchführung eines DES bestehen zunächst keine Probleme. Neben dieser Sanierungsmaßnahme werden jedoch auch häufig weitergehende Regelungen hinsichtlich einer quotalen Befriedigung einiger Gläubiger getroffen. Können etwa diese quotalen Befriedigungszahlungen nach objektiver Betrachtung rechnerisch nicht erbracht werden, kann eine Versagung des Plans gerechtfertigt sein.[1201] Letztlich ist aber vor dem Hintergrund einer Evidenzkontrolle auch hier Zurückhaltung geboten: immerhin können die Beteiligten in erster Linie durch das Zustimmungsverfahren und den damit zusammenhängenden Rechtschutzmöglichkeiten[1202] den Plan zu verhindern versuchen, wenn sie ihn für nicht tragfähig halten.[1203]

4) Erörterungs- und Abstimmungstermin

Kommt das Gericht in seiner ersten Prüfung zu dem Ergebnis, dass der Insolvenzplan keine evidenten Fehler enthält, so ist über den Plan abzustimmen. Zuvor ist gem. § 232 InsO zwingend erforderlich, dass zu dem Plan Stellung genommen wird. Der anschließende Erörterungs- und Abstimmungstermin werden aus Gründen der Verfahrensbeschleunigung regelmäßig in einem Termin zusammenfallen,

---

1197 Vgl. dazu ausführlich *Evers/Möhlmann*, ZInsO 1999, 21 (22).
1198 *Breuer* in: MüKo, InsO, § 231, Rn. 18.
1199 *Lüer/Streit* in: Uhlenbruck, InsO, § 231, Rn. 29.
1200 LG Bielefeld, ZInsO 2002, 198 (199).
1201 Vgl. *Breuer* in: MüKo, InsO, § 231, Rn. 18.
1202 Dazu unten Teil 2, B., III., 2., b., 5) und 7).
1203 *Braun* in: Nerlich/Römermann, InsO, § 231, Rn. 26.

vgl. § 236 S. 2 InsO.[1204] Die eigentliche Abstimmung über den Insolvenzplan findet in den jeweiligen Gruppen gesondert statt, § 243 InsO. Für den hier interessierenden Fall, dass ein DES in dem zur Abstimmung gestellten Insolvenzplan integriert ist, ist demnach auch eine Gruppe der Anteilseigner zu bilden, die folglich neben den zu bildenden Gläubigergruppen an der Abstimmung teilnimmt.

a) Erforderliche Mehrheiten

Gemäß § 244 Abs. 1 InsO muss der Plan durch jede Gruppe der Gläubiger mindestens mit der Mehrheit der abstimmenden Gläubiger (Kopfmehrheit) und mit mehr als der Hälfte der Summe der Ansprüche der abstimmenden Gläubiger (Summenmehrheit) angenommen werden. Während für die Gläubiger die Höhe ihrer Ansprüche gegen die Schuldnerin für das Stimmrecht maßgeblich ist, wird für die Anteilseigner die Höhe der Beteiligung herangezogen, § 238a Abs. 1 S. 1 InsO. Allein maßgeblich ist demnach die Höhe der Beteiligung am gezeichneten Kapital.[1205] Dies hat zur Folge, dass gegebenenfalls auch stimmrechtslose Vorzugsaktien entgegen dem Ausschluss des Stimmrechts nach originärem Aktienrecht dennoch bei der Planabstimmung zu berücksichtigen sind.[1206] Vereinbarte Sonder- und Mehrheitsstimmrechte bleiben stets außer Betracht, § 238a Abs. 1 S. 2 InsO. Hinsichtlich des Mehrheitserfordernisses für die Anteilseignergruppe schreibt § 244 Abs. 3 InsO vor, dass es allein auf die Mehrheit der Summe der Stimmrechte der abstimmenden Anteilseigner (Summenmehrheit), wie sie sich aus der soeben beschriebenen Beteiligung an der Schuldnerin ergibt, ankommt.[1207] Auf eine Kopfmehrheit wurde in Anlehnung an die Stimmverhältnisse nach originärem Gesellschaftsrecht verzichtet.[1208]

Es wird also deutlich, dass der Gesetzgeber einerseits bestehende Wertungen des Gesellschaftsrechts in das Abstimmungsprozedere nach Insolvenzrecht hat einfließen lassen, andererseits aber dem Abstimmungsverfahren nach Insolvenzrecht qua ausdrücklicher Regelung den Vorrang einräumt: somit reicht eine einfache Mehrheit zur Annahme des Insolvenzplans aus. Beinhaltet dieser einen DES, so können ebenfalls die damit einhergehenden Kapitalmaßnahmen mit einfacher Mehrheit beschlossen werden; eine qualifizierte Mehrheit nach Gesellschaftsrecht ist nicht mehr notwendig.[1209] Ferner erfährt das Gesellschaftsorgan der Haupt- bzw. Gesellschafterversammlung im Insolvenzplanverfahren eine erhebliche Einbuße seiner Kompetenz, Kapitalmaßnahmen zu beschließen. Selbst nach Eröffnung des Regelinsolvenzverfahrens hält die Haupt- bzw. Gesellschafterversammlung diese Kompetenz weiterhin inne. Durch das Insolvenzplanverfahren wird diese

---

1204 *Hintzen* in: MüKo, InsO, § 241, Rn. 1.; *Koch/de Bra* in: Gottwald, Insolvenzrechts-Handbuch, § 68, Rn. 29, 44.
1205 BT-Drucks. 17/5712, S. 33.
1206 BT-Drucks. 17/5712, S. 33.
1207 Vgl. *Braun/Frank* in: Braun, InsO, § 244, Rn. 12.
1208 Vgl. BT-Drucks. 17/5712, S. 34.
1209 Siehe auch *Böcker*, DZWIR 2014, 331 (335); *Madaus*, ZIP 2014, 500 (504).

Kompetenz jedoch auf die Gläubigerversammlung übertragen.[1210] Darüber hinaus wird die Überlagerung und Verdrängung des Gesellschaftsrechts insbesondere an den Regelungen über die Stimmenmehrheit in § 244 Abs. 3 InsO, den Bezugspunkt des Stimmrechts sowie die Außerachtlassung von Stimmrechtsbeschränkungen gem. § 238a Abs. 1 S. 2 InsO deutlich. Die Verlagerung der Kompetenz weg von dem ursprünglich zuständigen Gesellschaftsorgan hin zur Gläubigerversammlung wird weitestgehend als mit dem Europa- und Verfassungsrecht konform angesehen.[1211]

b) Obstruktionsverbot, § 245 InsO

Der Insolvenzplan ist angenommen, wenn in jeder Gruppe die erforderliche Mehrheit erreicht wird, §§ 243, 244 InsO. Findet der Plan bei einer Gruppe nicht die erforderliche Mehrheit, droht die Zustimmung zum Plan und damit die gesamte Sanierung zu scheitern. Im Hinblick auf den DES wurde, wie bereits oben angemerkt,[1212] das Blockadepotenzial der Anteilseigner für äußerst problematisch erachtet. Diese finden sich nunmehr in einer Gruppe wieder; sie können über den Plan abstimmen. Verweigern sie ihre Zustimmung, tritt der Plan und damit der DES grundsätzlich nicht in Kraft. Demnach wird in § 245 InsO als Korrektiv[1213] für die Notwendigkeit der umfänglichen Zustimmung aller Gruppen das Obstruktionsverbot geregelt, wonach grundsätzlich die Zustimmung der Gruppen unter gewissen Umständen fingiert wird, um somit einer unrechtmäßigen Blockade der Planverwirklichung entgegenzuwirken.[1214] Die Zustimmung der Gruppe der Anteilseigner kann also gem. § 245 Abs. 1 und 3 InsO fingiert werden. Voraussetzung dafür ist, dass die die Zustimmung verweigernde Gruppe (1) voraussichtlich nicht schlechter stünde, als ohne den Plan, (2) sie mit einem angemessenen wirtschaftlichen Wert beteiligt wird und (3) die Mehrheit der abstimmenden Gruppen dem Plan zugestimmt hat.

(1) Keine Schlechterstellung der Beteiligten

Die unter (1) anzustellende Vergleichsrechnung wird schon regelmäßig in den Insolvenzplan aufgenommen werden.[1215] Für den Fall der Umsetzung eines DES im Insolvenzplan wird sich die Vergleichsrechnung auf die Fortführung des Unternehmens nach dem DES einerseits und andererseits im Zweifel auf die Regelverwertung des

---

1210 Vgl. *Hirte/Knof/Mock*, DB 2011, 632 (639f.).

1211 *Verse*, ZGR 2010, 299 (309ff.); *Hirte/Knof/Mock*, DB 2011, 632 (640, Fn. 72); *Hölzle*, NZI 2011, 124 (127f.); *ders.* KTS 2011, 291 (318ff.); *Eidenmüller/Engert*, ZIP 2009, 541 (545ff.); *Kresser*, ZInsO 2010, 1409 (1415ff.); a.A. etwa *Drouven*, ZIP 2009, 1052; *Stöber*, ZInsO 2012, 1811 (1818ff.).

1212 Siehe oben Teil 1, B., IV., 2.

1213 *Koch/de Bra* in: Gottwald, Insolvenzrechts-Handbuch § 68, Rn. 51 m.w.N.

1214 Vgl. auch *Weber/Schneider*, ZInsO 2012, 374 (381); *Hirte/Knof/Mock*, DB 2011, 632 (640).

1215 So schon oben Teil 2, B., III., 2., a., 1).

Unternehmens beziehen.[1216] Für die Erfüllung der Voraussetzung ist es hinreichend, dass die Schlechterstellung nicht wahrscheinlicher ist als deren Ausbleiben.[1217] Im Regelfall wird es einen Überschuss i.S.d. § 199 S. 2 InsO, der an die Anteilseigner auszukehren wäre, im Regelinsolvenzverfahren nicht geben.[1218] Die Anteilseigner würden demnach in der Regel ohne den Insolvenzplan nicht schlechter stehen i.S.d. § 245 Abs. 1 Nr. 1 InsO.[1219]

(2) Angemessene wirtschaftliche Beteiligung

Unter (2) ist zu prüfen, ob die Angehörigen der entsprechenden Gruppe in angemessener Weise an dem wirtschaftlichen Wert beteiligt werden. Dazu sieht § 245 Abs. 3 InsO zwei Annahmen vor, bei deren Vorliegen eine angemessene Beteiligung im soeben genannten Sinn gegeben ist.

Fraglich ist im Zusammenhang mit einem DES im Hinblick auf § 245 Abs. 3 Nr. 1 InsO, wie der wirtschaftliche Wert in Form der jungen Anteile, die der Gläubiger erhält, zu betrachten ist. Es könnte argumentiert werden, dass die Gläubiger als Neu-Anteilseigner derart von der sanierten Gesellschaft profitieren, dass sie letztlich einen Zufluss erzielen, der den vollen Nennbetrag ihrer Forderung übersteigt.[1220] Worauf ist also bei der Bestimmung der heranzuziehenden „wirtschaftlichen Werte“ abzustellen? Die Gläubigerforderungen gegen die Schuldnerin werden im Zeitpunkt des DES nicht mehr ihren vollen Nennwert haben, sondern sind, obgleich sie nach der hier vertretenen Ansicht mit Fortführungswerten zu bewertet sind, in ihrem Wert insolvenzbedingt nach unten zu korrigieren.[1221] Die für die einzulegende Forderung im Gegenzug erhaltenen Anteilsscheine stellen die „wirtschaftlichen Werte“ dar, auf die es gem. § 245 Abs. 3 Nr. 1 InsO ankommt. Ob der Alt-Gläubiger im Gewand des Neu-Gesellschafters aus der erhaltenen Beteiligung ein über den Nennwert seiner ursprünglichen Forderungen hinausgehendes Mehr erhält, liegt im seitdem für ihn bestehenden unternehmerischen Risiko, das jeder Gesellschafter stets trägt. Das hängt davon ab, ob sich die Chancen einer Sanierung derart positiv realisieren, dass der Wert des erhaltenen Unternehmensanteils über den Nennwert der ursprünglichen Forderung hinaus entwickelt.[1222] Es ist zu diesem Zeitpunkt nicht mit Sicherheit zu

1216 Vgl. *Braun/Riggert/Herzig*, Schwerpunkte des Insolvenzverfahrens, S. 196.

1217 BGH NZI 2007, 522.

1218 Vgl. BGH NZI 2010, 603 (604); vgl. *Verse*, ZGR 2010, 299 (320, Fn. 105); *Bitter*, ZGR 2010, 147 (191); *Westpfahl/Janjuah*, Beilage zu ZIP 3/2008, S. 17; *Piekenbrock*, ZVglRWiss 108 (2009) 242 (268); wohl auch *Sassenrath*, ZIP 2003, 1517 (1529); a.A. wohl *Madaus*, ZGR 2011, 749 (756).

1219 So auch *Stöber*, ZInsO 2012, 1811 (1818); *Spliedt*, GmbHR 2012, 462 (469).

1220 *Wieneke/Hoffmann*, ZIP 2013, 697 (699); vgl. zu dieser Frage auch *Braun/Frank* in: Braun, InsO, § 245, Rn. 17; ähnlich, jedoch für den Vergleich von „swappenden“ und „nicht swappenden“ Gläubigern für den Vergleich gem. § 245 Abs. 2 Nr. 3 InsO *Römermann/Praß*, GmbHR 2012, S. 425 (427).

1221 Dazu oben Teil 2, B., III., 2., b., 2), c).

1222 Vgl. auch den Gendanken von *Maus* in: Uhlenbruck, InsO, § 230, Rn. 4.

bestimmen, ob und wann ein Mehrwert eintritt. Aus einer in die Zukunft gerichtete Unternehmensbewertung können sich zwar Anhaltspunkte dafür ergeben, ob eine Wertsteigerung zu erwarten ist und wie hoch diese ausfallen könnte. Eine solche wird regelmäßig im Vorfeld der DES-Transaktion durchgeführt worden und regelmäßig zu dem Ergebnis gekommen sein, dass eine Wertsteigerung mittelfristig zu erwarten sein wird – anderenfalls wäre eine Sanierungsfähigkeit wohl von vornherein zu verneinen gewesen. Im Umkehrschluss würde ein Abstellen auf diese Bewertung bedeuten, dass jeder DES auf einer solchen Grundlage regelmäßig einen wirtschaftlichen Wert für einen Gläubiger mit sich bringe, der seine Forderung i.S.d. § 245 Abs. 3 Nr. 1 InsO übersteige – die Regelung wäre folglich sinnentleert. Aus diesem Grund und aufgrund der Unsicherheit des Sanierungserfolgs, dem auch die Möglichkeit des Scheiterns gegenübersteht, kann es an dieser Stelle also nicht auf eine mögliche Wertsteigerung der jungen Anteile nach der Sanierung ankommen. Vielmehr ist auf den Wert der Forderung im Zeitpunkt eines DES bzw. auf den (Nenn-)Wert des dafür erhaltenen Anteils abzustellen.[1223] Da die Forderung aber stets im Hinblick auf ihren Nennwert reduziert ist und demnach auch nur Unternehmensanteile in Höhe dieses reduzierten Wertes gewährt werden können, wird ein Gläubiger keine über seine Forderung hinausgehende wirtschaftlichen Werte gem. § 245 Abs. 3 Nr. 1 InsO erhalten.[1224]

(3) Zustimmung durch Mehrheit der abstimmenden Gruppen

Als dritte Voraussetzung (3) muss stets die Mehrheit der abstimmenden Gruppen dem Plan zustimmen. Wird die Zustimmung einer Gruppe gem. §§ 245ff. InsO nur fingiert, bleibt sie für die erforderliche Mehrheit gem. § 245 Abs. 1 Nr. 3 InsO unberücksichtigt.[1225] Liegen die Voraussetzungen des § 245 InsO vor, wird die Zustimmung einer Gruppe fingiert, so dass deren ablehnende Haltung gegenüber dem Insolvenzplan irrelevant ist. Im Hinblick auf die Anteilseignergruppe wird § 245 InsO durch § 246a InsO ergänzt, wonach die Zustimmung dieser Gruppe auch dann fingiert wird, wenn keiner der Mitglieder sich an der Abstimmung beteiligt.[1226] Das bloße Ignorieren des Planes kann dessen Wirksamwerden also ebenfalls nicht verhindern. Durch das Obstruktionsverbot wird den Anteilseignern im Ergebnis also regelmäßig die Möglichkeit genommen, im Abstimmungsverfahren den Insolvenzplan zu verhindern. Vielmehr kann den sich in der Minderheit befindlichen Beteiligten – insbesondere den Anteilseignern – der Insolvenzplan mitsamt den darin beinhalteten Regelungen gegen ihren Willen aufgedrängt werden.[1227]

1223 Vgl. *Thies* in: HambKomm, InsO, § 245, Rn. 13f. m.w.N.; *Braun/Riggert/Herzig*, Schwerpunkte des Insolvenzverfahrens, S. 200.

1224 Vgl. auch *Wieneke/Hoffmann*, ZIP 2013, 697 (701).

1225 *Braun/Frank* in: Braun, InsO, § 245, Rn. 21.

1226 Vgl. *Weber/Schneider*, ZInsO 2012, 374 (381); *Stöber*, ZInsO 2012, 1811 (1818).

1227 *K. Schmidt*, ZGR 2012, 566 (578).

c) Insbesondere: Zustimmung zum DES seitens der Gläubiger

Etwas anderes gilt für die Gläubiger, die am DES teilnehmen. Systematisch unglücklich ist in § 225a Abs. 2 S. 2 InsO geregelt,[1228] dass die Umwandlung der Forderungen in Eigenkapital nicht gegen den Willen der Gläubiger erfolgen darf. Flankiert durch § 230 Abs. 2 InsO ist die Zustimmung jedes sich am DES beteiligenden Gläubigers dem Plan beizufügen und folglich beim Insolvenzgericht einzureichen. Als Begründung wird die negative Vereinigungsfreiheit der Gläubiger gem. Art. 9 GG angeführt, wonach die Mitgliedschaft im Gesellschaftsverband nicht aufgezwungen werden darf.[1229] Für das Insolvenzplanverfahren, mit dem ein DES implementiert werden soll, bedeutet dies die Unzulässigkeit einer Zwangsumwandlung im Hinblick auf die Gläubiger.[1230] Ihre etwaige ablehnende Haltung gegenüber dem Insolvenzplan kann im Gegensatz zu derjenigen der Gesellschafter nicht durch das Obstruktionsverbot überwunden und die fehlende Zustimmung nicht fingiert werden.

5) Minderheitenschutz, § 251 InsO

In Ergänzung zum Obstruktionsverbot nach § 245 InsO, das grundsätzlich ermöglicht, den Insolvenzplan auch gegen den Willen von Minderheiten durchzusetzen, stellt die Insolvenzordnung mit § 251 InsO dem jeweiligen Beteiligten Schutzmöglichkeiten zur Verfügung.[1231] Im Verhältnis zum Obstruktionsverbot, wonach die Interessen einer Abstimmungsgruppe gewahrt werden sollen, schützt § 251 InsO die individuellen Interessen des Beteiligten, der im Plan nicht schlechter zu stellen ist, als er ohne den Plan stünde.[1232] Der Minderheitenschutz eines Beteiligten – eines Gläubigers oder Anteilseigners – wird per Antrag gegenüber dem Insolvenzgericht geltend gemacht.

In formeller Hinsicht muss der Antragsteller gem. § 251 Abs. 1 Nr. 1 InsO dem Plan spätestens im Abstimmungstermin widersprechen. Darüber hinaus hat er nach § 251 Abs. 1 Nr. 2 i.V.m. Abs. 2 InsO ebenfalls spätestens im Abstimmungstermin eine voraussichtliche Schlechterstellung durch den Plan gegenüber seiner Stellung ohne Insolvenzplan glaubhaft zu machen. Durch diese beiden formellen Erfordernisse – Widerspruch und Glaubhaftmachung bereits zum Abstimmungstermin – wurden die Voraussetzungen des Minderheitenschutzes ein Stück weit verschärft.[1233]

1228 Vgl. *Thies* in: HambKomm, InsO, § 225a, Rn. 33.

1229 Vgl. *Verse*, ZGR 2010, 299 (312); allgemein dazu *Scholz* in: Maunz/Düring, GG, Art. 9, Rn. 88ff.

1230 *Meyer/Degener*, BB 2011, 846 (848).

1231 Die Frage, ob darüber hinaus Rechtschutz im Rahmen des Insolvenzplanverfahrens durch eine zivilprozessuale einstweilige Verfügung erlangt werden kann, wird nicht einheitlich beantwortet: befürwortend LG Frankfurt a.M., NZG 2013, 1064 – *Suhrkamp*; *Schäfer*, ZIP 2013, 2237 (2243); ablehnend OLG Frankfurt a.M., NZI 2013, 978 – *Suhrkamp*; *Thole*, ZIP 2013, 1937 (1941ff.).

1232 *Thies* in: HambKomm, InsO, § 251, Rn. 1; vgl. auch *Spliedt*, GmbHR 2012, 462 (469).

1233 Vgl. *Göb*, NZG 2012, 371 (375).

Für die Geltendmachung des Minderheitenschutzes gem. § 251 InsO ist mitunter entscheidend, wie sich die vom Antragsteller glaubhaft zu machende Schlechterstellung beurteilt. Teleologisch soll durch § 251 InsO dem einzelnen Beteiligten der Liquidationswert gesichert werden,[1234] den er regelmäßig erhalten würde, wenn kein Plan vorläge. Mit anderen Worten ist also für eine anzustellende Vergleichsrechnung das Liquidations- und nicht das Fortführungsszenario für die Bestimmung der Schlechterstellung heranzuziehen.[1235]

Durch das ESUG wurde der Absatz 3 neu in § 251 InsO eingefügt, wonach der Antrag stets abzuweisen ist, wenn im gestaltenden Teil des Plans Mittel für den Fall bereitgestellt werden, dass der Antragsteller eine Schlechterstellung Im Vergleich zur Situation ohne den Plan nachweist. Dadurch können die Planinitiatoren selbst Vorsorge dafür tragen, dass der Plan ohne größere Verzögerungen in Kraft tritt und gleichzeitig soll der Antragsteller gegebenenfalls für seinen Rechtsverlust entschädigt werden.[1236] Muss die Schuldnerin jedoch Mittel in dem Plan bereitstellen, sind diese als Rückstellungen i.S.d. § 249 HGB zu passivieren.[1237] Sie gehen zu Lasten der Masse, was wiederum die Zerschlagungsquote herabsetzt.[1238] Die bereitgestellten Mittel müssen vollwertig sein, um den Minderheitenschutz zu gewährleisten. Reichen die Mittel der Schuldnerin nicht aus, kann sie sich nicht auf die „salvatorische Klausel“ des § 251 Abs. 3 InsO berufen. Jedoch hatte der Gesetzgeber ebenfalls im Sinn, die Mittel durch Bankbürgschaften zu besichern – die Vollwertigkeit kann dadurch herbeigeführt werden.[1239] Überdies wird auch die Bereitstellung der Mittel bzw. Sicherheiten dafür in jedweder Form durch einen Dritten, etwa einen finanzkräftigen Gläubiger, der ein Interesse an der beschleunigten Umsetzung des Planes hat, genügen.[1240]

Insbesondere vor dem Hintergrund der Durchführung eines DES im Insolvenzplan könnte sich jedoch die notwendige Mittelbereitstellung für Anteilseigner begrenzt halten. Da durch § 251 InsO der Erhalt des Liquidationswertes der Anteile bezweckt wird, dürfte die Höhe der notwendigen Mittel demnach gegen Null tendieren, da die Anteile im Liquidationsszenario im Zweifel ebenfalls keinen wirtschaftlichen Wert mehr haben.[1241] Das soll jedoch nicht heißen, dass in einem solchen Fall überhaupt keine Mittel in dem Plan vorgesehen werden müssten. Dies

1234 *Vallender*, MDR 2012, 125 (126).

1235 *Weber/Schneider*, ZInsO 2012, 374 (381); vgl. auch *K. Schmidt*, BB 2011, 1603 (1608).

1236 Vgl. BT-Drucks. 17/5712, S. 35; so auch *Decher/Voland*, ZIP 2013, 103 (113).

1237 *Thies* in: HambKomm, InsO, § 251, Rn. 15.

1238 *Braun/Heinrich*, NZI 2011, 505 (509).

1239 BT-Drucks. 17/5712, S. 35.

1240 So auch *Spetzler*, KTS 2010, 433 (449).

1241 So auch in diesem Zusammenhang *Hirte/Knof/Mock*, DB 2011, 632 (641); *Weber/Schneider*, ZInsO 2012, 374 (381f.); ob die von *Spetzler*, KTS 2010, 433 (450) vorgeschlagene Mittelrücklage von 1 € ausreicht, hängt nach dem Sinn und Zweck der Vorschrift letztlich davon ab, ob dadurch der Liquidationswert der Antragsteller gesichert wird; für den Fall der Anteilseigner, deren Anteile im Ergebnis

würde nämlich dem Wortlaut des § 251 Abs. 3 InsO mit der Folge zuwiderlaufen, dass der Antrag nicht abzuweisen wäre und es einer gerichtlichen Entscheidung über den Antrag bedürfe – eine durch die Blockadehaltung Einzelner hervorgerufene Verzögerung der Plangenehmigung würde sodann drohen. Wird aus den Verhandlungen über den Insolvenzplan ersichtlich, dass Beteiligte gegen den Plan opponieren werden, kann die Höhe der Mittelbereitstellung daran ausgerichtet werden.[1242] Wird dabei deutlich, dass auch Gläubiger den Antrag gem. § 251 InsO stellen werden, so ist hinsichtlich der bereitzustellenden Mittel lediglich auf deren zu erwartende Forderungsquote in der Liquidation abzustellen.[1243]

Ob der Antragsteller letztlich eine Verschlechterung durch den Plan erfahren hat und ihm demnach Mittel zustehen, wird gem. § 251 Abs. 3 S. 2 InsO außerhalb des Insolvenzverfahrens, also vor den ordentlichen Gerichten, geklärt. Dies bringt den Vorteil mit sich, dass das Insolvenzplanverfahren dadurch nicht verzögert wird und eine etwaige Obstruktion einiger Beteiligten der zügigen Umsetzung des Plans nicht entgegensteht.[1244]

6) Gerichtliche Bestätigung des Insolvenzplans, §§ 248, 250 InsO

Der Insolvenzplan bedarf der Bestätigung durch das Insolvenzgericht, nachdem er durch die Beteiligten angenommen worden ist, § 248 InsO. Vor der Genehmigung hat das Gericht jedoch den Plan erneut zu prüfen, um sicherzustellen, dass der gesetzliche Mindestschutz für alle Beteiligten gewahrt ist.[1245] Jene Prüfungskompetenz wurde mit dem ESUG nach § 18 Abs. 1 Nr. 2 RpflG vom Rechtspfleger auf den Richter verlagert.

a) Die Überprüfung nach §§ 248, 250 InsO

Der Richter prüft folglich von Amts wegen gem. § 250 Nr. 1 InsO, ob Vorschriften über den Inhalt, die verfahrensmäßige Behandlung sowie über die Annahme des Insolvenzplans durch die Beteiligten und die Zustimmung des Schuldners in einem wesentlichen Punkt nicht beachtet worden sind. Der in § 250 InsO festgelegte

---

vor dem Hintergrund einer Liquidation zu diesem relevanten Zeitpunkt nichts mehr wert sind, wird dies der Fall sein.

1242 *Landfermann*, WM 2012, 821 (827).

1243 Zur gerichtlichen Überprüfung, ob genügend Mittel im Plan bereit gestellt sind, siehe unten Teil 2, B., III., 2., b., 6).

1244 Vgl. *Bay/Seeburg/Böhmer*, ZInsO 2011, 1927 (1933); *Hirte/Knof/Mock*, DB 2011, 632 (641); *Göb*, NZG 2012, 371 (375f.); wenn *Günther*, ZInsO 2012, 2037 (2042) dann immer noch eine „Lästigkeitsposition“ der bestehenden Anteilsinhaber sehen möchte, die daraus resultiere, dass sie durch „kreative Berechnungen“ zu einem auszugleichenden Wert ihrer Anteile kämen, so wird dieses für die Fortführung des Insolvenzverfahrens keine Auswirkung haben, da der daraus eventuell resultierende Anspruch außerhalb des Insolvenzverfahrens behandelt wird.

1245 *Sinz* in: MüKo, InsO, § 248, Rn. 1.

Umfang ist abschließend.[1246] In jedem Fall ist ein gerichtliches Ermessen hinsichtlich des Umfangs oder gar der wirtschaftlichen Sinnhaftigkeit des Plans ausgeschlossen.[1247] Die Überprüfung selbst ist dahingehend beschränkt, dass nur Verstöße in einem wesentlichen Punkt zur Ablehnung der Plangenehmigung führen dürfen. In Anlehnung an die Auslegung des früheren § 79 VglO wird das Gericht demnach nur bei Vorliegen von derartigen Mängeln die Genehmigung versagen, die Einfluss auf die Annahme des Plans gehabt haben könnten; auf die tatsächliche Einflussnahme kommt es aber nicht an.[1248] Schon vor dem Erörterungs- und Abstimmungstermin hatte das Gericht gem. § 231 InsO den Plan zu prüfen.[1249] Dennoch hat das Gericht hier die Möglichkeit, die erste Prüfung einer Revision zu unterziehen und gegebenenfalls im Laufe des Verfahrens erlangte weitere Umstände – etwa durch Stellungnahmen der Beteiligten – in die jetzige Beurteilung einfließen zu lassen.[1250]

Die Untersuchung selbst bezieht sich einerseits darauf, ob die Beteiligten dem Plan mit den entsprechenden Mehrheiten gem. §§ 244–246a InsO in den Gruppen zugestimmt haben; auch die notwendige Zustimmung der Schuldnerin gem. § 247 InsO wird überprüft.[1251] Letzteres ist notwendig, da die Schuldnerin nicht schutzlos gestellt werden soll, obgleich durch den Insolvenzplan in ihre Rechte eingegriffen werden kann – etwa durch abweichende Regelungen i.S.d. § 227 InsO.[1252] Dazu muss die Schuldnerin einerseits im Abstimmungstermin Widerspruch eingelegt haben. Andererseits ist selbst dieser unbeachtlich, wenn die Schuldnerin ohne den Plan voraussichtlich nicht schlechter gestellt werden würde.[1253]

Im Hinblick auf eine effiziente Umsetzung eines DES im Insolvenzplan ist insbesondere die Überprüfung der Zustimmungsfiktion bestimmter Gruppen gem. § 245 InsO bzw. der Zustimmung der Schuldnerin, § 247 Abs. 2 InsO relevant.[1254]

b) Die Prüfung des Minderheitenschutzes nach § 251 InsO

Während die Überprüfung und Bestätigung des Plans gem. §§ 248, 250 InsO von Amts wegen erfolgt, überprüft das Gericht die Voraussetzungen des § 251 InsO für den konkreten Beteiligten nur auf Antrag. In einem ersten Schritt wird das Gericht zunächst sicherstellen, ob gem. § 251 Abs. 3 S. 1 InsO im gestaltenden Teil

1246 Vgl. *Braun* in: Nerlich/Römermann, InsO, § 250, Rn. 1.
1247 *Silcher* in: FA-Kommentar Insolvenzrecht, InsO, § 248, Rn. 4.
1248 Etwa *Lüer/Streit* in: Uhlenbruck, InsO, § 250, Rn. 5 m.w.N.
1249 Siehe dazu oben Teil 2, B., III., 2., b., 3), auf den Prüfungsumfang ebendort wird verwiesen.
1250 Vgl. *Sinz* in: MüKo, InsO, § 250, Rn. 15, 16.
1251 *Silcher* in: FA-Kommentar Insolvenzrecht, InsO, § 248, Rn. 5.
1252 Vgl. *Lüer/Streit* in: Uhlenbruck, InsO, § 247, Rn. 1.
1253 Vgl. dazu *Braun/Riggert/Herzig*, Schwerpunkte des Insolvenzverfahrens, S. 202f.
1254 Vgl. *Braun* in: Nerlich/Römermann, InsO, § 250, Rn. 9f.; siehe dazu bereits oben Teil 2, B., III., 2., b., 4).

des Plans Mittel bereitgestellt worden sind, die eine etwaige Schlechterstellung des Antragstellers kompensieren würden. Wenn dem so ist, ist der Antrag abzuweisen.

Im Hinblick auf die Höhe der bereitzustellenden Mittel wird teilweise vertreten, dass diese nicht gerichtlich überprüfbar seien.[1255] Dem ist zu widersprechen. Der Schutzzweck des § 251 Abs. 3 InsO, was übrigens auch die Gegenansicht erkennt,[1256] würde konterkariert werden, wenn jeder Betrag, also auch nur 1 Eurocent, dem Erfordernis genügen würde. Dies kann jedoch nach dem Sinn und Zweck nicht gewollt sein. Vielmehr müssten mit dem Sinn und Zweck des § 251 InsO vom Gericht bestätigt werden müssen, dass die Mittel ausreichen, um den Liquidationswert der Interessen aller Antragsteller kompensieren zu können.[1257] Dass dem Gericht auf Antrag eine Prüfungskompetenz für die Voraussetzungen des § 251 InsO zukommt, steht außer Frage;[1258] bevor es jedoch auf die Voraussetzungen der § 251 Abs. 1 und 2 InsO eingeht, hat es die Bereitstellung (hinreichender) Mitteln zu prüfen, weil, sind diese (hinreichend) vorhanden, es dann den Antrag abzuweisen hat.[1259] Wie bereits angemerkt, wird sich der Liquidationswert der Anteile der Unternehmenseigentümer regelmäßig gegen Null bewegen. Anders könnte es sein, wenn Gläubiger einen Antrag gem. § 251 InsO stellen. Sodann müsste das Gericht die Quote heranziehen, die die Gläubiger im Regelinsolvenzverfahren auf ihre Forderung erhalten würden. Dazu kann auch externen Sachverstand in Form eines Sachverständigengutachtens herangezogen werden.[1260] Der Planinitiator hat es also in der Hand, ob solche Angaben bereits in den Plan einbezogen werden und damit dem Gericht diese Prüfung erleichtert wird oder ob es dabei wegen einer zunächst vorzunehmenden externen Begutachtung zu mitunter erheblichen Verzögerung bei der Plangenehmigung kommen kann.

Sind gar keine oder keine hinreichenden Mittel im Plan vorgesehen worden, prüft das Gericht die Voraussetzungen der § 251 Abs. 1 und 2 InsO. Zur Bestimmung der Glaubhaftmachung stellt das Gericht auf die im Antrag substantiiert behaupteten Tatsachen ab, aus denen sich die überwiegende Wahrscheinlichkeit der Schlechterstellung gegenüber einer Nichtschlechterstellung ergeben muss.[1261]

Ebenfalls von Amts wegen prüft das Gericht, ob gem. § 250 Nr. 2 InsO die Annahme des Plans unlauter herbeigeführt wurde.[1262]

1255 So *Spetzler*, KTS 2010, 433 (450).

1256 *Spetzler*, KTS 2010, 433 (450).

1257 So auch *Silcher* in: FA-Kommentar Insolvenzrecht, InsO, § 251, Rn. 19.

1258 So etwa *Silcher* in: FA-Kommentar Insolvenzrecht, InsO, § 248, Rn. 5; *Sinz* in: MüKo, InsO, § 250, Rn. 15; *Braun* in: Nerlich/Römermann, InsO, § 248, Rn. 3.

1259 So auch die Intention des Gesetzgebers, BT-Drucks. 17/5712, S. 35, vgl. auch *Madaus*, NZI 2012, 597 (598).

1260 Vgl. *Braun/Riggert/Herzig*, Schwerpunkte des Insolvenzverfahrens, S. 196.

1261 BGH NZI 2007, 409 (410); *Sinz* in: MüKo, InsO, § 251, Rn. 29.

1262 Dazu *Hess* in: Hess, InsO, § 250, Rn. 21; *Lüer/Streit* in: Uhlenbruck, InsO, § 250, Rn. 30f.

Letztlich kann sich ein Verstoß gegen die §§ 245 - 247 InsO nur darin äußern, dass das Gericht deren Voraussetzungen fehlerhaft unzutreffend beurteilt und deswegen den Plan fälschlicherweise, je nach Lage des Falles, ablehnt oder bestätigt.[1263] Da erst durch eine Fehleinschätzung der Voraussetzungen seitens des Gerichts der Verstoß gegen die §§ 245 - 247 InsO relevant wird, kann eine Überprüfung dieser gerichtlichen Entscheidung mit der sofortigen Beschwerde verfolgt werden.[1264]

7) Rechtsmittel, § 253 InsO

Gegen den Beschluss des Gerichts über die Versagung oder Bestätigung des Plans kann gem. § 253 InsO die sofortige Beschwerde eingelegt werden.

a) Notwendige Beschwer

Nach dem ESUG ist neben dem Gläubiger und dem Schuldner, aufgrund der Wirksamkeitserstreckung des Plans auf den Anteilseigner, konsequenterweise auch dieser beschwerdebefugt. Ferner wurden die Voraussetzungen für eine erfolgreiche Anfechtung der Gerichtsentscheidung gegenüber der früheren Fassung durch das ESUG nicht unerheblich angehoben. Dadurch wird vermieden, dass Beteiligte das Rechtsmittel missbrauchen, um die Wirksamkeit des Insolvenzplans zu verzögern oder gar ganz zu blockieren und um sich diese Obstruktionsmacht sodann von den sanierungswilligen Beteiligten „abkaufen" zu lassen.[1265] Auch nach dem ESUG bleibt es beim Suspensiveffekt der sofortigen Beschwerde; dessen Aufhebung, obgleich seitens der Literatur gefordert, hat der Gesetzgeber nicht umgesetzt.[1266]

Die sofortige Beschwerde bedarf sowohl einer formellen als auch materiellen Beschwer. Dazu muss der Beschwerdeführer dem Plan bereits im Abstimmungstermin schriftlich oder zu Protokoll widersprochen und gegen diesen gestimmt haben, § 253 Abs. 2 Nr. 1 und 2 InsO.

b) Streitig: notwendiges Verfahren gem. § 251 InsO?

(1) Antragsverfahren gem. § 251 InsO als notwendige Voraussetzung für sofortige Beschwerde

Teilweise wird in der Literatur die Ansicht vertreten, dass es als weitere Voraussetzung für die Einlegung der sofortigen Beschwerde gem. § 253 InsO notwendig sei, dass der Beschwerdeführer zuvor den Antrag gem. § 251 InsO gestellt habe.[1267]

1263 *Lüer/Streit* in: Uhlenbruck, InsO, § 250, Rn. 27.

1264 *Braun* in: Nerlich/Römermann, InsO, § 250, Rn. 10.

1265 Vgl. BT-Drucks. 17/5712, S. 35; a.A. wohl *Madaus*, NZI 2012, 597 (600), der keine missbräuchliche Obstruktionsmacht erkennen kann.

1266 BT-Drucks. 17/5712, S. 35.

1267 Etwa *Fischer*, NZI 2013, 513 (515); *Skauradszun*, DZWIR 2014, 338 (339); *Fölsing*, EWiR 2014, 293f.; *Braun/Frank* in: Braun, InsO, § 253, Rn. 11; differenzierend *Brünkmans*, ZInsO 2014, 993 (994ff.).

Darüber hinaus hat auch das LG Berlin so entschieden und im konkreten Fall die sofortige Beschwerde als unzulässig verworfen, da der Beschwerdeführer nicht zuvor den Antrag gem. § 251 InsO gestellt hatte.[1268] Einige Vertreter dieser Ansicht führen an, dass aufgrund des Verweises in § 253 Abs. 2 Nr. 3 InsO auf die im Plan bereitgestellten Mittel eine Verknüpfung zu § 251 Abs. 3 InsO hergestellt worden sei.[1269] Damit das Beschwerdegericht überhaupt gem. § 253 Abs. 2 Nr. 3 InsO prüfen könne, ob eine wesentliche Schlechterstellung vorliege und diese durch im Plan bereitgestellte Mittel ausgeglichen werden könne, müsse dies vom Insolvenzgericht auf Antrag gem. § 251 InsO geprüft werden. Werde ein solcher Antrag nicht gestellt und nehme demnach auch das Insolvenzgericht die Prüfung nicht vor, sei dem Beschwerdeführer auch der Weg über die sofortige Beschwerde verschlossen.[1270] Denn die sofortige Beschwerde könne nur dann erfolgreich sein, wenn das Insolvenzgericht die Prüfung im Rahmen des § 251 InsO vorgenommen habe und dahingehend einer groben Fehleinschätzung unterläge.[1271] Ferner wird angeführt, dass eine Prüfung der Schlechterstellung durch den Insolvenzplan im Gegensatz zur Rechtslage ohne einen Insolvenzplan seitens des Insolvenzgerichts auch schon vor Inkrafttreten des ESUG und damit vor der Novellierung der §§ 251, 253 InsO nur durch einen Antrag gem. § 251 InsO möglich gewesen sei. Da durch die ESUG-Reform das Beschwerdeverfahren nicht erweitert werden sollte, sei auch nach Inkrafttreten des ESUG erforderlich, zuvor den Antrag nach § 251 InsO zu stellen.[1272] Innerhalb dieser Ansicht gibt es Abweichungen einerseits hinsichtlich der dogmatischen Grundlage: namentlich *Skauradszun* führt an, dass es sich bei dem Erfordernis weniger um ein ungeschriebenes Tatbestandsmerkmal des § 253 InsO handele, sondern dies vielmehr eine Frage des Rechtsschutzbedürfnisses sei.[1273] Ferner lehnt *Brünkmans* eine ausnahmslose Notwendigkeit der vorherigen Antragstellung gem. § 251 InsO ab, sondern erkennt diese nur an, wenn der Beschwerdeführer gerade eine wirtschaftliche Schlechterstellung im Vergleich zum Regelverfahren geltend mache.[1274]

(2) Antragsverfahren gem. § 251 InsO keine notwendige Voraussetzung für sofortige Beschwerde

Die Gegenansicht lehnt die Notwendigkeit eines vorherigen Antrags gem. § 251 InsO als Zulässigkeitsvoraussetzung ab.[1275] Wie von der Gegenansicht bemängelt,[1276] liefert diese Ansicht jedoch keine Begründung für ihre Meinung.

1268 LG Berlin, Beschluss v. 24.2.2014, Az. 51 T 107/14, DZWIR 2014, 374.

1269 Vgl. *Fischer*, NZI 2013, 513 (515).

1270 So *Braun/Frank* in: Braun, InsO, § 253, Rn. 11.

1271 *Skauradszun*, DZWIR 2014, 338 (339); *Braun/Frank* in: Braun, InsO, § 253, Rn. 12.

1272 *Fischer*, NZI 2013, 513 (515); *Skauradszun*, DZWIR 2014, 338 (339).

1273 *Skauradszun*, DZWIR 2014, 338 (339 a.E.).

1274 *Brünkmans*, ZInsO 2014, 993 (994f.).

1275 Etwa *Sinz* in: MüKo, InsO, § 251, Rn. 57; *Spliedt* in: K. Schmidt, InsO, § 251, Rn. 17.

1276 *Skauradszun*, DZWIR 2014, 338 (339).

(3) Stellungnahme

Eine kritische Würdigung dieser Fragestellung ergibt zunächst, dass die Motive der zuerst genannten Ansicht grundsätzlich verständlich sind: durch eine Vorverlagerung der Überprüfung der wirtschaftlichen Schlechterstellung durch das Insolvenzgericht soll eine Beschleunigung des Verfahrens erreicht werden;[1277] eine effiziente Abhilfe könne bereits dann getroffen werden.[1278] Dies würde mit dem vom ESUG verfolgten Ziel der Straffung des Insolvenzplanverfahrens übereinstimmen.[1279] Eine ähnliche Vorverlagerung und demnach beabsichtigte Beschleunigung der gerichtlichen Überprüfung ist auch nach englischer Rechtsprechung zum SoA zu verzeichnen.[1280] Fraglich ist jedoch, ob die angeführten Argumente der Ansicht, die einen vorherigen Minderheitenschutzantrag gem. § 251 InsO als Notwendigkeit für die Einlegung der sofortigen Beschwerde erkennen, auch einer kritischen Würdigung standhalten.

Unisono erkennen sämtliche Vertreter dieser Ansicht, einschließlich das LG Berlin, an, dass eine ausdrückliche gesetzliche Regelung nicht existiert. Gleichfalls stellen sie in ihrer Argumentation auf den entsprechenden Willen des Gesetzgebers ab. Konkret beziehen sie sich auf die Passage in der Gesetzesbegründung, dass *„der Beschwerdeführer zuvor seine verfahrensmäßigen Möglichkeiten ausgeschöpft hat, um die Bestätigung des Plans zu verhindern.“*[1281] Nach der hier vertretenen Ansicht ist jedoch aus der Gesetzesbegründung keinesfalls ersichtlich, dass damit auch das Verfahren gem. § 251 InsO als notwendiges Vor-Verfahren zu § 253 InsO vom Gesetzgeber in den Blick genommen worden ist. Richtig ist, dass das Beschwerdeverfahren dahingehend novelliert werden sollte, dass das erhebliche Störpotenzial eingedämmt werden sollte, da dadurch die Chancen auf eine Sanierung nicht unerheblich reduziert werden würden.[1282] Dazu hat der Gesetzgeber, im Gegensatz zur Rechtslage vor Inkrafttreten des ESUG, das Erfordernis einer formellen Beschwer in § 253 Abs. 2 InsO geregelt.[1283] Demnach ist die Beschwerde nunmehr nur dann *zulässig*, wenn der Beschwerdeführer die Voraussetzungen der § 253 Abs. 2 Nr. 1–3 InsO erfüllt hat. Da die oben zitierte Passage im Zusammenhang mit der Einfügung des § 253 Abs. 2 Nr. 1 InsO steht, bezieht sie sich augenscheinlich allein auf die Einfügung der formellen Beschwer. Der Gesetzgeber hat damit die Ausschöpfung der *„verfahrensmäßige Möglichkeit“* lediglich darauf bezogen, dem Plan im Abstimmungstermin zu widersprechen.[1284]

1277 *Skauradszun*, DZWIR 2014, 338 (339).
1278 *Brünkmans*, ZInsO 2014, 993 (995).
1279 BT-Drucks. 17/5712, S. 2.
1280 siehe oben Teil 2, A., II., 2., a., 1), a), (2).
1281 BT-Drucks. 17/5712, S. 35.
1282 BT-Drucks. 17/5712, S. 35.
1283 *Sinz* in: MüKo, InsO, § 253, Rn. 22, 23.
1284 So wohl auch *Hirte/Knof/Mock*, DB 2011, 693.

Dass der Beschwerdeführer darüber hinaus gem. § 253 Abs. 2 Nr. 2 InsO nunmehr auch gegen den Plan gestimmt haben muss, wird damit begründet, dass der Beschwerdeführer sich anderenfalls widersprüchlich verhalte – ein Beschwerderecht sei ihm sodann nicht zuzuerkennen. Dem ist entgegenzuhalten, das durch die Einfügung der formellen Beschwer in § 253 Abs. 2 Nr. 1–3 InsO der Gesetzgeber bereits eine erhebliche Erschwerung der Einlegung der Beschwerde erreicht hat. Ferner ist der Gesetzesbegründung zu entnehmen, und dies erkennt auch die befürwortende Ansicht an,[1285] dass *„die Rechtsschutzmöglichkeiten moderat zu beschränken* [seien], *ohne berechtigten Anliegen den gebotenen Rechtsschutz zu verwehren.*"[1286] Daraus kann geschlossen werden, dass eine über die positiv gesetzlich geregelten Voraussetzungen hinaus gerade keine weitergehenden Voraussetzungen für die Einlegung einer zulässigen Beschwerde notwendig sein sollen – dies gilt unabhängig davon, ob diese Voraussetzung als ungeschriebenes Tatbestandsmerkmal oder im Rahmen eines Rechtsschutzbedürfnisses zu erkennen ist.

Ein weiteres Argument gegen die Notwendigkeit des Verfahrens nach § 251 InsO liegt darin begründet, dass, wenn der Gesetzgeber dies als weitere formelle Voraussetzung im Blick gehabt hätte, er zur Implementierung einer positiv gesetzlichen Regelung im Rahmen der Novelle durch das ESUG Gelegenheit gehabt hätte.

Mithin kann festgehalten, dass auf Grundlage der zitierten Passage nicht ersichtlich wird, dass der Gesetzgeber auch die Durchführung des Verfahrens gem. § 251 InsO zur Voraussetzung einer zulässigen Beschwerde machen wollte. Vielmehr ist in § 253 Abs. 2 Nr. 3 InsO die gesetzgeberische Entscheidung getroffen worden, dass der Beschwerdeführer glaubhaft machen muss, durch den Plan wesentlich schlechter gestellt zu sein, als er ohne den Plan stünde und dass dieser Nachteil nicht durch die im Plan bereit gestellten Mittel ausgeglichen werden würden. Damit hat der Gesetzgeber eine dritte *Zulässigkeitsvoraussetzung* eingefügt.[1287] Denn dem Beschwerdeführer wird damit auferlegt, konkret seinen (wirtschaftlichen) Nachteil durch den Plan darzulegen. Durch diese weitere Hürde sollen Störmanöver und die Gefährdung des Sanierungserfolgs erschwert werden.[1288]

Dass hier, wie von der einen Ansicht angeführt, eine Verknüpfung zu § 251 Abs. 3 InsO hergestellt worden ist, ist insoweit richtig und konsequent, als dass die Bereitstellung hinreichender Mittel im Insolvenzplan zur Beschleunigung des Verfahrens nach § 251 InsO dient.[1289] Diesen positiven Effekt hat der Gesetzgeber damit auch in das Beschwerdeverfahren einfließen lassen. Das Beschwerdegericht hat die Glaubhaftmachung und damit einhergehend auch zu prüfen, ob hinreichende Mittel im Plan zur Verfügung gestellt worden sind. Diese gesetzgeberische Entscheidung ist zu akzeptieren. Aus diesem Umstand jedoch eine notwendige

1285 Etwa *Brünkmans*, ZInsO 2014, 993 (996).
1286 BT-Drucks. 17/5712, S. 35.
1287 Vgl. *Sinz* in: MüKo, InsO, § 253, Rn. 29.
1288 BT-Drucks. 17/5712, S. 36.
1289 *Andres* in: Andres/Leithaus, InsO, § 251, Rn. 6.

Voraussetzung zu erkennen, dass der Beschwerdeführer zuvor das Verfahren gem. § 251 InsO hätte durchlaufen müssen, wird daraus nicht ersichtlich. Nochmals: die verfolgten Motive der dies befürwortenden Ansicht sind nachvollziehbar, jedoch können diese nicht über die fehlenden gesetzlichen Voraussetzungen hinweghelfen. Überdies ist ja bereits eine nicht unerhebliche Erschwerung der sofortigen Beschwerde in § 253 Abs. 2 InsO erfolgt. Und andererseits dürfen die Minderheitenrechte nicht zu sehr eingeschränkt werden. Hätte dies der Fall sein sollen, so hätte es einer positiv gesetzlichen Regelung bedurft – gerade im Hinblick auf die Novellierung durch das ESUG.

Ferner ist auf das historische Argument der Gegenseite einzugehen, wonach vor Inkrafttreten des ESUG nach der Rechtsprechung eine Schlechterstellung durch den Plan im Gegensatz zur Rechtslage ohne den Plan nur auf Antrag gem. § 251 InsO hätte geltend gemacht werden dürfen.[1290] Damals (§ 253 InsO a.F.) reichte die bloße Verletzung der Rechte aus §§ 248–252 InsO des Beschwerdeführers durch den Insolvenzplan aus.[1291] Die Geltendmachung einer Schlechtstellung durch den Insolvenzplan im Gegensatz zur Rechtslage ohne den Plan war damals nur auf Antrag gem. § 251 InsO möglich. Daraus, und aus dem Umstand, dass der Gesetzgeber keine Erweiterung des Beschwerderechts zu regeln beabsichtigte, wird aber nunmehr geschlossen, dass auch nach aktueller Rechtslage zuvor das Verfahren gem. § 251 InsO durchlaufen werden müsste.[1292] Dabei wird jedoch wiederum die gesetzgeberische Entscheidung unberücksichtigt gelassen, wonach nunmehr gerade in § 253 Abs. 2 Nr. 3 InsO positiv gesetzlich geregelt ist, dass eine Glaubhaftmachung der wirtschaftlichen Schlechterstellung erforderlich ist. Damit ist gerade keine Erweiterung des Beschwerdeverfahrens, sondern vielmehr eine Straffung desselben beabsichtigt gewesen und letztlich auch umgesetzt worden. Dass dadurch die Rechtsprechung[1293] vor Inkrafttreten des ESUG, die die bloße Schlechterstellung ausreichen ließ, konterkariert wird, ist hinzunehmen.

Letztlich kann auch nicht davon die Rede sein, dass das Verfahren gem. § 251 InsO nach der hier vertretenen Ansicht praktisch leerlaufe.[1294] Zum einen stellt das Verfahren nach § 251 InsO unterschiedliche Anforderungen an die vom Beteiligten nachzuweisende Schlechterstellung.[1295] Zum anderen geht es ja – glücklicherweise – nicht nur um die Eindämmung missbräuchlichen Verhaltens im Insolvenzplanverfahren. Mit anderen Worten werden Beteiligte, die ein schützenswertes Interesse haben, nach wie vor das Verfahren gem. § 251 InsO anstrengen, um ihre Rechte zügig noch während des Planverfahrens geltend zu

---

1290 Vgl. *Fischer*, NZI 2013, 513 (515).
1291 Etwa BGH NZI 2005, 619 (629).
1292 *Fischer*, NZI 2013, 513 (515).
1293 BGH NJW-RR 2011, 51.
1294 So aber *Skauradszun*, DZWIR 2014, 338 (340).
1295 Vgl. *Sinz* in: MüKo, InsO, § 253, Rn. 33.

machen. Sie werden sodann gar kein Interesse haben, bis zur Geltendmachung der sofortigen Beschwerde gegen die Planbestätigung zuzuwarten.

Zusammenfassend sprechen also die besseren Gründe gegen eine zusätzliche Voraussetzung in Form der notwendigen Geltendmachung des Antragsverfahrens gem. § 251 InsO, um die sofortige Beschwerde gem. § 253 InsO einzulegen. Es bleibt damit nach der hier vertretenen Ansicht bei den Zulässigkeitsvoraussetzungen, die der Gesetzgeber in § 253 Abs. 2 Nr. 1–3 InsO positiv gesetzlich geregelt hat.[1296]

c) Insbesondere: § 253 Abs. 2 Nr. 3 InsO

Allerdings werden zumindest die Formalien gem. § 253 Abs. 2 Nr. 1 und 2 InsO nicht die den Plan ablehnenden Beteiligten und schon gar nicht die den Plan obstruierenden Beteiligten davon abhalten, die sofortige Beschwerde rechtmäßig einzulegen.[1297] Etwas anderes könnte jedoch für die Voraussetzung in § 253 Abs. 2 Nr. 3 InsO gelten. Denn danach muss – wie bereits soeben angedeutet – der Beschwerdeführer glaubhaft machen, durch den Plan wesentlich schlechter gestellt zu werden, als er ohne den Plan stünde. Gelingt ihm dies, ist ferner glaubhaft zu machen, dass die wesentliche Schlechterstellung nicht durch die im Plan bereit gestellten Mittel (§ 251 Abs. 3 InsO) ausgeglichen werden kann.

Der Bestimmung einer wesentlichen Schlechterstellung kommt also einige Bedeutung zu. Grundsätzlich spricht die Wesentlichkeitsschwelle dafür, dass nicht jede Schlechterstellung durch den Plan relevant sein kann. Die wesentliche Schlechterstellung muss nach objektiven Kriterien des Einzelfalls bemessen werden. Auch dem gelegentlichen Ruf nach einer gesetzlichen Definition bzw. nach Mindestwerten[1298] ist der Gesetzgeber bewusst nicht gefolgt. Der Gesetzgeber gibt jedoch als grobe Marschroute vor, dass eine wesentliche Schlechterstellung jedenfalls dann nicht vorliege, wenn der Wertunterschied zwischen dem, was der Beschwerdeführer nach dem Plan und dem, was er ohne den Plan erhalte, weniger als 10% ausmache.[1299] Diese Einschätzung kann jedoch lediglich Indizwirkung entfalten. Es liegt also zuerst beim Beschwerdeführer, die Überschreitung der Wesentlichkeitsschwelle glaubhaft zu machen und sodann beim Beschwerdegericht, dies zu beurteilen.

Das Beschwerdegericht hat neben der wesentlichen Schlechterstellung auch zu prüfen, ob die gem. § 251 Abs. 3 InsO bereitgestellten Mittel ausreichen, um die

---

1296 So im Ergebnis auch der die Beschlüsse des LG Berlin (DZWIR 2014, 374) verwerfende Beschluss des BGH vom 22.7.2014, Az. IX ZB 13/14, BeckRS 2014, 14950, Rz. 6ff.

1297 So auch *Braun/Heinrich*, NZI 2011, 505 (510).

1298 So etwa *Hilgers*, Protokollierte Stellungnahme ESUG, S. 12 (http://www.bundestag.de/bundestag/ausschuesse17/a06/anhoerungen/archiv/12_Sanierung_von_Unternehmen/04_Stellungnahmen/Stellungnahme_Hilgers.pdf); vgl. *Willemsen/Rechel*, BB 2010, 2059 (2066).

1299 BT-Drucks. 17/5712, S. 35.

Schlechterstellung auszugleichen. Bei der Berechnung der Höhe hat das Gericht die Interessen sämtlicher Beschwerdeführer zu berücksichtigen.

Die Prüfungsobliegenheit wird in Anlehnung an die Prüfung zu § 251 Abs. 3 InsO aber wiederum teilweise bestritten, da eine Prüfung auf dieser Stufe mit dem gesetzgeberischen Motiv, den Streit über die Mittel außerhalb des Insolvenzverfahrens zu klären, nicht übereinstimme.[1300] Dieses Argument ist jedoch wenig stichhaltig. Gemäß § 251 Abs. 3 InsO sollen die Voraussetzungen, also das „ob" der Mittelgewährung, außerhalb des Insolvenzverfahrens beurteilt werden, um einer Verzögerung im Planverfahren vorzubeugen. In diesem Verfahren sind sodann die Umstände der Schlechterstellung durch den Plan zu prüfen, § 251 Abs. 1 Nr. 2 InsO.[1301] Nur bei deren Vorliegen würde der Betroffene einen Anspruch auf Zahlung aus den im Plan bereitgestellten Mitteln haben. Genau diese Prüfung ist aber gem. § 251 Abs. 3 S. 2 InsO in das Verfahren außerhalb des Insolvenzverfahrens verortet worden. Davon losgelöst muss, wie bereits oben erwähnt, jedoch bereits innerhalb des Insolvenzverfahrens geprüft werden, ob potenziell genügend Mittel im Plan bereitgestellt worden sind. Dies ist gerade deswegen notwendig, um den gesetzgeberischen Sinn und Zweck, das Liquidationsinteresse des betroffenen Beteiligten zu sichern, zu wahren. Die insolvenzgerichtliche Überprüfung der Höhe der Mittel in § 251 InsO und § 253 InsO läuft demnach nicht, wie teilweise aber vertreten, dem gesetzgeberischen Sinn und Zweck zuwider, sondern dient diesem gerade.

Es sprechen aber noch zwei weitere Gründe für die hier vertretene Ansicht: zum einen umfasst die Prüfung des Insolvenzgerichts in § 251 InsO hinsichtlich des Umfangs der Mittel nur die Umstände des bzw. der jeweiligen Antragsteller(s). Diese müssen jedoch – wie oben dargelegt – nach der hier vertretenen Ansicht nicht personenidentisch sein mit jenen Beschwerdeführern gem. § 253 InsO, auf dessen Schlechterstellung hin die Prüfung im Beschwerdeverfahren gem. § 253 Abs. 2 Nr. 3 InsO zu erfolgen hat. Dass zuvor ein Antrag auf Minderheitenschutz gem. § 251 InsO gestellt wurde, ist nach hier vertretener Ansicht gerade keine Voraussetzung für die sofortige Beschwerde nach § 253 InsO. Auch wenn sich das Insolvenzgericht im Rahmen des Verfahrens nach § 251 InsO mit einer Schlechterstellung des Antragstellers und den im Plan bereitgestellten Mitteln befasst hat, hat das Beschwerdegericht die Ausführungen des Insolvenzgerichts im Rahmen der sofortigen Beschwerde zu überprüfen. Nicht zuletzt deswegen kommt dem Beschwerdegericht eine Prüfungsobliegenheit gem. § 253 Abs. 2 Nr. 3 InsO zu. Zum anderen läuft nach hier vertretener Auffassung die notwendige Prüfung auch nicht dem allgemeinen gesetzgeberischen Zweck der Vermeidung von Blockadestrategien zuwider, sondern stellt in Wirklichkeit eine ausgewogene Regelung hinsichtlich der Wahrung der Rechte der Beteiligten einerseits und der Beschleunigung des Sanierungsverfahrens andererseits dar. Es wird in jedem Fall ein erheblicher Mehraufwand für den Beschwerdeführer bedeuten, die zur Glaubhaftmachung

---

1300 *Spetzler*, KTS 2010, 433 (450f.).

1301 Vgl. *Madaus*, NZI 2012, 597 (599).

notwendigen Argumente vorzutragen. Dem gesetzgeberischen Ziel der Eindämmung unbegründeter Beschwerdevorlagen mit dem Motiv der Blockade des Insolvenzplans ist dadurch sehr wohl ein gutes Stück näher gekommen.[1302] Für die eigentliche Prüfung, ob hinreichend Mittel im Plan bereitgestellt wurden, ist auf die Ausführung zur Prüfung gem. § 251 Abs. 3 S. 1 InsO zu verweisen.[1303]

d) Das Verfahren gem. § 253 Abs. 4 InsO

Noch weiter vorangetrieben wird die Beschleunigung durch die Einführung des in § 253 Abs. 4 InsO geregelten Verfahrens, das dem dem Aktienrecht (dort § 246 a AktG) entliehenen Freigabeverfahren ähnelt:[1304] das Beschwerdegericht wird auf Antrag des Insolvenzverwalters die sofortige Beschwerde unverzüglich zurückweisen, wenn es nach seiner freien Überzeugung zu dem Schluss kommt, dass das Vollzugsinteresse gegenüber etwaigen Nachteilen des Beschwerdeführers überwiegt. Bei Vorliegen schwerwiegender Rechtsverstöße ist die Zurückweisung allerdings ausgeschlossen, § 253 Abs. 4 S. 2 InsO. Die Abhilfebefugnis des Insolvenzgerichts gem. § 572 Abs. 1 S. 1 ZPO ist ausgeschlossen, so dass auch damit eine weitere Verfahrensbeschleunigung erreicht wird.[1305] Aufgrund der Zielsetzung des Verfahrens beschränkt sich die Interessenabwägung auf eine summarische Prüfung des Gerichts.[1306] Beweis- und darlegungspflichtig für die notwendigen Umstände ist der antragstellende Insolvenzverwalter. Das Vollzugsinteresse überwiegt schon dann, wenn die sofortige Beschwerde offensichtlich keine Aussicht auf Erfolg hat.[1307]

Im Rahmen der Interessenabwägung wird das Vollzugsinteresse in der Regel auf der Sanierung des Unternehmens beruhen. Dieser Umstand allein ist bereits grundsätzlich ein starkes Indiz für ein überwiegendes Vollzugsinteresse. Eine Stärkung dieses Indizes kann erreicht werden, wenn dargelegt wird, dass die Umsetzung dringend ist, da ansonsten die Sanierung gefährdet oder gar ganz vereitelt wird.[1308] Werden etwa noch weitere positive Effekte der Sanierung angeführt, die zudem nicht nur einige wenige, sondern eine Vielzahl von Stakeholdern betreffen, wie die Gläubiger oder z.B. die Arbeitnehmer durch Erhalt von Arbeitsplätzen, die Zulieferer oder Kunden durch Aufrechterhaltung von Liefer- und Einkaufsprozessen, oder aber gegebenenfalls, je nach Art des Unternehmens, die Sicherstellung der

---

1302 Vgl. auch im Grundsatz die Auffassung von *Braun/Heinrich*, NZI 2011, 505 (510).

1303 Siehe oben Teil 2, B., III., 2., b., 6); vgl. auch *Brinkmann*, WM 2011, 97 (99); *Meyer/Degener*, BB 2011, 846 (848).

1304 Zu den Ideen eines solchen Verfahrens vgl. *Verse*, ZGR 2010, 299 (322 m.w.N.); *Eidenmüller*, Finanzkrise, Wirtschaftskrise und das deutsche Insolvenzrecht, S. 38f.

1305 Vgl. *Wimmer*, ESUG-Reform, S. 11.

1306 Vgl. *Westpfahl/Janjuah*, Beilage zu ZIP 3/2008, S. 23; kritisch *Madaus*, NZI 2012, 597 (599), der in der notwendigen Entscheidung des Landgerichts eine zu hohe Einflussnahme erblickt.

1307 *Thies* in: HambKomm, InsO, § 253, Rn. 26.

1308 *Thies* in: HambKomm, InsO, § 253, Rn. 26.

Daseinsvorsorge, bestehen gute Gründe dafür, dass das Interesse einer alsbaldigen Sanierung und damit Fortführung der Unternehmung Vorrang genießt. Hingegen kann dem Vollzugsinteresse keinen Vorrang eingeräumt werden, wenn offensichtlich wird, dass der Insolvenzplan etwa die Schwelle der missbräuchlichen Ausgrenzung oder Beeinträchtigung von Minderheitsbeteiligten überschritten hat.

Kommt das Gericht zu dem Ergebnis, dass das Vollzugsinteresse überwiegt, so weist es den Antrag zurück und der Beschwerdeführer ist gem. § 253 Abs. 4 S. 3 und 4 InsO auf einen Schadensersatzanspruch aus der Masse verwiesen. Ein Anspruch auf Naturalrestitution in Sinne der Rückgängigmachung des Insolvenzplans besteht nicht.

Unklar bleibt, wer der Anspruchsgegner dieses Schadensersatzanspruchs ist.[1309] Gemäß § 253 Abs. 4 S. 3 InsO ist der Anspruch „aus der Masse" zu bedienen. Ein Schadensersatzanspruch wird wohl in der Regel zeitlich erst dann abschließend feststehen, wenn der Insolvenzplan in Kraft getreten und damit gem. § 258 Abs. 1 InsO das Insolvenzverfahren aufgehoben worden ist. Sodann erlangt die Schuldnerin die Prozessführungsbefugnis zurück, so dass die Klage gegen sie zu richten ist.[1310] Problematisch könnte dabei sein, dass zwar dem Planvollzug letztlich Vorschub geleistet wird, der Schadensersatzanspruch jedoch gegen die sich nach wie vor in der Sanierung befindliche Gesellschaft gerichtet wird.[1311] Wird der Schadensersatzanspruch konkret, müssen gegebenenfalls Rückstellungen gem. § 249 Abs. 1 HGB passiviert werden, die die Bilanz der Gesellschaft belasten können.

8) Rechtsfolgen und Wirkung des Insolvenzplans

Wird der Plan vom Insolvenzgericht bestätigt und wird innerhalb der Frist von zwei Wochen (§ 4 InsO i.V.m. § 569 Abs. 1 S. 1 ZPO) keine sofortige Beschwerde (§ 253 InsO) eingelegt bzw. wird die eingelegte sofortige Beschwerde unanfechtbar abgewiesen, ist der Plan rechtskräftig. Gemäß § 254 Abs. 1 InsO entfalten sodann die im gestaltenden Teil niedergelegten Änderungen ihre Wirkung.

Die Bindungswirkung tritt für und gegen alle Beteiligten ein, § 254 Abs. 1 InsO. Die Bindungswirkung wird gem. § 254b InsO erweitert auf Insolvenzgläubiger, die ihre Forderung nicht angemeldet haben bzw. auf Beteiligte, die dem Plan widersprochen haben. Dies muss unabhängig davon gelten, ob die Gläubiger oder Anteilseigner aus Desinteresse oder mangels Kenntnis nicht am Verfahren teilgenommen haben, wenn sie einer Gruppe zugeteilt werden können.[1312] Auch entfaltet der Plan für die Beteiligten unabhängig davon Wirkung, ob diese am Abstimmungsverfahren anwesend waren oder überhaupt an diesem teilgenommen haben bzw.

1309 Vgl. dazu *Thies* in: HambKomm, InsO, 253, Rn. 28.

1310 Vgl. *Huber* in: MüKo, InsO, § 259, Rn. 15; *Braun* in: Nerlich/Römermann, InsO, § 259, Rn. 2ff; vgl. auch *Hölzle*, KTS 2011, 291 (298f.).

1311 Bedenken auch von *Landfermann*, WM 2012, 821 (827).

1312 *Thies* in: HambKomm, InsO, § 254b, Rn. 3; *Silcher* in: FA-Kommentar Insolvenzrecht, InsO, § 254b, Rn. 1.

die Schuldnerin Kenntnis von weiteren Gläubigern hatte.[1313] Flankiert wird die umfassende Bindungswirkung von dem durch das ESUG eingeführten § 259a InsO. Da nicht angemeldete Forderungen materiell durch die Planbestätigung nicht berührt werden, können sie nach wie vor gegen die Schuldnerin geltend gemacht werden.[1314] Dadurch kann die sich in der Sanierung befindliche Gesellschaft erheblichen Risiken ausgesetzt werden.[1315] Um diese zu vermeiden, kann das Insolvenzgericht gem. § 259a InsO auf Antrag und nach Glaubhaftmachung der Sanierungsgefährdung seitens der Schuldnerin etwaige Zwangsvollstreckungsmaßnahmen einstweilen aufheben oder längstens für drei Jahre untersagen.

Die Bindungswirkung des gestaltenden Teils betrifft neben etwaigen Stundungsabreden oder den Erlass von nachrangigen Forderungen insbesondere die für den DES relevante Gestaltung von Anteilsrechten.[1316] Gemäß § 254a InsO, der ebenfalls im Hinblick auf § 225a InsO ergänzend durch das ESUG eingefügt worden ist, gelten die im Plan enthaltenen Beschlüsse oder Erklärungen zu gesellschaftsrechtlichen Maßnahmen als in der vorgeschriebenen Form abgegeben. Auch gelten etwaige notwendigen Ladungs- bzw. Bekanntmachungsanforderungen durch den bestätigten Plan als erfüllt. Darunter sind auch die schriftliche Erklärung zur Zeichnung junger Aktien (§ 185 Abs. 1 AktG) oder die notariell zu beurkundende Erklärung des Übernehmers eines GmbH-Geschäftsanteils (§ 55 Abs. 1 GmbHG) zu fassen.[1317]

Hingegen nicht von der Planwirkung erfasst ist die für die gesellschaftsrechtlichen Maßnahmen notwendige Anmeldung zur Eintragung in das Handelsregister.[1318] Jedoch wird der Insolvenzverwalter in § 354a Abs. 2 S. 3 InsO dazu ausdrücklich ermächtigt.

Werden die gesellschaftsrechtlichen Maßnahmen zur Eintragung angemeldet, stellt sich die Frage, inwieweit dem Registergericht eine Prüfungszuständigkeit zukommt. Die Gesetzesbegründung geht davon aus, dass dem Registergericht vor allem eine beurkundende Funktion und nur eine abgeschwächte Prüfungskompetenz zukomme.[1319] Dies ist vor dem Hintergrund nachvollziehbar, dass der Insolvenzplan mitsamt den darin enthaltenen Maßnahmen bereits zwei Mal gerichtlich überprüft worden ist und darüber hinaus auch Gegenstand von potenziellen Stellungnahmen und gegebenenfalls dem Beschwerderecht gewesen ist. Deswegen ist dem Registergericht nur dann eine Prüfungskompetenz einzuräumen, wenn Umstände betroffen sind, die zuvor nicht Gegenstand einer insolvenzgerichtlichen Prüfung gewesen sind.[1320] Eine solche subsidiäre Prüfungskompetenz gilt auch dann, wenn das Registergericht

---

1313 *Braun/Frank* in: Braun, InsO, § 254b, Rn. 1; *Braun* in: Nerlich/Römermann, InsO, § 254, Rn. 5.

1314 *Braun/Riggert/Herzig*, Schwerpunkte des Insolvenzverfahrens, S. 214.

1315 Vgl. zu den Unwägbarkeiten nach altem Recht *Otte/Wiester*, NZI 2005, 70.

1316 *Braun/Frank* in: Braun, InsO, § 254, Rn. 2.

1317 *Hirte/Knof/Mock*, DB 2011, 632 (638f.); vgl. auch *Landfermann*, WM 2012, 821 (829).

1318 Ausdrücklich BT-Drucks. 17/5712, S. 36.

1319 BT-Drucks. 17/5712, S. 37.

1320 *Madaus*, ZIP 2012, 2133 (2138).

jene Ausführungen nicht für richtig hält.[1321] Eine dritte vollumfängliche gerichtliche Überprüfung des Insolvenzplans ist jedenfalls gesetzlich nicht vorgesehen und ist aus den soeben angeführten Gründen auch nicht geboten.[1322]

a) Ausschluss der Differenzhaftung, § 254 Abs. 4 InsO

Gemäß § 254 Abs. 4 InsO kann ein Anspruch wegen etwaiger Überbewertung der Forderung, die im Rahmen eines DES in die Gesellschaft eingelegt worden ist, nach der Bestätigung des Plans nicht mehr geltend gemacht werden. Im Gegensatz dazu birgt doch die Einbringung einer Forderung als Sacheinlage außerhalb des Insolvenzverfahrens einige Unsicherheit.[1323] Sie resultiert aus der Gefahr einer Differenzhaftung für den potentiellen Investor,[1324] die nicht selten dazu führte, dass die Sanierung mittels DES gar nicht erfolgte. Dieses Risiko verschärft sich dadurch, dass die notwendige Forderungsbewertung im Insolvenz- bzw. Sanierungsszenario durchgeführt wird und sich dadurch weitergehende Wertabweichungen einstellen können, als das bei der Bewertung einer Forderung ohnehin schon der Fall ist. Gerade jene Risiken einer drohenden Nachzahlung werden durch den Ausschluss der Differenzhaftung nach der Bestätigung des Insolvenzplans beseitigt.[1325]

(1) Kritische Ansichten

Obgleich die Regelung des § 254 Abs. 4 InsO die Planungs- und Kalkulationssicherheit erhöhen und ihr damit grundsätzlich sanierungsfördernder Charakter zukommen soll,[1326] ist sie nicht nur auf positive Resonanz gestoßen.

Vielmehr wurde an dieser Neuregelung massive Kritik geäußert. Bemängelt wird, dass durch den Ausschluss der Differenzhaftung nichts Geringeres als das gesellschaftsrechtliche System der Kapitalaufbringung angegriffen werde.[1327] Diese „heilige Kuh“ des Gesellschaftsrechts werde zugunsten des insolvenzrechtlichen Sanierungsinteresses „geopfert“.[1328] Die Kritik richtet sich konkret gegen die Einbuße des Gläubigerschutzes, dem unter anderem gerade durch die Vorschriften der Kapitalaufbringung nachgekommen werden soll. Dabei werde weniger der Schutz der bestehenden Gläubiger beeinträchtigt – diese können sich ja im Insolvenzplanverfahren gegen eine unangemessene oder gar fehlende Forderungsbewertung zur Wehr setzen. Vielmehr seien die Neu-Gläubiger, die erst nach Beendigung des Insolvenzverfahrens gegen

1321 Vgl. *Haas*, NZG 2012, 961 (966).
1322 Dazu *Madaus*, ZIP 2012, 2133 (2138); a.A. wohl *Horstkotte/Martini*, ZInsO 2012, 557 (567 Fn. 67).
1323 Vgl. dazu die Ausführungen in Teil 1, B., II., 2., e., 3).
1324 Vgl. etwa *Brinkmann*, WM 2011, 97 (101); auch *Hagemann*, Debt Equity Swaps nach englischem und deutschem Recht, S. 92ff.
1325 BT-Drucks. 17/5712, S. 36.
1326 Vgl. BT-Drucks. 17/5712, S. 36.
1327 Vgl. etwa *Hölzle* NZI 2011, 124 (129).
1328 *Kanzler/Mader*, GmbHR 2012, 992.

die Schuldnerin eine Forderung erwerben, nicht hinreichend geschützt.[1329] Denn die Neu-Gläubiger können aus der Bilanz und insbesondere aus der Eigenkapitalziffer nicht erkennen, ob das Kapital wirklich vollwertig aufgebracht worden ist. Im schlimmsten Fall, also dann, wenn eine Kapitalherabsetzung auf Null erfolge und die eingebrachten Forderungen gar wertlos seien, könne eine Gesellschaft mit einer bilanziell soliden Eigenkapitalziffer gar eigenkapitallos sein.[1330] Unabhängig von diesem Extremfall sei es jedoch nicht hinzunehmen, dass insbesondere die Neu-Gläubiger aus dem Kapitalschutz herausfallen, indem nicht mehr gewährleistet sei, dass bei überbewerteten Sacheinlagen die Wertdifferenz in bar nachgezahlt werden müsse.

(2) Differenzhaftungsausschluss notwendig für Sanierungsanreiz

Dieser Schutzlücke war sich auch der Gesetzgeber bewusst, als in den Beratungen zum ESUG der Bundesrat in seiner Stellungnahme ausdrücklich auf dieses Problem hingewiesen hat.[1331] Dennoch ist eine Korrektur unterblieben, was ebenfalls in Teilen der wissenschaftlichen Diskussion positiv aufgenommen worden ist.[1332] Erstens sei klarzustellen, dass vom Gesetzgeber hingenommen worden sei, dass die Gesellschaft unter Umständen stammkapitallos sein könne, was als gesetzgeberischer Wille akzeptiert werden müsse.[1333] Zweitens handele es sich bei dem DES um einen reinen Passivtausch, der nichts an den Vermögenverhältnissen der Gesellschaft ändere.[1334] Vielmehr komme es den Neu-Gläubigern auf die Liquidität der Gesellschaft an, die durch den Passivtausch höchstens mittelbar beeinträchtigt sei.[1335] Ferner können sich potentielle Gläubiger aufgrund des öffentlichkeitswirksamen Insolvenzverfahrens über dessen Ausgang bzw. die Zusammensetzung der Eigenkapitalziffer genauer informieren.[1336] Letztlich stelle der Ausschluss der Differenzhaftung aus rein praktischen Erwägungen sogar eine Notwendigkeit dar: denn nur dann, wenn die Investoren im Nachhinein keine weitere Nachzahlungspflicht zu erwarten hätten, würden sie einen hinreichend großen Anreiz haben, sich durch den DES an der Sanierung der Gesellschaft zu beteiligen. Hielte man demnach uneingeschränkt an der Differenzhaftung fest, so führe dieses Instrument des Gläubigerschutzes dazu, dass allgemein sinnvolle und notwendige Unternehmenssanierungen letztlich scheiterten.[1337]

1329 *Landfermann*, WM 2012, 821 (830); *Heckschen* in: Reul/Heckschen/Wienberg, Insolvenzrecht in der Gestaltungspraxis, Kap. N, Rn. 206 jeweils mit weiteren Nachweisen.

1330 *Gehrlein*, NZI 2012, 257 (260); *Hölzle*, NZI 2011, 124 (129).

1331 Vgl. BT-Drucks. 17/5712, S. 58, 70.

1332 Vgl. *Obermüller*, ZInsO 2011, 1809 (1821); grundsätzlich auch *Hirte/Knof/Mock*, DB 2011, 632 (642).

1333 *Römermann*, GmbHR 2011, R369 (R370).

1334 So *Wimmer*, ESUG-Reform, S. 7.

1335 So die Begründung des Gesetzgebers in BT-Drucks. 17/5712, S. 70.

1336 *Wimmer*, ESUG-Reform, S. 7.

1337 Vgl. *K. Schmidt*, BB 2011, 1603 (1609).

(3) Stellungnahme

Im Kern geht es also um die Abwägung zwischen dem Schutz der Neu-Gläubiger vor einer (missbräuchlichen) Überbewertung und der effektiven Gestaltung der Sanierung mittels einem DES. In der Tat gibt es sehr gute Argumente für den Ausschluss der Differenzhaftung. Zunächst ist zu ergänzen, dass nach hier vertretener Ansicht im Anschluss einer Kapitalherabsetzung auf Null auch im Rahmen des Insolvenzplans stets eine Barkapitalerhöhung bis zum Erreichen der gesetzlichen Mindestkapitalziffer zu erfolgen hat,[1338] so dass die Gesellschaft nie ganz stammkapitallos sein wird. Auch darf nicht vergessen werden, dass der Insolvenzplan bis zum Zeitpunkt der Genehmigung zwei Mal gerichtlich überprüft und dabei auch die Forderungsbewertung einer Kontrolle unterworfen wird.[1339] In diesem Zusammenhang wurde festgestellt, dass die Planinitiatoren die Zurückweisung des Plans riskieren, wenn sie auf unsachgemäße und nicht anerkannte Bewertungsmethoden zurückgreifen würden und daraufhin die Bewertung vom Gericht für unzureichend erklärt werden würde. Es besteht darin also ein disziplinierender Effekt, eine ordnungsgemäße Bewertung vorzunehmen. Diesem Argument muss man sich freilich entgegenhalten lassen, dass allein die gerichtliche Prüfung für sich genommen nach gesellschaftsrechtlichen Maßstäben noch keinen hinreichenden Schutz vor einer Überbewertung biete. Denn auch gem. § 9 Abs. 1 S. 1 GmbHG komme neben der gerichtlichen Prüfung die Differenzhaftung zur Anwendung.[1340] Jedoch stellen nicht nur die gerichtlichen Prüfungen einen disziplinierenden Effekt dar. Auch der Insolvenzverwalter hat ein Interesse daran, einer Haftung gem. § 60 InsO zu entgehen. Ein Schadensersatzanspruch gem. § 60 InsO steht originär den Beteiligten zu.[1341] Ob auch die Neu-Gläubiger anspruchsberechtigt sind, ist zwar fraglich.[1342] Nicht ausgeschlossen ist aber ferner ein Schadensersatzanspruch gegen den Insolvenzverwalter gem. §§ 57 Abs. 4, 9a GmbHG analog.[1343] Auch eine Haftung wegen vorsätzlicher Falschbewertung gem. § 826 BGB wird diskutiert.[1344] Vor dem Hintergrund dieser potentiellen Haftungsgefahr des Insolvenzverwalters ist der Hinweis in der Gesetzesbegründung zur Einholung von Bewertungsgutachten durchaus einleuchtend.[1345] Letztlich haben diese Umstände zur Folge, dass die Planinitiatoren und die weiteren Verantwortlichen des Sanierungsprozesses um eine ordnungsgemäße Bewertung

---

1338 Siehe dazu oben Teil 2, B., III., 2., b., 2), c).

1339 Siehe dazu oben Teil 2, B., III., 2., b., 3) und 6); siehe dazu auch nochmals *Haas*, NZG 2012, 961 (967).

1340 So *Kanzler/Mader*, GmbHR 2012, 992 (994).

1341 BT-Drucks. 17/5712, S. 36.

1342 Vgl. *Kanzler/Mader* GmbHR 2012, 992 (995); ablehnend *Haas*, NZG 2012, 961 (967).

1343 Etwa *Spliedt*, GmbHR 2012, 462 (470); *Haas*, NZG 2012, 961 (967).

1344 Siehe dazu *Gehrlein*, NZI 2012, 257 (261) und *Kanzler/Mader*, GmbHR 2012, 992 (996f.).

1345 BT-Drucks. 17/5712, S. 36, wonach der Insolvenzverwalter zur Vermeidung einer Haftung auch Sachverständigengutachten zur ordnungsgemäßen Forderungsbewertung einholen können soll.

der Forderungen gar nicht mehr herumkommen werden.[1346] Damit ist auch die Ansicht nicht zustimmungswürdig, die pauschal vertritt, dass durch den Ausschluss der Differenzhaftung das Bewertungsproblem gelöst werde.[1347] Die Kontrolle des Insolvenzverwalters und die beiden gerichtlichen Prüfungsinstanzen des Gerichts mitsamt der Beschwerdemöglichkeit im Insolvenzplanverfahren lässt es nahezu unmöglich erscheinen, dass die Forderungsbewertung jedenfalls missbräuchlich genutzt wird, um einigen Wenigen Sondervorteile einzuräumen. Vor diesem Hintergrund mögen also die eingangs angeführten kritischen Stimmen ein wenig zu laut ausgefallen sein. Es geht bei dem Schutz der Neu-Gläubiger also in Wirklichkeit nicht um die *bewusste* Falschbewertung, um dadurch wissentlich überbewertete Forderungen in die Gesellschaft einzulegen und sich somit einen möglichst hohen Geschäftsanteil zu sichern. Zu diesem missbräuchlichem Verhalten mag es zwar Anreize geben,[1348] jedoch wird dadurch das Scheitern des Plans riskiert. Vielmehr geht es bei der gegenständlich diskutierten Frage um den Schutz der Neu-Gläubiger vor Bewertungsunsicherheiten, die der Forderungsbewertung immanent sind – und dies insbesondere bei der Forderungsbewertung im Insolvenz- und Sanierungsszenario. Mit anderen Worten handelt es sich im Kern um die Abwägung, die Neu-Gläubiger an den grundsätzlichen Unsicherheiten, die eine Forderungsbewertung mit sich bringt, zu beteiligen, um dadurch im Gegenzug eine praxistaugliche Sanierung durch den Ausschluss der Differenzhaftung außerhalb des Insolvenzplanverfahrens zu gewährleisten. So kann man letztlich immerhin den Schluss ziehen, dass das allgemeine Bewertungsrisiko, das zweifelsohne bestehen kann, durch den Ausschluss der Differenzhaftung gem. § 254 Abs. 4 InsO auch auf die Neu-Gläubiger durchschlagen kann. Zwar wirken die soeben erwähnten Disziplinierungsmaßnahmen zur ordnungsgemäßen Bewertung, um das Bewertungsrisiko möglichst klein zu halten, nur mittelbar, sind also nicht positiv gesetzlich normiert. Wird aber, und das ist wie oben erläutert wohl der Fall, die Bewertung nach ordnungsgemäßen und anerkannten Bewertungsmethoden vorgenommen, ist die Einbeziehung der Neu-Gläubiger im Hinblick auf eine Effektivierung der Sanierung durch einen DES hinzunehmen.[1349]

Letztlich kann nach der hier vertretenen Ansicht konsequenterweise auch dem Ansatz *Hölzles* nicht gefolgt werden, obgleich dieser einigen Charme besitzt. Zum einen soll danach eine Gesellschaft, die nach Abschluss eines Insolvenzplanverfahrens ein Stammkapital unterhalb des gesetzlichen Mindeststammkapitals ausweist, den Firmenzusatz „Nachgründung" tragen müssen. Ferner sollen nach dem Vorbild der Unternehmergesellschaft gem. § 5a GmbHG Rücklagen gebildet werden müssen,

1346 In dieser Richtung wohl auch *Vallender*, MDR 2012, 125 (126).
1347 Wohl zu weit gehend demnach die Äußerung von *Römermann*, GmbHR 2011, R369 (R370).
1348 Vgl. *Blöse*, GmbHR 2012, 471 (477).
1349 So auch letztlich *K. Schmidt*, BB 2011, 1603 (1609).

bis der Nennbetrag aller Geschäftsanteile erreicht werde.[1350] Eine derartige weitergehende Kenntlichmachung ist nach der oben angeführten Argumentation zufolge zum Schutz der Neu-Gläubiger nicht notwendig, da diese lediglich das der Forderungsbewertung in der Insolvenz immanente Risiko einer Überbewertung tragen. Darüber hinaus würde ein solches Brandmal das Stigma der Insolvenz nicht beseitigen, sondern es würde über das abgeschlossene Insolvenzverfahren hinaus bildlich neben dem Firmenlogo der Gesellschaft prangen. Dies wäre mit der notwendigen Eindämmung der Stigma der Insolvenz und der einzuschlagenden Tendenz hin zu einen *fresh start* des sanierten Unternehmens nicht zu vereinbaren.

b) Vertragliche Sonderkündigungsrechte, § 225a Abs. 4 InsO

Neben der Schaffung von Anreizen im Vorfeld einer Sanierung, dass diese überhaupt durchgeführt wird, ist es ebenso wichtig, Rahmenbedingungen für eine erfolgreiche Fortführung des Unternehmens zu schaffen. Dazu gehört auch, dass wichtige, rechtsträgergebundene Verträge nach Beendigung des Insolvenzverfahrens bestehen bleiben. Betroffen sind vorrangig Dauerschuldverhältnisse; in erster Linie Finanzierungsverträge, die jedoch regelmäßig im Rahmen der Sanierung ohnehin neu verhandelt werden müssen, aber insbesondere auch Liefer- und Vertriebsverträge, Lizenzverträge oder auch (Gewerbe-) Mietverträge. Die Fortführung des Unternehmens wäre erheblich gefährdet, wenn beispielsweise ein großvolumiger (Rahmen-) Liefervertrag gekündigt oder eine Lizenz für ein wichtiges Produkt entzogen werden würde.

Diese Risiken werden akut, wenn in den jeweiligen Verträgen sog. Change of Control-Klauseln vereinbart worden sind. Allgemein räumen sie dem einen Vertragspartner ein außerordentliches, in der Regel sofortiges Kündigungsrecht für den Fall ein, dass es bei der anderen Partei zu einem Kontrollwechsel kommt.[1351] Dabei können die Klauseln auf Tatbestandseben grundsätzlich an weitere Umstände anknüpfen: etwa an die Anteilsübertragung über einen bestimmten Prozentsatz hinaus oder das Überschreiten einer gewissen Beteiligungshöhe eines Gesellschafters, ohne eine Übertragung der Anteile notwendig zu machen.[1352] Weiter ist es möglich, das Kündigungsrecht etwa an den Wechsel in der Geschäftsführung zu knüpfen.[1353]

Die Umwandlung von Schulden in Eigenkapital wird regelmäßig die Änderung der Kontrollmehrheit nach sich ziehen. Dies insbesondere dann, wenn die Gläubiger nach dem DES die Kontrolle über die Sanierung zu erlangen beabsichtigen. Schon mit Eröffnung des Insolvenzverfahrens kann das Verfügungs- und Verwaltungsrecht auf den Insolvenzverwalter übergehen (§ 80 InsO), mithin eine Veränderung der

1350 *Hölzle*, KTS 2011, 291 (325f.).
1351 Etwa *Schlitt/Ries*, MüKo, AktG, § 33 WpÜG, Rn. 114.
1352 *Mielke/Nguyen-Viet*, DB 2004, 2515.
1353 Vgl. *Wimmer*, ESUG-Reform, S. 8f.; siehe auch *Brinkmann/Steinhauser* in: FS Kübler, S. 86 (90).

Geschäftsführung stattfinden,[1354] wenn nicht die Eigenverwaltung (§§ 270 ff. InsO) angeordnet wird. Dies hätte zum einen zur Folge, dass die teilweise für die Unternehmensfortführung notwendigen Verträge gekündigt werden können. Hinzu kommt, dass den jeweiligen Vertragspartnern eine große Verhandlungsmacht – um nicht zu sagen eine Erpressungs- oder Blockademacht – zukäme, wenn sie zur Kündigung in der Lage wären.[1355]

Um den Widerspruch von Sanierung durch Fortführung des Unternehmens und vertraglich vereinbartem Kündigungsrecht zu Gunsten der Sanierung aufzulösen, hat der Gesetzgeber nunmehr in § 225a Abs. 4 InsO die Unwirksamkeit von vertraglichen Kündigungsrechten angeordnet, wenn der Grund dafür auf den Maßnahmen nach § 225a Abs. 2 oder Abs. 3 InsO beruht.

c) Austrittsrecht eines Gesellschafters, § 225a Abs. 5 InsO

Treten die sich an dem DES beteiligenden Gläubiger in den Kreis der Gesellschafter ein, werden sie in der Regel eine Anteilsmehrheit erlangt haben, die es ihnen erlaubt, die weitere Restrukturierung nach ihren Vorstellungen fortzuführen. Halten sie jedoch nicht die gesamten Anteile, wurde also mit anderen Worten das Kapital nicht auf Null herabgesetzt und unter Ausschluss des Bezugsrechts wieder erhöht, und gehören demnach noch Alt-Gesellschafter dem Gesellschafterkreis an, stellt sich die Frage, wie diese sich mit ihren neuen Anteilseignern zu arrangieren haben. Da sie gerade nach der Durchführung eines DES regelmäßig nur noch eine Minderheit der Anteile halten, könnten sich daraus nicht unerhebliche Nachteile für die Alt-Gesellschafter ergeben, die zusammen mit der bloßen Tatsache des Wechsels der Anteilseignerstruktur einen nicht hinnehmbaren Zustand bedeuten. Dieser könnte letztlich einen Austritt aus der Gesellschaft notwendig machen. Vor diesem Hintergrund normiert § 225a Abs. 5 InsO ein Austrittsrecht des Gesellschafters, wenn die Maßnahme gem. § 225a Abs. 2 oder Abs. 3 InsO einen wichtigen Grund darstellt. Dieses Recht hat zwingenden Charakter und besteht unabhängig davon, ob im Gesellschaftsstatut ein solches Austrittsrecht vereinbart worden ist.[1356]

Jedoch bringt der § 225a Abs. 5 InsO einige diskussionswürdige Unklarheiten mit sich. Zunächst ist festzustellen, dass der Alt-Gesellschafter, wie teilweise vertreten wird,[1357] nicht schon dann schutzwürdig ist, wenn der Plan wirksam geworden ist, sondern erst, wenn die relevanten gesellschaftsrechtlichen Maßnahmen nach § 225a Abs. 2 oder Abs. 3 InsO durch deren Eintragung in das Handelsregister Wirksamkeit erlangt haben (vgl. § 254a Abs. 2 S. 3 InsO).

1354 *Wimmer*, ESUG-Reform, S. 9.
1355 *Braun/Heinrich*, NZI 2011, 505 (509).
1356 *Wälzholz*, GmbH-StB 2012, 313 (318).
1357 *Haas*, NZG 2012, 961 (966); *Günther*, ZInsO 2012, 2037 (2042).

(1) Strittig: Die Bestimmung des wichtigen Grundes

Allerdings reicht das bloße Wirksamwerden der gesellschaftsrechtlichen Maßnahmen nicht aus, um ein Rücktrittsrecht zu begründen. Vielmehr muss die Maßnahme einen wichtigen Grund für den austrittswilligen Gesellschafter darstellen.[1358] Das Erfordernis eines wichtigen Grundes kann somit als Korrektiv verstanden werden, um dem jeweiligen Einzelfall gerecht zu werden.

Zur Bestimmung des wichtigen Grundes wird teilweise vertreten, dass strenge Anforderungen anzuwenden seien, da das Austrittsrecht in einem Spannungsverhältnis zum soeben diskutiertem § 225a Abs. 4 InsO stehe, wonach sich wichtige Vertragspartner eben nicht aufgrund der relevanten gesellschaftsrechtlichen Maßnahmen von der Gesellschaft (als Vertragspartner) lösen können.[1359] Dem entgegen wird argumentiert, dass die Freiheit, sich in einer Gesellschaft zusammenzuschließen bzw. dies nicht zu tun, wie soeben erwähnt, verfassungsrechtlichen Schutz genieße (Art. 9 GG!) und eben dieser hohe Schutz bei der Beurteilung des wichtigen Grundes zu berücksichtigen sei. Der einzelne Gläubiger, der gegebenenfalls von § 225a Abs. 4 InsO betroffen sei, genieße diesen Schutz eben nicht, so dass ein Spannungsverhältnis nur bedingt vorliege.[1360]

Der Streit zwischen den konträren Ansichten ist mittels einer Abwägung der Interessen im konkreten Einzelfall aufzulösen. Zunächst ist auf die Art der Gesellschaft und den damit zusammenhängenden Rechten und Pflichten des Anteilseigners abzustellen. Haftet der konkret betroffene Gesellschafter etwa persönlich, auch für das Handeln der durch den DES aufgenommenen Gesellschafter, wird ihm ein wichtiger Grund und damit ein Austrittsrecht eher zuzusprechen sein, als wenn er (nur) auf seine Kapitaleinlage beschränkt haften würde.[1361] Ähnliches wird für den Fall einer personalistisch strukturierten, vielleicht sogar familiengeführten Gesellschaften gelten, in der es, im Gegensatz zu Publikumsgesellschaften, nur einige wenige Gesellschafter gibt. In einem solchen Fall wird es dem Alt-Gesellschafter eher nicht zuzumuten sein, seine Gesellschafterstellung nach der Aufnahme neuer Gesellschafter beizubehalten.[1362] Zu undifferenziert ist demnach die Ansicht, die einen wichtigen Grund bei Anteilseignern einer Kapitalgesellschaft wohl grundsätzlich ausschließen will, da diese dann ohnehin damit rechnen müssten, entgegen ihren Willen neue Gesellschafter an die Seite gestellt zu bekommen.[1363] Dabei wird übersehen, dass auch dann Anteilsinhaber – wie soeben dargelegt – einen wichtigen Grund haben können, die Gesellschaft zu verlassen. Neben der Gesellschaftsform und ihrer Struktur werden auch die konkreten Anteilsrechte einige Relevanz haben:

1358 Vgl. *Hirte* in: Uhlenbruck, InsO, § 225a, Rn. 51; *Spliedt* in: K. Schmidt, InsO, § 225a, Rn. 40.

1359 *Haas*, NZG 2012, 961 (966).

1360 Vgl. *Thies* in: HambKomm, InsO, § 225a, Rn. 58.

1361 Vgl. *Verse*, ZGR 2010, 299 (323).

1362 *Göb*, NZG 2012, 371 (375); *Wimmer*, ESUG-Reform, S. 10.

1363 Wohl *Landfermann*, WM 2012, 821 (829).

da etwa die darin enthaltenen Vermögensinteressen bereits im Rahmen des Planverfahrens beispielsweise durch die sofortige Beschwerde (§ 253 InsO) geltend gemacht werden konnten, können ihnen nunmehr lediglich geringes Gewicht zugesprochen werden.[1364] Geht es allerdings um die im Anteil enthaltenen Verwaltungsrechte und verliert der Betroffene durch die Maßnahme etwa eine Sperrminorität oder wird dadurch eine qua Satzung festgelegte bestimmte Schwelle durchbrochen, ist darin wahrscheinlich eher ein wichtiger Grund zu sehen.[1365]

(2) Problem: Höhe des Abfindungsanspruchs

Gelingt es letztlich dem Alt-Gesellschafter, einen wichtigen Grund, der aus dem DES resultiert, geltend zu machen, kann er aus der Gesellschaft austreten.[1366] Ihm steht dann stets ein Abfindungsanspruch in Höhe seines Geschäftsanteils zu. Dieser bestimmt sich grundsätzlich in Ermangelung gesondert festgesetzter Berechnungsmethoden nach dem vollen Verkehrswert.[1367] Für börsennotierte AGs stellt der Börsenwert grundsätzlich den Mindestwert als Berechnungsgrundlage dar.[1368]

(a) ESUG: stets Ansatz von Liquidationswerten

Von diesem Grundsatz weicht § 225a Abs. 5 S. 1 InsO ab, indem für die Höhe der Abfindung die Vermögenslage bei Abwicklung der Schuldnerin für maßgeblich erklärt wird; es findet dieser Regelung zufolge also pauschal der Liquidationswert des Anteils zur Bestimmung der Abfindungshöhe Anwendung.[1369] In der Literatur ist dieser Ansatz auf Zustimmung gestoßen.[1370] In diesem Zusammenhang wird wiederum häufig behauptet, dass der Liquidationswert des Geschäftsanteils regelmäßig Null betrage.[1371] Auch soll die Sanierung nicht durch Belastungen in Form von Abfindungszahlungen gefährdet werden.[1372]

(b) Kritische Stellungnahme

Dieses grundsätzlich förderungswerte Motiv, das den Großteil der Reformbemühungen durch das ESUG richtigerweise prägt, darf jedoch nicht zu einer einseitigen, ungerechtfertigten Benachteiligung führen. Namentlich die Anteilseigner, die ohnehin schon erhebliche Verluste des Wertes ihrer Beteiligung, aber auch an der

---

1364 Vgl. *Spliedt*, GmbHR 2012, 462 (466).
1365 Vgl. *Thies* in: HambKomm, InsO, § 225a, Rn. 59.
1366 Zu den Folgen etwa *Fastrich* in: Baumbach/Hueck, GmbHG, § 34, Rn. 15.
1367 Unstreitig BGH NJW 1992, 892.
1368 BVerfG BB 1999, 1778; vgl. aber auch *Decher/Voland*, ZIP 2013, 103 (110f.).
1369 Auch *Spliedt*, GmbHR 2012, 462 (466).
1370 *Thies* in: HambKomm, InsO, § 225a, Rn. 60; *Eidenmüller* in: MüKo, InsO, § 225a, Rn. 119; *Haas* in: Heidelberger Kommentar InsO, § 225a, Rn. 31.
1371 Etwa *Flöther*, ZIP 2012, 1833 (1837); *Spliedt*, GmbHR 2012, 462 (466).
1372 BT-Drucks. 17/7511, S. 36.

der Beteiligung immanenten Rechtsstellung hinnehmen mussten, büßen nunmehr faktisch auch noch ihren Abfindungsanspruch ein.

(i) Verfassungsrechtliche Erwägungen

Verfassungsrechtliche Erwägungen könnten dem pauschalen Ansatz von Liquidationswerten entgegenstehen. Verfassungsrechtlich spielen zwei Normen eine Rolle: zum einen Art. 9 GG in Form der negativen Vereinigungsfreiheit und zum anderen Art. 14 GG, der das Anteilseigentum des Gesellschafters schützt. Auch der Anspruch auf eine Entschädigung ist verfassungsrechtlich in Art. 14 GG verbürgt.[1373] Originär ist die einschlägige Rechtsprechung dazu zwar zu Fallkonstellationen ergangen, in denen die Gesellschaftermehrheit in die Rechte der Gesellschafterminderheit eingegriffen hat. Es sind jedoch keine zwingenden Gründe ersichtlich, warum diese Rechtsprechung nicht auch für Tatbestände gelten soll, in denen die Eingriffe letztlich seitens der Gläubiger im Rahmen eines Insolvenzplans erfolgen.[1374] Das Bundesverfassungsgericht hat der Bestimmung der Abfindungshöhe klare Konturen verschafft. Der verfassungsrechtliche Eigentumsschutz am Geschäftsanteil umfasst demnach eine vollständige Abfindung in dem Sinne, dass die Einbuße vollständig zu kompensieren ist und der dafür anzusetzende Wert nicht unter dem Verkehrswert des Anteils liegen darf.[1375] Auch die Literatur geht für Sachverhalte außerhalb des Insolvenzverfahrens davon aus, dass Liquidationswerte nur angesetzt werden dürfen, wenn tatsächlich liquidiert werde.[1376]

Vor diesem Hintergrund könnte der pauschale Ansatz von Liquidationswerten, wie ihn § 225a Abs. 5 InsO vorschreibt, problematisch sein. Etwaige Bedenken bestünden nur dann nicht, wenn dem betroffenen Anteil des Alt-Inhabers tatsächlich zum Zeitpunkt des Austritts nur noch ein Liquidationswert zukäme. Dies wird aber nach hier vertretener Ansicht nicht der Fall sein: der Zeitpunkt der Geltendmachung des Austrittsrechts bezieht sich auf die Wirksamkeit der den Austritt bedingenden Kapitalmaßnahmen, also mit deren Eintragung in das Handelsregister. Selbst wenn man mit der gegensätzlichen Ansicht annehmen wolle, die Ausübung des Austrittsrecht wäre schon mit der Bestätigung des Plans möglich, wäre auch zu diesem früheren Zeitpunkt festzustellen, dass sämtliche Entscheidungen über eine Sanierung getroffen worden sind. Das Insolvenzverfahren wird aufgehoben (§ 258 InsO). Ab diesem Zeitpunkt, so zumindest die dem Plan zugrunde liegende Prognose, soll es mit dem Unternehmen wieder bergauf gehen; es soll wieder profitabel am Markt bestehen können. Eine positive

1373 Vgl. BVerfG NJW 1962, 1667 (1669) – *Feldmühle-Fall*; BVerfG 1999, 3769 (3771) – *DAT-Altana*.

1374 *Verse*, ZGR 2010, 299 (310); *Eidenmüller/Engert*, ZIP 2009, 541 (546).

1375 BVerfG NJW 1999, 3769 (3771); vgl. dazu auch *Bay/Seeburg/Böhmer*, ZInsO 2011, 1927 (1939f.).

1376 Etwa *Sosnitza* in: Michalski, GmbHG, § 34, Rn. 48.

Fortführungsprognose wird zu diesem Zeitpunkt vorliegen. Wäre dies nicht richtig, würde die gesamte Sanierung keinen ökonomischen Sinn machen und auch nicht durchgeführt werden.

In diesem Zusammenhang wird von Teilen der den Liquidationsansatz befürwortenden Ansicht angeführt, der Alt-Gesellschafter, der sich gerade für den Austritt entscheide, könne nicht an einem etwaigen Sanierungserfolg partizipieren und demnach müsse ein solches Szenario bei der Wertbeurteilung außer Betracht bleiben.[1377] Dem wird man entgegenhalten können, dass das Austrittsrecht des Gesellschafters verfassungsrechtlich in Art. 9 Abs. 1 GG verbürgt ist und demnach einen hohen Schutz genießt. Ferner ist die Ausübung dieses Rechts gem. § 225a Abs. 5 InsO, wie bereits oben erwähnt, an das Vorliegen eines wichtigen Grundes geknüpft. Liegt ein wichtiger Grund zum Verlassen der Gesellschaft vor, wird man jedoch nicht mehr argumentieren können, dass dies auf freiwilliger Basis geschehe, sondern vielmehr, weil Umstände eingetreten sind, unter denen der Alt-Gesellschafter nicht mehr an seinen Anteilen festhalten kann.[1378] Zu diesem Zeitpunkt ist die Sanierung mittels dem DES bereits rechtlich gesichert, so dass jene Maßnahmen auch bei der Frage nach der Abfindungshöhe zu berücksichtigen sind, wenn der Alt-Gesellschafter sein durch die Verfassung geschütztes Recht ausübt. Auch die Bewertung der Forderungen, die in die Gesellschaft einzubringen sind, wird in dieser Situation nach hier vertretener Ansicht regelmäßig mit Fortführungswerten vorzunehmen sein.[1379]

Allein die Tatsache, dass nunmehr ein Neustart stattfindet, wird aber noch keine Rückschlüsse auf den konkreten Wert der Beteiligung liefern. Andererseits wird man jedoch sehr wohl davon ausgehen dürfen, dass der Beteiligung zu diesem Zeitpunkt nicht nur der Liquidationswert zukommen wird. Immerhin wird die Maximierung des Unternehmenswertes durch die Fortführung gewährleistet, so dass der darin bestehende immanente Wert des jeweiligen Unternehmensanteils letztlich auch dessen Inhaber zukommen muss.[1380] Dazu muss aber der Wert angesetzt werden, der auf Grundlage der Fortführung der Unternehmung gebildet wird und nicht jener bei der Unternehmensliquidation.

1377 *Eidenmüller* in: MüKo, InsO, § 225a, Rn. 119.

1378 Auch die Rechtsprechung ist der Ansicht, dass nicht eine bestimmte Bewertungsmethode (im konkreten Fall die Ertragswertmethode) herangezogen werden kann, wonach der austretende Gesellschafter eine erhebliche niedrigere Abfindung gegenüber der Wertbestimmung mittels einer anderen Bewertungsmethode (im konkreten Fall mittels Liquidationswertberechnung) erhalten würde, da er sonst an der Ausübung seines Kündigungsrecht gehindert werden würde, BGH NZG 2006, 425f.; vgl. auch *Kasperzak/Bastini*, WPg 2015, 285 (288).

1379 Vgl. *Schäfer*, ZIP 2013, 2237 (2240); und auch *Madaus*, ZIP 2014, 500 (507).

1380 Vgl. *Verse*, ZGR 2010, 299 (311); so wohl auch *Schäfer/Wüstemann*, ZIP 2014, 1757 (1761f.).

(ii) Kein Widerspruch zur Konsequenz des § 251 Abs. 1 Nr. 2 InsO

Die angeführte Kritik des pauschalen Ansatzes von Liquidationswerten steht auch nicht im Widerspruch zur Konsequenz der Regelung des § 251 Abs. 1 Nr. 2 InsO wonach alternativ zum Insolvenzplan die Liquidation durchgeführt werden müsste und demnach der Wert der Gesellschaftsanteile mangels Befriedigungsaussicht regelmäßig null beträgt.[1381] Im Stadium der Planabstimmung ist es richtig, dass die Beteiligten nur noch Rechte in der Höhe geltend machen können, wie sie ohne einen Insolvenzplan bestehen würden.

Wurde der Insolvenzplan aber angenommen und mit ihm die Durchführung eines DES beschlossen, wird sodann, und erst dann, der Schutz der etwaigen noch bestehenden Anteilseigner aus Art. 9 Abs. 1 GG relevant. Denn das Austrittsrecht gem. § 225a Abs. 5 InsO besteht ja erst, wenn noch eine Minderheit der Alt-Gesellschafter nach dem DES in der Gesellschaft verbleibt und ein wichtiger Grund vorliegt, der zum Austritt berechtigt. Zu diesem Zeitpunkt sind die Kapitalmaßnahmen und der Bezugsrechtsausschluss (im Zweifel gegen die Stimmen der Alt-Gesellschafter) beschlossen worden. Die Anteile der Alt-Gesellschafter werden im Anschluss an den DES erheblich verwässert sein. Diese sich daraus ergebende Situation ist aber eine andere als noch bei der Planabstimmung, da nunmehr die Sanierung und die Fortführung der Gesellschaft hinreichend gesichert sind. Der Alt-Gesellschafter ist dann immer noch, wenn auch zu einer geringeren Anteilshöhe, an der Gesellschaft beteiligt. Macht der Alt-Gesellschafter nunmehr sein durch Art. 9 Abs. 1 GG geschütztes Recht geltend, muss der Wert seiner (Minderheits-) Beteiligung der konkreten Situation angepasst bewerten werden: diese umfasst gerade die Sanierung und Fortführung der Gesellschaft.

(iii) Stundung etwaiger Abfindungszahlungen

Würde man die Alternative der Unternehmensliquidation heranziehen, würde der Wert der bestehenden Anteile im Stadium der Überschuldung in der Tat regelmäßig null betragen mit der Folge, dass eine Abfindung gar nicht zu zahlen wäre. Dann bleibt aber unerklärlich, warum der Gesetzgeber in § 225a Abs. 5 S. 2 InsO eine Regelung zur Stundung der Abfindungszahlungen getroffen hat.[1382]

(iv) Keine Beeinträchtigung der Sanierung

Auch geht die vom Gesetzgeber angeführte Begründung zur Rechtfertigung des Liquidationswertansatzes fehl, wenn behauptet wird, dies sei notwendig, um nicht die Sanierungsaussichten durch eine erhöhte Belastung zu gefährden.[1383] Unabhängig davon, ob diese Argumentation in der Lage wäre, den Eingriff in das Eigentumsrecht der Anteilsinhaber zu rechtfertigen, gibt es andere, mildere Mittel,

---

1381 Dazu oben Teil 2, B., III., 2., b., 5).

1382 Vgl. auch *Thies* in: HambKomm, InsO, § 225a, Rn. 61.

1383 BT-Drucks. 17/7511, S. 36.

um die Sanierung nicht durch Abfindungszahlungen zu belasten: durch über die in § 225a Abs. 5 S. 2 InsO hinausgehenden, ausgedehnteren Stundungsvorgaben würde man eine sofortige Belastung im Stadium der Sanierung vermeiden, bis das Unternehmen wieder auf finanziell festen Füßen steht. Hinsichtlich des möglichen Zeitraums kann man auf die bereits zur werbenden Gesellschaft von Literatur und Rechtsprechung herausgearbeiteten Grenzen zurückgreifen. Während ein Stundungszeitraum von 15 Jahren zu weit geht,[1384] ist die Wirksamkeit einer 10-jährigen Stundungsabrede vom BGH ausdrücklich offen gelassen worden[1385] – wird von der Literatur jedoch kritisch als zu lang bewertet.[1386] Als allgemein unproblematisch anerkannt wird jedoch ein Zeitraum von fünf Jahren.[1387] Bezogen auf den Sanierungsfall würde häufig schon ein Stundungszeitraum von fünf Jahren ausreichen, um die Sanierung nicht zu gefährden. Vergleicht man diesen Fünfjahreszeitraum etwa mit dem Zeitraum von 2–3 Jahren, der für die Bestimmung der Fortbestehensprognose angesetzt wird,[1388] wird die Gesellschaft – stets unter der Annahme, dass die Sanierung wirklich gelingt – nach fünf Jahren die volle Abfindungsforderung begleichen können. Darüber hinaus könnten Auszahlungen davon abhängig gemacht werden, dass wieder ein Bilanzgewinn erwirtschaftet wird, der sodann zunächst zumindest sukzessive anteilig auf die Abfindungsforderung gezahlt wird. Somit würde das qua Verfassung bestehende Recht des betroffenen Gesellschafters nicht konterkariert, indem der vollständige Abfindungsanspruch schrittweise in einer die Sanierung nicht gefährdenden Weise befriedigt wird.

d) Schicksal verbleibender Forderungen der Gesellschafter – das Sanierungsprivileg

Eine weitere, die Regelungen zum DES im Insolvenzplanverfahren flankierende Maßnahme ist in § 39 Abs. 4 InsO zu sehen. Das darin enthaltene sog. „Sanierungsprivileg" schreibt allgemein vor, dass Forderungen aus Gesellschafterdarlehen, § 39 Abs. 1 Nr. 5 InsO, dann nicht im Rang hinter den Forderungen der übrigen Insolvenzgläubiger stehen, wenn der Gläubiger bei drohender oder eingetretener Zahlungsunfähigkeit oder bei Überschuldung Anteile zum Zwecke der Sanierung erwirbt, § 39 Abs. 4 S. 2 1. HS InsO. Das beschriebene Sanierungsprivileg könnte demnach für solche Gläubiger relevant werden, die nur einen Teil ihrer Forderungen gegen Anteile der Schuldnerin umtauschen und die übrigen Darlehensforderungen stehen lassen.[1389] Gleiches gilt, wenn ein Gläubiger, der an dem DES teilgenommen hat, im Anschluss an die Umwandlung, etwa zum Zweck der Liquiditätszufuhr,

1384 BGH NJW 1989, 2685.
1385 BGH NJW 1989, 2685 (2686).
1386 Etwa *Strohn* in: MüKo, GmbHG, § 34, Rn. 229.
1387 Etwa *Fastrich* in: Baumbach/Hueck, GmbHG, § 34, Rn. 38 m.w.N.; vgl. auch *Ziegler*, DB 2000, 2107.
1388 Vgl. *Grundlach* in: Gottwald, Insolvenzrechts-Handbuch, § 6, Rn. 41 m.w.N.
1389 *Meyer/Degener*, BB 2011, 846 (848).

ein neues Darlehen bereitstellt.[1390] Diese Darlehen stellen sodann Gesellschafterdarlehen i.S.d. § 39 Abs. 1 Nr. 5 InsO dar und sind grundsätzlich nachrangig zu behandeln. Für den nur teilweise am DES teilnehmenden Gläubiger realisiert sich die Gefahr der Nachrangigkeit dann, wenn die Sanierung misslingt und die Gesellschaft erneut Insolvenz anmelden muss.[1391] Der zuvor bestehende Forderungsrang wäre dann verloren. Kommt es zur Regelabwicklung, wäre der Wert der Forderung erheblich reduziert. Ferner bestünde die Gefahr, dass die etwaigen Befriedigungsleistungen seitens der Gesellschaft in einem anschließenden Insolvenzverfahren gem. § 135 InsO angefochten werden.[1392]

(1) Anteilserwerb zum „Zweck der Sanierung“

Der Gesetzgeber geht gemäß der Gesetzesbegründung davon aus, dass der dadurch realisierte Anteilserwerb stets zum „Zweck der Sanierung“ i.S.d. § 39 Abs. 4 S. 2 InsO erfolgt und mithin das Sanierungsprivileg zugunsten dieser Gesellschafter Anwendung findet.[1393] Auch in der einschlägigen Literatur bestehen darüber keine Zweifel.[1394] Zwar setzt der BGH keine geringen Anforderungen an den Anteilserwerb zum „Zweck der Sanierung“,[1395] diese werden jedoch in aller Regel durch einen Sanierungs-Insolvenzplan mitsamt DES gewahrt sein.[1396] Eine letzte Unsicherheit wäre jedoch durch eine klarstellende gesetzliche Regelung ausgeräumt worden. Dies wäre insbesondere vor dem Hintergrund der ausdrücklichen Regelung der Anwendbarkeit des Sanierungsprivilegs in § 9 Abs. 1 S. 4 KredReorgG wünschenswert gewesen.[1397]

1390 *Landfermann*, WM 2012, 821 (830).

1391 *Gehrlein*, NZI 2012, 257 (261); *Obermüller*, ZInsO 2011, 1809 (1820); *Schelo*, DB 2010, 2209 (2210).

1392 *Bauer/Dimmling*, NZI 2011, 517 (519).

1393 BT Drucks. 17/5712, S. 32.

1394 Einhellige Meinung, etwa *Rattunde*, GmbHR 2012, 455 (459); *K. Schmidt*, BB 2011, 1603 (1608); *Bauer/Dimmling*, NZI 2011, 517 (519).

1395 BGH DStR 2006, 384 (386): *„Der Sanierungszweck ist dabei – soll das Privileg überhaupt einen vernünftigen Sinn haben – vorrangig objektiv zu bestimmen. Danach müssen – neben dem im Regelfall als selbstverständlich zu vermutenden Sanierungswillen – nach der pflichtgemäßen Einschätzung eines objektiven Dritten im Augenblick des Anteilserwerbs die Gesellschaft (objektiv) sanierungsfähig und die für ihre Sanierung konkret in Angriff genommenen Maßnahmen zusammen objektiv geeignet sein, die Gesellschaft in überschaubarer Zeit durchgreifend zu sanieren“*.

1396 *Hirte/Knof/Mock*, DB 2011, 632 (643); *Spliedt*, GmbHR 2012, 462 (468); so auch die Ansicht des Gesetzgebers in BT-Drucks. 17/5712, S. 32; vgl. auch *Wieneke/Hoffmann*, ZIP 2013, 697 (703), die den im Insolvenzplan gemachten Ausführungen zur Sanierung eine „hohe Richtigkeitsgewähr“ zuschreiben; Bedenken äußert nur *Obermüller*, ZInsO 2011, 1809 (1820).

1397 Vgl. *Schelo*, DB 2010, 2209 (2210).

(2) Dauer des Privilegs: das Merkmal der „nachhaltige Sanierung“

Ebenfalls keine Präzisierung durch das ESUG hat der Gesetzgeber (bewusst) im Hinblick auf die Dauer des Sanierungsprivilegs gegeben, mithin darüber, was unter dem Begriff der „nachhaltigen Sanierung“ gem. § 39 Abs. 4 S. 2 2. HS InsO zu verstehen ist.[1398] Dahingehend bleibt die Lage also mit Unsicherheiten behaftet. Im Zusammenhang mit dem Insolvenzplanverfahren wird einhellig befürwortet, dass eine „nachhaltige Sanierung“ nicht bereits bei der Beseitigung des Insolvenzgrundes bzw. mit der Bestätigung des Plans eintrete.[1399] Es wird vielmehr dafür plädiert, einen eher großzügigeren Zeitraum anzusetzen, in dem das Privileg Geltung habe. Ansonsten büße das Sanierungsprivileg den Nutzen ein, was letztlich dazu führe, dass Gläubiger immerhin nach der Forderungsumwandlung keine neuen Darlehen zur durchaus wichtigen Liquiditätssicherung begeben würden.[1400] Ebenfalls könnten bestehende Gesellschafterdarlehen vorzeitig gekündigt werden, was die Gefahr einer neuen Krise schüre.[1401]

Zur Bestimmung eines Zeitraums, nachdem die „nachhaltige Sanierung“ abgeschlossen ist und das „Sanierungsprivileg“ nicht mehr einschlägig ist, darf nicht aus den Augen verloren werden, dass eine betriebswirtschaftlich belastbare Kalkulation zugrunde gelegt werden muss.[1402] Indiziell können dazu die Grundsätze zur Bestimmung der Fortbestehensprognose herangezogen werden, die darüber Auskunft gibt, *„ob das Unternehmen nachhaltig seine geschäftlichen Aktivitäten unter Einhaltung der Zahlungsverpflichtungen fortführen kann“*[1403]. In diesem Zusammenhang wird ein Zeitraum von nicht weniger als zwölf Monaten befürwortet;[1404] oder aber das laufende und das Folgejahr.[1405] Der jeweilige konkret heranzuziehende Zeitraum kann je nach Unternehmen und Branchenzugehörigkeit variieren.[1406]

e) Kapitalmarktrechtliche Implikationen

Ist die Schuldnerin eine börsennotierte Gesellschaft und wird zur Sanierung ein DES durchgeführt, sind weitere kapitalmarktrechtliche Implikationen zu beachten, die an dieser Stelle überblicksartig dargestellt werden sollen. Dabei ist zunächst grundsätzlich danach zu differenzieren, ob die börsennotierte Gesellschaft das Grundkapital auf Null herabsetzt oder ob die Herabsetzung nur teilweise erfolgt.

1398 Zu dem Streit, auf welche Umstände zur Bestimmung der nachhaltigen Sanierung abzustellen sind vgl. etwa *Wittig* in: FS K. Schmidt, S. 1743 (1758) oder *Hirte/Knof/Mock*, DB 2011, 632 (643).

1399 *Spliedt*, GmbHR 2012, 462 (468); *Landfermann*, WM 2012, 821 (830).

1400 Vgl. *Obermüller*, ZInsO 2011, 1809 (1820f.).

1401 *Wittig* in: FS K. Schmidt, S. 1743 (1757).

1402 *Aleth/Harlfinger*, NZI 2011, 166 (169).

1403 Zum Begriff *Groß/Amen*, WPg 2002, 225.

1404 Ausführlich *Wittig* in: FS K. Schmidt, S. 1743 (1758).

1405 Vgl. *Groß*, WPg 2010, 119 (123); vgl. auch *Groß/Amen*, WPg 2002, 225 (232); so auch *Aleth/Harlfinger*, NZI 2011, 166 (169).

1406 *Groß*, WPg 2010, 119 (123).

Die erste Alternative hätte zur Folge, dass neben dem Ausscheiden aller Alt-Aktionäre aus der Gesellschaft auch die Börsenzulassung für die Aktien *ipso iure* erlischt.[1407] Sodann besteht keine Pflicht des Emittenten, für die durch anschließende Kapitalerhöhung neu ausgegebenen Aktien die Zulassung am regulierten Markt zu beantragen; § 69 BörsZulV findet keine Anwendung, da die Gesellschaft im Zeitpunkt der Ausgabe junger Aktien kein „Emittent zugelassener Aktien“ mehr ist.[1408] Wird das Kapital hingegen nur teilweise herabgesetzt, bleiben mit anderen Worten noch zugelassene Aktien bestehen, ist auch § 69 BörsZulV einschlägig, so dass der Emittent die Zulassung für die durch Kapitalerhöhung neu geschaffenen Aktien beantragen muss. Ferner finden im zuerst genannten Fall – Kapitalherabsetzung auf Null – die kapitalmarktrechtlichen Vorschriften des WpHG und WpÜG nach der Kapitalherabsetzung keine Anwendung mehr.[1409] Auch Prospektpflichten nach dem WpPG sind nicht einschlägig, da die Börsenzulassung mit der Kapitalherabsetzung auf Null erlischt und demnach keine Verpflichtung besteht, die neu auszugebenen Aktien an der Börse zuzulassen.[1410]

Dennoch ist an dieser Stelle für den Fall der Kapitalherabsetzung auf Null auf zwei kapitalmarktrechtliche Umstände einzugehen: zum einen war es umstritten, ob den Aktionären, die durch die Kapitalherabsetzung auf Null und dem damit einhergehenden sog. kalten Delisting nicht mehr Aktionäre sind, eine Abfindung nach den Grundsätzen der *Macrotron*-Entscheidung[1411] des BGH zu zahlen war.[1412] Mit dem Beschluss des BGH vom 8.10.2013[1413] wurde jedoch diese bis dahin geltende höchstrichterliche Rechtsprechung überholt. Ein Barabfindungsangebot, so wurde im Nachgang einer Entscheidung des BVerfG[1414] entschieden, werde demnach nicht von dem Schutzbereich des Art. 14 Abs. 1 GG der Aktionäre erfasst.[1415] Der aus der *Macrotron*-Entscheidung resultierende Streit war damit hinfällig. Ein Abfindungsangebot schied aus[1416] und eine möglicherweise sanierungshemmende Wirkung durch die Bürde eines Abfindungsanspruchs war beseitigt. Jedoch hat der Gesetzgeber am 1. Oktober 2015 das Gesetz zur Umsetzung der Transparenzrichtlinie-Änderungsrichtlinie verabschiedet, durch das der § 39 BörsG um die Absätze 3–6 ergänzt werden soll, in denen wiederum eine Abfindungspflicht beim Delisting zugunsten der Aktionäre geregelt werden soll. Diese Gesetzesnovelle ist gerade zur Korrektur der Rechtsprechung durch die *Frosta*-Entscheidung über den Ausschluss eines Abfindungsanspruchs beim Delisting

1407 *Reger/Stenzel*, NZG 2009, 1210 (1213).
1408 Vgl. *Wieneke/Hoffmann*, ZIP 2013, 697 (698); *Reger/Stenzel*, NZG 2009, 1210 (1213).
1409 *Reger/Stenzel*, NZG 2009, 1210 (1214).
1410 *Reger/Stenzel*, NZG 2009, 1210 (1214); so auch *Busch* in: Marsch-Barner/Schäfer, Hdb. börsennotierte AG, § 47, Rn. 50.
1411 BGH NZG 2003, 280.
1412 Zu diesem Streit vgl. *Reger/Stenzel*, NZG 2009, 1210 (1213).
1413 BGH NZG 2013, 1342 – *Frosta-Entscheidung*.
1414 BVerfG, NZG 2012, 826.
1415 BGH NZG 2013, 1342 – *Frosta-Entscheidung*.
1416 *Scholz* in: Münch. Hdb. GesellR, § 61, Rn. 86.

ergangen.[1417] Es bleibt jedoch fraglich, ob die Novellierung auf den hier in Rede stehenden Fall Anwendung findet: nach dem Wortlaut des § 39 Abs. 2 Nr. 1 n.F. soll nur dann eine Angebotspflicht ausgelöst werden, wenn der Widerruf der Zulassung auf Antrag erfolgt. Hingegen erlischt die Börsenzulassung im Fall der Kapitalherabsetzung auf Null *ipso iure* wegen Erledigung gem. § 43 Abs. 2 VwVfG[1418] und gerade nicht auf Antrag. Eine direkte Anwendung des § 39 Abs. 2 Nr. 1 n.F. scheidet folglich aus. Vor dem Hintergrund des gesetzgeberischen Zwecks, gerade die Aktionäre durch die Notwendigkeit eines Abfindungsangebots zu schützen und die Rechtsprechung zu korrigieren,[1419] ist es jedoch nicht unwahrscheinlich, dass diese Norm analog anzuwenden ist. Aufgrund der Gesetzesänderung besteht nunmehr immerhin die Möglichkeit, dass die börsennotierte Gesellschaft sich Abfindungsansprüchen ausgesetzt sieht, was sanierungshemmend wirken könnte.

Zum anderen hat die börsennotierte Schuldnerin jedoch in jedem Fall zu beachten, obgleich ihr Grundkapital auf Null herabgesetzt wird, diese Kapitalmaßnahme als Ad-hoc-Mitteilung gem. § 15 WpHG zu veröffentlichen.[1420] Denn als diese kursrelevante Information hinreichend wahrscheinlich geworden ist (§ 13 Abs. 1 S. 3 WpHG), war die Schuldnerin noch „Inlandsemittent von Finanzierungsinstrumenten" i.S.d. § 15 Abs. 1 S. 1 WpHG, so dass eine Veröffentlichungspflicht grundsätzlich besteht.[1421]

Im zweiten Fall – das Kapital wird nicht auf Null herabgesetzt – bleibt mit den börsennotierten Aktien auch die Börsenzulassung dafür bestehen. Den Mitteilungspflichten nach § 15 WpHG sind folglich nachzukommen. Überdies ist im Hinblick auf die anschließende Sachkapitalerhöhung unter Einbringung der Forderungen gegen die börsennotierte Gesellschaft zu beachten, dass gem. § 21 WpHG der Gläubiger-Inferent beim Überschreiten der in § 21 Abs. 1 S. 1 WpHG genannten Stimmrechtsschwellen sowohl dem Emittenten als auch der BaFin dies mitzuteilen hat. Insbesondere wird die Überschreitung der Schwelle von 30% der Stimmrechte, was bei einem DES keineswegs unwahrscheinlich ist, wichtig, da sodann gem. § 29 Abs. 2 WpÜG das Halten der Kontrolle über die Schuldnerin vermutet wird, dies gem. § 35 Abs. 1 WpÜG zu veröffentlichen ist und gem. § 35 Abs. 2 WpÜG grundsätzlich den noch außenstehenden Aktionären ein Pflichtangebot unterbreitet werden muss. Letzteres Erfordernis kann für den Gläubiger ein erhebliches Problem darstellen, wenn dieser nicht bereit und finanziell in der Lage ist, weitere Mittel für den Erwerb der außenstehenden Aktien aufzubringen.[1422]

1417 Vgl. dazu *Bayer*, NZG 2015, 1169 (1170f.).

1418 *Scholz* in: Münch. Hdb. GesellR, § 61, Rn. 84 m.w.N.

1419 Vgl. BT Drucks. 18/6220, S. 83ff.

1420 Vgl. die nicht abschließende Aufzählung veröffentlichungspflichtiger Informationen von der BaFin bei *Grundmann* in: Ebenroth/Boujong/Joost/Strohn, HGB, § 15 WpHG, Rn. VI134 Fn. 29; so auch *Busch* in: Marsch-Barner/Schäfer, Hdb. börsennotierte AG, § 46, Rn. 5.

1421 *Reger/Stenzel*, NZG 2009, 1210 (1214).

1422 *Bauer/Dimmling*, NZI 2011, 517 (519).

Von dem Pflichtangebot kann die BaFin den Gläubiger gem. § 37 WpÜG befreien. Dazu sieht § 9 Satz 1 Nr. 3 WpÜG-AngVO ausdrücklich den Ausnahmetatbestand der Sanierung vor, der verlangt, dass (i) die Gesellschaft sanierungsbedürftig ist, (ii) ein Sanierungskonzept besteht und (iii) der betreffende Gläubiger einen Sanierungsbeitrag leistet.[1423] Obgleich die Anforderungen im Fall eines DES in der Insolvenz regelmäßig gegeben sein dürften,[1424] verbleiben letztlich Unsicherheiten wegen des Ermessenspielraums der BaFin (§ 37 Abs. 1 WpÜG) und der schlechten Planbarkeit der Befreiung.[1425] Aus diesem Grund wird eine positiv gesetzliche Regelung einer Befreiung für sinnvoll erachtet.[1426]

IV. Zusammenfassende Stellungnahme

Durch das ESUG hat der Gesetzgeber mit der Tradition gebrochen, die Rechte der Gesellschafter im Insolvenzverfahren unberührt zu lassen – ein zwangsweiser Eingriff in die Gesellschaftsstruktur im Insolvenzverfahren war tabu. Nunmehr können die Gesellschafter als „Beteiligte" i.S.d. §§ 217, 254 InsO in den Wirkungsbereich des Insolvenzplans einbezogen werden. Dies ist geradezu revolutionär.[1427]

Nachdem die entsprechenden Novellierungen zur Umwandlung von Schulden in Eigenkapital nach dem ESUG dargestellt worden sind, sind diese abschließend zu bewerten.

1. Blockadepotenziale bei der Sanierung mittels DES

Eines der größten Hindernisse bei der Durchführung eines DES außerhalb des Insolvenzverfahrens, aber auch nach dessen Eröffnung nach alter Rechtslage, lag in dem Umstand begründet, dass in die Rechte der Gesellschafter und damit in die Gesellschaftsstruktur nicht ohne die Einwilligung der Anteilseigentümer eingegriffen werden konnte.[1428]

Im Folgenden ist zusammenfassend darzustellen, inwieweit die vorangestellten potentiellen Möglichkeiten der Obstruktion ausgeräumt worden sind.

a. Abgeschwächtes Zustimmungserfordernis

Ein separater Beschluss der zuständigen Gesellschaftsorgane mit den hohen Zustimmungsanforderungen ist nach dem ESUG nicht mehr notwendig. Die Kapitalmaßnahmen können in den gestaltenden Teil des Insolvenzplans einbezogen werden und werden nach dessen Bestätigung und mit der anschließenden Eintragung

1423 Ausführlich *Wieneke/Hoffmann*, ZIP 2013, 697 (702ff.).
1424 Vgl. *Wieneke/Hoffmann*, ZIP 2013, 697 (702ff.).
1425 *Rattunde*, GmbHR 2012, 455 (461).
1426 So *Bauer/Dimmling*, NZI 2011, 517 (519).
1427 *K. Schmidt*, BB 2011, 1603 (1607).
1428 Dazu oben Teil 1, B., IV. und Teil 2, B., II.

wirksam.[1429] Innerhalb der Gruppe der Gläubiger bedarf es dazu lediglich einer einfachen Mehrheit der Anzahl der zustimmenden Gläubiger und ihrer Ansprüche der Höhe nach. Für die Gruppe der Anteilseigner wird sogar auf die Kopfmehrheit verzichtet. Die Anforderungen an die Mehrheiten der Zustimmung sind im Insolvenzplanverfahren demnach herabgesetzt. Im Umkehrschluss bedarf es nunmehr nicht mehr nur einer Minderheit von 25% sondern einer einfachen Mehrheit innerhalb der Gruppen, um die Zustimmung zu blockieren.

b. Bezugsrechtsausschluss

Auch nach dem ESUG ist den bestehenden Anteilseignern grundsätzlich ein Recht einzuräumen, an der Kapitalerhöhung teilzunehmen und neue Anteile beziehen zu können. Dahingehend besteht also kein Unterschied zur Rechtslage außerhalb der Insolvenz. Das Bezugsrecht ist aber nach den Grundsätzen, die auch schon außerhalb der Insolvenz Anwendung finden, ausschließbar. Allerdings ist im Rahmen der Abwägung der Interessen zur Beantwortung der Frage nach der Verhältnismäßigkeit des Bezugsrechtsausschlusses die besondere Situation der Insolvenz zu berücksichtigen: die Sanierung wird regelmäßig im Interesse der Gesellschaft und den Gläubigern liegen. Ferner ist in der Abwägung besonders zu gewichten, wenn die Gläubiger ihre Teilnahme am DES von dem Erreichen einer bestimmten (Kontroll-) Mehrheit abhängig machen. Sodann kann eine Teilnahme der bereits bestehenden Anteilseignern nur gerechtfertigt sein, wenn deren Sanierungskonzept die Sanierung in mindestens gleicher Qualität, wie sie von den Gläubigern mittels DES geplant war, gewährleisten kann.[1430] Wird im Ergebnis ein effektiver, gleichwertiger Beitrag zur Sanierung von den Alt-Gesellschaftern nicht ersichtlich, ist der Bezugsrechtsausschluss regelmäßig verhältnismäßig.[1431] Ob die Rechte der Alt-Gesellschafter im konkrete Einzelfall hinreichend gewahrt worden sind, ist wiederum Gegenstand der gerichtlichen Überprüfung gem. §§ 231 Abs. 1 Nr. 1, 250 Nr. 1 InsO.[1432]

c. Entscheidungskompetenz bei der Planbestätigung

Eine andere Frage als die nach dem Recht zum Bezug neuer Anteile seitens der Alt-Eigentümer ist diejenige, wie jene Alt-Gesellschafter an dem Insolvenzplanverfahren zu beteiligen sind. Neben der soeben dargestellten Herabsetzung des notwendigen Quorums[1433] ändert sich im Insolvenzplanverfahren aber auch die Kompetenz zum Beschluss der Kapitalmaßnahmen – nicht mehr die bestehenden Anteilseigner allein, sondern vor allem die Gläubiger üben nunmehr erheblichen Einfluss auf die Gesellschaftsstruktur aus. Dies ist zu begrüßen, da die Anteilseigner sowohl

1429 Dazu oben Teil 2, B., III., 2., b., 4).
1430 Dazu oben Teil 2, B., III., 2., b., 2), d), (2), (c).
1431 Vgl. *K. Schmidt*, ZGR 2012, 566 (580).
1432 Vgl. *Simon/Merkelbach*, NZG 2012, 121 (127).
1433 Dazu oben Teil 2, B., IV., 1., a.

außerhalb des Insolvenzplans als auch nach der Eröffnung des Insolvenzverfahrens nach altem Recht es regelmäßig entscheidend in der Hand hatten, ob die Sanierung mittels DES durchgeführt wurde. Die Entmachtung ist auch sachgerecht: im eröffneten Insolvenzverfahren ist der wirtschaftliche Wert der Unternehmensanteile drastisch reduziert – er tendiert regelmäßig gegen null.[1434] Darüber hinaus wird der Insolvenzverwalter regelmäßig das Verwaltungs- und Verfügungsrecht über das Gesellschaftsvermögen gem. § 80 InsO übernehmen. Dieses hat der Insolvenzverwalter nunmehr im Interesse der Insolvenzmasse und demnach im Interesse der Gläubiger auszuüben.[1435] Mit anderen Worten ist auch das im Unternehmensanteil verbriefte Verwaltungsrecht erheblich beeinträchtigt.[1436]

1) Grundsätzliche Beteiligung der Alt-Gesellschafter

Andererseits hat der Gesetzgeber gut daran getan, den bestehenden Anteilseigner grundsätzlich am Beschlussverfahren des Insolvenzplans teilhaben zu lassen und etwa nicht dem Insolvenzverwalter[1437] oder der Gläubigerversammlung ein unmittelbares Eingriffsrecht in den Unternehmensanteil zuzusprechen. Denn der Anteil hat auch noch im Insolvenzverfahren Bestand und genießt unverändert den Eigentumsschutz nach Art. 14 GG. Auch wenn dieses Recht reduziert worden ist,[1438] ein Mindestmaß an Einflussnahme muss auch dem formalen Unternehmenseigentümer noch zuteilwerden. So können die Anteilsinhaber immerhin durch die Teilnahmerechte am Erörterungs- und Abstimmungstermin ihre Ansicht über dem Plan äußern und demnach die Meinungsbildung beeinflussen.[1439]

Dazu werden sie als „Beteiligte" in Gruppen eingeteilt. Zwar werden hinsichtlich der Gruppenbildung teilweise Bedenken geäußert, dass diese missbräuchlich durchgeführt werden könne, um eine günstige Planbestätigung zu erreichen. Jedoch wird die Gruppenbildung einerseits gerichtlich überprüft und andererseits besteht bei einer zu offensiven Gruppeneinteilung das Risiko, dass eine etwaige Obstruktion nicht gem. § 245 InsO unbeachtlich ist.[1440] Demnach ist letztlich die Gruppeneinteilung als wenig problematisch zu sehen. Daran wird sich auch nichts ändern, wenn nunmehr die Anteilseigner in die Gruppenbildung einbezogen werden. Einzig die Gefahr einer Verzögerung droht, wenn das Gericht mit der Gruppenbildung im

---

1434 Dazu oben Teil 2, B., III., 2., b., 2), d).

1435 *Hirte*, BB 2010, Standpunkte Heft 13, S. 26; vgl. auch *Klopp/Kluth/Pechartscheck* in: Gottwald, Insolvenzrechts-Handbuch, § 22, Rn. 1ff.

1436 Dazu oben Teil 2, B., III., 2., b., 2), d), (1).

1437 So der Vorschlag von *Haas*, NZG 2012, 961 (964).

1438 Vgl. *K. Schmidt*, BB 2011, 1603 (1609), der von *„situativ reduziertem Mitgliedschaftsrecht"* spricht.

1439 Ähnlich *Bork*, Sanierungsrecht in Deutschland und England, Rn. 15.21; *Braun/Heinrich*, NZI 2011, 505 (508).

1440 Dazu oben Teil 2, B., III., 2., b., 2), a), (2).

Rahmen seiner Prüfung nicht einverstanden ist und den Plan daraufhin (vorerst) zurückweist.

2) Obstruktionsverbot auf Alt-Gesellschafter anwendbar

Die Teilnahme der Anteilseigner am Insolvenzplanverfahren hat aber auch zur Konsequenz, dass das Obstruktionsverbot gem. § 245 InsO auf die entsprechende Abstimmungsgruppe anwendbar ist. Es wurde gezeigt, dass, wenn die Gruppe der Anteilseigner gegen den Insolvenzplan stimmt, die Zustimmung dennoch regelmäßig über § 245 Abs. 1, 3 InsO fingiert werden kann. Damit wird die Möglichkeit geschaffen, grundsätzlich gegen den Willen der Anteilseigner dem Insolvenzplan zuzustimmen, den DES wirksam werden zu lassen und letztlich in die Rechte der Gesellschaftseigentümer einzugreifen.[1441] Nach der Insolvenzordnung ist nunmehr also ein *cram down* – also das Herunterzwingen – der Mitgliedschaftsrechte möglich. Auf den Willen der Anteilseigner im Abstimmungsprozess kommt es demnach häufig faktisch nicht mehr an.[1442] Zumindest durch die Abstimmung gegen den Insolvenzplan können sich die Eigentümer in der Regel nicht mehr gegen einen DES wehren. Das Ergebnis spiegelt die allgemeinen Regeln des Obstruktionsverbots, die nunmehr für die Anteilsinhaber gelten, wider. Es löst nämlich das „Spannungsverhältnis zwischen Wertschöpfung und Wertbeanspruchung“[1443] auf und verhindert zweckmäßig das missbräuchliche Abstimmungsverhalten von Alt-Gesellschaftern, deren Rechte („Wertbeanspruchung“) erheblich reduziert sind zugunsten derjenigen, deren Rechte weiterhin schutzwürdig sind und denen mithin die „Wertschöpfung“ zugutekommen soll. Somit wird letztlich verhindert, dass durch das missbräuchliche Abstimmungsverhalten derjenigen, die ohnehin eine Besserstellung in Abwesenheit des Plans nicht erwarten können, ein Sanierungsinsolvenzplan, der eine Besserstellung schützenswerter Interessen gegenüber der Liquidation enthält, blockiert wird. Dies ist eine begrüßenswerte Verbesserung des Insolvenzplanverfahrens.

Neben diesen positiven Regelungen, die ausschließlich im Insolvenzverfahren fruchtbar gemacht werden können, können diese jedoch auch auf die Sanierung im Vorfeld der Insolvenz ausstrahlen. Den Anteilseignern kann nämlich bereits im vorinsolvenzlichen Stadium vor Augen geführt werden, dass, wenn das Insolvenzplanverfahren erst einmal durchgeführt wird, ihre Zustimmung ohnehin regelmäßig nicht mehr notwendig ist.[1444] Unter Umständen werden sie sich dann von einem kooperativem Verhalten und letztlich von einer vorzeitigen Sanierung mittels eines DES überzeugen lassen.

1441 So auch *Hölzle*, KTS 2011, 291 (322).
1442 So auch *Madaus*, ZGR 2011, 749 (754f.); vgl. auch *Stöber*, ZInsO 2012, 1811 (1818).
1443 *Eidenmüller*, Unternehmenssanierung zwischen Markt und Gesetz, S. 79.
1444 Vgl. *Piekenbrock*, ZVglRWiss 108 (2009), 242 (269f.).

3) Kein DES ohne Gläubigerzustimmung

In diesem Zusammenhang ist aber anzumerken, dass das durchaus sinnvolle Obstruktionsverbot bei der Umwandlung von Schulden in Eigenkapital nicht auf die Gläubiger anwendbar ist. Vielmehr muss jeder einzelne Gläubiger dem DES ausdrücklich zustimmen, § 225a Abs. 2 S. 2 InsO, § 230 Abs. 2 InsO.[1445] Eine Fiktion der Zustimmung ist nicht möglich. Daraus könnten sich zweierlei Problemstellungen ergeben:

Erstens könnten einige Gläubiger als Trittbrettfahrer einen Sanierungsbeitrag in Form der Forderungsumwandlung verweigern und sodann ihre Forderung in vollem Umfang gegen die sanierte Gesellschaft geltend machen und durchsetzen. Dies ist zumindest außerinsolvenzlich als problematisch anerkannt.[1446]

Zweitens haben es die Gläubiger in der Hand, ob und in welchem Umfang ihre Forderungen als Sacheinlage in die Gesellschaft eingelegt werden und der DES durchgeführt wird. Der noch im Diskussionsentwurf zum ESUG vom 29. Juni 2010 beinhaltete § 230 Abs. 2 S. 2 InsO-E sah vor, auch Gläubiger unter bestimmten Voraussetzungen zwangsweise in die Wirkung des Insolvenzplans einzubeziehen. Eine Möglichkeit des *cram-down* im Hinblick auf die Gläubiger ist jedoch nicht in der InsO umgesetzt worden.[1447] Dies scheint auf den ersten Blick unproblematisch zu sein, sind es doch die Gläubiger, die von dem DES profitieren sollen. Schwierigkeiten können jedoch dann auftreten, wenn – wie dies nicht selten der Fall ist – nicht alle Gläubiger dieselbe Strategie verfolgen und insbesondere dann, wenn ein oder mehrere Großgläubiger in der Lage sind, das gesamte Verfahren scheitern zu lassen.[1448] In diesem Fall werden sie ihren Einfluss während des Insolvenzplanverfahrens optimal dazu nutzen, den maximalen Anteilszuwachs durch den DES zu erreichen. Ihnen bleibt damit eine ähnlich große Einflussmöglichkeit wie den Anteilseignern außerhalb des Insolvenzverfahrens.

Ob dieses Sanierungshindernis dazu führt, dass der DES „praktisch tot“[1449] ist, darf bezweifelt werden. Zwar wurde im Vorfeld vermehrt – mit Recht – darauf aufmerksam gemacht, dass die Sanierung grundsätzlich nicht durch einzelne Gläubiger blockiert werden dürfe,[1450] doch stellt der DES ein zu wichtiges Sanierungsinstrument dar, das den Gläubigern einen höheren Rückfluss in Aussicht stellt, als diese bei der Liquidation zu erzielen in der Lage wären. Da die Gläubigerentscheidung aus dem für das Insolvenzplanverfahren grundsätzlich bestehenden Mehrheitsprinzip herausgenommen wird, ist die Verhandlungs-

---

1445 Dazu oben Teil 2, B., III., 2., b., 4), c).

1446 Vgl. den Fall BGH NJW 1992, 967 – *Akkordstörer-Urteil.*

1447 *Hölzle* in: Kübler, HRI, § 31, Rn. 65f.

1448 Vgl. etwa *Pape*, ZInsO 2011, 1033 (1040).

1449 So aber *Frind*, ZInsO 2011, 656 (657).

1450 Vgl. *Hirte*, BB 2010, Standpunkte Heft 13, S. 26; vgl. *Jacoby*, BB 2010, Standpunkte Heft 13, S. 30.

macht der Gläubiger anzuerkennen und muss bei der Planausarbeitung *in praxi* berücksichtigt werden.

d. *Anfechtungsmöglichkeiten im weiteren Sinne*

Ein weiterer Aspekt, der zur Sanierungsblockade erstarken kann, ist in den diversen Anfechtungsrisiken zu sehen. Dabei soll es für die zu beurteilende effiziente Umsetzung eines DES im Insolvenzplanverfahren einerseits um gesellschaftsrechtliche Anfechtungsklagen gegen die notwendigen Gesellschafterbeschlüsse gehen. Ferner ist die Möglichkeit einzubeziehen, mittels Insolvenzanfechtungen gem. §§ 129 ff. InsO im Vorfeld der Insolvenz getätigte Rechtsgeschäfts rückgängig zu machen. Auch ist in diesem Zusammenhang der Minderheitenschutz gem. § 251 InsO und die sofortige Beschwerde gem. § 253 InsO im Rahmen des Insolvenzplanverfahrens zu berücksichtigen.

1) Anfechtungsmöglichkeiten *vor* Inkrafttreten des ESUG

Die vor Eröffnung des Insolvenzverfahrens notwendigen Beschlüsse über die Kapitalmaßnahmen sind grundsätzlich nach gesellschaftsrechtlichen Vorschriften anfechtbar,[1451] was letztlich eine nicht unerhebliche Verzögerung der Eintragung oder sogar deren vollständiger Ablehnung nach sich ziehen kann. Anfechtungsgründe können insbesondere aus der Überbewertung der Sacheilage und der Verhältnismäßigkeitsprüfung im Rahmen des Bezugsrechtsausschlusses resultieren.[1452]

Auch besteht das Risiko, wenn der DES außerhalb des Insolvenzverfahrens durchgeführt wird, dass das Sanierungsprivileg des § 39 Abs. 4 InsO dann nicht für die Gläubiger anwendbar ist, so dass Darlehen der Gesellschafter nachrangig sind und etwaige Befriedigungs- oder Sicherungshandlungen gem. § 135 InsO der Insolvenzanfechtung unterliegen können.[1453]

Wurde ein DES vor Inkrafttreten des ESUG etwa mittels einer Bedingung (§ 249 InsO) mit dem Insolvenzplan verknüpft, bestand ein Verzögerungsrisiko nach eröffnetem Insolvenzverfahren auch dann, wenn Gläubiger gem. § 251 InsO a.F. glaubhaft machen konnten, dass sie mit dem Plan voraussichtlich schlechter gestellt sind, als sie ohne den Plan stünden. Sodann musste das Gericht nämlich über die Schlechterstellung Beweis erheben. Obgleich das Gericht die Planbestätigung erst versagen durfte, nachdem die Schlechterstellung festgestellt worden war, führte das bis dahin durchzuführende Verfahren zu Verzögerungen, die eine Sanierung faktisch scheitern lassen konnte.[1454] Ähnliches Verzögerungspotenzial barg § 253

1451 Dazu oben Teil 1, B., II., 2., b.
1452 Dazu oben Teil 1, B., III., 3.
1453 Dazu oben Teil 1, B., IV., 4.
1454 *Bork*, Sanierungsrecht in Deutschland und England, Rn. 17.60f.

InsO a.F., wonach die sofortige Beschwerde eingelegt werden konnte, ohne dass weitere Voraussetzungen erfüllt werden mussten.[1455]

Diese Maßnahmen, unabhängig davon, ob sie vor oder nach Eröffnung des Insolvenzverfahrens zur Anwendung kamen, bargen erhebliches Potenzial, die Sanierung zu verzögern. Hatten nunmehr Minderheiten Einfluss auf jene Maßnahmen, kam ihnen damit die Möglichkeit zu, nach ihrem Gusto und grundsätzlich im Rahmen des gesetzlich Zulässigen die Sanierung zu blockieren. Um diesem Blockadepotenzial zu entgehen, waren die Mehrheiten nicht selten dazu bereit, gegenüber den Minderheiten Leistungen zu erbringen, die ihnen objektiv gar nicht zustanden. Dadurch sollte erreicht werden, dass die Sanierung planmäßig voranschreiten konnte. Ein solcher Zustand wurde zu Recht massiv kritisiert.

2) Anfechtungsmöglichkeiten *nach* Inkrafttreten des ESUG

Wird der DES nach dem ESUG im Rahmen des Insolvenzplanverfahrens durchgeführt, müssen hingegen keine Gesellschafterbeschlüsse gefasst werden, die einer gesellschaftsrechtlichen Anfechtung unterliegen. Auch das Risiko der Insolvenzanfechtung wird obsolet. Aber nach wie vor sind die Regelungen zum Minderheitenschutz (§ 251 InsO) und zur sofortigen Beschwerde (§ 253 InsO) im Insolvenzplanverfahren anwendbar. Sie ersetzen das gesellschaftsrechtliche Anfechtungsrecht.[1456]

Jedoch wurden die Voraussetzungen für diese Schutzmechanismen angehoben. Überdies ist im Hinblick auf den Minderheitenschutz gem. § 251 InsO positiv hervorzuheben, dass durch die Einfügung des Absatzes 3 nunmehr der Planinitiator dafür Vorsorge treffen kann, eine Verzögerung durch Stellung des Antrags nach § 251 Abs. 1 InsO zu vermeiden, indem hinreichende Mittel im Plan bereitgestellt werden. Ob und wie die Schuldnerin diese zusätzlichen Mittel beschafft, was gerade in der Insolvenz teilweise schwierig sein dürfte, ist eine Frage des Einzelfalls. Ferner ist zu beachten, dass nach hier vertretener Ansicht dem Gericht die Kompetenz zur Überprüfung einer hinreichenden Mittelbereitstellung zukommt.[1457] Die Gegenansicht überdehnt den gesetzgeberischen Zweck der Verfahrensbeschleunigung hin zu einer zu einseitigen Beeinträchtigung des Minderheitenschutzes. Richtig ist vielmehr, dass die Überprüfung der bereitgestellten Mittel der Höhe nach eine Voraussetzung für einen effektiven Minderheitenschutz ist, der ebenfalls durch § 251 InsO gewährleistet werden soll. Die Frage, ob der Antragsteller Mittel erhält, ist außerhalb des Planverfahrens vor den ordentlichen Gerichten zu entscheiden. Im Ergebnis kann die vor Inkrafttreten des ESUG vorgelegene Gefahr einer Verzögerung einerseits ausgeräumt werden und durch die Notwendigkeit der Bereitstellung

1455 Vgl. *Göb*, NZG 2012, 371 (376); *Jaffé* in: Kölner Schrift zur Insolvenzordnung, Kap. 23, Rn. 65.

1456 Vgl. *Weber/Schneider*, ZInsO 2012, 374 (382); vgl. *Haas*, NZG 2012, 961 (965).

1457 Dazu oben Teil 2, B., III., 2., b., 6) und 7).

von finanziellen Mitteln im Insolvenzplan erfährt der Minderheitenschutz andererseits keine unverhältnismäßige Einbuße.

Ebenfalls wurden die Voraussetzungen für die sofortige Beschwerde gem. § 253 InsO angehoben.[1458] Im Zusammenhang mit den Veränderungen in § 251 Abs. 3 InsO ist nunmehr etwa glaubhaft zu machen, dass die demnach bereitgestellten Mittel nicht ausreichen, um den etwaigen Nachteil durch Zahlung auszugleichen. Eine weitergehende (ungeschriebene) Voraussetzung für die sofortige Beschwerde in Form der vorherigen Durchführung des Minderheitenschutzverfahrens gem. § 251 InsO ist nach hier vertretener Ansicht nicht geboten. Die wohl spürbarste Verbesserung wurde jedoch in § 253 Abs. 4 InsO eingefügt: durch Antrag des Insolvenzverwalters weist das Landgericht die sofortige Beschwerde zurück, wenn es der Ansicht ist, dass die Interessen an dem Wirksamwerden des Insolvenzplans gegenüber etwaigen Nachteilen des Beschwerdeführers überwiegen. Ein starkes Indiz für das überwiegende Vollzugsinteresse wird regelmäßig in der durch den Insolvenzplan bezweckten Sanierung zu sehen sein. In diesem Fall steht dem Planvollzug und damit einhergehend der geplanten Sanierung kein Hindernis mehr im Weg. Der Beschwerdeführer wird auf einen etwaigen Anspruch auf Schadensersatz verwiesen, der aber außerhalb des Insolvenzverfahrens geltend zu machen ist. Ähnlich wie der Antragsteller gem. § 251 Abs. 1 und 3 InsO wird demnach auch der Beschwerdeführer lediglich einen finanziellen Ausgleich verlangen können,[1459] der das Insolvenzplanverfahren nicht unmittelbar berührt. Im Gegensatz zu dem Anspruch gem. § 251 Abs. 3 InsO, für den ja gerade Mittel im Plan vorgesehen sind, ist für den Schadensersatzanspruch (§ 253 Abs. 4 InsO) zu beachten, dass sich dieser gegen die sich noch in der Sanierung befindlichen Gesellschaft richtet, die folglich diese finanzielle und bilanzielle Belastung verkraften muss. Dennoch ist zu begrüßen, dass durch die ausgewogenen Neuregelungen hinsichtlich der Minderheiten- und Beschwerderechten das Verzögerungs- und Blockadepotenzial eingeschränkt werden kann. Andererseits ist das wirtschaftliche Interesse derjenigen, die – aus redlichen oder unredlichen Motiven – gegen den Plan vorgehen, durch die ihnen zugesprochenen Ansprüche auf finanzielle Entschädigung gewahrt. Für die Gläubiger, die regelmäßig nur finanzielle Interessen verfolgen, ist dies ohnehin unproblematisch. Aber auch für die bestehenden Anteilseigner wird sich im Insolvenzverfahren das vornehmliche Interesse auf die Wahrung des wirtschaftlichen Wertes ihres Anteils beziehen. Denn die diesem innewohnenden Verwaltungsrechte sind durch die Eröffnung des Insolvenzverfahrens ohnehin stark reduziert. Die Anteilsrechte werden regelmäßig durch die Einbeziehung in den Insolvenzplan, denn nur dann stehen den Anteilseignern überhaupt die Rechte aus § 251 InsO und § 253 InsO zu, weiter entwertet. Demnach ist der Anspruch auf einen rein finanziellen Ausgleich sachgerecht.

1458 Dazu oben Teil 2, B., III., 2., b., 7).

1459 Zu den Voraussetzungen der unterschiedlichen Ansprüche *Madaus*, NZI 2012, 597 (599).

2. *Forderungsbewertung*

Soll die Forderung als Sacheinlage im Rahmen eines DES in die Gesellschaft eingelegt werden, muss ermittelt werden, welcher Wert der Forderung noch zukommt und wie viele Anteile im Gegenzug dafür ausgegeben werden können. Insbesondere für die AG außerhalb des Insolvenzverfahrens ist dies aufwendig, muss dann doch ein externer Prüfungsbericht über die Bewertung angefertigt werden. Der Wert der Forderung wird allgemein nach der Leistungsfähigkeit des Schuldners beurteilt – dies macht regelmäßig eine Unternehmensbewertung notwendig.[1460]

Die Frage nach der Bewertungsmethode im Krisenstadium ist problematisch, da die Antwort weder gesetzlich vorgegeben noch in Literatur und Rechtsprechung abschließend geklärt ist. In der Praxis birgt dieser Zustand Rechtsunsicherheiten. Dies betrifft insbesondere die grundsätzliche Frage, ob Liquidations- oder Fortführungswerte anzusetzen sind. Im ersten Fall würde aufgrund der erheblichen Abwertung der Unternehmensaktiva auch der für den DES zur Verfügung stehende Forderungswert erheblich herabgesetzt werden, so dass die Einbringung für den Gläubiger mitunter deutlich weniger oder gar nicht mehr attraktiv sein wird. Anders gefasst: die Annahme von Fortführungswerten steigert hingegen die wirtschaftliche Attraktivität eines DES für die Gläubiger. Die konkrete Sanierungsmaßnahme eines DES soll demnach bei der Frage nach der Bewertung zu Fortführungswerten dann berücksichtigt werden, wenn sie rechtlich gesichert und in ihrer Umsetzung hinreichend wahrscheinlich ist.

Dies wird man beim DES *außerhalb* der Insolvenz für den relevanten Bewertungszeitpunkt annehmen dürfen, wenn der Gesellschafterbeschluss gefasst ist und die Gläubiger die Einbringung ihrer Forderungen verbindlich per Einbringungsvertrag zugesagt haben. Neben dieser Frage des anzuwendenden Bewertungsgrundsatzes und der damit zusammenhängenden wirtschaftlichen Sinnhaftigkeit eines DES für die Gläubiger versehen weitere potentielle Hindernisse bei der Forderungsbewertung außerhalb des Insolvenzverfahrens den DES mit Unwägbarkeiten: zum einen kann die Eintragung der Kapitalmaßnahme durch notwendige Zwischenverfügungen seitens des Registergerichts verzögert werden, wenn es die jeweilige Forderungsbewertung für nicht rechtmäßig anerkennt.[1461] Im Gegensatz zu der hier vertretenen Ansicht muss das Registergericht der herrschenden Lehre zufolge die Eintragung der Sachkapitalerhöhung bei der AG sodann sogar gänzlich ablehnen; eine Nachbesserung per Zwischenverfügung ist entgegen der hier vertretenen Ansicht der herrschenden Lehre zufolge nicht vorgesehen. Aber selbst die durch eine Zwischenverfügung eintretende Verzögerung ist nachteilig zu beurteilen, da aus ihr ein Vorzögerungspotenzial für die Sanierung resultieren kann – die Planbarkeit der Sanierung wird beeinträchtigt.

1460 Dazu oben Teil 1, B., II., 2., c., 1).
1461 Dazu oben Teil 1, B., II., 2., e., 3).

Wird die Kapitalmaßnahme in das Handelsregister eingetragen und stellt sich sodann heraus, dass die Bewertung der Forderung zu hoch angesetzt wurde, droht den Inferenten eine Nachzahlung in bar in Höhe der Differenz zwischen eingetragenem und wahrem Forderungswert.[1462] Im Zusammenhang mit den beschriebenen Unwägbarkeiten der Forderungsbewertung stellt dieser Umstand für die Inferenten-Gläubiger ein erhebliches Sanierungsrisiko dar, laufen sie doch Gefahr, neben dem Sanierungsbeitrag in Form eines DES auch noch Barmittel nachzahlen zu müssen. Die Gläubiger werden folglich nicht selten davor abgeschreckt, außerhalb des Insolvenzverfahrens überhaupt erst ihre Forderungen als Sacheinlage im Rahmen eines DES einzulegen – die Sanierung kann dadurch erheblich erschwert werden.

Soll die Forderung *innerhalb* des Insolvenzplanverfahrens in die Gesellschaft eingelegt werden, ist, wie auch beim DES außerhalb der Insolvenz, unzweifelhaft, dass die Forderungen ebenfalls zu bewerten ist. Die dahingehende Klarstellung in der Gesetzesbegründung ist zu begrüßen.[1463] Weiterhin, wie auch schon im Zusammenhang mit der Kapitalerhöhung außerhalb des Insolvenzverfahrens, ist aber auch nach eröffnetem Insolvenzverfahren umstritten, auf welcher Grundlage die Forderungsbewertung zu erfolgen hat: zu Liquidations- oder zu Fortführungswerte? Selbst nach eröffnetem Insolvenzverfahren, also wenn das Unternehmen zahlungsunfähig und/oder überschuldet ist, ist eine den DES fördernde Evaluierung zu Fortführungswerten nicht ausgeschlossen, sondern hängt, wie auch schon außerhalb des Insolvenzverfahrens, wiederum von den konkreten Umständen des Einzelfalls ab. Die besseren Argumente sprechen aber dafür, grundsätzlich bei der Durchführung eines DES im Insolvenzplanverfahren ebenfalls Fortführungswerte anzusetzen.[1464] Die Anwendbarkeit von Fortführungswerten wird im Insolvenzplanverfahren dadurch unterstützt, dass die Einbeziehung der konkreten Sanierungsmaßnahme hinreichend wahrscheinlich und rechtlich gesichert sein wird. Dies ist dem Umstand geschuldet, dass im für die Bewertung relevanten Zeitpunkt der Insolvenzplan bereits sowohl durch die Gruppen als auch durch das Gericht genehmigt ist und folglich der darin enthaltene DES auch mit hinreichender Sicherheit durchgeführt werden wird.

3. *Flankierende Regelungen*

a. *Ausschluss der Differenzhaftung, § 254 Abs. 4 InsO*

Eine weitere für den Gläubiger im Hinblick auf die Bewertungsproblematik bedeutende Novellierung liegt in § 254 Abs. 4 InsO, wonach im Anschluss an die Planbestätigung keine Ansprüche mehr wegen einer etwaigen Überbewertung der Forderung geltend gemacht werden können. Die außerhalb des Insolvenzverfahrens

1462 Dazu oben Teil 1, B., II., 2., e., 3).

1463 BT Drucks. 17/5712, S. 31f.

1464 Dazu bereits oben Teil 2, B., III., 2., b., 2), c), (2), (c).

bestehende und die Gläubiger abschreckende Gefahr, den Differenzwert nachzahlen zu müssen, ist beseitigt.[1465]

Es wurde gezeigt, dass die kritischen Stimmen zum Ausschluss der Differenzhaftung nicht überzeugen können.[1466] Bei der Abwägung zwischen dem Schutz der Neu-Gläubiger und einer effektiven Sanierungsmöglichkeit ist letzterer der Vorrang zu gewähren: die Neu-Gläubiger werden bereits durch die gesetzlichen Vorschriften zur gerichtlichen Prüfung der Sacheinlage und der Haftungsgefahr des Insolvenzverwalters hinreichend vor einer missbräuchlichen Überbewertung geschützt. Die nachteiligen Folgen sind weitaus geringer, als von den kritischen Stimmen dargestellt. Allein die der Forderungsbewertung immanenten Unwägbarkeiten sind auch von den Neu-Gläubigern zu tragen. Dies ist vor dem Hintergrund einer effektiven Sanierungsgestaltung zu akzeptieren. Der Ausschluss der Differenzhaftung nach Planbestätigung stellt folglich eine sinnvolle und gar notwendige Regelung dar, um den Investoren Planungs- und Kalkulationssicherheit zu bieten und sie somit überhaupt erst zur Sanierung mittels DES zu animieren.[1467]

b. Vertragliche Sonderkündigungsrechte, § 225a Abs. 4 InsO

Im Grundsatz positiv hervorzuheben ist der in § 225a Abs. 4 InsO normierte Ausschluss von Vertragskündigung und -rücktritt, wenn diese aufgrund der Maßnahmen gem. § 225a Abs. 2 und Abs. 3 InsO erfolgen. Auf Grundlage des hier im Mittelpunkt stehenden DES können demnach sogenannte Change of Control-Klauseln in Verträgen nicht mehr geltend gemacht werden.[1468] Die positiv gesetzliche Normierung schafft Rechtssicherheit, da zuvor unklar gewesen ist, ob derartige vertragliche Vereinbarungen nicht schon nach allgemeinen Vorschriften unwirksam waren.[1469]

Eine Fortführung der Unternehmung im Anschluss an einen DES, ohne dass dabei wichtige Vertragsverhältnisse erhalten bleiben, erscheint äußerst schwierig. Die Gefahr potentieller Sonderkündigungsrechte würde die Umsetzung einer Sanierung durch einen DES erheblich erschweren. Aus diesem Grund ist die Anordnung der Unwirksamkeit derartiger Vertragsgestaltungen positiv zu bewerten.[1470] Dies ist insbesondere im Hinblick auf die Situation der Durchführung eines DES *vor Eröffnung* des Insolvenzverfahrens der Fall, da sich die Gläubiger dann auf derartige Vertragsregelungen berufen und folglich für die Schuldnerin durchaus existenzielle Verträge kündigen können. Da der DES auf die vom Kündigungsausschluss erfassten

---

1465 Dazu oben Teil 2, B., III., 2., b., 8), a).

1466 Oben Teil 2., III., 2., b., 8), a), (3).

1467 Vgl. *Braun/Heinrich*, NZI 2011, 505 (509); *Heckschen* in: Reul/Heckschen/Wienberg, Insolvenzrecht in der Gestaltungspraxis, Kap. N, Rn. 206; *Günther*, ZInsO 2012, 2037 (2041); *Blöse*, GmbHR 2012, 471 (477).

1468 Dazu oben Teil 2, B., III., 2., b., 8), b).

1469 Zustimmend etwa *Hölzle*, NZI 2011, 124 (129); ablehnend *Wimmer*, ESUG-Reform, S. 8.

1470 So auch *Heinrich*, NZI 2012, 235 (239).

Maßnahmen gem. § 225a Abs. 2 und Abs. 3 InsO beruht, wird ein hinreichender Schutz gewährleistet. Weitere Umstände des Kontrollwechsels, etwa personelle Veränderungen im Vorstand bzw. der Geschäftsführung oder Veräußerung wesentlicher Teile des Betriebsvermögens[1471] sind hingegen von § 225a Abs. 4 InsO nicht erfasst. Darin ist die Möglichkeit zu erblicken, die entsprechenden Change of Control-Klauseln in der Praxis anzupassen, um dem Ausschluss des § 225a Abs. 4 InsO zu entgehen.[1472] Im Einzelfall gilt es also, die entsprechende Vertragsklausel genau zu prüfen. Ist der Tatbestand des Ausschlusses dieses Sonderkündigungsrechts nicht erfüllt, muss sich die Norm an den allgemeinen Regeln messen: für den Fall einer formularmäßigen Verwendung könnte diese gegen § 307 BGB verstoßen.[1473] Bei einzelvertraglich ausgehandelten Klauseln liegt die Grenze bei § 138 BGB.[1474] Auch die Prüfung des § 119 InsO bleibt zu beachten.[1475]

Ob sich die Praxis auf den gesetzlich geregelten Kündigungsausschluss mit angepassten Vertragsnormen einrichtet, bleibt abzuwarten und kann vom Gesetzgeber wieder in den Blick genommen werden, wenn die in Aussicht gestellte Revision des ESUG nach fünf Jahren ansteht.[1476] Hingegen bedarf es keines gesetzgeberischen Nachbesserungsbedarfs für den Fall, dass etwa Wettbewerber oder andere strategische Investoren als Gläubiger an dem DES teilnehmen und somit interne Geschäftsinformationen der Schuldnerin erlangen.[1477] Dieses Risiko ist hinzunehmen. Schon der Inhalt einer solchen Ausnahmeregelung wäre schwierig, da kaum abzugrenzen ist, welche Gläubiger ein größeres strategisches Interesse an den Interna der Schuldnerin hätten als andere Gläubiger.

c. Austrittsrecht des Gesellschafters, § 225a Abs. 5 InsO

Zusammenfassend ist hinsichtlich des Austrittsrecht des Alt-Gesellschafters festzuhalten, dass § 225a Abs. 5 InsO dem Gesellschafter, der auch nach dem DES in der Gesellschaft verbleibt, ein im Hinblick auf Art. 9 Abs. 1 GG (negative Vereinigungsfreiheit) notwendiges Austrittsrecht gewährt, wenn in der Maßnahme nach § 225a Abs. 2 und Abs. 3 InsO ein wichtiger Grund besteht. Die Notwendigkeit der Erfüllung eines wichtigen Grundes gilt als sinnvolles Korrektiv, um die einzelnen Umstände des jeweiligen austrittswilligen Anteilseigners zu berücksichtigen.[1478]

An der Regelung ist jedoch zu bemängeln, dass sie den bestehenden Anteilsinhaber einseitig übermäßig belastet und dies im Hinblick auf die Wahrung einer

1471 Zu diesen Beispielen *Mielke/Nguyen-Viet*, DB 2004, 2515.
1472 Vgl. auch *Landfermann*, WM 2012, 821 (831); *Simon/Merkelbach*, NZG 2012, 121 (128).
1473 Dazu insbesondere BGH NJW 1985, 623.
1474 *Wimmer*, ESUG-Reform, S. 9.
1475 Vgl. BGH NJW 2013, 1159; *Spliedt*, GmbHR 2012, 462 (468).
1476 Vgl. zur Evaluierung des ESUG: BT-Drucks. 17/5712, S. 5.
1477 So aber *Willemsen/Rechel*, BB 2012, 203 (205).
1478 Dazu oben Teil 2, B., III., 2., b), 8), c).

effektiven Sanierung nicht notwendig ist. Die pauschale Annahme von Liquidationswerten bei der Berechnung des Abfindungsanspruchs spiegelt nicht den wahren Wert des Anteils zum relevanten Zeitpunkt – mithin dann, wenn sämtliche Sanierungsmaßnahmen bereits beschlossen worden sind – wider. Zudem würde eine Abfindung zum vollen Wert des Anteils die Sanierung aller Voraussicht nach nicht gefährden, wenn man, wie nach allgemeinem Gesellschaftsrecht üblich, eine extensivere Stundungsvereinbarung von fünf Jahren zuließe. Letztlich läuft die Norm dem grundsätzlichen Recht des Anteilseigners, beim Austritt aus der Gesellschaft eine Abfindung in voller Höhe seines Anteils zu erhalten, zuwider. Da dieses Recht gem. Art. 14 GG Verfassungsrang genießt, besteht die Gefahr der Verfassungswidrigkeit der Norm. Wenn § 225a Abs. 5 InsO noch nicht mittels einer Klage vor dem Bundesverfassungsgericht angegriffen worden ist, sollte sie einer Überarbeitung seitens des Gesetzgebers spätestens dann unterzogen werden, wenn die Novellierungen des ESUG überprüft werden.

d. Das Sanierungsprivileg, § 39 Abs. 4 InsO

Das ESUG hat keine ausdrückliche Regelung getroffen, wonach gesellschaftsrechtliche Maßnahmen, die einen Anteilserwerb im Insolvenzplanverfahren nach sich ziehen, insbesondere der DES, zum Zweck der Sanierung erfolgen und demnach unter das Sanierungsprivileg des § 39 Abs. 4 InsO fallen.[1479] Zwar werden nach den allgemeinen Grundsätzen zur Anwendbarkeit des § 39 Abs. 4 InsO solche Kapitalmaßnahmen im Rahmen des Insolvenzplans erfasst werden; eine positiv gesetzliche Regelung hätte jedoch letzte Sicherheit gebracht. Nichtsdestotrotz wird das Sanierungsprivileg dann, wenn die Anteile im Rahmen des Insolvenzplanverfahrens erworben werden, im Gegensatz zur Situation außerhalb des Insolvenzverfahrens,[1480] mit relativ hoher Wahrscheinlichkeit Anwendung finden. Dies schafft ein Stück weit Rechtssicherheit.

Unabhängig davon, ob der DES im Insolvenzplan oder vor Insolvenzeröffnung durchgeführt wird, ist die Dauer der Anwendbarkeit des Sanierungsprivilegs weiterhin unklar. Die Ermangelung einer gesetzlichen Klarstellung führt zur Rechtsunsicherheit. Gleichzeitig wird dadurch ein gewisser Spielraum für eine Beurteilung des Einzelfalls eröffnet, um den Begriff der „nachhaltigen Sanierung“ näher zu konkretisieren.

Der befürwortete Zeithorizont des laufenden und des kommenden Geschäftsjahres unterstützt die Rechtssicherheit des konkreten Gläubigers, da für eine „nachhaltige Sanierung“ immerhin ein Zeitraum von mindestens einem Jahr angesetzt werden wird; nicht selten sogar zwei Jahre. Dieser Zeitraum stimmt auch mit jenem über eine seriös zu beurteilende und betriebswirtschaftlich belastbare Kalkulation der Unternehmensfortführung überein. Unabhängig von den betriebswirtschaftlichen Berechnungen über eine nachhaltige Sanierung ist ein ausgewogenes Maß der

---

1479 Dazu oben Teil 2, B., III., 2., b), 8), d).
1480 Dazu oben Teil 1, B., IV.

Privilegierung herzustellen: diese darf man nicht zu früh enden lassen, da das Risiko für die betroffenen Gläubiger wesentlich erhöht wird oder sogar abschreckende Wirkung hat, sich (weiterhin) an der Sanierung zu beteiligen und etwa weitere Liquidität bereitzustellen. Allerdings darf das Privileg nicht zu weitgehend sein, um die Gläubiger nicht unberechtigterweise gegenüber anderen Gläubigern zu schützen, obgleich die Sanierung bereits nachhaltig erfolgreich war. Der hier befürwortete Zeitraum fußt einerseits auf belastbaren betriebswirtschaftlichen Kalkulationen und ist demnach hinreichend aussagekräftig. Er stellt andererseits aber auch ein ausgewogenes Maß zwischen dem Schutz der Gläubiger vor übermäßigen Risiken einerseits und einer übermäßigen Privilegierung der Gläubiger andererseits dar.

C. Vergleich der Umsetzung eines DES durch gesetzliche Sanierungsmechanismen

Im Vergleich der Umsetzung eines DES nach schlichten gesellschaftsrechtlichen Vorgaben außerhalb eines Insolvenzverfahrens wurde herausgearbeitet, dass sowohl nach englischem als auch deutschem Recht nicht unerhebliche Nachteile bestehen.[1481] Die Nachteile gründen insbesondere auf dem Erfordernis, dass sowohl in England als auch in Deutschland stets Gesellschafterbeschlüsse mit einer qualifizierten Mehrheit gefasst werden müssen. Im Umkehrschluss reicht jeweils eine Minderheit von 25,01 % aus, um die Beschlussfassung zu verhindern. Der Einfluss der Minderheit der Gesellschafter wird als zu groß erachtet, als dass im Grundsatz eine planbare und praxistaugliche Sanierung mittels DES durchgeführt werden könnte.

Auf einem anderen Blatt steht, ob aus der Einbettung des DES in ein spezielles gesetzliches Sanierungsverfahren eine Steigerung der Effektivität resultiert. Sowohl in England als (nunmehr) auch in Deutschland gibt es besondere Verfahren, die zur Implementierung eines DES genutzt werden können. In beiden Ländern konnte zusammenfassend im Grundsatz konstatiert werden, dass unter Verwendung des jeweiligen Verfahrens eine effizientere Umsetzung eines DES zu verzeichnen ist.[1482]

Vor Inkrafttreten des ESUG wurde aus Sicht des Rechtsanwenders aber häufig kritisiert, dass das deutsche Recht im Vergleich zum englischen Pendant überhaupt keine Möglichkeit vorsehe, einen DES durchzuführen – dies stimmt mit den gefundenen Zwischenergebnissen überein. Die Überprüfung der neuen Regelungen, die durch das ESUG in die Insolvenzordnung eingefügt worden sind, hat gezeigt, dass insbesondere der DES in das Insolvenzplanverfahren eingebettet werden kann und in Verbindung damit ebenfalls Regelungen Anwendung finden, die dessen Durchsetzung erleichtern sollen.

In einem letzten Schritt ist zu untersuchen, wie diese neuen Regelungen des ESUG im Vergleich zu jenen gesetzlichen Sanierungsmechanismen nach englischem Recht bestehen.

1481 Vgl. dazu oben Teil 1, C.
1482 Siehe dazu oben Teil 2, A., II., 1., e. und Teil 2, A., II., 2., c. sowie Teil 2, B., IV.

I. Verfahrensarten

Eine erste vergleichende Betrachtung soll im Hinblick auf die grundsätzliche Verfahrensart erfolgen. In diesem Zusammenhang lassen sich zwei Ansätze unterscheiden: zum einen geht es um die etwaige insolvenzrechtliche Einbindung der Sanierung mittels DES und zum anderen um die unmittelbare Möglichkeit, mit dem jeweiligen Verfahren in die Rechte der Anteilseigner einzugreifen, um somit die Umwandlung der Schulden in Eigenkapital zu gewährleisten.

Als wohl größter Unterschied ist demnach einerseits zu nennen, dass sowohl das SoA als auch das CVA nicht voraussetzen, dass für ihre Anwendung ein Insolvenzverfahren eröffnet worden ist. Insbesondere das SoA stellt kein insolvenzrechtliches, sondern ein gesellschaftsrechtliches Instrument dar. Dem gegenüber setzt die Einbeziehung eines DES in das Insolvenzplanverfahren ein eröffnetes Insolvenzverfahren voraus. In der Praxis, insbesondere in Deutschland, haftet der Unternehmensinsolvenz nach wie vor das Stigma des wirtschaftlichen und unternehmerischen Scheiterns an.[1483] Praktisch zeigt sich diese Wirkung etwa dadurch, dass sich Geschäftspartner von dem Schuldnerunternehmen abwenden, um nicht selbst mit dessen Insolvenz in Verbindung gebracht zu werden. Leistungen gegenüber der Schuldnerin werden – wenn überhaupt – nur noch gegen Vorkasse erbracht. Dadurch wird die noch vorhandene Liquidität weiter geschmälert. Auch der *goodwill* und Markenname leiden unter einer Insolvenzeröffnung. Solche Nachteile werden die wirtschaftliche Situation der betroffenen Gesellschaft weiter beeinträchtigen. Wenn in Deutschland nicht ein Umdenken einsetzt, dass die Insolvenz zumindest auch als Chance eines Neubeginns im Anschluss an eine erfolgreiche Sanierung des Unternehmens gesehen wird, wird dieser negative Effekt vorerst auch einer Sanierung durch den DES anhaften. Beiträge aus der Wissenschaft dazu sind bereits vorhanden.[1484]

In England sieht die Lage dahingehend besser aus: abgesehen davon, dass dort ohnehin eher eine *„rescue culture"* vorherrscht, ersparen das SoA und das CVA dem Management grundsätzlich die Eröffnung des Insolvenzverfahrens. Vielmehr können verbindliche Vergleiche mit den jeweiligen Beteiligten ohne großes Aufsehen in der Öffentlichkeit abgeschlossen werden – ein bemerkenswerter Vorteil. Damit einhergehend wird ferner als vorteilhaft gesehen, dass frühzeitig ein DES durchgeführt werden kann. Denn für die Durchführung des CVA bedarf es nicht der Eröffnung eines förmlichen Insolvenzverfahrens (etwa der *administration*). Das grundsätzliche Erfordernis der Überschuldung, um das *administration*-Verfahren einleiten zu können (Schedule B1, sec. 11 IA 1986), ist für die Durchführung eines CVA nicht notwendig – es ist vielmehr etwa schon bei ersten Krisenanzeichen nutzbar. Da der DES mittels der englischen Instrumentarien lautlos ausgehandelt und sodann umgesetzt werden kann, ohne dass dies – zumindest im Vorhinein – publik wird, kann sich die Geschäftsleitung, gegebenenfalls auf Drängen der Eigentümer, auch frühzeitig um eine finanzielle

1483 Vgl. *Römermann*, GmbHR 2012, 421 (422).
1484 Etwa *Ehlers*, BB 2013, 1539.

Restrukturierung der Gesellschaft bemühen. Sie bleibt dabei grundsätzlich während der sodann zu durchlaufenden Restrukturierung im Amt. Jedoch wird teilweise für das CVA kritischer gesehen, dass stets ein Insolvenzrechtsexperte (*insolvency practitioner*) eingesetzt werden muss, was die stigmatisierende Wirkung nicht entfallen lasse.[1485]

Hingegen wird das Erfordernis eines eröffneten Insolvenzverfahrens in Deutschland eher dazu führen, dass mit der Sanierung mittels DES bis zur Grenze der Insolvenzverschleppung zugewartet wird, bis der Insolvenzantrag gestellt wird, wenn im Vorhinein keine Einigung über die Umwandlung von Schulden in Eigenkapital erzielt werden konnte. Eine Sanierung, die allgemein „früh, still und schnell“[1486] erfolgen sollte, kann folglich durch das Erfordernis der Insolvenzeröffnung beeinträchtigt werden. Zwar wurde im Rahmen des ESUG die Eigenverwaltung §§ 270 ff. InsO gestärkt und mit dem „Schutzschirmverfahren“ (§ 270b InsO) eine Möglichkeit geschaffen, frühzeitiger in den Genuss sanierungsfreundlicher Maßnahmen zu kommen. Dennoch treten diese Maßnahmen stets an das Licht der Öffentlichkeit mit der Folge, dass das Unternehmen zunächst mit dem negativen Image der Insolvenz gebrandmarkt ist.[1487]

Als weitere allgemeine Unterscheidung ist andererseits zu verzeichnen, dass sowohl das SoA als auch das CVA reine schuldrechtliche Abreden (*compromise* oder *arrangement*) zwischen der Gesellschaft und den Gläubigern bzw. den Gesellschaftern darstellen. Da jedoch auch die Gesellschafter in die schuldrechtliche Bindung einbezogen werden können und letztlich *in praxi* beide Verfahren dazu verwendet werden, einen DES durchzuführen,[1488] bedeutet allein dieser Unterschied in England praktisch keinen Nachteil. Hingegen eröffnet das deutsche Insolvenzrecht die Möglichkeit der unmittelbaren Einbeziehung der Gesellschafterrechte in den Insolvenzplan. Durch Inkrafttreten des Plans und der formalen Eintragung in das Handelsregister werden die gesellschaftsrechtlichen Maßnahmen und damit der unmittelbare Eingriff in die Rechte der Anteilseigner wirksam.

Letztlich ist im Hinblick auf die grundsätzliche Verfahrensart festzuhalten, dass die im englischen Recht bereitgestellten Mechanismen einen nicht zu unterschätzende Vorteil mit sich bringen, indem sie frühzeitig und vor allem ohne viel Aufsehen zu erregen, durchgeführt werden können. Im Gegensatz dazu bedarf es nach deutschem Recht für eine effiziente Gestaltung eines DES stets der Eröffnung des Insolvenzverfahrens.

Zwar herrscht auch in Deutschland eine Diskussion über die Einführung eines vorinsolvenzlichen Verfahrens vor, um die Sanierungschancen eines in die Krise geratenen Unternehmens zu steigern.[1489] Der Gesetzgeber ist jedoch den Forderungen

1485 Vgl. *Nevins*, [2010] WL 2848369, S. 1 (10).

1486 *K. Schmidt*, BB 2011, 1603 (1604).

1487 Zu den Vorteilen einer „stillen Sanierung“ siehe auch *Maier*, NZI 2011, 305 (309).

1488 Vgl. etwa die Restrukturierung der *Schefenacker plc.* bei *Bewick*, (2008) 5(2) ICR 103 (105).

1489 Vgl. etwa *Jaffé/Friedrich*, ZIP 2008, 1849 (1856); *Beissenhirtz*, ZInsO 2011, 57 (66); vgl. auch die Diskussionsbeiträge von *Hirte*, BB 2010, Standpunkte Heft 13, S. 25f.; *K. Schmidt*, BB 2010, Standpunkte Heft 13, S. 27f.

von Teilen der Literatur[1490] nach einem Sanierungsverfahren außerhalb des Insolvenzverfahrens in der jüngsten Gesetzesnovelle – dem ESUG – nicht gefolgt.[1491] Mit dem Verfahren gem. § 270b InsO wurde ein „eigenständiges Sanierungsverfahren"[1492] geschaffen; es stellt jedoch kein vorinsolvenzliches Sanierungsverfahren dar,[1493] das mit dem CVA oder SoA vergleichbar wäre. Zudem wäre ein vorinsolvenzliches Verfahren im Hinblick auf die mit der Sanierung mittels DES bestehenden Fallstricke ohnehin nicht geeignet, diese Hindernisse auszuräumen.[1494] Konkret wird in diesem Zusammenhang die Gefahr der Differenzhaftung für den Inferenten für den Fall der Überbewertung der Forderung sowie das Risiko genannt, dass eine künftige oder stehengelassene Darlehensforderung gem. § 39 Abs. 1 Nr. 5 InsO dem Nachrang unterliegt.[1495] Insbesondere das Problem der Differenzhaftung (außerhalb des Insolvenzplanverfahrens) stellt sich nach englischem Recht nicht, da die Forderung dort als Bareinlage angesehen wird und grundsätzlich keiner Bewertung unterliegt. Ferner wird eingewandt, dass von Verfassungs wegen, Art. 9 GG, dem Gläubiger gegen seinen Willen keine Anteile an der zu sanierenden Gesellschaft im Tausch für seine Forderungen aufgezwungen werden können.[1496] Die Durchführung eines DES ohne dessen Zustimmung scheidet nach deutschem Recht demnach aus, was umgekehrt dem Gläubiger auch im vorinsolvenzlichen Stadium ein nicht unerhebliches Blockadepotential einräumt. Dass die Gläubiger in der Entscheidung über die Ergreifung von Sanierungsmaßnahmen frei sind, ist in der Rechtsprechung anerkannt.[1497] Im Zusammenhang mit der Akkordstörerproblematik wird zwar diskutiert, dass man den Rechtsverlust der zwangsweise in einen Sanierungsvergleich einbezogenen Gläubiger wirtschaftlich kompensieren könnte.[1498] Damit wird jedoch noch nicht das sich aus der negativen Vereinigungsfreiheit gem. Art. 9 Abs. 1 GG ergebende Hindernis im Hinblick auf die zwangsweise Umwandlung ihrer Forderungen in Eigenkapital beseitigt. Letzteres Problem besteht wiederum mangels einer entsprechenden verfassungsrechtlichen Regelung in England nicht. Anders als in England steht ein vorinsolvenzliches Verfahren zur Durchführung eines DES in Deutschland nicht zur Verfügung.

1490 Stellvertretend *Beissenhirtz*, ZInsO 2011, 57 (69); *Jacoby*, BB 2010, Standpunkte Heft 13, S. 29; *Streit*, BB 2010, Standpunkte Heft 13, S. 31f.

1491 *Wimmer*, ESUG-Reform, S. 35.

1492 So BT-Drucks. 17/5712, S. 60.

1493 Vgl. die Darstellung in BT-Drucks. 17/7511, S. 5 a.E.; vgl. auch *K. Schmidt*, BB 2011, 1603 (1604).

1494 Vgl. *Jaffé* in: Kölner Schrift zur Insolvenzordnung, Kap. 23, Rn. 60.

1495 Vgl. *Hölzle*, NZI 2010, 207 (213).

1496 Vgl. auch *Bork*, Sanierungsrecht in Deutschland und England, Rn. 5.3.

1497 BGH NJW 1992, 967 – *Akkordstörerurteil*.

1498 *Jacoby*, BB 2010, Standpunkte Heft 13, S. 29 (30).

II. Voraussetzung der Bestätigung

Im Folgenden gilt es nunmehr die hauptsächlichen Aspekte im Zusammenhang mit der Bestätigung des jeweiligen Instrumentariums gegenüber zu stellen.

1. *Erforderliche Mehrheiten*

Die SoA und CVA sowie auch der Insolvenzplan müssen jeweils von Mehrheiten abstimmungsberechtigter Beteiligter angenommen werden. Dabei variieren zum einen die stimmberechtigten Personen als auch die jeweilige Mehrheit, die es zur Bestätigung bedarf.

Die beiden Verfahren nach englischem Recht bedürfen jeweils einer Mehrheit von 75%. Für das CVA muss eine Summenmehrheit von 75% der Ansprüche der Gläubiger, für das SoA muss sich eine Mehrheit in dieser Höhe in der jeweiligen Gruppe finden. Damit ändert sich nach englischem Recht bezüglich der Mehrheitserfordernisse nichts im Vergleich zu den notwendigen Mehrheiten der einzelnen Kapitalmaßnahmen. Eine Erleichterung bleibt folglich aus. Zwar kann das Erfordernis beim CVA, dass 50% der Gesellschafter diesem zustimmen müssen, von der Gläubigermehrheit überstimmt werden, jedoch können die Gesellschafter im Gegenzug den Beschluss anfechten – Rechtsunsicherheit bleibt somit bestehen.[1499] Aber auch die Hürde, eine Dreiviertelmehrheit zu erlangen, wird in der englischen Literatur als hoch bewertet. Demnach ist eine Minderheit von 25,01% in der Lage, die Beschlussfassung über das Sanierungsinstrument zu blockieren – ein Zustand, der die Planbarkeit der Sanierung beeinträchtigen kann.

Die erforderlichen Mehrheiten stellen sich für den Insolvenzplan moderater dar. Wurden für die einzelnen Kapitalmaßnahmen noch Mehrheiten von ebenfalls 75% verlangt, reicht zur Planbestätigung eine einfache Mehrheit in den jeweiligen Gruppen aus. Im Umkehrschluss wird das Blockadepotenzial reduziert, da es nunmehr einer einfachen Mehrheit bedarf, um den DES im Insolvenzplan zu verhindern. Dies stellt einen richtigen Schritt in Richtung Planungssicherheit der Sanierung dar.

2. *Gruppenbildung*

Für das CVA bedarf es keiner Gruppenbildung. Das liegt daran, dass die gesicherten Gläubiger von diesem ohnehin nicht erfasst werden, so dass allein die ungesicherten Gläubiger über das CVA abstimmen. Allerdings haben die Ersteller des CVA erfolgreich versucht, das CVA im Einzelfall auf eine breitere Basis zu stellen, indem es weiteren Beteiligten zur Wahl gestellt wurde, als dies gesetzlich vorgesehen ist.[1500] Somit konnte die Akzeptanz für das konkrete CVA gesteigert werden; das Anfechtungsrisiko wurde verringert. Allerdings darf dabei nicht die Gefahr des Scheiterns

1499 Siehe dazu unten Teil 2., C., IV.
1500 Dazu oben Teil 2, A., II., 1., b., 4).

aus den Augen verloren werden, wenn die erweiterten Annahmevoraussetzungen nicht erfüllt werden und das CVA nicht die notwendigen Mehrheiten findet.

Hingegen besteht sowohl für das SoA als auch für die Bestätigung des Insolvenzplans grundsätzlich die Pflicht, verschiedene Gruppen für die Abstimmung zu bilden. Im einschlägigen Companies Act 2006 sind jedoch, anders als in der Insolvenzordnung in § 222 Abs. 1 InsO, keine Anhaltspunkte enthalten, wie die einzelnen Gruppen einzuteilen sind. Getreu dem englischen *common law* hat sich eine Rechtsprechung herausgebildet, an die sich die Praxis zu orientieren hat. Dennoch wird in der Literatur darauf hingewiesen, dass die Gruppeneinteilung mit Rechtsunsicherheiten behaftet ist. Es wurde deutlich, dass die Gruppenbildung in beiden Ländern insbesondere von Minderheiten zum Anlass genommen werden kann, gegen den Zustimmungsbeschluss vorzugehen. Ferner unterliegt die Gruppenbildung für beide Verfahren der gerichtlichen Überprüfung, so dass nur mit dem gerichtlichen Einverständnis das Verfahren fortgeführt werden kann.

Für die Gruppenbildung im Rahmen des Insolvenzplans macht § 222 InsO zwar positiv gesetzliche Vorgaben, diese betreffen jedoch nur die obligatorischen Gruppen in § 222 Abs. 1 InsO und weniger die fakultativen Gruppen, die gem. § 222 Abs. 2 InsO nach den „wirtschaftlichen Interessen" der Beteiligten gebildet werden können. Bei der Einteilung letzterer Gruppen, die für den Plangestalter insbesondere von Interesse sind, da durch die strategische Gruppenbildung die Annahme des Insolvenzplans gefördert werden kann, besteht jedoch auch nach deutschem Recht eine gewisse Rechtsunsicherheit. In der Literatur gehen deswegen die Meinungen auseinander, ob es sinnvoll sei, möglichst viele oder eher weniger Gruppen zu bilden. Dies muss letztlich für jeden Einzelfall entschieden werden und kann etwa davon abhängig gemacht werden, inwieweit eine Obstruktion der einzelnen Beteiligten zu erwarten ist.

Folglich kann festgehalten werden, dass im Einzelfall im Hinblick auf die Gruppenbildung sowohl für das SoA als auch im Rahmen des Insolvenzplans Unsicherheiten bestehen. Die jeweiligen gesetzlichen Regelungen – soweit diese überhaupt Aussagen treffen – helfen nur bedingt weiter. Der Vorteil liegt dabei eindeutig bei dem CVA, das keine obligatorische Gruppenbildung voraussetzt.

3. *Möglichkeit der Obstruktion*

Eines der zentralen Probleme bei der effizienten Umsetzung eines DES ist die Möglichkeit der Beteiligten, diesen zu blockieren. Die Attraktivität des Sanierungsinstruments der Umwandlung von Schulden in Eigenkapital ist desto geringer, je größer die Möglichkeit ist, dass insbesondere Minderheiten gegen den DES vorgehen und dessen Umsetzung verzögern bzw. letztlich blockieren können. Bereits im Zusammenhang mit den Anforderungen an die Zustimmung zu den notwendigen Kapitalmaßnahmen wurde erwähnt, dass in England kritisiert wird, dass bereits eine Minderheit von 25% die jeweilige notwendige Kapitalmaßnahme blockieren kann.

Nach englischem Recht ist ein sog. *cram down* grundsätzlich nur dann möglich, wenn sich eine notwendige 75%-Mehrheit zur Annahme des CVA bzw. in den jeweiligen Gruppen zur Annahme des SoA findet. Sodann ist die Minderheit ebenfalls an den DES zu den verhandelten Konditionen gebunden. Eine gesonderte gesetzliche Regelung, die es obstruierenden Gläubigern untersagt, bei Vorliegen bestimmter Bedingungen gegen den Plan vorzugehen, findet sich weder im Companies Act 2006 noch im Insolvency Act 1986.[1501] Nichtsdestotrotz gibt es auch in den verschiedenen Verfahren nach englischem Recht die Möglichkeit, dass Minderheiten bzw. bestimmte Gruppen von Beteiligten entgegen ihren Willen in den DES einbezogen werden können.

So wurde aufgezeigt, dass zwar die Anteilseigner einer Gesellschaft gem. sec. 4A(2)(b) IA 1986 von den Gläubigern überstimmt werden können, so dass deren Stimmengewicht das der Eigentümer übersteigt und dass die Zustimmung der Eigentümer für das CVA praktisch nicht mehr notwendig ist. Folglich können insbesondere die Gläubiger einen DES mittels CVA unabhängig von der Zustimmung der Gesellschaftseigentümer durchsetzen. Allerdings wird der Vorteil eines *cram down* der Anteilseigner dadurch ermöglicht, dass diesen ein Anfechtungsrecht zusteht (sec. 4A(3) IA 1986). Gibt das Gericht der Anfechtung statt, steht diesem wiederum ein weitreichender Ermessensspielraum zu, wie es das Verfahren fortführt (sec. 4A(6) IA 1986) – die Planbarkeit der Sanierung kann beeinträchtigt werden. Außerdem bleibt es beim CVA dabei, dass Gläubiger nur mit einer Mehrheit von 75% in die Regelungen des CVA zwangseingebunden werden können. Dies gilt aber nicht für gesicherte Gläubiger, die ohnehin nicht vom Wirkungskreis des CVA erfasst werden und demnach auch keiner *cram down*-Wirkung ausgesetzt werden können.

Grundsätzlich sieht dies für die Gruppenbeteiligten am SoA nicht anders aus: stimmt eine Gruppe mit einer Mehrheit von 75% dem SoA zu, ist auch die Minderheit dieser Gruppe daran gebunden. Es wurde jedoch gerichtlich entschieden, dass denjenigen, die kein wirtschaftliches Interesse (*economic interest*) an der Gesellschaft haben, auch kein Stimmrecht zukommen kann; mit anderen Worten bedarf es nicht deren Zustimmung oder, haben sie sich dem SoA verweigert, hat ihre ablehnende Haltung keine Auswirkung für das Wirksamwerden des SoA.[1502] In der Literatur werden daraufhin die Grundsätze der *economic interest doctrine* als Möglichkeit erachtet, Minderheiten in die Wirkung des SoA zu zwingen (*cram down*).[1503] Der Nachteil der *cram down*-Wirkung besteht in deren Komplexität: es muss mittels einer Unternehmensbewertung dargelegt werden, ob dem Betroffenen noch ein wirtschaftlicher Wert zukommt. Da die Bewertung von den Gerichten überprüfbar ist,[1504] kann sich das gesamte Verfahren nicht unerheblich verzögern. Überdies

1501 Vgl. *Bork*, Sanierungsrecht in Deutschland und England, Rn. 17.35.

1502 Vgl. dazu Teil 2, A., II., 2., a., 3), c).

1503 Vgl. etwa *Purcell/Boyce*, (2010) 10(10) ICR 1 „*junior creditor does not have an economic interest then their right to vote is waived and they are not included in the scheme of arrangement and are effectively ‚crammed-down'*".

1504 Dazu unten Teil 2, C., III.

bestehen Unsicherheiten im Hinblick auf die vorzunehmende Bewertung; gerade vor dem Hintergrund des Sanierungsszenarios.

Allein nach deutschem Recht ist positiv gesetzlich in § 245 InsO geregelt, unter welchen Voraussetzungen eine Obstruktion einiger Beteiligter gegen den Insolvenzplan verboten ist. Hinsichtlich der unzulässigen Obstruktion der Anteilseigner, denen vor Inkrafttreten des ESUG ein erhebliches Blockadepotenzial zukam, kommt es gem. § 245 InsO allgemein darauf an, ob diese durch den Plan schlechter gestellt werden, als sie ohne den Plan stünden.[1505] Da zu diesem Zeitpunkt jedoch das Insolvenzverfahren über das Vermögen der Schuldner-Gesellschaft eröffnet ist, wird der wirtschaftliche Wert der Anteile regelmäßig null betragen. Eine Schlechterstellung durch den Plan ist dann faktisch ausgeschlossen. Demnach wird es im Regelfall den Anteilseignern nach deutschem Recht nicht mehr möglich sein, die Planbestätigung und mithin den DES zu verhindern. Im Unterschied zum englischen Recht besteht die Möglichkeit des *cram down* auf vergleichsweise rechtssicheren Umständen, da die Bemessung des wirtschaftlichen Wertes der Anteile bei eröffnetem Insolvenzverfahren sehr viel eindeutiger vorzunehmen ist – er beträgt regelmäßig null. Hingegen ist der konkrete wirtschaftliche Wert im Verfahren des CVA bzw. SoA, die außerhalb eines Insolvenzverfahrens gerade im Krisenstadium durchgeführt werden, schwieriger zu bestimmen. Überdies fingiert § 246a InsO, quasi den § 245 InsO flankierend, die Zustimmung der Anteilsinhaber, so dass das bloßes Ignorieren der Abstimmung durch die Anteilseigner irrelevant für das Wirksamwerden des Plans ist.

So vorteilhaft das Obstruktionsverbot für die Anteilseigner ist, so nachteilhaft stellt sich die Lage im Hinblick auf die Gläubiger dar. Diese genießen nämlich gem. Art. 9 GG das Recht auf negative Vereinigungsfreiheit, das in § 225a Abs. 2 S. 2 InsO einfach gesetzlich normiert worden ist. Demnach muss jeder Gläubiger ausdrücklich der Übernahme eines Unternehmensanteils zustimmen. Dieser verfassungsrechtliche Schutz in Deutschland ist zu akzeptieren und zu respektieren.[1506] Eine *cram down*-Wirkung bezüglich der Gläubiger und die zwangsweise Einbeziehung ebenjener in einen DES ist nach deutschem Recht nicht möglich. Das englische Recht macht eine solche Differenzierung nicht. Auch die Gläubiger können in eine *cram down*-Wirkung des CVA bzw. SoA einbezogen werden, so dass folglich auch entgegen den Willen der Gläubiger eine Umwandlung ihrer Forderungen in Eigenkapital umgesetzt werden kann.[1507] Nach deutschem Recht kommt also den Gläubigern eine erhebliche Verhandlungsmacht zu. Diese könnte etwa dann ausgespielt werden, wenn ein (Groß-) Gläubiger seine Sanierungsbereitschaft von dem Erreichen einer gewissen Beteiligungsschwelle durch den DES abhängig macht. Kann ein oder können mehrere (Klein-) Gläubiger das Erreichen dieser Schwelle verhindern, könnten sie sich günstigere Konditionen ausbedingen, die jedoch in dem Wert ihrer Forderung nicht mehr verbrieft sind. Die den Gläubigern zustehende Verhandlungsmacht

1505 Dazu oben Teil 2, B., III., 2., b., 4), b).
1506 Vgl. auch *Madaus*, ZGR 2011, 749 (760).
1507 Vgl. auch *Hölzle*, KTS 2011, 291 (323).

kann folglich auch nach der Novellierung der Insolvenzordnung durch das ESUG in einer Blockademacht resultieren.

Das Obstruktionsverbot und mit anderen Worten die Möglichkeit eines *cram down* ist nach Inkrafttreten des ESUG auch im deutschen Recht sehr ausgeprägt. Im Vergleich zum englischen Recht können obstruierende Anteilseigner rechtssicherer ihrer Blockadestellung entledigt werden. Anders sieht es im Hinblick auf die Gläubiger aus: aufgrund ihres verfassungsrechtlichen Schutzes können die Gläubiger nach deutschem Recht nicht zum DES gezwungen werden; in England ist dies hingegen durchaus möglich.

III. Gerichtliche Einflussnahme

Ein weiterer Aspekt, der für eine planmäßige Durchsetzung eines DES bedeutsam ist, ist die gerichtliche Einflussnahme auf das Verfahren. Die Sanierung mittels DES erfolgt idealiter nach detaillierten Planungen der betroffenen Parteien. Dies betrifft sowohl den Inhalt mitsamt der Beteiligungshöhen, die Gesellschafterstruktur und letztlich die gesellschaftsrechtliche Einflussmöglichkeit als auch den Zeitplan der Umsetzung. Erhält das Gericht einen zu großen Einfluss auf diesen Prozess, könnte das eine abschreckende Wirkung auf die Parteien haben, die befürchten müssten, den Sanierungsplans nicht nach ihren Vorstellungen umsetzen zu können.

Aber die gerichtliche Einflussnahme kann auch von einer anderen Perspektive aus betrachtet werden: nämlich aus der Sicht der Minderheiten. Vor diesem Hintergrund hat die gerichtliche Einflussnahme auch den Charakter einer Überwachung, die ein faires Verfahren gewährleisten soll. Fair soll in diesem Sinne dahingehend verstanden werden, dass alle Beteiligte diejenigen Rechte ausüben können, die ihnen objektiv zustehen. Missbräuchliches Verhalten, egal von welcher Partei, soll durch die gerichtliche Einflussnahme vermieden werden. Von dieser Warte aus betrachtet wohnt der gerichtlichen Einflussnahme auch etwas Positives inne.

Gerade in England wird das Ausmaß der gerichtlichen Einflussnahme auf die beiden relevanten Verfahren des CVA und SoA besonders intensiv diskutiert. Die Diskussion wird jedoch vornehmlich vor dem Hintergrund einer die persönliche Verhandlungs- und Planungsfreiheit der Sanierung beeinträchtigenden Weise geführt.

Damit ein CVA wirksam wird, braucht es im Grundsatz keinerlei gerichtlicher Bestätigung. Dass das CVA allein von den an ihm beteiligten Parteien ausgehandelt und umgesetzt werden kann, ist in England als großer Vorteil anzusehen. Das Verfahren ist demnach zügig umsetzbar. Es besitzt ein großes Maß an Flexibilität, da es inhaltlich keine starren Voraussetzungen gibt, die der gerichtlichen Kontrolle bzw. Bestätigung bedürfen. Da die Parteien das CVA frei verhandeln können, besteht kein großes Aufsehen in der Öffentlichkeit. Gerade die stigmatisierende Wirkung wird dadurch verhindert. Die Umsetzung ist darüber hinaus auch kostengünstiger. Abweichend von diesem Grundsatz der gerichtlichen Abstinenz tritt das Gericht auf den Plan, wenn das CVA angefochten wird.

Im Gegensatz zum CVA ist für das SoA der Einfluss des Gerichts groß.[1508] Grundsätzlich durchläuft das SoA, bis es letztlich wirksam wird, zwei gerichtliche Prüfungen:

In der ersten gerichtlichen Prüfung wird zum einen der Entwurf des SoA dem Gericht vorgelegt. Das Gericht prüft in diesem ersten Schritt jedoch nur, ob die Gruppen rechtmäßig gebildet worden sind. Diese Vorverlagerung der Überprüfung der Gruppenbildung wurde in England positiv aufgenommen. Die Rechtsprechung, auf die diese vorgezogene Prüfung zurückgeht, argumentiert, dass dadurch Kosten- und Zeitersparnisse zu erzielen seien.[1509] Darüber hinaus wird durch die Gruppenüberprüfung das Risiko verringert, dass im Verlauf des Verfahrens darauf Beschwerden und Anfechtungen gestützt werden. Freilich schließt die gerichtliche Genehmigung der eingeteilten Gruppen eine Beschwerde nicht aus; potentielle Fehler, die zu einer Beschwerde führen können, können jedoch bereits vom Gericht aufgedeckt werden.

Die zweite gerichtliche Prüfung, die im Anschluss an die Annahme des SoA durch die abstimmenden Gruppen erfolgt, hat die Einhaltung der gesetzlichen Regelung zum Gegenstand. Ferner wird überprüft, ob für die einzelnen Gruppen hinreichende Informationen bereitgestellt wurden, ob die Gruppen *fair* und gleich behandelt worden sind, ob alle Beteiligten auch ein wirtschaftliches Interesse (*economic interest*) an dem SoA haben und damit einhergehend, ob ihre Stimme für die Annahme des SoA relevant ist.[1510] Durch diese Prüfung des Gerichts soll verhindert werden, dass insbesondere Minderheiten einen zu großen Einfluss auf das Zustandekommen des SoA nehmen, obgleich sie kaum ein oder gar kein wirtschaftliches Interesse an dem SoA haben. Mit anderen Worten geht es um die Eindämmung missbräuchlichen Verhaltens im SoA-Verfahren. Diese Entscheidung ist von einiger Bedeutung, können doch die Parteien, die kein wirtschaftliches Interesse an dem SoA haben, zwangsweise in dieses einbezogen werden (*cram down*). Um das wirtschaftliche Interesse zu bestimmen, ist regelmäßig eine Unternehmensbewertung notwendig. Zudem birgt die Überprüfung auch erhebliche Rechtsunsicherheiten für die Parteien. Zum einen ist in der Rechtsprechung kaum geklärt, welche Bewertungsmethode anzuwenden ist. In der Praxis hilft man sich damit, unterschiedliche Methoden parallel anzuwenden. Dieses Vorgehen ist sehr aufwendig. Ferner ist stets im Einzelfall im Rahmen der Bewertung zu entscheiden, ob Fortführungs- oder Liquidationswerte anzusetzen sind. Die von der Literatur vorgenommene Unterscheidung nach der Ursache der wirtschaftlichen Schieflage des Unternehmens kann nicht mehr als ein Anhaltspunkt sein, da eine einheitliche Rechtsprechung, an der man sich orientieren könnte, nicht existiert. Daraus ergibt sich zum einen ein Unsicherheitsmoment, das die Parteien tragen, wenn sie für oder gegen ein wirtschaftliches Interesse einer Partei argumentieren. Zum anderen wird seitens der Literatur befürchtet, dass dieser

---

1508 Er wird teilweise sogar als zu groß bezeichnet etwa *Tribe*, (2009) 24(7) BJIB&FL 386 (388) m.w.N.

1509 Siehe oben Teil 2, A., II., 2., a., 1), c).

1510 Siehe oben Teil 2, A., II., 2., a., 3).

unsichere Zustand weitere Streitigkeiten heraufbeschwört, die gerichtlich geklärt werden müssen. Zusammenfassend ist demnach festzuhalten, dass die gerichtliche Einflussnahme für das SoA erheblich ist.

Auch der Insolvenzplan muss mehrere Überprüfungen seitens des Gerichts durchlaufen, bevor er wirksam wird. Die erste Prüfung umfasst lediglich eine Evidenzkontrolle. Inhalt dieser Prüfung ist zum einen, ob die Formalien der Planerstellung eingehalten worden sind. Größere Bedeutung kommt jedoch der Überprüfung der Gruppeneinteilung zu.[1511] Deren frühzeitige Überprüfung hat, ähnliche wie beim SoA nach englischem Recht, zum Ziel, dass eine Beschleunigung eintritt, wenn nämlich Mängel früh entdeckt und diese auch frühzeitig ausgebessert werden können. Die anschließende Abstimmung über den Plan steht sodann auf einem rechtlich gesicherten Fundament. Allerdings ist der Prüfungsumfang des Gerichts auch hier begrenzt auf nur evidente Mängel in der Gruppenbildung, da zum einen das Ermessen des Planinitiators zu beachten ist, andererseits eine Falschgruppierung auch noch im Laufe des Verfahrens seitens der Beteiligten geltend gemacht werden kann (gem. §§ 253, 250 Nr. 1 InsO).[1512] Ein nicht weniger wichtiger Aspekt, den das Gericht bereits an dieser Stelle zu überprüfen hat, liegt in der Bewertung der Forderung. Ähnlich wie nach der Rechtslage in England ist nicht eindeutig geklärt, ob Liquidations- oder Fortführungswerte angesetzt werden müssen. Nach der hier vertretenen Ansicht sprechen die besseren Gründe für den Ansatz von Fortführungswerten.[1513] Ferner wird hier dafür plädiert, dass das Gericht nur evidente Bewertungsfehler zu ahnden berechtigt ist. Ähnlich wie im englischen Recht sollen solche insbesondere dann vorliegen, wenn von den üblichen und anerkannten Bewertungsmethoden abgewichen wird. Im Hinblick auf die Bewertungsansätze wie auch auf die Gruppenbildung kann zusammenfassend festgehalten werden, dass nach deutschem Insolvenzrecht und auch für das SoA nach englischem Recht eine gewisse Rechtsunsicherheit besteht.

Die zweite gerichtliche Prüfung erfolgt, wiederum mit Parallelen zum Verfahren des SoA, im Anschluss an die Abstimmung über den Insolvenzplan. Dieser muss vom Gericht bestätigt werden. Allerdings ist der Prüfungsmaßstab beschränkt darauf, dass die entsprechenden Vorschriften über Inhalt, verfahrensmäßige Behandlung und Annahme bzw. Zustimmung in einem „wesentlichen Punkt" nicht beachtet worden sind. Die gerichtliche Einflussnahme ist darauf beschränkt, dass nur evidente Verstöße zu verzeichnen sind. Ein besonderes Augenmerk wird auf die ordnungsgemäße Zustimmung des Plans durch die Gruppen gelegt, was auch die Regelungen des Obstruktionsverbots gem. § 245 InsO einschließt. Untersucht das Gericht in England nach der *economic interest doctrine* einerseits, ob eine Stimmabgabe für das Abstimmungsergebnis relevant ist, hat andererseits das deutsche Gericht gem. § 245 InsO zu entscheiden, ob die Zustimmung einer Gruppe als erteilt

1511 Siehe oben Teil 2, B., III., 2., b., 3), b).

1512 *H.F. Müller*, Der Verband in der Insolvenz, S. 295.

1513 Dazu oben Teil 2, B., III., 2., b., 2), c), (2), (c).

gelten kann, obgleich sie gegen den Plan gestimmt hat. Der Vorteil liegt hier für das deutsche Insolvenzgericht darin, dass das Insolvenzverfahren eröffnet ist und demnach der Wert der Unternehmensanteile im Vergleich zur Situation ohne den Insolvenzplan regelmäßig null betragen wird. Beabsichtigen die Planinitiatoren folglich, einen DES entgegen den Willen der Anteilseigner durchzusetzen, werden sie seitens des Gerichts weniger Widerstand zu erwarten haben, als dies in England der Fall sein könnte. Dort wird die Möglichkeit eines *cram down* vielmehr von den Unwägbarkeiten des Einzelfalls abhängen, ob der Betroffene noch ein *economic interest* hat. Folglich kann man innerhalb der gerichtlichen Verfahren in Deutschland tendenziell Vorteile hinsichtlich der Planungssicherheit erblicken.

IV. Anfechtungsmöglichkeit im weiterem Sinne

Weiteres Störpotenzial kann durch die Geltendmachung von Anfechtungsrechten durch die Beteiligten generiert werden. Bei dem hier zu behandelnden Vergleich sollen die Anfechtungsmöglichkeiten weit verstanden werden. Es geht demnach sowohl um die Geltendmachung von Einreden während des jeweiligen Verfahrens als auch um das Einlegen von Rechtsmitteln gegen eine gerichtliche Entscheidung.

Für das CVA wurde bereits angemerkt, dass die Gesellschafter, werden sie gem. sec. 4A(3) IA 1986 von den Gläubigern im Annahmeverfahren überstimmt, diesen Beschluss anfechten können. Daraufhin kann das Gericht gem. sec. 4A(6) IA 1986 entweder den Beschluss der Gesellschafter Geltung verleihen oder eine sonstige Maßnahme ergreifen, die es für angemessen erachtet.[1514] Dies ist jedoch nur dann der Fall, wenn die Gesellschafter durch das CVA ungerechtfertigt benachteiligt werden, was die Gesellschafter nachzuweisen haben. Das Gericht stellt dabei auf den ökonomischen Wert der Gesellschaftsanteile der Beschwerdeführer ab.[1515] Wird das CVA zum Zeitpunkt beschlossen, zu dem die Gesellschaft bereits insolvent ist, wird der Wert der Gesellschaftsanteile regelmäßig gegen null tendieren, so dass eine der Genehmigung seitens der Gläubiger gegensätzliche Entscheidung des Gerichts nicht zu befürchten ist. Jedoch stellt ein Vorteil des CVA dar, dass dieses außerhalb des Insolvenzverfahrens durchgeführt werden kann; dann ist regelmäßig noch ein Wert des Gesellschaftsanteils zu verzeichnen. Demnach haben die Gläubiger in diesem Fall, wollen sie das CVA gegen die Gesellschafter gem. sec. 4A(3) IA 1986 beschließen, zu beachten, dass der noch bestehende Wert der Gesellschafter in dem CVA berücksichtigt wird. Zwar obliegt es den Gesellschaftern als Beschwerdeführer darzulegen, dass sie durch das CVA benachteiligt werden, doch ist außerhalb des Insolvenzverfahrens der Nachweis eines noch bestehenden – gegebenenfalls verringerten – Wertes nicht unmöglich.

Neben dieser Anfechtungsmöglichkeit seitens der Gesellschafter sieht das Gesetz in sec. 6 IA 86 allgemein die Möglichkeit vor, das CVA anzufechten und zwar auf Grundlage einer unberechtigten Benachteiligung (*unfair prejudice*) des

1514 Dazu oben Teil 2, A., II., 1., b., 3).
1515 Dazu oben Teil 2, A., II., 1., a., 4), c).

Anfechtenden oder wesentlicher Verfahrensverstöße (*material irregularity*) in den Abstimmungsterminen.[1516] Es wurde deutlich, dass neben den Mängeln auch eine Kausalität zwischen Anfechtungsgrund und dem entsprechenden Abstimmungsergebnis nachgewiesen werden muss, was grundsätzlich als schwierig erachtet wird. Die Anfechtung des CVA zieht grundsätzlich keinen Suspensiveffekt nach sich,[1517] d.h. durch die Anfechtung allein verzögert sich das Verfahren nicht. Jedoch kann sich eine Verzögerung faktisch schon daraus ergeben, dass sich das Gericht mit den vorgebrachten Argumenten auseinandersetzt. Kann ein Anfechtungsgrund nachgewiesen werden, kommt dem Gericht ein Ermessensspielraum zu. Es kann Annahmeentscheidung aussetzen oder gar aufheben. Es kann ferner Anweisungen für nachfolgende Versammlungen geben oder sonstige Maßnahmen erlassen, die es für angemessen erachtet. Diese Rechtsfolgen werden in der Literatur im Hinblick auf eine zügige und planbare Durchsetzung eines CVA als kritisch bewertet.[1518] Sie stellt demnach die Kehrseite der Medaille eines flexiblen CVA-Verfahrens dar, das letztlich seine Grenzen darin findet, wenn Betroffene das CVA erfolgreich anfechten. Da die Grenzen des Anfechtungsrechts nur wenig deutlich sind, sehen Vertreter in der englischen Literatur darin erhebliche Unsicherheiten bei der Durchführung des CVA. Darüber hinaus kann dieser Zustand von erpresserischen Gläubigern (*ransom-creditors*) ausgenutzt werden, um sich dadurch auf dem Verhandlungswege einen Vorteil zu sichern.[1519]

Für das SoA sieht das Gesetz keine ausdrücklichen Anfechtungsregelungen vor. Jedoch ist zu beachten, dass die Parteien ihre Rechte im Verfahren selbst per Einrede geltend machen können. Sie können demnach gegen die im Plan vorgesehenen Ausführungen, ob dieser gerecht und angemessen (*fair and reasonable*) ist, vorgehen. Diese Einreden sind vom Gericht zu überprüfen und abzuwägen.[1520] Kommt das Gericht zu dem Ergebnis, dass die Einrede stichhaltig ist, kann es Änderungen an dem SoA verlangen und sogar das gesamte SoA verwerfen. Aber noch in einem anderen, für die Durchführung des SoA wichtigen Aspekt können die Parteien Einreden erheben: soll ein SoA ohne bestimmte Parteien oder entgegen deren Zustimmung zustande kommen, ist dies, wie bereits bei der Frage nach dem Obstruktionspotenzial erläutert,[1521] möglich, wenn die Betroffenen kein wirtschaftliches Interesse (*economic interest*) an dem Plan haben. Die Betroffenen können jedoch Einreden gegen die im Scheme gemachten Ausführungen und insbesondere Bewertungen erheben, die sodann gerichtlich überprüft werden. Gerade dieser Aspekt hat zur Folge, dass sich das Gericht im Rahmen des Genehmigungsverfahrens mit den verschiedenen, teils sehr diffizilen, Bewertungsmethoden auseinanderzusetzen hat. Das

1516 Dazu oben Teil 2, A., II., 1., b.
1517 Vgl. *Bork*, Sanierungsrecht in Deutschland und England, Rn. 17.70.
1518 Einschränkend *Bork*, Sanierungsrecht in Deutschland und England, Rn. 17.74.
1519 Dazu oben Teil 1, A., II., 1., b., 3).
1520 Vgl. *Nevins*, [2010] WL 2848369, S. 1 (19).
1521 Dazu oben Teil 2, C., II., 3.

kostet Geld, Zeit und verzögert die Bestätigung. Im Vergleich dazu ist im CVA-Verfahren ein Ausschluss der betroffenen Parteien allein wegen dieses Grundes – dem Fehlen des wirtschaftlichen Interesses – nicht möglich, da schon eine Unterteilung in verschiedene Gruppen nicht erforderlich ist.

Hinsichtlich etwaiger Rechtsbehelfe gegen die gerichtliche Entscheidung machen weder Companies Act 2006 noch Insolvency Act 1986 konkrete Vorgaben; es finden vielmehr die grundsätzlichen Regelungen des part. 52 Civil Procedure Rules (nachfolgend CPR) Anwendung.[1522]. Die Möglichkeit, Rechtsbehelfe gegen das CVA bzw. SoA einzulegen, wird in der englischen Literatur nicht weiter diskutiert. Andererseits ist sie praktisch relevant. In Extremfällen, wenn die Sanierung besonders dringend ist, können sich die Betroffenen sogar gegen die Einlegung eines Rechtsbehelfes entscheiden, um das Verfahren nicht weiter zu verzögern, obgleich eine aufschiebende Wirkung im Grundsatz nicht besteht (52.7.CPR). In jenen Fällen kann es also von größerer Bedeutung sein, einen Kompromiss einzugehen und das CVA bzw. SoA rechtssicher und schleunigst umzusetzen.[1523]

In der Insolvenzordnung ist sowohl die Einredemöglichkeit des Betroffenen, der in seinen Rechten beeinträchtigt ist (§ 251 InsO) als auch das Rechtsmittel der sofortigen Beschwerde (§ 253 InsO) positiv gesetzlich normiert. Der Gesetzgeber hat sich der im Vorfeld des ESUG geäußerten Kritik, das Insolvenzplanverfahren sei zu rechtsmittellastig, angenommen. Als Ergebnis dessen ist zu verzeichnen, dass es nunmehr grundsätzlich die Planinitiatoren in der Hand haben, ob das Insolvenzplanverfahren durch Einreden und Rechtsmittel verzögert wird. Demnach ist der Antrag, mit dem ein Betroffener geltend macht, durch den Plan schlechter gestellt zu werden, als er ohne den Plan stünde, gegen hinreichende Bereitstellung von finanziellen Mitteln abzuweisen.[1524] Nach hier vertretener Ansicht ist vom Gericht zwar zu überprüfen, ob die konkret bereitgestellten Mittel der Höhe nach hinreichend sind. Doch hat letztlich der Planinitiator zumindest die Möglichkeit dazu, dies zu gewährleisten. Etwaige Verzögerungen oder gar das Scheitern des Plans mitsamt dem DES können dadurch verhindert werden.

Auch das Einlegen von Rechtsmitteln, namentlich die sofortige Beschwerde gem. § 253 InsO, wurde einer Reform unterzogen. Zwar hat der Gesetzgeber nicht den Suspensiveffekt der sofortigen Beschwerde aufgehoben, doch wurde sie an höhere formelle Anforderungen geknüpft.[1525] Darüber hinaus ist insbesondere die Möglichkeit gem. § 253 Abs. 4 InsO zu begrüßen, wonach die Frage nach einer Schlechterstellung des Beschwerdeführers aus dem Genehmigungsverfahren des Planes ausgelagert werden kann. Unabhängig davon, ob eine Schlechterstellung durch den Plan erfolgt, ändert dies an dessen Wirksamwerden nichts – stellt sich eine Schlechterstellung

---

1522 Dazu *Bork*, Sanierungsrecht in Deutschland und England, Rn. 17.69f.

1523 Vgl. die Restrukturierung der *MyTravel Group plc.*, dazu *Re MyTravel Group plc.*, [2005] 2 BCLC 123 (168f.); *Underhill/Edwards*, (2005) 24 Int'l Fin. L. Rev. 33 (34).

1524 Dazu oben Teil 2, B., III., 2., b., 5).

1525 Dazu oben Teil 2, B., III., 2., b., 7), a).

später tatsächlich heraus, hat der Betroffene nur einen Anspruch auf finanzielle Entschädigung. Es wurde diesbezüglich dargestellt, dass es sich um eine sach- und interessengerechte Lösung handelt, da in den konkreten Umständen der Insolvenz das Interesse der Anteilseigner ohnehin auf den gegebenenfalls noch bestehenden wirtschaftlichen Wert ihrer Anteile beschränkt sein wird.[1526] Die Wirksamkeit des Plans kann jedenfalls nicht mehr aufgehoben werden und die Sanierung kann folglich planmäßig durchgeführt werden. Die einzige Hürde dieses Verfahrens liegt allerdings in der gerichtlichen Entscheidung, dass das Vollzugsinteresse größer ist als die zu erwartenden Nachteile für den Beschwerdeführer. Ist die Sanierung dringend, da ansonsten mitunter schwerwiegende Folgen eintreten, sollte das Gericht zugunsten der Planbestätigung entscheiden. In diesem Fall ist aber zu beachten, dass ein etwaiger Schadensersatzanspruch gegen die sich noch in der Sanierung befindliche Gesellschaft gerichtet ist, was zu bilanziellen Belastungen führen kann.

Zusammenfassend ist demnach festzuhalten, dass die Anfechtungsmöglichkeiten im weiteren Sinne nach englischem Recht in CVA und SoA nicht unerheblich sind. Gerade für das CVA-Verfahren bedeutet die Geltendmachung derartiger Anfechtungsrechte, dass der Vorteil eines von einer gerichtlichen Bestätigung losgelösten Verfahrens abgeschwächt wird. Auch beim SoA können die geltend gemachten Einreden das bereits komplexe Verfahren weiter verkomplizieren. Insbesondere besteht nach englischem Recht keine Möglichkeit einer Trennung der Geltendmachung von Einreden bzw. der Einlegung von Rechtsmitteln von der Wirksamkeit des Sanierungsverfahrens. Diese werden grundsätzlich stets das Verfahren verzögern. Gerade eine solche Trennung sieht die Insolvenzordnung nunmehr in § 251 Abs. 3 InsO und § 253 Abs. 4 InsO vor. Für die Planbarkeit und zügige Durchführbarkeit einer Sanierung mittels DES haben diese Reformen einen hohen Stellenwert und stellen einen Vorteil gegenüber dem englischen Recht dar.

V. Rechtsfolgen des Inkrafttretens

1. Moratorium

Die Kehrseite der Medaille, dass ein DES sowohl im CVA als auch im SoA vereinbart werden können, ohne dass die entsprechende Gesellschaft in Insolvenz geraten sein muss, ist darin zu sehen, dass grundsätzlich kein gesetzliches Moratorium besteht.[1527] Das gilt für das SoA ausnahmslos. Obgleich zumindest für das CVA ein Moratorium insbesondere für „kleine Unternehmen" Anwendung finden kann, wird in der englischen Literatur und von Fachverbänden die grundsätzliche Ermangelung eines Moratoriums für CVA und SoA kritisiert. Eine diesen Zustand ändernde Reaktion seitens des Gesetzgebers ist bis dato ausgeblieben. Wenn also kein einvernehmliches Moratorium durch die beteiligten Parteien ausgehandelt werden kann, kommt die Schuldnerin nur dann in dessen Genuss, wenn gleichzeitig die *administration*

1526 Dazu oben Teil 2, B., IV., 1., c.
1527 Dazu oben Teil 2, A., II., 1., a., 2) und Teil 2, A., II., 2.

beantragt wird. Der beschriebene Vorteil der grundsätzlichen Enthaltsamkeit des Gerichts gerade im Bestätigungsverfahren des CVA wäre konterkariert. Für das SoA-Verfahren, das ohnehin einer umfangreichen gerichtlichen Bestätigung bedarf, wird schon eher eine Verknüpfung mit der *administration* befürwortet.[1528] Jedoch wird auch hier der Vorteil eingebüßt, dass der DES frühestmöglich und außerhalb der Insolvenz mittels eines SoA umgesetzt wird.

Da eine effektive Durchführung der Umwandlung von Schulden in Eigenkapital nach deutschem Recht erst im Insolvenzplan und mithin dann möglich wird, wenn das Insolvenzverfahren eröffnet ist, finden die Rechtsfolgen des eröffneten Insolvenzverfahrens Anwendung: gemäß §§ 88, 89, 90 InsO sind Zwangsvollstreckungen einzelner Insolvenzgläubiger – zumindest zeitweise – unzulässig.[1529] Die Schuldnerin hat also nicht zu befürchten, dass individuell auf das noch verbleibende Vermögen zugegriffen wird und dadurch die finanziellen Mittel, die für die Sanierung benötigt werden, geschmälert werden. Das gibt Sicherheit – nicht nur für die Schuldnerin selbst, sondern auch für die sich am DES beteiligenden Gläubiger. Die insolvente Gesellschaft ist also nicht darauf angewiesen, mit den Gläubigern ein Stillhalteabkommen abzuschließen. Über § 259a InsO wird auch die vorteilhafte Möglichkeit geschaffen, dass diese Sicherheit über das Insolvenzplanverfahren hinaus wirken kann. Ein derart weitreichender Schutz ist im Moratorium nach englischem Recht (Schedule A1 IA 86) erst recht nicht vorgesehen.

2. *Bindungswirkung für die Beteiligten*

Wird das entsprechende Sanierungsverfahren wirksam, stellt sich die Frage nach dem Umfang dessen Wirksamkeit. Mit anderen Worten hat es für die Sanierung einige Relevanz, welche Parteien unter den Regelungsbereich des CVA, SoA oder respektive des Insolvenzplans fallen.

Wird ein DES mittels eines CVA durchgeführt, findet das CVA auf alle Personen Anwendung, in deren Rechte durch den DES eingegriffen wird und die mithin berechtigt waren, an der Abstimmung teilzunehmen.[1530] Das betrifft auch diejenigen Beteiligten, die gegen das CVA gestimmt haben. Sie können demnach entgegen ihren Willen unter ein CVA und in einen DES gezwungen werden (*cram-down*).[1531] Dabei kommt es nicht darauf an, ob die betroffene Person auf der Versammlung anwesend war oder gar von ihr Kenntnis hatte – allein die theoretische Berechtigung zur Stimmabgabe ist maßgebend. Diese weite Bindungswirkung des CVA ist einerseits bewusst vom Gesetzgeber in den Insolvency Act 1986 aufgenommen worden, um eine effektive Sanierung mittels CVA zu gewährleisten. Andererseits ist es bei dem Ausschluss der Bindungswirkung für gesicherte Gläubiger geblieben. Diese

---

1528 vgl. etwa die umfangreiche Restrukturierung der *Wind Hellas Group* etwa bei *Pilkington, ua*, (2011) (March) PLC 27 (32).

1529 Dazu oben Teil 2, B., I.

1530 Dazu oben Teil 2, A., II., 1., c.

1531 Dazu oben Teil 2, A., II., 1., a., 4).

können nicht ohne deren Zustimmung in die Wirkung eines im CVA implementierten DES einbezogen werden. Regelmäßig müssen den gesicherten Gläubigern auf dem Verhandlungswege Zugeständnisse gemacht werden, sollen ihre Forderungen in Eigenkapital umgewandelt werden. Gelingt die Einbeziehung nicht, bleibt es ihnen grundsätzlich möglich, ihre Rechte und Sicherheiten gegen die Schuldnerin durchzusetzen. So positiv die ausgedehnte Bindungswirkung für ungesicherte Gläubiger in England begrüßt wird, so kritisch und nachteilhaft wird das Außenvorlassen der gesicherten Gläubiger gewertet.

Das SoA entfaltet seine Wirkung auf die Mitglieder sämtlicher Gruppen. Auch hier entfaltet sich eine *cram-down*-Wirkung für die entgegenstimmenden Minderheiten innerhalb jeder Gruppe. Da es der Schuldnerin grundsätzlich freisteht, mit welchem Gläubiger und Gesellschafter sie ein SoA abschließt, kommt es für die Bindungswirkung darauf an, mit welchen Gläubigern bzw. Gesellschaftern das SoA abgeschlossen wird. Sollen etwa die Rechte gesicherter Gläubiger durch das SoA berührt werden, ist die erforderliche Mehrheit ihrer Gruppe notwendig. Kommt sie – wohl nur unter Zugeständnissen – zustande, ist auch diese gesamte Gruppe der gesicherten Gläubiger von der Wirkung des SoA erfasst.

Auch der Insolvenzplan bindet nach seiner erfolgreichen Genehmigung alle Beteiligte gem. §§ 254ff. InsO, einschließlich derjenigen, die gegen die Annahme des Plans gestimmt haben. Ferner werden auch diejenigen Beteiligten grundsätzlich an den Insolvenzplan gebunden, die nicht an dem Verfahren teilgenommen haben oder der Schuldnerin sogar gänzlich unbekannt waren. Von der Bindungswirkung sind die Parteien ausgenommen, deren Rechte durch den Plan unberührt gelassen werden. Dies ergibt sich schon aus § 254 Abs. 1 InsO, wonach solche Personen keine Beteiligten in diesem Sinne sind. Insoweit stimmen alle hier erläuterten Sanierungsverfahren überein. Ein großer Unterschied besteht aber nach deutschem Recht – wie bereits bei der Obstruktionsmöglichkeit dargelegt[1532] – bezüglich der Gläubiger, deren Forderungen in Eigenkapital umgewandelt werden soll: für sie entfaltet sich keine Bindungswirkung, wenn sie dem DES nicht ausdrücklich zugestimmt haben. Eine zwangsweise Einbeziehung in den DES ist nicht möglich. Dieses Ergebnis wurde auch schon vor der Verabschiedung des ESUG bemängelt und konnte nicht ausgeräumt werden. Da die Gläubiger nach den englischen Verfahren unter Beachtung der grundsätzlichen Voraussetzungen auch ohne deren Zustimmung an CVA bzw. SoA gebunden und deren Forderungen in Eigenkapital umgewandelt werden können, präsentiert sich das englische Recht, zumindest in diesem – mitunter entscheidendem – Punkt, sanierungsfreundlicher.

1532 Dazu oben Teil 2, C., II., 3.

3. *Ausschluss der Differenzhaftung*

Letztlich werden mit der Planbestätigung die Ansprüche des Schuldners wegen Überbewertung einer in die Gesellschaft per Sacheinlage eingelegten Forderung ausgeschlossen, § 254 Abs. 4 InsO.[1533] Dieser Novellierung steht kein Pendant im englischen Recht gegenüber, da dort die Forderung ohnehin als Bareinlage behandelt wird und es einer Bewertung der Forderungen nicht bedarf.[1534] Das Risiko einer Differenzhaftung, das mitunter erheblichen Einfluss auf die Entscheidung der Durchführung eines DES haben kann, besteht demnach in England von vornherein nicht.

Nichtsdestotrotz stellt der Ausschluss des Differenzhaftungsanspruchs nach deutschem Recht eine erhebliche Verbesserung zur Rechtslage vor dem ESUG dar. Ein Sanierungshindernis wurde abgebaut. Dennoch gab es nicht wenige kritische Stimmen zu dieser Neuerung, die jedoch nach der hier vertretenen Auffassung nicht verfangen. Denn im Ergebnis beschränkt sich das Risiko einer Falschbewertung zulasten der Neu-Gläubiger lediglich auf das mit der Forderungsbewertung ohnehin immanente übliche Risiko. In Abwägung mit dem erheblichen Sanierungsvorteil, den der Ausschluss der Differenzhaftung nach der Planbestätigung mit sich bringt, ist jene Risikotragung der Neu-Gläubiger hinzunehmen.[1535]

4. *Auswirkungen auf Change of Control-Klauseln*

Ein weiterer Vorteil, der für die Sanierung per DES nach deutschem Recht zu verzeichnen ist, ist in dem Ausschluss des Kündigungsrechts von Verträgen auf Grundlage der Kapitalmaßnahmen zu sehen, § 225a Abs. 4 InsO.[1536] Durch diese Regelung bleiben für das Fortbestehen des Unternehmens wichtige Verträge grundsätzlich bestehen. Insbesondere die an dem DES partizipierenden Gläubiger erlangen dadurch Rechtssicherheit, dass der *going concern* nicht durch die Kündigung essentieller Verträge beeinträchtigt wird und letztlich die Sanierung daran scheitern könnte.

Die sog. Change of Control-Klauseln erfreuen sich gerade im anglo-amerikanischen Rechtsraum einiger Beliebtheit.[1537] Dort haben sie ihren Ursprung. Aber auch in der hiesigen deutschen Vertragspraxis stellen sie keine Seltenheit mehr dar. Ist demnach eine darauf basierende Kündigung in Deutschland bei der Durchführung eines DES im Insolvenzplan grundsätzlich nicht mehr möglich, kann diese in England grundsätzlich erfolgen. Eine § 225a Abs. 4 InsO vergleichbare Ausschlussnorm bietet das englische Recht nicht. Das hat zur Folge, dass dort ein Verzicht auf das vertragliche Kündigungsrecht individuell ausgehandelt werden

1533 Dazu oben Teil 2, B., III., 2., b., 8), a).
1534 Dazu oben Teil 1, A., II., 4.
1535 Dazu oben Teil 2, B., III., 2., b., 8), a), (3).
1536 Dazu oben Teil 2, B., IV., 3., b.
1537 Vgl. *Mielke/Nguyen-Viet*, DB 2004, 2515.

muss. Man ist also auf die Bereitschaft des Vertragspartners, die Sanierung mitzutragen, angewiesen. Neben der darin zu sehenden Rechtsunsicherheit für die an der Unternehmensfortführung Beteiligten werden die potentiell Kündigungsberechtigten auf den Verzicht dieses Rechts nur unter Zugeständnissen bereit sein. Die Sanierung wird aufgrund des Erfordernisses der individuellen Verhandlung weniger planbar.

Der § 225a Abs. 4 InsO entfaltet, wie bereits erläutert worden ist, auch nur insoweit Wirkung, als dass das Kündigungsrecht auf Grundlage der in § 225a Abs. 2 und 3 InsO genannten Maßnahmen ausgeschlossen ist; darüber hinaus gehende Kündigungsrechte müssen, soweit diese wirksam sind, ebenfalls auf dem Verhandlungswegen ausgeräumt werden. In diesem Punkt unterscheiden sich die beiden Jurisdiktionen nicht. Jedoch stellt der gesetzliche Ausschluss des Kündigungsrechts wegen der für den DES notwendigerweise durchzuführenden Kapitalmaßnahmen nach deutschem Recht einen nicht zu verachtenden Vorteil gegenüber der englischen Rechtslage dar. Die Planbarkeit der Sanierung wird dadurch nach deutschem Recht verbessert.

Thesen / Ergebnisse

1. Die bloße Durchführung der Kapitalmaßnahmen zur Umsetzung eines debt-equity-swap zum Zweck der Sanierung – ohne Nutzung besonderer Sanierungsverfahren – ist sowohl in England als auch in Deutschland mit großen Unwägbarkeiten und Hürden behaftet.[1538]
2. Sowohl in England als auch in Deutschland hält das Insolvenz- bzw. Gesellschaftsrecht besondere Verfahren bereit, die die Durchführung eines debt-equity-swap im Gegensatz zur bloßen Umsetzung der notwendigen Kapitalmaßnahmen effizienter gestalten.[1539]
   In England wird dazu schon seit jeher entweder das CVA oder das SoA herangezogen. Beide Verfahren sind außerhalb des formellen Insolvenzverfahrens anwendbar.
   In Deutschland ist die Durchführung eines debt-equity-swap seit der Umsetzung des ESUG im Insolvenzplanverfahren möglich; das formelle Insolvenzverfahren muss eröffnet sein. Ein besonderes Sanierungsverfahren zur Umsetzung eines debt-equity-swap außerhalb des Insolvenzverfahrens sieht das deutsche Recht nicht vor.
   Da es nach englischem Recht für die Umsetzung des CVA bzw. SoA nicht notwendig ist, dass das Insolvenzverfahren eröffnet worden ist, kann dadurch frühzeitig eine Umwandlung von Schulden in Eigenkapital erreicht werden, die den Blicken der Öffentlichkeit entzogen ist – ein bemerkenswerter Sanierungsvorteil im englischen Recht.
3. Das CVA bedarf, vorbehaltlich etwaiger Anfechtungen, keiner gerichtlichen Bestätigung, um wirksam zu werden – ein in England anerkannter Sanierungsvorteil, da Kosten und Zeit gespart werden. Hingegen ist die gerichtliche Einflussnahme beim SoA größer – bevor das SoA wirksam wird, bedarf es zwei gerichtlicher Anhörungen und Entscheidungen. Spiegelbildlich zum CVA sind die damit zusammenhängenden Kosten und der Zeitaufwand als nachteilig zu werten.
   Ähnlich wie das SoA in England muss der Insolvenzplan bis zu seiner Umsetzung zwei Mal einer gerichtlichen Prüfung unterzogen werden.[1540]
4. Ein in England viel thematisierter und als problematisch erachteter Umstand liegt darin begründet, dass sowohl nach dem CVA als auch nach dem SoA grundsätzlich kein gesetzliches Moratorium besteht. Möchte man in den Genuss eines Moratoriums kommen, bleibt nur der Weg, ein formelles *administration*-Verfahren einzuleiten. Dieser Zustand ist als äußerst nachteilig zu

1538 Siehe Teil 1, C. (insb. IV.).
1539 Siehe Teil 2, C., I.
1540 Dazu oben Teil 2, C., III.

werten, da die durch das CVA bzw. SoA erlangten Vorteile einer Sanierung außerhalb eines Insolvenzverfahrens konterkariert werden.

Im Gegensatz dazu und als Konsequenz aus der Notwendigkeit eines eröffneten Insolvenzverfahrens findet in Deutschland ein weitreichender gesetzlicher Schutz Anwendung, der die Vollstreckung einzelner Forderungen während des Insolvenzverfahrens unterbindet. Darin liegt ein nennenswerter Vorteil gegenüber dem englischen Recht, denn die Vermögenswerte bleiben der Schuldnerin im Stadium der Sanierung erhalten. Auf Antrag des Schuldners kann dieser Schutz sogar über das Ende des Insolvenzverfahrens hinaus ausgeweitet werden. Insbesondere letztere Möglichkeit besteht nach englischem Recht selbst im Nachgang eines förmlichen Insolvenzverfahrens nicht.[1541]

5. Die Rechte von Anteilseignern können nach der ESUG-Reform in die Wirkung eines Insolvenzplans einbezogen werden. Die Anteilseigner sind „Beteiligte" des Insolvenzplanverfahrens, für die eine eigene Gruppe zu bilden ist.

   Auch nach dem englischen SoA erfolgt die Einbeziehung der Anteilseigner durch die Bildung von Gruppen.

   Für das SoA werden bei der Gruppenbildung Rechtsunsicherheiten erkennbar, da gesetzliche Vorgaben dazu fehlen. Demgegenüber normiert die Insolvenzordnung für die obligatorische Gruppenbildung zwar bestimmte Anhaltspunkte, hingegen kann die fakultative Gruppenbildung für den Insolvenzplan ebenfalls Rechtsunsicherheiten nach sich ziehen.

   Die Anteilseigner können sich ebenfalls den Regelungen eines CVA unterwerfen. Für das CVA müssen im Gegensatz zum SoA oder zum Insolvenzplan aber keine Gruppen gebildet werden – Rechtsunsicherheiten bestehen folglich nicht.[1542]

6. Die Einbeziehung der Kapitalmaßnahmen in das SoA bzw. CVA wird in England nicht weiter diskutiert – sie ist quasi vorausgesetzt.[1543]

   In Deutschland wurde durch das ESUG ausdrücklich gesetzlich geregelt, dass die Kapitalmaßnahmen innerhalb des Insolvenzplans gefasst werden können. Die Änderung der Anteilseignerrechte erfolgt unmittelbar durch die Wirksamkeit des Insolvenzplans mitsamt der Eintragung der beschlossenen Kapitalmaßnahmen. Insbesondere besteht im Insolvenzplanverfahren grundsätzlich ein Bezugsrecht zugunsten der Alt-Gesellschafter. Der Ausschluss des Bezugsrechts bedarf auch im Insolvenzplanverfahren der Verhältnismäßigkeitsprüfung. Der Bezugsrechtsausschluss wird regelmäßig verhältnismäßig sein, wenn die Gläubiger die Einlage ihrer Forderung von dem Erreichen einer bestimmten Anteilsschwelle abhängig machen und die Alt-Anteilseigner nicht darlegen können, dass sie die Sanierung mit einem von ihnen vorgelegten Sanierungskonzept mindestens ebenso gut durchführen können.[1544]

1541 Zum Ganzen oben Teil 2, C., V., 1.

1542 Zum Ganzen Teil 2, C., II, 2.

1543 Dazu Teil 2, A., II., 1., d., und Teil 2, A., II., 2., c.

1544 Dazu Teil 2, B., IV., 1., b.

7. Das CVA wird wirksam, wenn es von mindestens 75% der stimmberechtigten Beteiligten angenommen wird. Das SoA bedarf einer Mehrheit der Gruppen, innerhalb derer wiederum eine Zustimmung von ebenfalls 75% erlangt werden muss. Die jeweilige Minderheit von maximal 25% der Stimmberechtigten ist dann gebunden. Überdies kann das CVA nach den einschlägigen gesetzlichen Regelungen mit Zustimmung der Gläubiger auch gegen den Willen der Anteilseigner umgesetzt werden. Allerdings sind die Anteilseigner dann berechtigt, das CVA anzufechten. Vor diesem Hintergrund wird in England bemängelt, dass sich dadurch Verzögerungen in dem Verfahrensprozess auftun können. Auch besteht hinsichtlich der gerichtlichen Entscheidung im Nachgang einer Anfechtung des CVA ein großer Ermessenspielraum, so dass die Entscheidung des Gerichts schwer kalkulierbar und die Planungssicherheit beeinträchtigt werden.[1545]
   Das SoA ist über die Abstimmungsmehrheit hinaus auch für solche Beteiligten – Anteilseiger wie Gläubiger – bindend, die kein *economic interest* an dem SoA aufweisen. Die Geltendmachung eines fehlenden *economic interest* wird in England als weitreichende Möglichkeit erachtet, Minderheiten, insbesondere die bestehenden Anteilseigner, ohne deren Zustimmung in die Wirkung eines SoA einzubeziehen. Nachteile birgt dieses Vorgehen aufgrund seiner nicht unerheblichen Komplexität – gerade im Zusammenhang mit Bewertungsfragen. Namentlich werden dabei ebenfalls Planungs- und Verzögerungsrisiken erkannt.[1546]
   Nach deutschem Insolvenzrecht bedarf es innerhalb der Gruppen für die Gläubiger einer einfachen Kopf- und einer einfachen Summenmehrheit hinsichtlich ihrer Ansprüche und für die Anteilseigner einer einfachen Mehrheit hinsichtlich der Summe der Beteiligungen, um dem Insolvenzplan zuzustimmen. Im Vergleich zum englischen Recht ist das Erfordernis der einfachen Mehrheit positiv zu bewerten, da etwaigen dissentierenden Beteiligten die Blockade des Insolvenzplans erschwert wird. Überdies ist unter Berücksichtigung des Obstruktionsverbots gem. § 245 InsO nunmehr auch die Umsetzung der Umwandlung von Schulden in Eigenkapital mit den Stimmen der Gläubiger gegen den Willen der Anteilseigner im Insolvenzplanverfahren möglich. Auch dies stellt einen erheblichen Vorteil für die Planungssicherheit bei der Durchführung eines debt-equity-swap dar.[1547]
8. Die zwangsweise Einbeziehung der Gläubiger ist bei der Durchführung eines debt-equity-swap in Deutschland aus verfassungsrechtlichen Gründen nicht möglich. Es bedarf der ausdrücklichen Zustimmung eines jeden an dem debt-equity-swap teilnehmenden Gläubigers; ein Umstand, der zulasten der Planungssicherheit eines debt-equity-swap geht und der Sanierung nicht förderlich ist.[1548]
   Hingegen können nach dem englischen SoA auch die Gläubiger an der Umwandlung ihrer Forderungen entgegen ihrem Willen beteiligt werden. Grundsätzlich

1545 Dazu Teil 2, A., II., 1., d., 3).
1546 Dazu Teil 2, A., II., 2., c.
1547 Dazu Teil 2, C., II., 1–3.
1548 Dazu Teil 2, C., II., 3.

gilt dies auch für das CVA. Eine Ausnahme wird beim CVA jedoch für die gesicherten Gläubiger gemacht, die grundsätzlich nicht Teil des CVA sind und deren Rechte folglich durch das CVA auch nicht berührt werden. In der umfassenderen Bindungswirkung auch bezüglich der Gläubiger ist ein Vorteil der englischen Sanierungsmechanismen zu sehen.[1549]

9. Die reformierten Regelungen im Zusammenhang mit dem Minderheitenschutz, insbesondere § 251 Abs. 3 InsO, bzw. der Rechtsmittel, insbesondere § 253 Abs. 4 InsO, stärken die Autonomie der Planinitiatoren, sich dem potentiellen obstruierenden Verhalten einiger Beteiligter zu entziehen und das Planverfahren mitsamt der Schuldenumwandlung beschleunigt zum Abschluss zu führen. Die erreichte Verfahrensbeschleunigung wirkt sanierungsfördernd. Diese Trennung des Planverfahrens vom Verfahren über etwaige Ausgleichs- und Entschädigungszahlungen sucht in England ihresgleichen. Die gerade im Hinblick auf die gerichtliche Einflussnahme in England kritisierten Verzögerungsrisiken und Unwägbarkeiten nach etwaigen Anfechtungen bleiben bestehen. Dies stellt einen Sanierungsvorteil für die Durchführung eines debt-equity-swap im Insolvenzplanverfahren dar.[1550]
10. Die einzubringenden Forderungen sind nach deutschem Recht stets einer Bewertung zu unterziehen; die Einbringung zum Nennwert scheidet aus. Dies macht regelmäßig eine Unternehmensbewertung notwendig. Nach richtiger Ansicht ist der Wert der Forderung nach Fortführungswerten zu bestimmen. Die konkrete Sanierungsmaßnahme, namentlich die Umwandlung der Schulden in Eigenkapital, ist grundsätzlich bei der Bewertung einzubeziehen.[1551]
    In England wird die Unternehmensbewertung insbesondere bei der Frage nach dem *economic interest* einiger Beteiligter relevant. Als Bewertungsmethoden werden grundsätzlich alle in der Wissenschaft vertretenen Bewertungsmethoden anerkannt. In der Praxis wird man regelmäßig mehr als eine Bewertungsmethode im Rahmen der Unternehmensbewertung heranziehen und vor Gericht vortragen müssen, um das Gericht von einem möglichst genauen Unternehmenswert zu überzeugen. Die Frage nach der Bewertungsgrundlage – ob Fortführungs- oder Liquidationswerte anzusetzen sind – wird ähnlich uneinheitlich beantwortet wie in Deutschland. Jedenfalls wird dieser durchaus unsichere Umstand der Unternehmensbewertung in England allgemein als sanierungshemmend kritisiert.[1552]
11. Der in § 254 Abs. 4 InsO normierte Ausschluss der Differenzhaftung außerhalb des Insolvenzverfahrens stellt eine sanierungsfördernde Regelung dar, die

1549 Dazu Teil 2, C., V., 2.
1550 Dazu Teil 2, C., IV.
1551 Dazu Teil 2, B., III., 2., b., 2), c), (2), (c).
1552 Dazu Teil 2, A., II., 2., a., 3), c), (5).

gleichzeitig die Neu-Gläubiger nach richtiger Ansicht nicht unverhältnismäßig belastet.[1553]

Da nach englischem Recht die einzubringende Forderung ohnehin eine Bareinlage darstellt, besteht das Problem einer etwaigen Differenzhaftung dort nicht. Jedoch wurde mit der Novellierung des § 254 Abs. 4 InsO ein nach deutschem Recht zuvor bestehendes Sanierungshindernis behoben.

12. Der Ausschluss von vertraglichen Sonderkündigungsrechten (sog. Change of Control-Klauseln) gem. § 225a Abs. 4 InsO ist positiv zu bewerten.
    Derartige Change of Control-Klauseln sind im anglo-amerikanischen Rechtsraum häufig anzutreffen. Mangels einer § 225a Abs. 4 InsO vergleichbaren Regelung im englischen Recht wird man derartige Klauseln dort nur auf dem Verhandlungswege ausräumen können. Im Gegensatz dazu bringt die nunmehr geltende Regelung in Deutschland Rechtssicherheit mit sich und wirkt sanierungsfördernd.[1554]
13. Das Austrittsrecht des Gesellschafters gem. § 225a Abs. 5 InsO normiert einfachgesetzlich die verfassungsrechtlich geschützte negative Vereinigungsfreiheit aus Art. 9 Abs. 1 GG. Bei der Bestimmung des wichtigen Grundes zum Austritt eines Alt-Gesellschafters ist eine Abwägung im Einzelfall vorzunehmen. Gegen die normierte Annahme von Liquidationswerten zur Bestimmung eines Abfindungsanspruchs bestehen verfassungsrechtliche Bedenken. Es sind vielmehr Fortführungswerte anzusetzen. Die dadurch ggf. entstehenden finanziellen Belastungen für die sich noch in der Sanierung befindliche Gesellschaft sind durch weitreichende Stundungsregelungen zu kompensieren.[1555]
14. Der Anteilserwerb mittels eines debt-equity-swap im Insolvenzplanverfahren fällt unter das Sanierungsprivileg des § 39 Abs. 4 InsO. Dies bringt Rechtssicherheit mit sich und wirkt sanierungsfördernd. Der Zeitraum zur Bestimmung der „nachhaltigen Sanierung" wird regelmäßig ein Jahr nicht unterschreiten und zwei Jahre nicht überschreiten.[1556] Eine vergleichbare sanierungsfördernde Regelung gibt es nach englischem Recht nicht.

1553 Dazu Teil 2, B., III., 2., b., 8), a), (3).
1554 Dazu Teil 2, C., V., 4.
1555 Dazu Teil 2, B., III., 2., b., 8), c).
1556 Dazu Teil 2, B., III., 2., b., 8), d).

Literaturverzeichnis

AHRENS, Martin / GEHRLEIN, Markus / RINGSTMEIER, Andreas: Fachanwaltskommentar Insolvenzrecht, 2. Aufl., Köln 2014
(*zit.*: *Bearbeiter* in: FA-Kommentar Insolvenzrecht, *Gesetz*, §..., Rn....)

ALETH, Franz / HARLFINGER, Wolf: Die Fortführungsprognose i. S. von § 19 II InsO – eine Handlungsanweisung für Geschäftsführer, Neue Zeitschrift für das Recht der Insolvenz und Sanierung 2011, S. 166–173
(*zit.*: *Aleth/Harlfinger*, NZI 2011, 166)

ALLEN & OVERY LLP (ohne Autor): Life after Lehman, Allen & Overy analysis of changes in market practice, 2011, online, zuletzt abgerufen am 1.11.2012 (http://www.allenovery.com/archive/Documents/Legacy/53064.pdf)
(*zit.*: *Allen & Overy LLP*, Life after Lehman, S....)

ANDRES, Dirk / GRUND, Andreas: Die Flucht vor deutschen Insolvenzgerichten nach England, Neue Zeitschrift für das Recht der Insolvenz und Sanierung 2007, S. 137–143
(*zit.*: *Andres/Grund*, NZI 2007, 137)

ANDRES, Dirk / LEITHAUS, Rolf: Insolvenzordnung, 3. Aufl., München 2014
(*zit.*: *Bearbeiter* in: Andres/Leithaus, InsO, §..., Rn....)

ARBEITSKREIS FÜR INSOLVENZWESEN KÖLN E.V.: Kölner Schrift zur Insolvenzordnung, 3. Aufl., Köln 2009
(*zit.*: *Bearbeiter* in: Kölner Schrift, Kap. ..., Rn. ...)

BAIRD, Douglas / JACKSON, Thomas: Corporate Reorganizations and the Treatment of Diverse Ownership Interests: A Comment on Adequate Protection of Secured Creditors in Bankruptcy, (1984) 5 Chicago Law Review, S. 97–130
(*zit.*: *Baird/Jackson*, (1984) 51 U Ch L Rev 97)

BAIRD, Douglas / RASMUSSEN, Robert: The End of Bankruptcy, (2002–2003) Stanford Law Review, S. 751–789
(*zit.*: *Baird/Rasmussen*, (2002–2003) 55 Stan L Rev 751)

BAIRD, Ken / HO, Look Chan: Company voluntary arrangement: the restructuring trends, (2007) 20(8) Insolvency Intelligence, S. 124–125
(*zit.*: *Baird/Ho*, (2007) 20(8) Insolv. Intel. 124)

BANNISTER, Joe / MATHISON, Edward: Legal update: a case of the leopard changing its spots?, (2009) (Autumn) Recovery, S. 8–10
(*zit.*: *Bannister/Mathison*, (2009) (Autumn) Recovery 8)

BANCEL, Franck / RÉROLLE, Jean-Florent: Distressed firms valuations, [2009] Financier Worldwide, S. 1–3, online, zuletzt abgerufen am 05.10.2012, (http://www.rerolle.eu/public/Distressed_firms_valuations_DEC09.pdf)
(*zit.*: *Bancel/Rérolle*, [2009] FW 1)

BARHAM, Richard: Debt equity swaps – A growing trend, [2002] (October) Practical Law Company, S. 21–31
(*zit.*: *Barham*, [2002] (Oct) PLC 21)

BAUER, Andreas / DIMMLING, Andreas: Endlich im Gesetz(entwurf): der Debt-Equity-Swap, Neue Zeitschrift für das Recht der Insolvenz und Sanierung 2011, S. 517–521
(*zit.*: *Bauer/Dimmling*, NZI 2011, 517)

BAUMBACH, Adolf / HOPT, Klaus: Handelsgesetzbuch, 36. Aufl., München 2014
(*zit.*: *Bearbeiter* in: Baumbach/Hopt, HGB, §..., Rn....)

BAUMBACH, Adolf / HUECK, Alfred (Hrsg.): Gesetz betreffend der Gesellschaft mit beschränkter Haftung, 20. Aufl., München 2013
(*zit.*: *Bearbeiter* in: Baumbach/Hueck, GmbHG, §..., Rn....)

BAY, Karl-Christian / SEEBURG, Dirk / BÖHMER, Martin: Debt-Equity-Swap nach § 225a Abs. 2 Satz 1 des geplanten Gesetzes zu weiteren Erleichterung der Sanierung von Unternehmen (ESUG), Zeitschrift für das gesamte Insolvenzrecht 2011, S. 1927–1941
(*zit.*: *Bay/Seeburg/Böhmer*, ZInsO 2011, 1927)

BAYER, Walter: Transparenz und Wertprüfung beim Erwerb von Sacheinlagen durch genehmigtes Kapital in: Festschrift für Peter Ulmer zum 70. Geburtstag, Berlin 2003, S. 21–40
(*zit.*: *Bayer* in: FS Ulmer, S. 21)

BAYER, Walter: Delisting: Korrektur der Frosta-Rechtsprechung durch den Gesetzgeber, Neue Zeitschrift für Gesellschaftsrecht 2015, S. 1169–1178
(*zit.*: *Bayer*, NZG 2015, 1169)

BEISSENHIRTZ, Volker: Plädoyer für ein Gesetz zur vorinsolvenzlichen Sanierung von Unternehmen, Zeitschrift für das gesamte Insolvenzrecht 2011, S. 57–71
(*zit.*: *Beissenhirtz*, ZInsO 2011, 57)

BEVERIDGE, Alastair / HEMMING, Paul / SMITH, Graeme: Valuation of distressed businesses, in: Ben Larkin (ed.), Restructuring and Workouts – Strategies for maximizing value, London 2008, S. 75–94
(*zit.*: *Beveridge/Hemming/Smith* in: Ben Larkin, Restructuring and Workouts, S.....)

BEWICK, Samantha / FENNESY, Mark / MARKS, David: Schemes of Arrangement and Company Voluntary Arrangements, in: Rodrigo Olivares-Caminal (ed.), Expedited Debt Restructuring – An International Analysis, Bedfordshire 2007, S. 159–255
(*zit.*: *Bewick/Fennessy/Marks* in: Caminal, Expedited Debt Restructuring, S. 159)

BEWICK, Samantha: Schefenacker plc.: A successful Debt-for-Equity Swap, (2008) 5(2) International Corporate Rescue, S. 103–106
(*zit.*: *Bewick*, (2008) 5(2) ICR 103)

BILGERY, Wolfgang: Der schlanke Insolvenzplan, Deutsche Zeitschrift für Wirtschafts- und Insolvenzrecht 2001, S. 316–318
(*zit.*: *Bilgery*, DZWIR 2001, 316)

BITTER; Georg: Sanierung in der Insolvenz, der Beitrag von Treue- und Aufopferungspflichten zum Sanierungserfolg, Zeitschrift für Unternehmens- und Gesellschaftsrecht 2010, S. 147–200
(*zit.*: *Bitter*, ZGR 2010, 147)

BLÖSE, Jochen: Haftung der Gesellschafter und Geschäftsführer nach dem ESUG, GmbH-Rundschau 2012, S. 471–479
(*zit.*: *Blöse*, GmbHR 2012, 471)

BORK, Reinhard: Einführung in das Insolvenzrecht, 7. Aufl., Tübingen 2014
(*zit.*: *Bork*, Einführung Insolvenzrecht, Rn....)

BORK, Reinhard: Grundfragen des Restrukturierungsrechts, ?, Zeitschrift für Wirtschaftsrecht 2010, S. 397–413
(*zit.*: *Bork*, ZIP 2010, 397)

BORK, Reinhard: Sanierungsrecht in Deutschland und England, 1. Aufl., Köln 2011
(*zit.*: *Bork*, Sanierungsrecht in Deutschland und England, Rn...)

BORK, Reinhard: The Scheme of Arrangement, International Insolvency Law Review 2012, S. 477–490
(*zit.*: *Bork*, IILR 2012, 477)

BORK, Reinhard / SCHÄFER, Carsten: GmbHG – Kommentar zum GmbH-Gesetz, 2. Aufl., Köln 2012
(*zit.*: *Bearbeiter* in: Bork/Schäfer, GmbHG, §..., Rn....)

BORN, Alexander: Aktuelle Steuerfragen im Zusammenhang mit Debt-Equity-Swap-Transaktionen, Betriebs-Berater 2009, S. 1730–1735
(*zit.*: *Born*, BB 2009, 1730)

BÖCKER, Philipp: Gesellschaftsrecht versus Insolvenzrecht oder Suhrkamp: Verfall eines Verlages, Deutsche Zeitschrift für Wirtschafts- und Insolvenzrecht 2014, S. 331–337
(*zit.*: *Böcker*, DZWIR 2014, 331)

BRAUN, Eberhard: Eingriffe in Anteilseignerrechte im Insolvenzplanverfahren in: Festschrift für Gero Fischer zum 65. Geburtstag, München 2008, S. 53–70
(*zit.*: *Braun* in: FS Fischer, S. 53)

BRAUN, Eberhard: Insolvenzordnung, 6. Aufl., München 2014
(*zit.*: *Bearbeiter* in: Braun, InsO, §..., Rn....)

BRAUN, Eberhard / HEINRICH, Jens: Auf dem Weg zu einer (neuen) Insolvenzkultur in Deutschland – Ein Beitrag zu dem Regierungsentwurf für ein Gesetz zur weiteren Erleichterung der Sanierung von Unternehmen, Neue Zeitschrift für das Recht der Insolvenz und Sanierung 2011, S. 505–517
(*zit.*: *Braun/Heinrich*, NZI 2011, 505)

BRAUN, Eberhard / RIGGERT, Rainer / HERZIG, Dirk: Schwerpunkte des Insolvenzverfahrens, 5. Aufl., Stuttgart 2012
(*zit.*: *Braun/Riggert/Herzig*, Schwerpunkte des Insolvenzverfahrens, S.…)

BRINKMANN, Moritz: Wege aus der Insolvenz eines Unternehmens – oder: Die Gesellschafter als Sanierungshindernis, Zeitschrift für Wirtschafts- und Bankrecht 2011, S. 97–144
(*zit.*: *Brinkmann*, WM 2011, 97)

BRINKMANN, Moritz / STEINHAUSER, Friederike: Change of Control-Klauseln in der Insolvenzpraxis in: Festschrift für Bruno M. Kübler zum 70. Geburtstag, München 2015, S. 86–98
(*zit.*: *Brinkmann/Steinhauser* in: FS Kübler, S. 86)

BROUDE, Mark / ua: An Overview of Global Insolvency Regimes in: Kelly Deponte (ed.), The Guide to Distressed Debt and Turnaround Investing, 2007, S. 31–51
(*zit.*: *Broude, ua*, Overview of Global Insolvency Regimes, S. 31)

BRÜNKMANS, Christian: Der Rechtsschutz gegen den Bestätigungsbeschluss des Insolvenzplans vor dem Hintergrund des insolvenzrechtlichen Freigabeverfahrens nach § 253 Abs. 4 InsO, Zeitschrift für das gesamte Insolvenzrecht 2014, S. 993–999
(*zit.*: *Brünkmans*, ZInsO 2014, 993)

BRÜNKMANS, Christian: Die Unternehmensakquisition über einen Kapitalschnitt im Insolvenzplanverfahren, Zeitschrift für Wirtschaftsrecht 2014, S. 1857–1866
(*zit.*: *Brünkmans*, ZIP 2014, 1857)

BUCHALIK, Robert / HAASE, Markus: Studie zur Einführung des ESUG, Zeitschrift für das gesamte Insolvenzrecht 2012, S. 1832–1834
(*zit.*: *Buchalik/Haase*, ZInsO 2012, 1832)

BUDDE, Wolfgang Dieter / FÖRSCHLE, Gerhart / WINKELJOHANN, Norbert: Sonderbilanzen, 4. Aufl., München 2008
(*zit.*: *Bearbeiter* in: Budde/Förschle/Winkeljohann, Sonderbilanzen, Kap.…, Rn.…)

BUDDE, Matthias: Finanzielle Restrukturierung von Private Equity-Portfoliounternehmen, Zeitschrift für das gesamte Insolvenzrecht 2010, S. 2251–2276
(*zit.*: *Budde*, ZInsO 2010, 2251)

BUGG, Tony / WINDSOR, Jo: Legal update: challenging CVAs – a growing trend?, (2010)(Winter) Recovery, S. 8–10
(*zit.*: *Bugg/Windsor*, (2010) (Winter) Recovery 8)

BUNDESMINISTERIUM DER JUSTIZ (Hrsg.): Erster Bericht der Kommission für Insolvenzrecht, Köln, 1985
(*zit.*: Erster Bericht der Kommission für Insolvenzrecht, 1985, S.…)

BUNDESMINISTERIUM DER JUSTIZ (Hrsg.): Diskussionsentwurf Gesetz zur Reform des Insolvenzrechts, Köln 1988
(*zit.*: Diskussionsentwurf, Gesetz zur Reform des Insolvenzrechts, Bundesministerium der Justiz (Hrsg.), S.…)

BUNTE, Henning / VON KAUFMANN, Olaf: Gesetz zur weiteren Erleichterung der Sanierung von Unternehmen (ESUG): Konträre Positionen im Gesetzgebungsverfahren, Deutsche Zeitschrift für Wirtschafts- und Insolvenzrecht 2011, S. 359–364 (*zit.*: *Bunte/von Kaufmann*, DZWIR 2011, 359)

BUSSE VON COLBE, Walther / GROẞFELD, Bernhard / KLEY, Karl-Ludwig (u.a.): Bilanzierung von Optionsanleihen im Handelsrecht, Heidelberg 1987 (*zit.*: *Bearbeiter* in: Busse von Colbe u.a., Bilanzierung von Optionsanleihen im Handelsrecht, S....)

BUTH, Andrea / HERMANNS, Michael (Hrsg.): Restrukturierung, Sanierung, Insolvenz – Handbuch, 4. Aufl., München 2014 (*zit.*: *Bearbeiter* in: Buth/Hermanns, Restrukturierung, Sanierung, Insolvenz, §..., Rn....)

CAHN, Andreas / SIMON, Stefan / THEISELMANN, Rüdiger: Forderungen gegen die Gesellschaft als Sacheinlage – Zum Erfordernis der Forderungsbewertung beim Debt Equity Swap – Corporate Finance 2010, S. 238–250 (*zit.*: *Cahn/Simon/Theiselmann*, CF 2010, 238)

CAHN, Andreas / SIMON, Stefan / THEISELMANN, Rüdiger: Debt Equity Swap zum Nennwert!, Der Betrieb 2010, S. 1629–1632 (*zit.*: *Cahn/Simon/Theiselmann*, DB 2010, 1629)

CAHN, Andreas / SIMON, Stefan / THEISELMANN, Rüdiger: Nennwertanrechnung beim Debt Equity Swap! – Replik zu Prof. Dr. Ekkenga, DB 2012 S. 331, Der Betrieb 2012, S. 501–504 (*zit.*: *Cahn/Simon/Theiselmann*, DB 2012, 501)

CALNAN, Richard: Encouraging company rescue?, (2009) 8 Journal of International Banking and Finance Law, S. 443 (*zit.*: *Calnan*, (2009) 8 JIBFL 443)

CARLI, Winfried / RIEDER, Markus / MÜCKL, Norbert: Debt-to-Equity Swaps in der aktuellen Transaktionspraxis, Zeitschrift für Wirtschaftsrecht 2010, S. 1737–1743 (*zit.*: *Carli/Rieder/Mückl*, ZIP 2010, 1737)

CHALKIADIS, Marika: Powerhouse: has the power really gone? (2007) 21 Company Law Newsletter, S. 1–4 (*zit.*: *Chalkiadis*, (2007) 21 CoLN 1)

CHATTERJI, Subhrendu / HEDGES, Paul: Loan Workouts and Debt For Equity Swaps – A Framework for Successful Corporate Rescue, West Sussex, 2001 (*zit.*: *Chatterji/Hedges*, Loan workouts, S....)

CLOWRY, Karl: Debt-for-equity swaps, in: Ben Larkin (ed.), Restructuring and Workouts – Strategies for maximizing value, London 2008, S. 27–58 (*zit.*: *Clowry* in: Ben Larkin, Restructuring and Workouts, S....)

CLOWRY, Karl: Debt-to-Equity Conversion in the UK and Europe, (2010) 7(2) European Company Law, S. 51–58 (*zit.*: *Clowry*, (2010) 7(2) ECL 51)

COHEN, Adrian / MACLENNAN, John: Ultimate turnaround: debt to equity swaps, (2009) 3 Corporate Rescue and Insolvency, S. 91
(*zit.*: *Cohen/Maclennan*, (2009) 3 CRI 91)

COLLINS, Christopher: Schemes of Arrangement in the United Kingdom: More Change Needed?, (2010) 7(6) International Corporate Rescue, S. 382–386
(*zit.*: *Collins*, (2010) 7(6) ICR 382)

CRYSTAL, Michael / MOKAL, Rizwaan Jameel: The Valuation of Distressed Companies – A Conceptual Framework, 2006, S. 1–22, online, zuletzt abgerufen 13.10.2012 (http://www.iiiglobal.org/component/jdownloads/?task=finish&cid=784&catid=103)
(*zit.*: *Crystal/Mokal*, The Valuation of Distressed Companies, S.…)

DAHL, Michael: Die Neuregelungen des ESUG – ein Überblick, Neue Juristische Wochenschrift-Spezial 2012, S. 21–22
(*zit.*: *Dahl*, NJW-Spezial 2012, 21)

DAVIES, Paul: Gower and Davie's Principles of Modern Company Law, 8th Edition, London 2008
(*zit.*: *Davies*, Company Law, Rz.…)

DECHER, Christian / VOLAND, Thomas: Kapitalschnitt und Bezugsrechtsausschluss im Insolvenzplan – Kalte Enteignung oder Konsequenz des ESUG?, Zeitschrift für Wirtschaftsrecht 2013, S. 103–114
(*zit.*: *Decher/Voland*, ZIP 2013, 103)

DILLEY, Stephen: The proper treatment of unliquidated/unascertained claims for voting on a CVA, (2006) 19(8) Insolvency Intelligence, S. 126–127
(*zit.*: *Dilley*, (2006) 19(8) Insolv. Intel. 126)

DORAN, Michael / SINGH, Manan: Difficult times for junior creditors: IMO Car Wash and other recent developments, (2010) 3(2) Bankers' Law, S. 4–9
(*zit.*: *Doran/Singh*, (2010) 3(2) Bankers' Law 4)

DRINKUTH, Henrik: Die Kapitalrichtlinie – Mindest- oder Höchstnorm?, Köln 1998
(*zit.*: *Drinkuth*, Die Kapitalrichtlinie, S.…)

DROUVEN, Ralph: Neue Wege: Reverse „Debt-to-Equity-Swap", Zeitschrift für Wirtschaftsrecht 2009, S. 1052–1053
(*zit.*: *Drouven*, ZIP 2009, 1052)

DRUKARCZYK, Jochen / SCHÜLER, Andreas: Unternehmensbewertung, 6. Aufl., München 2009
(*zit.*: *Drukarczyk/Schüler*, Unternehmensbewertung, S.…)

DRYGALA, Tim: Die Kapitalerhöhung durch Aufrechnung mit einem Guthaben gegenüber der AG nach deutschem Recht, Schweizer Zeitschrift für Wirtschafts- und Finanzmarktrecht 2006, S. 245–255
(*zit.*: *Drygala*, SZW 2006, 245)

DRYGALA, Tim: Wandelanleihe mit Wandlungsrecht des Anleiheschuldners nach dem Entwurf für eine Aktienrechtsnovelle 2011, Zeitschrift für Wirtschafts- und Bankrecht 2011, 1837–1845
(*zit.*: *Drygala*, WM 2011, 1637)

EHLERS, Harald: „Notwendig" frühzeitige Insolvenzverfahren, Betriebs-Berater 2013, S. 1539–1547
(*zit.*: *Ehlers*, BB 2013, 1539)

EIDENMÜLLER, Horst: Unternehmenssanierung zwischen Markt und Gesetz, Köln 1999
(*zit.*: *Eidenmüller*, Unternehmenssanierung zwischen Markt und Gesetz, S....)

EIDENMÜLLER, Horst: Leveraged Buyouts und die Effizienz des deutschen Restrukturierungsrechts, Zeitschrift für Wirtschaftsrecht 2007, S. 1729–1737
(*zit.*: *Eidenmüller*, ZIP 2007, 1729)

EIDENMÜLLER, Horst / ENGERT, Andreas: Reformperspektiven einer Umwandlung von Fremd- in Eigenkapital (Debt-Equity Swap) im Insolvenzplanverfahren, Zeitschrift für Wirtschaftsrecht 2009, S. 541–554
(*zit.*: *Eidenmüller/Engert*, ZIP 2009, 541)

EIDENMÜLLER, Horst: Finanzkrise, Wirtschaftskrise und das deutsche Insolvenzrecht, Berlin 2009
(*zit.*: *Eidenmüller*, Finanzkrise, Wirtschaftskrise und das deutsche Insolvenzrecht, S....)

EIDENMÜLLER, Horst: Reformperspektiven im Restrukturierungsrecht, Zeitschrift für Wirtschaftsrecht 2010, S. 649–660
(*zit.*: *Eidenmüller*, ZIP 2010, 649)

EIDENMÜLLER, Horst / FROBENIUS, Tilmann: Die internationale Reichweite eines englischen Scheme of Arrangement, Zeitschrift für Wirtschafts- und Bankrecht 2011, S. 1210–1219
(*zit.*: *Eidenmüller/Frobenius*, WM 2011, 1210)

EKKENGA, Jens: Sachkapitalerhöhung gegen Schuldbefreiung, Zeitschrift für Unternehmens- und Gesellschaftsrecht 2009, S. 581–622
(*zit.*: *Ekkenga*, ZGR 2009, 581)

EKKENGA, Jens: Neuerliche Vorschläge zur Nennwertanrechnung beim Debt-Equity-Swap – Erkenntnisfortschritt oder Wiederbelebungsversuche am untauglichen Objekt?, Der Betrieb 2012, S. 331–337
(*zit.*: *Ekkenga*, DB 2012, 331)

ELLINGER, E.P. / LOMNICKA, Eva / HOOLEY, Richard: Ellinger's Modern Banking Law, 4th Edition, Oxford 2006
(*zit.*: *Ellinger/Lomnicka/Hooley*, Banking Law, S....)

ELLIOT, Christine: Debt-for-Equity: "To thine own self be true?", [2008] (Dec.) Corporate Rescue and Insolvency, S. 194–195
(*zit.*: *Elliott*, [2008] (Dec.) CRI 194)

ELLIS, Pippa / DUSIC, Ellie : Method of valuing company's assets in a scheme of arrangement, (2009) 22(10) Insolvency Intelligence, S. 157–158
(*zit.*: *Ellis/Dusic*, (2009) 22(10) Insolv. Intel. 157)

EREIRA, David: UK restructuring and insolvency law – Current and future trends, (2010) (April) Practical Law Company, S. 23–29
(*zit.*: *Ereira*, (2010) (April) PLC 23)

EVERS, Hans-Heinrich / MÖHLMANN, Thomas: Feststellung eines Insolvenzplans – Überlegungen aus verfahrensrechtlicher und ökonomischer Perspektive, Zeitschrift für das gesamte Insolvenzrecht 1999, S. 21–27
(*zit.*: *Evers/Möhlmann*, ZInsO 1999, 21)

FERRAN, Eilís: Principles of Corporate Finance Law, Oxford 2008
(*zit.*: *Ferran*, Corporate Finance, S....)

FINCH, Vanessa: The Recasting of Insolvency Law, (2005) (Sept) 68 Modern Law Review, S. 713–736
(*zit.*: *Finch*, (2005) (Sept) 68 MLR 713)

FINCH, Vanessa: Corporate Insolvency Law, 2nd Edition, Cambridge 2009
(*zit.*: *Finch*, Corporate Insolvency Law, S....)

FISCHER, Gero: Das neue Rechtsmittelverfahren gegen den Beschluss, durch den der Insolvenzplan bestätigt wird, Neue Zeitschrift für das Recht der Insolvenz und Sanierung 2013, S. 513–521
(*zit.*: *Fischer*, NZI 2013, 513)

FISCHER, Roderich: Der Übernahme-Swap im Insolvenzplan – Investitionsentscheidung im Wettbewerb, Neue Zeitschrift für das Recht der Insolvenz und Sanierung 2013, S. 823–830
(*zit.*: *Fischer*, NZI 2013, 823)

FLEISCHER, Holger / GOETTE, Wulf (Hrsg.): Münchener Kommentar zum GmbHG, Band I, 2. Aufl., München 2015
(*zit.*: *Bearbeiter* in: MüKo, GmbHG, §..., Rn....)

FLEISCHER, Holger / GOETTE, Wulf (Hrsg.): Münchener Kommentar zum GmbHG, Band III, 1. Aufl., München 2011
(*zit.*: *Bearbeiter* in: MüKo, GmbHG, §..., Rn....)

FLEISCHER, Holger / HÜTTEMANN, Rainer (Hrsg.): Rechtshandbuch Unternehmensbewertung, Köln 2015
(*zit.*: *Bearbeiter* in: Fleischer/Hüttemann, Rechtshandbuch Unternehmensbewertung, §..., Rn....)

FLETCHER, Ian: The Law of Insolvency, 3rd Edition, London 2002
(*zit.*: *Fletcher*, Insolvency Law, Rz....)

FLETCHER, Ian : UK Corporate Rescue: recent developments – changes to administrative receivership, administration, and company voluntary arrangements – the

Insolvency Act 2000, the White Paper 2001, and the Enterprise Act 2002, (2004) 5 European Business Organization Law Review, S. 119–151
(*zit.*: *Fletcher*, (2004) 5 EBOR 119)

FLÖTHER, Lucas: Die aktuelle Reform des Insolvenzrechts durch das ESUG – Mehr Schein als Sein? Zeitschrift für Wirtschaftsrecht 2012, S. 1833–1842
(*zit.*: *Flöther*, ZIP 2012, 1833)

FOERSTE, Ulrich: Insolvenzrecht, 6. Aufl., München 2014
(*zit.*: *Foerste*, Insolvenzrecht, Rn....)

FÖLSING, Philipp: Unzulässigkeit einer sofortigen Beschwerde gegen den Insolvenzplan-Bestätigungsbeschluss ohne vorherigen Minderheitenschutzantrag („Suhrkamp"), Entscheidungen zum Wirtschaftsrecht 2014, S. 293–294
(*zit.*: *Fölsing*, EWiR 2014, 293)

FÖRSCHLE, Gerhart / GROTTEL, Bernd / SCHMIDT, Stefan (u.a.): Beck'scher Bilanz-Kommentar, Handels- und Steuerbilanz, 9. Aufl., München 2014
(*zit.*: *Bearbeiter* in: Beck'scher Bilanz-Kommentar, HGB, § ..., Rn....)

FREITAG, Robert: Finanzverfassung und Finanzierung von GmbH und AG nach dem Regierungsentwurf des MoMiG, Zeitschrift für Wirtschafts- und Bankrecht 2007, S. 1681–1685
(*zit.*: *Freitag*, WM 2007, 1681)

FRIEß, Rüdiger: Die Sanierungsentscheidung im Insolvenzfall – eine Frage der Unternehmensbewertung?, Deutsches Steuerrecht 2004, S. 654–660
(*zit.*: *Frieß*, DStR 2004, 654)

FRIND, Frank: Problemanalyse zu geplanten Neuregelungen des Plan- und Eigenverwaltungsverfahrens nebst Insolvenzstatistik, Zeitschrift für das gesamte Insolvenzrecht 2011, S. 656–661
(*zit.*: *Frind*, ZInsO 2011, 656)

FRISBY, Sandra: In Search of a Rescue Regime: The Enterprise Act 2002, (2004) 67 The Modern Law Review, S. 247–272
(*zit.*: *Frisby*, (2004) 67 Mod. L. Rev. 247)

GEBLER, Olaf: Ausländische Insolvenzverfahren zur Sanierung deutscher Unternehmen, Neue Zeitschrift für das Recht der Insolvenz und Sanierung 2010, S. 665–669
(*zit.*: *Gebler*, NZI 2010, 665)

GEHRLEIN, Markus: Banken – vom Kreditgeber zum Gesellschafter – neue Haftungsfallen? (Debt-Equity-Swap nach ESUG), Neue Zeitschrift für das Recht der Insolvenz und Sanierung 2012, S. 257–262
(*zit.*: *Gehrlein*, NZI 2012, 257)

GESSLER, Ernst: Die Umwandlung von Krediten in Haftendes Kapital in: Festschrift für Philipp Möhring zum 75. Geburtstag, München 1975, S. 173–196
(*zit.*: *Gessler* in: FS Möhring, S. 173)

GODFREY, Patricia: Schemes of arrangement, (2009) (Winter) Recovery, S. 7–9
(*zit.*: *Godfrey*, (2009) (Winter) Recovery 7)

GOETTE, Wulf / HABERSACK, Matthias (Hrsg.): Münchener Kommentar zum Aktiengesetz, Band I, 3. Aufl., München 2008
(*zit.*: *Bearbeiter* in: MüKo, AktG, §..., Rn....)

GOETTE, Wulf / HABERSACK, Matthias (Hrsg.): Münchener Kommentar zum Aktiengesetz, Band IV, 3. Aufl., München 2011
(*zit.*: *Bearbeiter* in: MüKo, AktG, §..., Rn....)

GOETKER, Uwe / QUENBY, Georgia: The Migration, (2007) 26 International Financial Law Review, S. 48–49
(*zit.*: *Goetker/Quenby*, (2007) 26 Int'l Fin. L. Rev. 48)

GOLDRING, Jeremy: JJB Sports CVA – fair enough?, (2009) (Autumn) Recovery, S. 34–35
(*zit.*: *Goldring*, (2009) (Autumn) Recovery 34)

GOODE, Roy: Principles of Corporate Insolvency Law, 3rd Edition, London 2005
(*zit.*: *Goode*, Corporate Insolvency Law, Rn....)

GOTTWALD, Peter (Hrsg.): Insolvenzrechts-Handbuch, 5. Aufl., München 2015
(*zit.*: *Bearbeiter* in: Gottwald, Insolvenzrechts-Handbuch, §..., Rn....)

GÖB, Marc Alexander: Das Gesetz zur weiteren Erleichterung der Sanierung von Unternehmen (ESUG) – Ein Überblick, Neue Zeitschrift für Gesellschaftsrecht 2012, S. 371–377
(*zit.*: *Göb*, NZG 2012, 371)

GRELL, Frank / HOUGHTON, John / AMENGUAL, Hervé: European Restructuring and Insolvency Law: review of the Changes and Practice in Europe, (2004) (July) Private Placement Letter, S. 6–9
(*zit.*: *Grell/Houghton/Amengual*, (2004) (July) PPL 4)

GROẞ, Paul / AMEN, Matthias: Die Fortbestehensprognose – Rechtliche Anforderungen und ihre betriebswirtschaftlichen Grundlagen, Die Wirtschaftsprüfung 2002, S. 225–240
(*zit.*: *Groß/Amen*, WPg 2002, 225)

GROẞ, Paul: Sanierung und Fortführungsgesellschaften, 2. Aufl., Köln 1988
(*zit.*: *Groß*, Sanierung und Fortführungsgesellschaften, Kap...., Rn....)

GROẞ, Paul: Zur Beurteilung der „handelsrechtlichen Fortführungsprognose" durch den Abschlussprüfer, Die Wirtschafsprüfung 2010, S. 119–137
(*zit.*: *Groß*, WPg 2010, 119)

GÜNTHER, Thomas: Auswirkungen des ESUG auf das Insolvenzplanverfahren – Mehr Entscheidungsfreiheit für die Gläubiger?, Zeitschrift für das gesamte Insolvenzrecht 2012, S. 2037–2043
(*zit.*: *Günther*, ZInsO 2012, 2037)

HAAS, Ulrich: Mehr Gesellschaftsrecht im Insolvenzplanverfahren – Die Einbeziehung der Anteilsrechte in das Insolvenzverfahren, Neue Zeitschrift für Gesellschaftsrecht 2012, S. 961–968
(*zit.*: *Haas*, NZG 2012, 961)

HABERSACK, Mathias / VERSE, Dirk: Europäisches Gesellschaftsrecht, 4. Aufl., München 2011
(*zit.*: *Habersack/Verse*, EuropGesR, §..., Rn....)

HABERSACK, Mathias: Einbringung eines Gesellschafterdarlehens im Rahmen eines Debt Equity Swap in: Festschrift für Bruno M. Kübler zum 70. Geburtstag, München 2015, S. 219–228
(*zit.*: *Habersack* in: FS Kübler, S. 219)

HAGEMANN, Sebastian: Debt Equity Swaps nach englischem und deutschem Recht unter besonderer Berücksichtigung des ESUG, Baden-Baden 2014
(*zit.*: *Hagemann*, Debt Equity Swaps nach englischem und deutschem Recht, S....)

HANNIGAN, Brenda: Company Law, 2nd Edition, Oxford 2009
(*zit.*: *Hannigan*, Company Law, Rn.....)

HARNER, Michelle: The Corporate Governance and Public Policy Implications of Activists Distressed Debt Investing, (2008–2009) 77 Fordham Law Review, S. 703–773
(*zit.*: *Harner*, (2008–2009) 77 FLR 703)

HASS, Detlef/ SCHREIBER, Susanne/ TSCHAUNER, Heiko: Sanierungsinstrument "Debt for Equity Swap" in: Hommel/Knecht/Wohlenberg (Hrsg.), Handbuch Unternehmensrestrukturierung, Wiesbaden 2006, S. 843–868
(*zit.*: *Hass/Schreiber/Tschauner* in: Hommel/Knecht/Wohlenberg, Unternehmensrestrukturierung, S. ...)

HEIDEL, Thomas (Hrsg.): Aktienrecht und Kapitalmarktrecht, Kommentar, 4. Aufl., Baden-Baden 2014
(*zit.*: *Bearbeiter* in: Heidel, AktG, §..., Rn....)

HEINRICH, Jens: Insolvenzplan „reloaded" – Zu den Änderungen im Insolvenzplanverfahren durch das Gesetz zur weiteren Erleichterung der Sanierung von Unternehmen, Neue Zeitschrift für das Recht der Insolvenz und Sanierung 2012, S. 235–243
(*zit.*: *Heinrich*, NZI 2012, 235)

HENCKEL, Wolfram: Deregulierung im Insolvenzverfahren, Zeitschrift für Insolvenzrecht 1989, S. 477–494
(*zit.*: *Henckel*, KTS 1989, 477)

HENSELMANN, Klaus: Anlässe und Methoden der Unternehmensbewertung, Der Steuerberater 2000, S. 386–395
(*zit.*: *Henselmann*, Stb 2000, 386)

HENSSLER, Martin / STROHN, Lutz (Hrsg.): Gesellschaftsrecht, 2. Aufl., München 2014
(*zit.*: *Bearbeiter* in: Henssler/Strohn, Gesellschaftsrecht, *Gesetz*, §..., Rn....)

HERRLER, Sebastian / REYMANN, Christoph: Die Neuerungen im Aktienrecht durch das ARUG – Unter besonderer Berücksichtigung der Neuregelungen zur Hauptversammlung und zur Kapitalaufbringung bei der AG –, Deutsche Notar-Zeitschrift 2009, S. 914–935
(*zit.*: *Herrler/Reymann*, DNotZ 2009, 914)

HESS, Harald: Insolvenzrecht, Großkommentar in zwei Bänden, 2. Aufl., Heidelberg 2013
(*zit.*: *Bearbeiter* in: Hess, InsO, §..., Rn....)

HIESTAND, Lynn / PILKINGTON, Christian: CVAs – a restructuring tool for the future?, [2006] (Winter) Recovery, S. 38
(*zit.*: *Hiestand/Pilkington*, [2006] (Winter) Recovery 38)

HIMMELSBACH, Rainer / ACHSNICK, Jan: Investments in Krisenunternehmen im Wege der sanierungsprivilegierter debt-equity-swaps, Neue Zeitschrift für das Recht der Insolvenz und Sanierung 2006, S. 561–564
(*zit.*: *Himmelsbach/Achsnick*, NZI 2006, 561)

HINGERL, Josef: Gruppenbildung im Insolvenzplanverfahren – Manipulation durch „Ein-Gläubiger-Gruppen"?, Zeitschrift für das gesamte Insolvenzrecht 2007, S. 1337–1341
(*zit.*: *Hingerl*, ZInsO 2007, 1337)

HIRTE, Heribert: Brauchen wir ein vorinsolvenzliches Sanierungsverfahren?, Betriebs-Berater 2010, Standpunkte zu Heft 13, S. 25–26
(*zit.*: *Hirte*, BB 2010, Standpunkte Heft 13, S....)

HIRTE, Heribert / KNOF, Béla / MOCK, Sebastian: Das Gesetz zur weiteren Erleichterung der Sanierung von Unternehmen (Teil I), Der Betrieb 2011, S. 632–643
(*zit.*: *Hirte/Knof/Mock*, DB 2011, 632)

HIRTE, Heribert / KNOF, Béla / MOCK, Sebastian: Das Gesetz zur weiteren Erleichterung der Sanierung von Unternehmen (Teil II), Der Betrieb 2011, S. 693–698
(*zit.*: *Hirte/Knof/Mock*, DB 2011, 693)

HIRTE, Heribert / KNOF, Béla / MOCK, Sebastian: Das neue Insolvenzrecht nach dem ESUG, München 2012
(*zit.*: *Hirte/Knof/Mock*, Das neue Insolvenzrecht, S...)

HOFFMANN, Wolf-Dieter: Sind wertlose Forderungen gegen Kapitalgesellschaften zum Nennwert einlagefähig?, Betriebs-Berater 1992, S. 575–581
(*zit.*: *Hoffmann*, BB 1992, 575)

HOFFMANN-BECKING, Michael (Hrsg.): Münchener Handbuch des Gesellschaftsrechts, 4. Aufl., München 2015
(*zit.*: *Bearbeiter* in: Münch. Hdb. GesellR, §..., Rn....)

HOLLAND, Björn / GOSLAR, Sebastian: Die Bedienung von Wandelanleihen aus genehmigtem Kapital, Neue Zeitschrift für Gesellschaftsrecht 2006, S. 892–896
(*zit.*: *Holland/Goslar*, NZG 2006, 892)

HOPT, Klaus / WIEDEMANN, Herbert (Hrsg.): Aktiengesetz Großkommentar, Band I, 4. Aufl., Berlin 2004
(*zit.*: *Bearbeiter* in: AktG Großkomm., §..., Rn....)

HOPT, Klaus / WIEDEMANN, Herbert (Hrsg.): Aktiengesetz Großkommentar, Band VI, 4. Aufl., Berlin 2006
(*zit.*: *Bearbeiter* in: AktG Großkomm., §..., Rn....)

HORSTKOTTE, Martin / MARTINI, Torsten: Die Einbeziehung der Anteilseigner in den Insolvenzplan nach ESUG, Zeitschrift für das gesamte Insolvenzrecht 2012, S. 557–581
(*zit.*: *Horstkotte/Martini*, ZInsO 2012, 557)

HÖLTERS, Wolfgang (Hrsg.): Aktiengesetz, Kommentar, 2. Aufl., München 2014
(*zit.*: *Bearbeiter* in: Hölters, AktG, §..., Rn....)

HÖLZLE, Gerrit: Unternehmenssanierung außerhalb der Insolvenz – Überlegungen zu einem Sanierungsvergleichsgesetz, Neue Zeitschrift für das Recht der Insolvenz und Sanierung 2010, S. 207–214
(*zit.*: *Hölzle*, NZI 2010, 207)

HÖLZLE, Gerrit: Die „erleichterte Sanierung von Unternehmen" in der Nomenklatur der InsO – ein hehres Regelungsziel des RefE-ESUG, Neue Zeitschrift für das Recht der Insolvenz und Sanierung 2011, S. 124–131
(*zit.*: *Hölzle*, NZI 2011, 124)

HÖLZLE, Gerrit: Die Sanierung von Unternehmen im Spiegel des Wettbewerbs der Rechtsordnungen in Europa, Zeitschrift für Insolvenzrecht 2011, S. 291–341
(*zit.*: *Hölzle*, KTS 2011, 291)

HÖLZLE, Gerrit: Überlagerung des Gesellschaftsrechts durch das Insolvenzrecht und die Schlechterstellungsprüfung zu Lasten des (Minderheits-) Gesellschafters – Zugleich (partielle) Besprechung des BGH-Beschlusses v. 17.7.2014 – IX ZB 13/14, ZIP 2014, 1442 – Suhrkamp, Zeitschrift für Wirtschaftsrecht 2014, S. 1819–1823
(*zit.*: *Hölzle*, ZIP 2014, 1819)

HÜFFER, Uwe (Hrsg.): Aktiengesetz, 11. Aufl., München 2014
(*zit.*: *Bearbeiter* in: Hüffer, AktG, §..., Rn...)

Institut der Wirtschaftsprüfer (IDW) (Hrsg.): WP Handbuch 2014, Band II, 14. Aufl., Düsseldorf 2014
(*zit.*: *IDW*, WP Handbuch, Band II, Kap...., Rn....)

JACOBY, Florian: Das vorinsolvenzliche Sanierungsverfahren als Bestandteil der ausstehenden Insolvenzrechtsreform, Betriebs-Berater 2010, Standpunkte zu Heft 13, S. 29–30
(*zit.*: *Jacoby*, BB 2010, Standpunkte Heft 13, S....)

JAFFÉ, Michael / FRIEDRICH, Andreas: Verbesserung der Wettbewerbsfähigkeit des Insolvenzstandorts Deutschland, Zeitschrift für Wirtschaftsrecht 2008, S. 1849–1858
(*zit.*: *Jaffé/Friedrich*, ZIP 2008, 1849)

JAFFÉ, Michael: Restrukturierung nach der InsO: Gesetzesplan, Fehlstellen und Reformansätze innerhalb einer umfassenden InsO-Novellierung aus Sicht eines Insolvenzpraktikers, Zeitschrift für Unternehmens- und Gesellschaftsrecht 2010, S. 248–263
(*zit.*: *Jaffé*, ZGR 2010, 248)

JOOST, Detlev / STROHN, Lutz (Hrsg.): Handelsgesetzbuch, 3. Aufl., München 2014
(*zit.*: *Bearbeiter* in: Ebenroth/Boujong/Joost/Strohn, HGB, §..., Rn....)

KANZLER, Oliver / MADER, Florian: Sanierung um jeden Preis?, GmbH-Rundschau 2012, S. 992–998
(*zit.*: *Kanzler/Mader*, GmbHR 2012, 992)

KAROLLUS, Martin: Die Umwandlung von Geldkrediten in Grundkapital – eine verdeckte Sacheinlage?, Zeitschrift für Wirtschaftsrecht 1994, S. 589–599
(*zit.*: *Karollus*, ZIP 1994, 589)

KASPERZAK, Rainer / BASTINI, Karola: Unternehmensbewertung zum Liquidationswert – Gesellschaftsrechtliche Anlässe, Rechtsprechung und Bemessung, Die Wirtschaftsprüfung 2015, S. 285–293
(*zit.*: *Kasperzak/Bastini*, WPg 2015, 285)

KATZ, Ashley / WOOD, Alexandra: Schemes of arrangement – the current state of play, (2009) 6 Corporate Rescue and Insolvency, S. 247
(*zit.*: *Katz/Wood*, (2009) 6 CRI 247)

KEMP, Karen / HARRIS, David: Debt to equity conversions – Relieving the interest burden, [1993] (August) Practical Law Company, S. 19–28
(*zit.*: *Kemp/Harris*, [1993] (Aug) PLC 19)

KERSHAW, David: Company Law in the Context, Oxford 2009
(*zit.*: *Kershaw*, Company Law, S....)

KESTLER, Matthias / STRIEGEL, Andreas / JESCH, Thomas: Distressed Debt Investments – Insolvenzrechtliche Instrumentarien der Unternehmenssanierung über Fremdkapital, Neue Zeitschrift für das Recht der Insolvenz und Sanierung 2005, S. 417–424
(*zit.*: *Kestler/Striegel/Jesch*, NZI 2005, 417)

KIRCHHOF, Hans-Peter / LWOWSKI, Hans-Jürgen / STÜRNER, Rolf (Hrsg.): Münchener Kommentar zur Insolvenzordnung, Band I., 3. Aufl., München 2013
(*zit.*: *Bearbeiter* in: MüKo, InsO, §..., Rn....)

KIRCHHOF, Hans-Peter / LWOWSKI, Hans-Jürgen / STÜRNER, Rolf (Hrsg.): Münchener Kommentar zur Insolvenzordnung, Band II., 3. Aufl., München 2013
(*zit.*: *Bearbeiter* in: MüKo, InsO, §..., Rn....)

KNOPS, Kai-Oliver / BAMBERGER, Heinz Georg / MAIER-REIMER, Georg (Hrsg.): Recht der Sanierungsfinanzierung, Berlin 2005
(*zit.*: *Bearbeiter* in: Knops/Bamberger/Maier-Reimer, Sanierungsfinanzierung, §...., Rn....)

KÖHLER-MA, Christian: Restructuring and Creditor Participation under the Proposed Reforms of the German Insolvency Code, International Insolvency Law Review 2011, S. 22–37
(*zit.*: *Köhler-Ma*, IILR 2011, 22)

KREFT, Gerhart: Heidelberger Kommentar Insolvenzordnung, 7. Aufl., Heidelberg u.a. 2014
(*zit.*: *Bearbeiter* in: Heidelberger Kommentar InsO, §...., Rn....)

KRESSER, Matthias: Debt-equity-swaps im Insolvenzplanverfahren de lege ferenda, Zeitschrift für das gesamte Insolvenzrecht 2010, S. 1409–1418
(*zit.*: *Kresser*, ZInsO 2010, 1409)

KRYSTEK, Ulrich / KLEIN, Johannes: Erstellung von Sanierungskonzepten (Teil 1): Kritische Würdigung bestehender Standards, speziell IDW S 6, Der Betrieb 2010, S. 1769–1775
(*zit.*: *Krystek/Klein*, DB 2010, 1769)

KUBIANGHA, Eme / BON, Gordon: Rescue me!, (2005) 155 (7162) New Law Journal, S. 181
(*zit.*: *Kubiangha/Bon*, (2005) 155 (7162) NLJ 181)

KÜBLER, Bruno (Hrsg.): Handbuch Restrukturierung in der Insolvenz, 2. Aufl., Köln 2015
(*zit.*: *Bearbeiter* in: Kübler, HRI, §..., Rz....)

LANDFERMANN, Hans-Georg: Das neue Unternehmenssanierungsgesetz (ESUG) – Überblick und Schwerpunkte – Teil 1, Zeitschrift für Wirtschafts- und Bankrecht 2012, S. 821–831
(*zit.*: *Landfermann*, WM 2012, 821)

LATHAM & WATKINS LLP (ohne Autor): The *IMO Car Wash* Decision, Client Alert, 21 August 2009, S. 1–8, online, zuletzt abgerufen am 24.11.2012 (http://www.lw.com/thoughtLeadership/latham-advises-imo-car-wash-in-leading-2009-uk-restructuring-case)
(*zit.*: *Latham & Watkins*, The IMO Car Wash Decision, S....)

LOMBERS, Malcolm / BARDELL, Mark: The scheme – A most convenient and modern arrangement, (2008) March Practical Law Company, S. 23–32
(*zit.*: *Lombers/Bardell*, (2008) (March) PLC 23)

LÖBBE, Marc: Gesellschaftsrechtliche Gestaltungsmöglichkeiten des Debt Equity Swap in: Festschrift für Martin Winter, S. 423–446
(*zit.*: *Löbbe* in: FS Winter, S. 423)

LÖSEKRUG, Jens: Die Umsetzung der Kapital-, Verschmelzungs- und Spaltungsrichtlinie der EG in das nationale deutsche Recht, Jena 2004
(*zit.*: *Lösekrug*, Die Umsetzung der Kapital-, Verschmelzungs- und Spaltungsrichtlinie, S....)

LURVEY, David / O'BRIEN, Timothy / SCHULTZE, George J.: Hidden Treasures: Techniques for Valuing Distressed Enterprises, Turnaround Management

Association (TMA), 2008, online, zuletzt abgerufen am 02.11.2012 (http://www.turnaround.org/Publications/Articles.aspx?objectID=9782)
(*zit.*: *Lurvey/O'Brien/Schultze*, Hidden Treasures, S....)

LÜRKEN, Sascha / PLANK, Leo: Cross-Border Restructuring: Using English Scheme of Arrangement to Restructure European Vintage LBOs in: Financier Worldwide Compendium 2012, Bankruptcy & Restructuring, S. 255–258, online, zuletzt abgerufen am 19.12.2012 (http://www.financierworldwide.com/article.php?id=8978)
(*zit.*: *Lürken/Plank*, Cross-Border Restructuring, 255)

LUTTER, Marcus: Kapital, Sicherung der Kapitalaufbringung und Kapitalerhaltung in den Aktien- und GmbH-Rechten der EWG, Karlsruhe 1964
(*zit.*: *Lutter*, Kapital, Sicherung der Kapitalaufbringung und Kapitalerhaltung, S....)

LUTTER, Marcus: Verdeckte Leistungen und Kapitalschutz in: Festschrift für Ernst C. Stiefel zum 80. Geburtstag, München 1987, S. 505–533
(*zit.*: *Lutter* in: FS Stiefel, S. 505)

LUTTER, Marcus: Das Girmes-Urteil, Juristenzeitung 1995, S. 1053–1056
(*zit.*: *Lutter*, JZ 1995, 1053)

LUTTER, Marcus / HOMMELHOFF, Peter: GmbHG-Gesetz, 18. Aufl., Köln 2012
(*zit.*: *Bearbeiter* in: Lutter/Hommelhoff, GmbHG, §..., Rn....)

MADAUS, Stephan: Keine Reorganisation ohne die Gesellschafter, Zeitschrift für Unternehmens- und Gesellschaftsrecht 2011, S. 749–775
(*zit.*: *Madaus*, ZGR 2011, 749)

MADAUS, Stephan: Die Rechtsbehelfe gegen die Planbestätigung nach dem ESUG, Neue Zeitschrift für Recht der Insolvenz und Sanierung 2012, S. 597–601
(*zit.*: *Madaus*, NZI 2012, 597)

MADAUS, Stephan: Umwandlung als Gegenstand eines Insolvenzplans nach dem ESUG, Zeitschrift für Wirtschaftsrecht 2012, S. 2133–2139
(*zit.*: *Madaus*, ZIP 2012, 2133)

MADAUS, Stephan: Schutzschirme für streitende Gesellschafter? Die Lehren aus dem Suhrkamp-Verfahren für die Auslegung des neuen Insolvenzrechts, Zeitschrift für Wirtschaftsrecht 2014, S. 500–508
(*zit.*: *Madaus*, ZIP 2014, 500)

MAIER, Daniel: Die praktische Wirksamkeit des Schemes of Arrangement in Bezug auf englischrechtliche Finanzierungen, Neue Zeitschrift für Recht der Insolvenz und Sanierung 2011, S. 305–310
(*zit.*: *Maier*, NZI 2011, 305)

MALLON, Christopher / PILKINGTON, Christian / VAN DER ZWAN, Alex: England and Wales in: Christopher Mallon (Ed.), The Restructuring Review, 2nd Edition, London 2009, S. 57–76
(*zit.*: *Mallon/Pilkington/van der Zwaan*, England and Wales, 57)

MARSCH-BARNER, Reinhard: Nochmals: Umgehung der Sacheinlagevorschriften durch Wandelschuldverschreibungen und Wandelgenußrechte?, Der Betrieb 1995, S. 1497
(*zit.*: *Marsch-Barner*, DB 1995, 1497)

MARSCH-BARNER, Reinhard / SCHÄFER, Frank: Handbuch börsennotierte AG, 3. Aufl., Köln 2014
(*zit.*: *Bearbeiter* in: Marsch-Barner/Schäfer, Hdb. börsennotierte AG, §..., Rn....)

MAUNZ, Theodor/ DÜRING, Günter: Grundgesetz Kommentar, 74. Ergänzungslieferung, München 2015
(*zit.*: *Bearbeiter* in: Maunz/Düring, GG, Art...., Rn....)

MAYER-LANDRUT, Joachim / MILLER, Georg / NIEHUS, Rudolf: GmbH-Gesetz, Kommentar, Berlin 1987
(*zit.*: *Bearbeiter* in: Mayer-Landrut/Miller/Niehus, GmbHG, §..., Rn....)

MCCORMACK, Gerard: Corporate Rescue Law – An Anglo-American Perspective, Glos, UK / Massachusetts, USA, 2008
(*zit.*: *McCormack*, Corporate Rescue Law, S....)

MEYER, Heinrich / DEGENER, Jan-Moritz: Debt-Equity-Swap nach dem RegE-ESUG, Betriebs-Berater 2011, S. 846–851
(*zit.*: *Meyer/Degener*, BB 2011, 846)

MEYER-LÖWY, Bernd / BRUDER, Florian: Beratung der Gläubiger einer GmbH in der Krise und Insolvenz nach dem ESUG, GmbH-Rundschau 2012, S. 432–439
(*zit.*: *Meyer-Löwy/Bruder*, GmbHR 2012, 432)

MICHALSKI, Lutz (Hrsg.): Kommentar zum Gesetz betreffend die Gesellschaft mit beschränkter Haftung (GmbH-Gesetz), 2. Aufl., München 2010
(*zit.*: *Bearbeiter* in: Michalski, GmbHG, §...., Rn....)

MIELKE, Werner / NGUYEN-VIET, Thanh-Mai: Änderungen der Kontrollverhältnisse bei dem Vertragspartner: Zulässigkeit von Change of Control-Klauseln im deutschen Recht, Der Betrieb 2004, S. 2515–2520
(*zit.*: *Mielke/Nguyen-Viet*, DB 2004, 2515)

MILMAN, David: Schemes of arrangement: a triumph of judicial adaptability, (2003) 21/22 Company Law Newsletter, S. 1–4
(*zit.*: *Milman*, (2003) 21/22 CoLN 1)

MOKAL, Rizwaan Jameel: Corporate Insolvency Law – Theory and Application, Oxford 2005
(*zit.*: *Mokal*, Corporate Insolvency Law, S....)

MORRITT, Andrew: Practice Statement: Schemes of Arrangements with Creditors, [2002] BCC, S. 355
(*zit.*: *Morritt*, [2002] BCC 355, Rn....)

MORSE, Geoffrey: Charlesworth's Company Law, 17th Edition, London 2005
(*zit.*: *Morse*, Company Law, S....)

MORSE, Geoffrey / und andere: Palmer's Company Law: Annotated Guide to The Companies Act 2006, 1st Edition, London 2007
(*zit.*: *Morse, ua*, Palmer's Company Law, S....)

MORSHÄUSER, Ralf / FALKNER, Tobias: Unternehmenskauf aus der Insolvenz, Neue Zeitschrift für Gesellschaftsrecht 2010, S. 881–888
(*zit.*: *Morshäuser/Falkner*, NZG 2010, 881)

MOSS, Gabriel / BAYFIELD, Dan / AL-ATTAR, Adam: Giving Effect to Debt Compromise Arrangements – Binding the Minority or Out of the Money Classes of Creditors in: Christopher Mallon and Shai Y. Waisman (Eds.), The Law and Practice of Restructuring in the UK and US, Oxford 2011, S. 163–212
(*zit.*: *Moss/Bayfield/Al-Attar*, Restructuring in the UK and US, Rz....)

MULLIGAN, Rachel / ANGEL, Nick: Powerhouse CVA defeated!, (2007) 23 Tolley's Insolvency Law and Practice, S. 110
(*zit.*: *Mulligan/Angel*, (2007) 23 ILP 110)

MÜLLER, Welf / RÖDDER, Thomas: Beck'sches Handbuch der AG, 2. Aufl., München 2009
(*zit.*: *Bearbeiter* in: Müller/Rödder, Beck'sches Handbuch der AG, §..., Rn....)

MÜLLER, Hans-Friedrich: Der Verband in der Insolvenz, Köln 2002
(*zit.*: *H.F. Müller*, Der Verband in der Insolvenz, S....)

MÜLLER, Hans-Friedrich: Gesellschaftsrechtliche Maßnahmen im Insolvenzplan, Zeitschrift für Insolvenzrecht 2012, S. 419–452
(*zit.*: *H.F. Müller*, KTS 2012, 419)

MÜLLER, Hans-Friedrich: Der Debt-Equity-Swap als Sanierungsinstrument, Kölner Schriften zum Wirtschaftsrecht 2013, S. 65–69
(*zit.*: *H.F. Müller*, KSzW 2013, 65)

MÜLLER, Welf / WINKELJOHANN, Norbert: Beck'sches Handbuch der GmbH, 5. Aufl., München 2014
(*zit.*: *Bearbeiter* in: Müller/Winkeljohann, Beck'sches Handbuch der GmbH, §..., Rn....)

NENTWIG, Martin: Durchsetzung von Sanierungsmaßnahmen in der GmbH, GmbH-Rundschau 2012, S. 664–669
(*zit.*: *Nentwig*, GmbHR 2012, 664)

NERLICH, Jörg / KREPLIN, Georg (Hrsg.): Münchener Anwaltshandbuch Sanierung und Insolvenz, 2. Aufl., München 2012
(*zit.*: *Bearbeiter* in: Nerlich/Kreplin, Münch. Anwaltshdb. Sanierung und Insolvenz, §..., Rn....)

NERLICH, Jörg / RÖMERMANN, Volker: Insolvenzordnung, Kommentar, 28. Ergänzungslieferung, Stand: Januar 2015, München 2015
(*zit.*: *Bearbeiter* in: Nerlich/Römermann, InsO, §..., Rn....)

NEVINS, Richard: Bankruptcy Law Client Strategies in Europe – A thorough analysis of the United Kingdom's restructuring process, [2010] WL 2848369, S. 1–29 (*zit.*: *Nevins*, [2010] WL 2848369, S. 1)

OBERMÜLLER, Manfred: Das ESUG und seine Auswirkungen auf das Bankgeschäft, Zeitschrift für das gesamte Insolvenzrecht 2011, S. 1809–1821 (*zit.*: *Obermüller*, ZInsO 2011, 1809)

O'DEA, Geoff: Craving a cram-down: why English insolvency law needs reforming, (2009) 10 Journal of International Banking and Financial Law, S. 583–589 (*zit.*: *O'Dea*, (2009) 10 JIBFL 583)

O'ROURKE, Kerry: Valuation Uncertainty in Chapter 11 Reorganizations, [2005] Columbia Business Law Review, S. 403–450 (*zit.*: *O'Rourke*, [2005] Col. Bus. L. Rev. 403)

OMAR, Paul J.: Pre-emption rights in the context of proposed company law reforms, (2000) 11(8) International Company and Commercial Law Review, S. 279–284 (*zit.*: *Omar*, (2000) 11(8) ICCLR 279)

OTTE, Karsten / WIESTER, Roland: Nachmeldungen im Planverfahren, Neue Zeitschrift für das Recht der Insolvenz und Sanierung 2005, S. 70–77 (*zit.*: *Otte/Wiester*, NZI 2005, 70)

PAPE, Gerhard: Erleichterung der Sanierung von Unternehmen durch das Insolvenzplanverfahren bei gleichzeitiger Abschaffung der Gläubigergleichbehandlung?, Zeitschrift für das gesamte Insolvenzrecht 2010, S. 2155–2162 (*zit.*: *Pape*, ZInsO 2010, 2155)

PAPE, Gerhard: Gesetz zur weiteren Erleichterung der Sanierung von Unternehmen – Bemerkung zum Regierungsentwurf v. 4.5.2011 (BT-Drucks. 17/5712), Zeitschrift für das gesamte Insolvenzrecht 2011, S. 1033–1041 (*zit.*: *Pape*, ZInsO 2011, 1033)

PARRY, Rebecca: Is UK Insolvency Law Failing Struggling Companies?, (2009) 18 Nottingham Law Journal, S. 42–52 (*zit.*: *Parry*, (2009) 18 Nottingham L J 42)

PAULUS, Roman: Die ausländische Sanierung über einen Debt-Equity-Swap als Angriff auf das deutsche Insolvenzrecht, Deutsche Zeitschrift für Wirtschafts- und Insolvenzrecht 2008, S. 6–14 (*zit.*: *Paulus*, DZWIR 2008, 6)

PAULUS Christoph: Deutschlands langer Weg in die insolvenzrechtliche Moderne – Auf der Suche nach eine Sanierungskultur (Rescue Culture) -, Zeitschrift für Wirtschafts- und Bankrecht 2011, S. 2205–2210 (*zit.*: *Paulus*, WM 2011, 2205)

PHILLIPS, Mark: The Administration Procedure and Creditors' Voluntary Arrangements, Centre for Commercial Law Studies, London, 1996 (*zit.*: *Phillips*, Administration Procedure, S....)

PIEKENBROCK, Andreas: Empfiehlt sich angesichts der Wirtschaftskrise die Einführung eines gesonderten Restrukturierungsverfahrens?, Zeitschrift für vergleichende Rechtswissenschaften, Band 108 (2009), S. 242–272
(*zit.*: *Piekenbrock*, ZVglRWiss 108 (2009), 242)

PIEKENBROCK, Andreas: Das ESUG – fit für Europa?, Neue Zeitschrift für das Recht der Insolvenz und Sanierung 2012, S. 905–912
(*zit.*: *Piekenbrock*, NZI 2012, 905)

PILKINGTON, Christian / und andere: Wind Hellas – A complex restructuring in a global recession, (2011) (March) Practical Law Company, S. 27–35
(*zit.*: *Pilkington, ua*, (2011) (March) PLC 27)

PLEISTER, Christian: Restrukturierung nach dem ESUG: Die wichtigsten Praxisfälle, Gesellschafts- und Wirtschaftsrecht 2013, S. 220–222
(*zit.*: *Pleister*, GWR 2013, 220)

PLEISTER, Christian / THOLEN, Laurenz: Zum Siegeszug des insolvenzrechtlichen Freigabeverfahrens, Zeitschrift für Wirtschaftsrecht 2015, S. 414–419
(*zit.*: *Pleister/Tholen*, ZIP 2015, 414)

POINTING, Clair / ROONEY, Adam: IMO Clears MyTravel issue, (2008–2010) 28 International Financial Law Review, S. 50
(*zit.*: *Pointing/Rooney*, (2008–2010) Int'l Fin. L. Rev. 50)

PRIESTER, Hans-Joachim: Debt-Equity-Swap zum Nennwert?, Der Betrieb 2010, S. 1445–1450
(*zit.*: *Priester*, DB 2010, 1445)

PURCELL, E.W., Sandy: Distressed Valuation, (2009) 10(10) International Corporate Rescue, S. 1–7
(*zit.*: *Purcell*, (2009) 10(10) ICR 1)

PURCELL, E.W., Sandy / BOYCE Alex: The Courts Speak on Valuation in Restructurings: IMO Car Wash, SAS and Wind Hellas Lessons, (2010) 10(10) International Corporate Rescue, S. 1–5
(*zit.*: *Purcell/Boyce*, (2010) 10(10) ICR 1)

RATTUNDE, Rolf: Sanierung durch Insolvenz, Zeitschrift für Wirtschaftsrecht 2003, S. 2103–2110
(*zit.*: *Rattunde*, ZIP 2003, 2103)

RATTUNDE, Rolf: Das neue Insolvenzplanverfahren nach dem ESUG, GmbH-Rundschau 2012, S. 455–462
(*zit.*: *Rattunde*, GmbHR 2012, 455)

REDEKER, Rouven: Kontrollerwerb an Krisengesellschaften: Chancen und Risiken des Debt-Equity-Swap, Betriebs-Berater 2007, S. 673–680
(*zit.*: *Redeker*, BB 2007, 673)

REGER, Gerald: Kapitalherabsetzung und -erhöhung – Maßnahmen zur Sanierung des Eigenkapitals in: Hommel/Knecht/Wohlenberg, Handbuch Unternehmensrestrukturierung, Wiesbaden 2006, S. 801–839
(*zit.*: *Reger* in: Hommel/Knecht/Wohlenberg, Unternehmensrestrukturierung, S....)

REGER, Gerald / STENZEL, Igor: Der Kapitalschnitt auf null als Mittel zur Sanierung von Unternehmen – Gesellschaftsrechtliche, börsenzulassungsrechtliche und kapitalmarktrechtliche Konsequenzen, Neue Zeitschrift für Gesellschaftsrecht 2009, S. 1210–1214
(*zit.*: *Reger/Stenzel*, NZG 2009, 1210)

REISER, Thomas / VEIL, Rüdiger: Recht der Kapitalgesellschaften, 5. Aufl., München 2010
(*zit.*: *Reiser/Veil*, Kapitalgesellschaftsrecht, §..., Rn...)

REUL, Adolf / HECKSCHEN, Heribert / WIENBERG, Rüdiger (Hrsg.): Insolvenzrecht in der Gestaltungspraxis, München 2012
(*zit.*: *Bearbeiter* in: Reul/Heckschen/Wienberg, Insolvenzrecht in der Gestaltungspraxis, Kap....., Rn....)

RICHTER, Bernd/ PERNEGGER, Isabelle: Betriebswirtschaftliche Aspekte des RegE-ESUG; Betriebs-Berater 2011, S. 876–882
(*zit.*: *Richter/Pernegger*, BB 2011, 876)

RIGGERT, Rainer: Das Insolvenzplanverfahren – strategische Probleme aus der Sicht absonderungsberechtigter Banken, Zeitschrift für Wirtschafts- und Bankrecht 1998, S. 1521–1525
(*zit.*: *Riggert*, WM 1998, 1521)

ROTH, Günter / ALTMEPPEN, Holger (Hrsg.): Gesetz betreffend die Gesellschaften mit beschränkter Haftung (GmbHG), Kommentar, 8. Aufl., München 2015
(*zit.*: *Bearbeiter* in: Roth/Altmeppen, GmbHG, §..., Rn...)

ROWEDDER, Heinz / SCHMIDT-LEITHOFF, Christian (Hrsg.): Gesetz betreffend die Gesellschaften mit beschränkter Haftung (GmbHG), Kommentar, 5. Aufl., München 2013
(*zit.*: *Bearbeiter* in: Rowedder/Schmidt-Leithoff, GmbHG, §..., Rn....)

RÖMERMANN, Volker (Hrsg.): Münchener Anwaltshandbuch GmbH-Recht, 3. Aufl., München 2014
(*zit.*: *Bearbeiter* in: MünchAnwHdb-GmbH, §..., Rn...)

RÖMERMANN, Volker: ESUG: Aufweichung des GmbHG-Kapitalaufbringungsrechts?, GmbH-Rundschau im Blickpunkt, Heft 24/2011, S. R369 – R370
(*zit.*: *Römermann*, GmbHR 2011, R369)

RÖMERMANN, Volker: Neue Herausforderungen durch das ESUG – Ein Überblick, GmbH-Rundschau 2012, S. 421–425
(*zit.*: *Römermann*, GmbHR 2012, 421)

RÖMERMANN, Volker / PRAß, Jan-Philipp: Beratung der GmbH als Schuldnerin in Krise und Insolvenz nach dem ESUG, GmbH-Rundschau 2012, S. 425–431 (*zit.*: *Römermann/Praß*, GmbHR 2012, 425)

RUMBERG, Carsten: Entwicklungen der "Rescue Culture" im englischen Insolvenzrecht, Recht der Internationalen Wirtschaft 2010, S. 358–367 (*zit.*: *Rumberg*, RIW 2010, 358)

RUTSTEIN, Michael / JOHNSON, Luke: European Perspective: The West Lothian Question in Voluntary Arrangements, (2012) (Spring) Recovery, S. 18–19 (*zit.*: *Rutstein/Johnson*, (2012) (Spring) Recovery 18)

SASSENRATH, Gerd: Der Eingriff in Anteilseignerrechte im Insolvenzplan, Zeitschrift für Wirtschaftsrecht 2003, S. 1517–1530 (*zit.*: *Sassenrath*, ZIP 2003, 1517)

SCHÄFER, Hans-Bernd / OTT, Claus: Lehrbuch der ökonomischen Analyse des Zivilrechts, 4. Aufl., Berlin 2005 (*zit.*: *Schäfer/Ott*, Ökonomische Analyse, S....)

SCHÄFER, Carsten: Insolvenzplan als Lösung für Mehrheits-/Minderheitskonflikte? – Lehren aus dem Fall Suhrkamp, Zeitschrift für Wirtschaftsrecht 2013, S. 2237–2244 (*zit.*: *Schäfer*, ZIP 2013, 2237)

SCHÄFER, Carsten / WÜSTEMANN, Jens: Unternehmensbewertung, Kapitalmaßnahmen und Insolvenzplan, Zeitschrift für Wirtschaftsrecht 2014, S. 1757–1768 (*zit.*: *Schäfer/Wüstemann*, ZIP 2014, 1757)

SCHELO, Sven: Reform der Unternehmenssanierung, Der Betrieb 2010, S. 2209–2213 (*zit.*: *Schelo*, DB 2010, 2209)

SCHEUNEMANN, Marc / HOFFMANN, Guido: Debt-Equity-Swap – Steuerliche Strukturierung und zivilrechtliche Rahmenbedingung –, Der Betrieb 2009, S. 983–986 (*zit.*: *Scheunemann/Hoffmann*, DB 2009, 983)

SCHIMANSKY, Herbert / BUNTE, Hermann-Josef / LWOWSKI, Hans-Jürgen: Bankrechts-Handbuch, Band I, 3. Aufl., München 2007 (*zit.*: *Bearbeiter* in: Schimansky/Bunte/Lwowski, Bankrechts-Handbuch, § ..., Rn. ...)

SCHMIDT, Andreas (Hrsg.): Hamburger Kommentar zum Insolvenzrecht, 5. Aufl., Hamburg 2015 (*zit.*: *Bearbeiter* in: HambKomm, InsO, § ..., Rn....)

SCHMIDT, Karsten (Hrsg.): Münchener Kommentar zum Handelsgesetzbuch,, Band IV, 3. Aufl., 2013 (*zit.*: *Bearbeiter* in: MüKo, HGB, § ..., Rn. ...)

SCHMIDT, Karsten: Möglichkeiten der Sanierung von Unternehmen durch Maßnahmen im Unternehmens-, Arbeits-, Sozial- und Insolvenzrecht, Gutachten D zum 54. Deutschen Juristentag, München 1982 (*zit.*: *K. Schmidt*, Gutachten D zum 54. Deutschen Juristentag, S....)

SCHMIDT, Karsten: Die sanierende Kapitalerhöhung im Recht der Aktiengesellschaft, GmbH und Personengesellschaft, Zeitschrift für Unternehmens- und Gesellschaftsrecht 1982, S. 519–538
(*zit.*: *K. Schmidt*, ZGR 1982, 519)

SCHMIDT, Karsten: Gesellschaftsrecht, 4. Aufl., Köln ua, 2002
(*zit.*: *K. Schmidt*, GesellR, S....)

SCHMIDT, Karsten: Sanieren oder Ausscheiden – Bemerkung zum Urteil des BGH vom 19.10.2009 – II ZR 240/08, JuristenZeitung 2010, S. 125–130
(*zit.*: *K. Schmidt*, JZ 2010, 125)

SCHMIDT, Karsten: Besinnen auf die Stärken der InsO und der freien Sanierung, Betriebs-Berater 2010, Standpunkte zu Heft 13, S. 27–28
(*zit.*: *K. Schmidt*, BB 2010, Standpunkte Heft 13, S....)

SCHMIDT, Karsten: Gesellschaftsrecht und Insolvenzrecht im ESUG-Entwurf, Betriebs-Berater 2011. S. 1603–1610
(*zit.*: *K. Schmidt*, BB 2011, 1603)

SCHMIDT, Karsten: Debt-to-Equity Swap bei der (GmbH & Co.-) Kommanditgesellschaft, Zeitschrift für Unternehmens- und Gesellschaftsrecht 2012, S. 566–584
(*zit.*: *K. Schmidt*, ZGR 2012, 566)

SCHMIDT, Karsten / LUTTER, Marcus (Hrsg.): Aktiengesetz Kommentar, 3. Aufl., Köln 2015
(*zit.*: *Bearbeiter* in: K. Schmidt/Lutter, AktG, §..., Rn....)

SCHMIDT, Karsten: Insolvenzordnung, 18. Aufl., München 2013
(*zit.*: *Bearbeiter* in: K. Schmidt, InsO, §..., Rn....)

SCHOLZ, Franz (Begr.): Scholz, Kommentar zum GmbH-Gesetz, I. Band, 11. Aufl., Köln 2012
(*zit.*: *Bearbeiter* in: Scholz, GmbHG, §..., Rn....)

SCHOLZ, Franz (Begr.): Scholz, Kommentar zum GmbH-Gesetz, III. Band, 11. Aufl., Köln 2010
(*zit.*: *Bearbeiter* in: Scholz, GmbHG, §..., Rn....)

SCHRÖDER, Jan / FISCHER, Anne: BGH: Anerkennung eines gerichtlich genehmigten Vergleichsplans nach englischem Gesellschaftsrecht, Betriebs-Berater 2012, S. 1561–1564
(*zit.*: *Schröder/Fischer*, BB 2012, 1561)

SCHULZ, Patrick: Der Debt Equity Swap in der Insolvenz, Berlin 2015
(*zit.*: *Schulz*, Der Debt Equity Swap in der Insolvenz, S....)

SCHWENKER, Jörg / FISCHER, Carola: Restrukturierungsmaßnahmen in der Krise der GmbH, Deutsches Steuerrecht 2010, S. 1117–1121
(*zit.*: *Schwenker/Fischer*, DStR 2010, 1117)

SEGAL, Nick: Schemes of arrangement and junior creditors – does the US approach to valuations provide the answer?, (2007) 20(4) Insolvency Intelligence, S. 49–52
(*zit.*: *Segal*, (2007) 20(4) Insol. Intel. 49)

SEIBERT, Ulrich / BÖTTCHER, Leif: Der Regierungsentwurf der Aktienrechtsnovelle 2012, Zeitschrift für Wirtschaftsrecht 2012, S. 12–17
(*zit.*: *Seibert/Böttcher*, ZIP 2012, 12)

SHEARMAN & STERLING LLP (ohne Autor): Corporate insolvency: company voluntary arrangements – Re Portsmouth City Football Club (In Administration), (2010) 25(12) Journal of International Banking Law and Regulation, S. N143–144
(*zit.*: *Shearman & Sterling LLP*, (2010) 25(12) JIBLR N143)

SIMON, Stefan: Der Debt Equity Swap nach dem Gesetz zur weiteren Erleichterung der Sanierung von Unternehmen (ESUG), Corporate Finance Law 2010, S. 448–459
(*zit.*: *Simon*, CFL 2010, 448)

SIMON, Stefan / MERKELBACH, Matthias: Gesellschaftsrechtliche Strukturmaßnahmen im Insolvenzplanverfahren nach dem ESUG, Neue Zeitschrift für Gesellschaftsrecht 2012, S. 121–129
(*zit.*: *Simon/Merkelbach*, NZG 2012, 121)

SKAURADSZUN, Dominik: Suhrkamp – Allgemeines Beschwerdeverfahrensrecht versus § 253 Abs.4 InsO, Deutsche Zeitschrift für Wirtschafts- und Insolvenzrecht 2008, S. 338–345
(*zit.*: *Skauradszun*, DZWIR 2014, 338)

SLADEN, Heidi: Tenant insolvency: CVAs and landlords: Part 1, (2011) 15(1) Landlord & Tenant Review, S. 9–12
(*zit.*: *Sladen*, (2011) 15(1) L & T Review 9)

SLADEN, Heidi: Tenant insolvency: CVAs and landlords: Part 2, (2011) 15(2) Landlord & Tenant Review, S. 47–50
(*zit.*: *Sladen*, (2011) 15(2) L & T Review 47)

SPETZLER, Sophie: Insolvenzrechtsreform und Bankenreorganisation, Zeitschrift für Insolvenzrecht 2010, S. 433–461
(*zit.*: *Spetzler*, KTS 2010, 433)

SPINDLER, Gerald / STILZ, Eberhard (Hrsg.): Kommentar zum Aktiengesetz, 3. Aufl., München 2015
(*zit.*: *Bearbeiter* in: Spindler/Stilz, AktG, §..., Rn....)

SPLIEDT, Jürgen: Debt-Equity-Swap und weitere Strukturänderungen nach dem ESUG, GmbH-Rundschau 2012, S. 462–471
(*zit.*: *Spliedt*, GmbHR 2012, 462)

STADLER, Markus: Die Sanierung von Aktiengesellschaften unter Einsatz von Wandelgenussrechten, Neue Zeitschrift für das Recht der Insolvenz und Sanierung 2003, S. 579–588
(*zit.*: *Stadler*, NZI 2003, 579)

STEWART, Gordon: Legal Update, [2005] (Spring) Recovery, S. 6–8
(*zit.*: *Stewart*, [2005] (Spring) Recovery 6)

STÖBER, Michael: Die Kompetenzverteilung bei Kapitalerhöhungen im Insolvenzverfahren, Zeitschrift für das gesamte Insolvenzrecht 2012, S 1811–1821
(*zit.*: *Stöber*, ZInsO 2012, 1811)

STREIT, Georg: Erfolgreiche Sanierung – am besten vor der Insolvenz, Betriebs-Berater 2010, Standpunkte zu Heft 13, S. 31–32
(*zit.*: *Streit*, BB 2010, Standpunkte Heft 13, S....)

STÜRNER, Rolf: Möglichkeiten der Sanierung von Unternehmen durch Maßnahmen im Unternehmens- und Insolvenzrecht, Zeitschrift für Wirtschaftsrecht und Insolvenzpraxis 1982, S. 761–771
(*zit.*: *Stürner*, ZIP 1982, 761)

TASHIRO, Annerose / BEISSENHIRTZ, Volker: German Companies heading towards England for their Rescue, International Corporate Rescue 2011, S. 171–177
(*zit.*: *Tashiro/Beissenhirtz*, (2007) 4(4) ICR 171)

TESAURO, Guiseppe: Generalanwalt beim EuGH zur verdeckten Sacheinlage, Zeitschrift für Wirtschaftsrecht und Insolvenzpraxis 1992, S. 1033–1044
(*zit.*: *Tesauro*, ZIP 1992, 1033)

The Company Law Steering Group (ohne Autor): Reconstructions, Mergers and Jurisdictional Migration, in: Completing the Structure 2000, November 2000, online, zuletzt abgerufen am 15.12.2012 (http://webarchive.nationalarchives.gov.uk/+/http://www.berr.gov.uk/files/file23225.pdf)
(*zit.*: *The Company Law Steering Group*, Reconstructions, Mergers and Jurisdictional Migration, Rz....)

The Insolvency Service: Encouraging Company Rescue – Summary of responses, November 2009, online, zuletzt abgerufen am 3.1.2013 (http://www.google.de/url?sa=t&rct=j&q=encouraging%20company%20rescue%20november%20 2009&source=web&cd=2&sqi=2&ved=0CCwQFjAB&url=http%3A%2F%2Fwww.insolvencydirect.bis.gov.uk%2Finsolvencyprofessionandlegislation%2Fcon_doc_Zre gister%2Fresponses%2FEncouraging_Company_Rescue_-_Consultation_response.doc&ei=IKJxT7SFMoHStAaanYzoDQ&usg=AFQjCNHOgTQd3JdflVJZjXt qal5Dyne2Ig&cad=rja)
(*zit.*: *The Insolvency Service*, Encouraging Company Rescue – Summary of responses, S...)

THEISELMANN, Rüdiger: Debt Equity Swaps als Instrument zur finanziellen Restrukturierung, GmbH-StB 2013, S. 150–154
(*zit.*: *Theiselmann*, GmbH-StB 2013, 150)

THOLE, Christoph: Treuepflicht-Torpedo? Die gesellschaftsrechtliche Treuepflicht im Insolvenzverfahren, Zeitschrift für Wirtschaftsrecht 2013, S. 1937–1945
(*zit.*: *Thole*, ZIP 2013, 1937)

THOLE, Christoph: Sanierung mittels Scheme of Arrangement im Blickwinkel des Internationalen Privat- und Verfahrensrechts, Zeitschrift für Unternehmens- und Gesellschaftsrecht 2013, S. 109–163
(*zit.*: *Thole*, ZGR 2013, 109)

TRIBE, John: Company voluntary arrangements and rescue: a new hope and a Tudor orthodoxy, (2009) 5 Journal of Business Law, S. 454–487
(*zit.*: *Tribe*, (2009) 5 JBL 454)

TRIBE, John: Companies Act schemes of arrangement and rescue: the lost cousin of restructuring practice?, (2009) 24(7) Butterworths Journal of International Banking and Finance Law, S. 386–392
(*zit.*: *Tribe*, (2009) 24(7) BJIB&FL 386)

UHLENBRUCK, Wilhelm: Sanierung und Reorganisation als drittes Insolvenzverfahren in einem künftigen Recht?, Konkurs-, Treuhand- und Schiedsgerichtswesen 1981, S. 513–575
(*zit.*: *Uhlenbruck*, KTS 1981, 513)

UHLENBRUCK, Wilhelm: Die Pflichten des Geschäftsführers einer GmbH oder GmbH & Co. KG in der Krise des Unternehmens, Betriebs-Berater 1985, S. 1277–1284
(*zit.*: *Uhlenbruck*, BB 1985, 1277)

UHLENBRUCK, Wilhelm: Gesellschaftsrechtliche Defizite der Insolvenzordnung in: Festschrift für Hans-Jochem Lüer zum 70. Geburtstag, München 2008, S. 461–477
(*zit.*: *Uhlenbruck* in: FS Lüer, S. 461)

UHLENBRUCK, Wilhelm / HIRTE, Heribert / VALLENDER, Heinz (Hrsg.): Insolvenzordnung: Kommentar, 14. Aufl., München 2015
(*zit.*: *Bearbeiter* in: Uhlenbruck, InsO, §..., Rn....)

ULMER, Peter: Die gesellschaftsrechtlichen Regelungsvorschläge der Kommission für Insolvenzrecht, Zeitschrift für das gesamte Handelsrecht und Wirtschaftsrecht 149. Band (1985), S. 541–574
(*zit.*: *Ulmer*, ZHR 149 (1985), 541)

ULMER, Peter / HABERSACK, Mathias / LÖBBE, Marc: GmbHG Großkommentar, Band I, 2. Aufl., Tübingen 2013
(*zit.*: *Bearbeiter* in: Ulmer/Habersack/Löbbe, GmbHG, §..., Rn....)

ULMER, Peter / HABERSACK, Mathias / WINTER, Martin: GmbHG Großkommentar, Band III, Tübingen 2008
(*zit.*: *Bearbeiter* in: Ulmer, GmbHG, §..., Rn...)

UNDERHILL, William / EDWARDS, Caroline: What MyTravel means for bondholders, (2005) 24 International Financial Law Review, S. 33–36
(*zit.*: *Underhill/Edwards*, (2005) 24 Int'l Fin. L. Rev. 33)

VALLENDER, Heinz: Gesetz zur weiteren Erleichterung der Sanierung von Unternehmen [ESUG] – Das reformierte Plan- und Eigenverwaltungsverfahren, Monatsschrift für Deutsches Recht 2012, S. 125–129
(*zit.*: *Vallender*, MDR 2012, 125)

VERSE, Dirk: Anteilseigner im Insolvenzverfahren, Zeitschrift für Unternehmens- und Gesellschaftsrecht 2010, S. 299–234
(*zit.*: *Verse*, ZGR 2010, 299)

VOIGT, Stefan: Institutionenökonomik, München 2002
(*zit.*: *Voigt*, Institutionenökonomik, S....)

WALLACE, Phil / BEWICK, Samantha: TXU – CVA v. S425 Schemes, (2006) 3(2) International Corporate Rescue, S. 69–73
(*zit.*: *Wallace/Bewick*, (2006) 3(2) ICR 69)

WANSLEBEN, Till: Werthaltigkeitsprüfung und Offenlegung beim Debt Equity Swap, Zeitschrift für Wirtschafts- und Bankrecht 2012, S. 2083–2092
(*zit.*: *Wansleben*, WM 2012, 2083)

WÄLZHOLZ, Eckhard: Aktuelle Entwicklung in Insolvenz und Sanierung der GmbH: Insbesondere Insolvenzrechtsreform durch das ESUG, GmbH-Steuer-Berater 2012, S. 313–319
(*zit.*: *Wälzholz*, GmbH-StB 2012, 313)

WEBER, Jens / SCHNEIDER, Petra: Die nach dem Gesetz zur Erleichterung der Sanierung von Unternehmen (ESUG) vorgesehene Umwandlung von Forderungen in Anteils- bzw. Mitgliedschaftsrechte (Debt-Equity-Swap), Zeitschrift für das gesamte Insolvenzrecht 2012, S. 374–385
(*zit.*: *Weber/Schneider*, ZInsO 2012, 374)

WEIL, GOTSHAL & MANGES LLP (ohne Autor): Comparative Guide to restructuring Procedures 2012, 2012. Online, zuletzt abgerufen am 16.12.2012 (http://www.weil.com/files/upload/comparative_study.pdf)
(*zit.*: *Weil*, Comparative Guide to Restructuring Proceedings, S....)

WEITNAUER, Wolfgang: Die "Wandlung" von Mezzanine- in Eigenkapital, Zeitschrift für Wirtschaftsrecht 2007, S. 1932–1936
(*zit.*: *Weitnauer*, ZIP 2007, 1932)

WEN, Shuangge / ZHAO, Jingchen: Revisiting the Scope of a Scheme of Arrangement – Insights Derived from Lehman, (2010) 3(3) Bankers' Law, S. 20–28
(*zit.*: *Wen/Zhao*, (2010) 3(3) Bankers' Law 20)

WENGEL, Torsten: Die Insolvenztatbestände Überschuldung, Zahlungsunfähigkeit und drohende Zahlungsunfähigkeit, Deutsches Steuerrecht 2001, S. 1769–1772
(*zit.*: *Wengel*, DStR 2001, 1769)

WENTZLER, Jochen: Debt Equity Swap als Teil der finanziellen Unternehmenssanierung, Finanz Berater 2009, S. 446–452
(*zit.*: *Wentzler*, FB 2009, 446)

WERTENBRUCH, Johannes: Die Personengesellschaft im Vergleich zur AG und GmbH im Insolvenzplanverfahren, Zeitschrift für Wirtschaftsrecht 2013, S. 1693–1704
(*zit.*: *Wertenbruch*, ZIP 2013, 1693)

WESTBROOK, Jay Lawrence: The Control of Wealth in Bankruptcy, (2003–2004) 82 Texas Law Review, S. 795–862
(*zit.*: *Westbrook*, (2003–2004) 82 Tex L R 795)

WESTERMANN, Harm Peter: Kapitalersetzende Darlehen eines GmbH-Gesellschafters als Gegenstand von Verrechnungsabreden in: Festschrift für Walter Oppenhoff zum 80. Geburtstag, München 1985, S. 535–554
(*zit.*: *Westermann* in: FS Oppenhoff, S. 535)

WESTPFAHL, Lars / JANJUAH, Riaz: Zur Modernisierung des deutschen Sanierungsrechts, Beilage zu Zeitschrift für Wirtschaftsrecht Heft 3 18. Januar 2008, S. 1–28
(*zit.*: *Westpfahl/Janjuah*, Beilage zu ZIP 3/2008, S....)

WHITER, Barney: Valuation Disputes in Restructurings: More to Come, (2010) 7(1) International Corporate Rescue, S. 3–6
(*zit.*: *Whiter*, (2010) 7(1) ICR 3)

WIENEKE, Laurenz / HOFFMANN, Thomas: Der Erhalt der Börsennotierung beim echten und unechten Debt Equity Swap in der Insolvenz der börsennotierten AG, Zeitschrift für Wirtschaftsrecht 2013, S. 697–708
(*zit.*: *Wieneke/Hoffmann*, ZIP 2013, 697)

WILHELM, Jan: Kapitalgesellschaftsrecht, 3. Aufl., Berlin 2009
(*zit.*: *Wilhelm*, KapitalgesellR, Rn....)

VON WILCKEN, Christoph: Update On Cross-Border Restructurings In Europe: English Schemes Of Arrangement in: Financier Worldwide Compendium 2012, Bankruptcy & Restructuring, S. 259–261, online, zuletzt abgerufen am 22.11.2013 (http://www.financierworldwide.com/article.php?id=8978)
(*zit.*: *von Wilcken*, Cross-Border Restructurings in Europe, S. 259)

WILLEMSEN, Reinhard / RECHEL, Janine: Die Reform des Insolvenzplanverfahrens – Ein Zwischenstandsbericht: Anmerkung zu den vorgeschlagenen Änderungen, Betriebs-Berater 2010, S. 2059–2068
(*zit.*: *Willemsen/Rechel*, BB 2010, 2059)

WILLEMSEN, Reinhard / RECHEL, Janine: Das ESUG – wesentliche Änderungen gegenüber dem Regierungsentwurf noch auf der Zielgeraden, Betriebs-Berater 2012, S. 203–206
(*zit.*: *Willemsen/Rechel*, BB 2012, 203)

WILLEMSEN, Reinhard / RECHEL, Janine: Kommentar zum ESUG, Frankfurt a.M. 2012
(*zit.*: *Willemsen/Rechel*, Kommentar zum ESUG, §..., Rn....)

WILSON, Charles: Debt equity swaps: an alternative form of corporate rescue, [2009] (June) Corporate Rescue and Insolvency, S. 103–104
(*zit.*: *Wilson*, [2009] (June) CRI 103)

WIMMER, Klaus: Das neue Insolvenzrecht nach der ESUG-Reform, Köln 2012
(*zit.*: *Wimmer*, ESUG-Reform, S....)

WIMMER, Klaus (Hrsg.): Frankfurter Kommentar zur Insolvenzordnung, 7. Aufl., Köln 2013
(*zit.*: *Bearbeiter* in: FK-InsO, §..., Rn...)

WINDSOR, Jo / MÜLLER-SEILS, Carsten / BURG, Michael: Unternehmenssanierungen nach englischem Recht – Das Company Voluntary Arrangement, Neue Zeitschrift für das Recht der Insolvenz und Sanierung 2007, S. 7–12
(*zit.*: *Windsor/Müller-Seils/Burg*, NZI 2007, 7)

WINNEFELD, Robert (Hrsg.): Bilanz-Handbuch, 5. Aufl., München 2015
(*zit.*: *Bearbeiter* in: Winnefeld, Bilanz-Handbuch, Kap..., Rn....)

WITTIG, Arne: Übernahme der Gesellschafterstellung an Krisenunternehmen als Sanierungsbeitrag der finanzierenden Kreditinstitute in: Festschrift für Wilhelm Uhlenbruck zum 70. Geburtstag, Köln 2000, S. 685–722
(*zit.*: *Wittig* in: FS Uhlenbruck, S. 685)

WITTIG, Arne: Das Sanierungsprivileg für das Gesellschafterdarlehen im neuen § 39 Abs. 4 S. 2 InsO in: Festschrift für Karsten Schmidt zum 70. Geburtstag, Köln 2009, S. 1743–1760
(*zit.*: *Wittig* in: FS K. Schmidt, S. 1743)

WUSCHEK, Thomas: Debt Equity Swap – Gestaltung von Anteilsrechten im Insolvenzplanverfahren, Zeitschrift für das gesamte Insolvenzrecht 2012, S. 1768–1772
(*zit.*: *Wuschek*, ZInsO 2012, 1768)

XUEREB, Peter G. : Corporate management and the statutory right of pre-emption: a comparative view, (1988) 37(2) International & Comparative Law Quarterly, S. 397–411
(*zit.*: *Xuereb*, (1988) 37(2) ICLQ 397)

ZIEGLER, Jens: Gesellschaftsvertragliche Abfindungsklauseln mit Ratenzahlung, Der Betrieb 2000, S. 2107–2108
(*zit.*: *Ziegler*, DB 2000, 2107)

ZIEMONS, Hildegard / JAEGER, Carsten (Hrsg.): Beck'scher Online-Kommentar, GmbHG, Edition 23, München 2014
(*zit.*: *Bearbeiter* in: Ziemons/Jaeger, Beck'scher Online-Kommentar, GmbHG, §..., Rn...)